福建客家研究丛书

Fujian Kejia Yanjiu Congshu

2011年度教育部人文社会科学研究规划基金项目（11YJA751030)成果

福建客家

文学发展史

Fujian Kejia Wenxue Fazhanshi

【修订版】

兰寿春◎著

厦门大学出版社　国家一级出版社
XIAMEN UNIVERSITY PRESS　全国百佳图书出版单位

图书在版编目(CIP)数据

福建客家文学发展史/兰寿春著. —厦门:厦门大学出版社,2012.11(2019.4 重印)
ISBN 978-7-5615-4501-0

Ⅰ.①福…　Ⅱ.①兰…　Ⅲ.①客家人－民族文学－文学史－福建省
Ⅳ.①I209.957

中国版本图书馆 CIP 数据核字(2012)第 302803 号

出 版 人	郑文礼
责任编辑	王鹭鹏
出版发行	厦门大学出版社
社　　址	厦门市软件园二期望海路 39 号
邮政编码	361008
总 编 办	0592-2182177　0592-2181406(传真)
营销中心	0592-2184458　0592-2181365
网　　址	http://www.xmupress.com
邮　　箱	xmup@xmupress.com
印　　刷	厦门市万美兴印刷设计有限公司

开本	720 mm×1 000 mm　1/16
印张	18.5
插页	2
字数	359 千字
版次	2012 年 11 月第 1 版
印次	2019 年 4 月第 2 次印刷
定价	60.00 元

本书如有印装质量问题请直接寄承印厂调换

厦门大学出版社
微信二维码

厦门大学出版社
微博二维码

修订说明

本书于二〇一二年由厦门大学出版社出版，次年即获评二〇一一年至二〇一三年福建省优秀图书。六年之间，承读者错爱，此书一直在销售中，今年暑假，第一版终于告罄，出版社计划重印。之间，许多读者来信谬奖，也指出不少问题，需要改正，值此重印之机，笔者将本书重读一遍，对一些章节进行修改和增补，特此说明。

关于绪论。初版绪论只有两个内容，附录之二有一篇二〇一一年《长江学术》发表的小文《论客家文学的内涵与外延》。几年来，不少人对客家文学认识还是不清，客家文学创作的自觉性还不高，以至客家地区的文学创作缺乏地方特色，"泯然众人"的现象十分普遍。为表明笔者阐述客家文学与客家文学史的观点，特地摘录该文的主要内容放在绪论，以开宗明义。

纠正讹错。承蒙读者和朋友的厚爱，平时就指出初版讹错之处，这次修订全部予以纠正。如陈瓘、邓肃的词，其中几处标点不准确。吴简言的"言"错写成"元"，华嵒的"嵒"错写成"岩"。南宋莲城邑士李仲虺的创作情况，错放到元代文学的位置。

增补材料。清代杨澜《汀南廛存集》的相关资料，原从厦门大学图书馆抄录，由于版本破损严重，字迹模糊并有缺页，难以准确统计诗歌篇数，也未进行分析阐述。近期从北京国家图书馆查阅得更完整准确的资料，因此补充完善了作品统计与特点分析。

近年来搜集到的客家民间文学论文论著越来越多，比如练建安的《客家民间说唱文本《〈赵玉麟与梁四珍〉初探》，邹文清的《寻找"状元"赵玉麟 ——兼谈客家移民与原乡文化的关系》，参观湖坑土楼时还购得李永华、李天生编的《客家山歌诗选》，因此于客家民间文学部分补充"送郎过番""客地说唱文学"一节。

上杭客家族谱博物馆建成开放后，笔者参观木偶展厅，看木偶戏表演，也与木偶戏研究学者梁伦拥、表演艺术家李艳玉夫妇成为好朋友，看了他们的不少博文和演出。刘佳柳、何志溪主编的《闽西汉剧传统剧本选》收集了大量的剧本资料，于文化遗产保护功莫大焉。本书是否要增加一个章节介绍客家傀儡戏与闽西汉剧？笔者犹豫许久。在梁伦拥、何志溪、刘佳柳等专家和出版社的支持下，笔者参考上述相关资料，增加了第八章。

由于本书名为福建客家古代文学史，时间下限在一九一九年"五四"运动前后，因此，许多内容不宜展开，留于将来的现当代客家文学史。

总之，经过修订，读者将获得更为完善的一部文学史。

对本书的修改和补充给予帮助的朋友，笔者感激不尽，谨在此一并致谢！

2018 年 8 月 20 日

序

关于客家文学与客家文学史，我曾经提出三个方面的问题。

一是客家文学和客家文学史的界定，即如何认定客家文学、客家文学史的构成。作为民系和地域的文学，应该有自身的特质。要界定客家文学和建构福建客家文学史，要厘清并排除那些不属于其特质的元素。我曾经提出过几个方面的考虑，供兰寿春君参考（见拙文《关于客家文学与客家文学史的几点思考》）。这也是我对客家文学和客家文学史的看法。

二是要确定客家文学形成的起始时期和分期。客家文学的发轫，与客家民系的形成期有关。但是，关于客家民系的形成，学术界有不同的看法。撰写客家文学史，首先要确定客家文学产生的时期。兰寿春君选择将唐宋期作为客家文学的发轫时期，与罗可群"赞同客家民系形成于唐宋间这一看法"的观点是一致的。从他的论述来看，实际也是从唐代开始的。这个界定或许有人不赞同，但作为客家文学史的上限，我认为还是比较稳妥和合适的，在客家学的论证上也是可以成立的。关于客家文学史的分期，我曾建议不要依照一般中国文学史按朝代分期的做法，应该考虑客家民系形成、发展的实际情况来进行划分。现在兰寿春君把福建客家文学发展史分"客家民系孕育时期的文学状况""客家民系形成时期的文学创作""元代福建客民大迁徙时期的文学""福建客家民系发展时期的文学""福建客家民系壮大时期的文学""近代福建客家文学的演进与新质"等几个方面论述，既符合福建客家民系变迁的历史，也符合福建客家文学发展的实际。

三是应该把客家文学和客家文学史置于中国古代文学的大背景中来考察。这一点，兰寿春君还是有所注意的。虽然还可以结合得更深入一些，如在中国古代文学发展运动的规律性的背景下考察客家文学作为中国文学的一个部分是如何受到大文学背景的影响的；一些作家在古代文学史上占有一定地位，他又是客家文学作家，二者是如何融合为一的。对此，兰寿春君还是努力揭示它们的内在机制和融合性，进行了有益的探索。

研究客家文学史，还是应该从作品出发。兰寿春君的这部《福建客家文学发展史》建立在对客家文学作品的广泛搜集、整理和研读的基础上。兰寿春君研究客家文学有年，特别注重对客家文学作品的搜集整理。前两年，他从福建闽西的客家文学作品入手，集中收集了闽西客家文学作品，都为一集。随后，又把视野拓展到整个福建省，完成了福建客家文学作品的搜集，编成出版《福建客家古代文学作品辑注》，该书时间跨度从唐代开始，一直到清代，文体包括诗、词、文、赋、小说、民歌多种体裁，这为我们了解福建客家文学创作的大体面貌提供了材料。有了对作品的深入研究，其文学史的论述也就不会是架空之谈。

纵观兰寿春君的研究，他对福建客家文学的代表作家、作品的把握比较准确，分析也相当深入。有的作家，其在中国古代文学史的发展长河上可能不是非常突出，然而，在福建客家文学发展史上却举足轻重，如郑文宝、李世熊、周亮工、黎士弘、丘复，兰寿春君对他们的论述颇为精当，从民系文学的角度给予肯定和评价，弥补了一般中国古代文学史的不足。此外，兰寿春君对于福建客家文学中的传记、小说、山歌、民间故事甚至童谣都加以注意，亦为难能可贵。

广东已出版《广东客家文学史》，江西已出版《客家文学史纲》，兰寿春君的这部《福建客家文学发展史》，弥补了福建客家文学研究的不足，对于研究福建客家文学和福建客家文化都有极大的帮助。洵为可喜可贺也。

受兰寿春君之嘱，谨为之序。

郭　丹

2012 年 10 月 30 日

于福州适斋

（序者系福建师范大学文学院教授、博士生导师，从事中国古代文学、古代文论和客家学的研究与教学。现为福建师大闽南科技学院院长）

目录

绪论　福建客家的历史变迁
与文学分期

客家文学是具有客家人文特征的文学，是客家文化的重要组成部分。无论是民间文学，还是文人的诗文词赋小说戏剧，都以形象生动的语言文字反映人们的社会生活，咏唱他们的喜怒哀乐，抒写他们的奋斗历史与精神追求，是一个民系文化最灵动、最富有情感的表现形式。客家文学的发展与客家民系的孕育、形成与发展相伴相随，可以说，一部客家文学史就是客家民系的心灵史、发展史。客家是汉民族的一个支系，客家民系孕育于唐五代，形成于宋代，因此，客家文学不像中国文学发展的历史要从远古神话开始说起，她的起点就是中国文化已经很成熟了的唐诗宋词时代，探讨福建客家文学发展的历史，就让我们从唐五代福建客家的孕育历史开始着笔。

一、福建客家的历史变迁与地域分布

福建客家的历史，要从客家祖地——唐代闽西汀州的建立说起。

开发前的汀州原野属于福抚山区的光龙峒，这里地处赣闽粤三省交界地区，是武夷山脉的最南端，到处是丘陵山地，交通不便，人口稀少，原住民主要是闽越族和畲族，与中原缺乏联系，比较闭塞。但这里气候温暖，河网密布，竹树茂密，山地资源丰富，丘陵间的小块盆地以及汀江河畔的冲积平原也适于农耕。西晋太康三年（282 年），朝廷曾在此设置新罗邑，这是闽西有行政区划的开始。但是，新罗邑的建置仅经历 186 年就废置了，闽西成为政府管辖的"真空"状态。由于这里的闽越族和畲族不入户籍，向来不交赋税，因此引来不少"遁逃户"——为躲避战乱和苛捐杂税而从外地来到这里的中原汉人。

唐朝经过"贞观之治"的经济与文化发展，国力强盛、疆域广阔，福建的开发与建设也紧跟时代步伐。景云二年（711 年），朝廷设立闽州都督府，领有闽、建、泉、漳、潮五州。潮州紧邻漳州，但潮州境内韩江的上游（或说源头之一）却是闽西的汀江。汀江发源于宁化与长汀交界的赖家山，流经长汀、武平、上杭、永定，在梅县三河坝与梅江一起汇入韩江，经潮州流入南海。闽西与潮州可谓是同饮一江水的近邻。因此，漳州、潮州的建立与发展，势必对闽西产生直接影响。

"开元盛世"时期，福州都督府开始对"山高皇帝远"的闽西山区加强管辖，唐开元二十四年（736 年），"福州长史唐循忠携引诱遁逃户三千余置郡"①，这三千余"遁逃户"就是汀州最早在籍的客家先民。

《临汀志·建置沿革》载："唐开元二十四年，始开福、抚二州山峒置汀州，取长汀溪名之。"建州之初，汀州领长汀、黄连、新罗三县。天宝元年（742 年），汀州改名为临汀郡，黄连县改为宁化县，新罗县改为龙岩县。乾元元年（758 年），临汀郡复名汀州。大历四年（769 年），置上杭场。大历十二年（778 年），龙岩县改隶漳州，以建州之沙县来属。

晚唐爆发了黄巢农民起义，五代时中原又陷入动乱纷争，大量北方汉人进入江西、福建，有的辗转来到汀州地区。五代时，闽王王审知（862—925 年）统治福建，汀州属闽管辖。南唐中主李璟于保大三年（945 年）打败闽王，据有闽地。次年，割沙县属剑州，同年置武平场。

两宋时期，汀州又更名为临汀郡（民间仍习惯称汀州）。北宋时期，临汀郡人口增长迅速。据《太平寰宇记》载，宋太平兴国五年（980 年）至端拱二年（989 年），临汀郡有 24007 户（主户 19730 户、客户 4277 户）。《元丰九域志》载，北宋元丰（1078—1086 年）时，临汀郡已有主户 66157 户，客户 15299 户。元丰六年（1083 年），时任临汀郡守的陈轩赋诗"十万人家溪两岸，绿杨烟锁济川桥"，描写了郡所在地长汀县城人口密集的情况。这一时期，临汀郡除了管辖长汀县、宁化县，还于淳化五年（994 年）增设上杭县、武平县，于元符元年（1098 年）增设清流县。

时至南宋，全国政治经济文化的中心转移到杭州，北方人口大量南迁，毗邻浙江的福建迎来重大的发展机遇。庆元《临汀志》载，南宋庆元时（1195—1201 年），临汀郡主客户达到 218570 户，主客丁（16 岁以上男子为丁）有 453231 人，这时主客之间的融合已到不能分开计算的程度。《宋史·地理志》记载，南宋宝祐中（1253—1258 年），临汀户数达 223432 户、男丁 534890 人，比唐代设置汀州时增加近 22 万户。若每户以五人计（妇孺计入），则总人口有百万之数。绍兴三年（1133 年），增设莲城县。至此，临汀郡管辖长汀、宁化、上杭、武平、清流、莲城共六县，此六县都是纯客家县。

个县人口的增长，以宁化为例，据客家学专家刘善群统计，唐至北宋末期，迁入汀州宁化县石壁的流民就有 74 个姓氏，南宋时又新迁入 38 姓②。又据《中国人口·福建分册》载，唐天宝元年（742 年），宁化人口 5000 人；北宋元丰三

---

① （宋）胡太初修：《临汀志·户口》，福建人民出版社 1990 年版，第 21 页。
② 张恩庭、刘善群：《石壁与客家》，中国华侨出版社 2000 年版，第 27 页。

年（1080年），15000人；到南宋宝祐年间（1253—1258年），上升至11万。石壁，村子不大，田亩不多，却是南迁汉人由赣入闽的第一个"桃源驿站"。现有100多个客家姓氏族谱都记载其入闽始祖曾经在石壁居住过，成为闽西是客家祖地的明证。也正因为如此，唐宋时期的宁化县得中原文化风气之先，涌现众多进士与文化名人，成就奇特的"宁化现象"。

唐代至北宋末，汀州的人口不断流动、增加，南迁汉人与土著居民共同生活劳动在汀江两岸与山间盆地，他们在风俗、习惯、经济等方面形成社会生活共同体。以中原汉语为母语的南迁汉人，在迁徙途中受到吴方言、赣方言的影响，来到汀州后，长期与闽越族、畲族百姓杂处，因此又吸收了当地的方言词汇，于是，北宋时期，独特的客家方言已经形成。南宋时期，南迁汉人更多迁入闽西，临汀郡人口达到100多万。为了解决众多人口的吃盐问题，南宋绍定年间，郡守李华、长汀县令宋慈向朝廷申请，准许汀州改食潮盐。于是开辟汀江航运，潮州的食盐、海产通过韩江转运汀江，发送到闽西各县城乡；闽西各县的粮食山货土产又通过汀江沿线的众多码头运输到潮州汕头沿海出售；甚至赣南地区的粮食也通过瑞金进入汀江航运，赣州、汀州与梅州、惠州、潮州的联系更加密切。汀江不仅成为客家地区经济发展的纽带，也成为客家文化形成与播衍的重要载体。客家文化研究专家罗美珍、邓晓华从语言学角度研究认为："这群社会生活共同体与中原汉人隔离疏远，与当地住民却往来密切，共同开发了这片山区。在这种客观环境的变更和客、土文化交融下，这一群体的语言发生了不同于中原汉语的变化，既有继承古汉语的一面，又有独自的变化发生。表现在语言、词汇、语法方面，都有一些不随中原汉语发生相同和同步变化的现象。有自己的发展方式，终于演变为汉语的一个方言。这个群体也就成了汉民族的一个支系——客家。"[1]经过长期的交往、融合，中原南迁汉人与当地土著融合，孕育出有别于汉族其他民系的语言、风俗、品性，最终形成个性独特的客家民系。北宋时期，客家方言形成；至迟在南宋社会的稳定时期，客家民系正式形成。

罗香林先生认为，"客家这一系统的形成，大体已晚在五代至宋初"[2]，这是有一定道理的。因为北宋时期客家方言已经形成，客家方言的形成是客家民系形成的标志。但本书认为，客家民系形成于宋代的提法比较稳妥，也比较符合实际。因为宋初60多年间，包括主户19730户、客户4277户，汀州总户数才24007户（《太平寰宇记》）。这主客户之别，说明一部分迁入汀州的汉人（客户）居住时间还不长，还未从客户变成主户。从主户的情况来看，总人口也不会超过10万。

---

[1]罗美珍、邓晓华：《客家方言》，福建教育出版社1995年版，第7页。
[2]罗香林：《客家源流考》，中国华侨出版社1998年版，第41页。

与当地闽越族、畲族的 10 万人口相比，这也不占优势。民系的形成光凭方言是远远不够的，还需要一定量的人口、经济和多方面文化的支撑，再通过相当长时间民系内部的交流合作，形成民系文化的共识与默契。放眼整个宋代，这些条件都具备而且成熟了。客家文化研究专家谢重光《客家源流新探》认为："既然南宋时客家人已经形成共同的地域，共同的经济生活，共同的社会心理素质，共同的语言——客家方言，那么，肯定客家民系至迟在南宋已经正式成立，应是较合宜的。"①

两宋时期的福建客家并不只生活在闽西的汀州地区，这里的闽西是广义的概念，指福建西部与赣、粤交界的武夷山南部地带。客家先民主要从赣南经由闽西和闽西北进入福建，因此，两宋时的邵武军（今邵武、建宁、泰宁、光泽等县）、南剑州（含今南平、将乐、沙县、顺昌等）等都是客家人的聚居区或半聚居区（非纯客家县）。以邹应龙家族为例，邹氏祖籍河北范阳，唐贞观年间，邹氏先祖邹恒携族人由安徽南下入闽，分居泰宁、建宁，成为早期到达闽西北的客家先民。到宋代，泰宁邹氏已成为望族，邹应龙、弟应麟、从弟应博先后进士及第，达到鼎盛时期。宋理宗绍定年间，邹应龙率族人流寓汀州，留下歌咏汀州山水民情的诗歌《珠峰映翠》《登谢公楼》，其子六郎、七郎、九郎定居长汀四堡鳌峰山，子孙繁衍。《汀州府志》《长汀县志》均记载事迹，其族人后裔至今联络不断。

元、明、清三代是福建客家民系的辐射、发展和壮大时期。两宋时期，客家人在汀州及其周边地区拥有稳定的生活环境和文化环境，形成客家民系。然而时至元朝，汀州客家人又被迫挑起行囊远走他乡。其原因有三：

一是元蒙统治者的残暴与掠夺。《元史》载，至元十五年（1278 年），"升汀州为路"，隶福建行省。至元十八年（1281 年），以汀州路之长汀等六县为元世祖忽必烈的女儿囊加真公主赐地，"分拨汀州四万户，计钞（银）一千六百锭，为鲁国公主岁赐。"《临汀汇考》载："世祖女囊加真公主下嫁于罗陈，以汀州路长汀、宁化、清流、武平、上杭、连城为公主赐地。六县之达鲁花赤（蒙古语，长官）听其陪臣自为之。"公主家臣实行残酷的经济剥削和民族歧视，客家人难以忍受其为非作歹。

二是反元斗争的失败。元蒙统治者的剥削掠夺激起了汀州人民的强烈不满和反抗。《元史》记载了汀州人民抗元斗争的七件大事，较大规模的有至元十七年（1280 年）汀漳廖得胜起义，至元二十三年（1286 年）畲民钟明亮起义，至正六年（1346 年）莲城罗天麟、陈积万起义。罗天麟的起义军曾一度占领莲城县、长汀县（汀州路官府所在地），后遭残酷镇压。从此，"莲城"改名为"连城"，

---

①谢重光：《客家源流新探》，福建教育出版社 1995 年版，第 178 页。

寓"去草寇之意""。

三是自然灾害。《汀州府志·祥异》载，至元五年（1339年）六月，长汀大水灾，平地水深三丈余，汀民溺死8000余人；元顺帝（后）至正四年夏（1344年），汀州大瘟疫；至正十四年（1354年），汀州大饥荒。天灾人祸接踵而至，汀州遭到前所未有的大浩劫，客家人只能背井离乡。

元代，大量汀州客家人从上杭（当时尚未设永定县）、武平进入广东的梅州、循州和惠州。光绪《嘉应州志·丛谈》记载元初客家移民于梅州的情形云："闽之邻粤者，相率迁移来梅，大约以宁化为最多。"黄遵宪《己亥杂诗》其二十四自注，"客人来梅，多在元时"，"今之州人，皆由宁化县之石壁乡迁来"。一部分客家人则从上杭进入龙岩和龙溪、漳浦三县交界的山区，使得该地人口迅速增加，因为该地险远，朝廷遂于至治二年（1322年）设置"南胜"县，辖今南靖、平和全境及云霄部分地区，隶于漳州路。元至正十六年（1356年），南胜县治北徙双溪口（今南靖县靖城），改县名为南靖，辖地如故。

由于人口大量流亡，汀州户口数大为减少。《元史·地理志》载，至顺元年（1330年），汀州路的户口数为41423户，比南宋宝祐年间减少18万户。元代的客民大迁徙，是客家民系形成之后民系内部的流动与辐射。他们把成熟的客家方言、稳定的客家民俗、牢固的民间宗教信仰及先进的农耕技术带到新的居住地，在那里开始新一轮的创业与发展。

明清时期，社会环境相对稳定，客家民系得到发展壮大。在一些特殊时期，福建客家又出现几次大迁徙：

一是迁徙台湾的移民潮。明末清初，郑成功据台期间，大批闽粤客家子弟迁往台湾，形成第一次迁徙台湾的移民浪潮。清朝平定台湾后，鼓励内地百姓开垦台湾，于是从康熙中期到中日甲午战争之前的一百多年间，大批福建客家人迁往台湾，形成福建客家第二次迁台浪潮，至今在台祖籍福建的客家人氏大多为这一时期移民的后裔。

二是"湖广填四川"的移民潮。清初康乾时期，相对和平安宁、少有战乱的赣闽粤客家大本营地区人口增加很快，生存发展空间有限，人满为患。于是，借清初"湖广填四川"之机，大量福建客家人迁移到四川以及西南的桂、湘、黔各地，也有倒迁入赣，直至浙江的，形成南下北上的局面，客家人散居的范围扩大。

三是太平天国运动失败后，许多福建客家人移居东南亚，甚至世界各地，福建客家人的足迹也因此遍布五洲四海。

根据有关资料统计，当代全世界客家人分布在五大洲近百个国家和地区，总人数超过一亿。中国大陆客家总人口有 5000 多万^①，其中，福建客家人口约 400 万，主要分布在闽西的八个纯客家县——长汀、宁化、清流、明溪、连城、上杭、武平、永定；十四个非纯客家县市——崇安、光泽、邵武、顺昌、建宁、泰宁、将乐、沙县、漳平、龙岩、南靖、平和、诏安、永安^②。闽西是三大"客家大本营"之一，集中了福建全省八个纯客家县，客家人口超过 300 万^③，占福建客家人口总数的 80%，这也是本书重点阐述闽西客家文学发展历史的原因之一。

二、福建客家文学发展的历史分期

福建客家文学作品浩如烟海，史志所载和私家著述都很丰富。据目前已搜集的《临汀志》《八闽通志》《汀州府志》《汀南廑存集》《杭川新风雅集》，清代版或民国版的客家各县县志，部分个人诗文集粗略估计，仅文人诗歌就有几万首。这些作品都是福建客家珍贵的文化遗产，也是我们了解福建客家文学发展历史的重要窗口。

福建客家文学是中国汉民族文学的一部分，她既有中原汉族文化的普遍特征，又有客家民系的独特个性。因此，福建客家文学发展的历史，一方面受中原文化大背景的影响；另一方面，又与客家民系的形成和发展一样，经历了曲折而渐进的过程，具有许多地域特点和人文特色。福建客家文学孕育于唐五代，形成于两宋，发展于明清，近代是客家文学的演进与新质时期。

福建客家文学史，不是文学通史，也不是断代史；不是单纯的地域文学史，也不是某个民族的文学史。它是以客家人为创作主体的文学史，是汉民族中一个民系的文学史。因此，本书根据福建客家民系孕育、形成、迁徙、发展、壮大的历程来分别介绍各时期的文学状况及其特点，民间文学则单独辟章进行介绍。

（一）福建客家民系孕育时期的文学状况

唐五代是客家民系的孕育时期，这一时期闽西地区文化的传播者和文学创作的主体是前来汀州各县仕宦的官员和流寓的诗人。相传唐代诗人张九龄曾流寓新罗邑，留下《题谢公楼》诗。中唐时期著名文人元自虚、韩晔、蒋防曾担任汀州

①张佑周、陈弦章、徐维群：《客家文化概论》，文联出版社 2002 年版，第 5 页。
②刘善群：《客家与石壁史论》，方志出版社 2007 年版，第 149 页。
③吴复文：《海峡客家论集·闽西在客家世界的地位》，四川民族出版社 2011 年版，第 70 页。

刺史，他们重视文化教育，也和文友诗歌唱和，遗憾的是，现存史志没能保存他
们在这个时期创作的文学作品。晚唐、五代时，著名诗人韩偓、徐夤曾流寓汀州，
留下不少反映民生疾苦以及民俗物产的诗歌。

唐代汀州唯一的进士是宁化人伍愿（后改名正己）。伍愿于唐宣宗大中十年
（856年）登进士第，曾任临州（今甘肃临洮）尉，官至御史中丞。唐代进士考
试以诗赋为主，因此可以说，伍正己是福建客家第一个有史记载的在文学上出类
拔萃的先民。遗憾的是，伍正己的文学作品没能流传下来。

五代时期客家先民的文学创作，现存史志典籍只载有伍昌时父子和梁藻三人
的诗歌。伍昌时，五代闽时为王审知的偏将军。王审知据汀州，昌时随之居宁化
麻仓里，成为定居宁化的早期客家先民。《汀南廑存集》保存了伍昌时的《写怀》
及其子伍德普的《答友》诗各一首。梁藻，五代末长汀人，先世由章贡入闽，祖
父捷，仕闽为仆射，充本州总管使；父晖，为南唐总殿前步军。梁藻博学多记，
性乐萧散，不倚父亲权势，三举礼部未成名，于是杜门自适。《临汀志》载其有
诗一编《梁处士集》，其中《题南山池》诗一首，描写他悠然自得的处士生活：

> 翡翠戏翻荷叶雨，鹭鸶飞破竹林烟。
>
> 时沽村酒临轩酌，旋碾新茶靠石煎。

唐五代时期福建客家先民的文学作品流传甚少，我们今天仅能从宋代胡太初、赵
与沐修纂的《临汀志》和清代杨澜所编的《汀南廑存集》中寻得吉光片羽，从中
窥见当时文学创作的侧面。

（二）福建客家民系形成时期的文学状况

客家民系形成于两宋时期的赣闽粤三省交界山区，中心地域是汀江流域的汀
州地区。

在客家民系逐渐形成的两宋阶段，文学创作有两个特点：

一方面是前来汀州各县仕宦的官员和流寓的诗人仍占重要地位。他们不但重
视地方的学校教育和人文涵养，还以自身的文学创作引领并激励汀州客籍文人的
创作。元丰（1078—1085年）时，临汀郡守陈轩、通判郭祥正等人常于公务之
余与文人同游山水，以同一题材邀请诗人名流题诗唱和，留下许多名作。其中载
于《临汀志》的《苍玉洞》同题诗就有五首，如陈轩的诗[①]：

> 截断苍山百尺崖，峥嵘相倚洞门开。
>
> 天生只隔红尘路，不碍溪云自往来。

[①]（宋）胡太初修：《临汀志》，福建人民出版社1990年版，第41页。

此诗描绘汀州名胜苍玉洞的高耸险峻，抒写自己遗弃"红尘"名利，徜徉山水的悠然自得，昭示自己清廉自守的人格。宋代两位著名爱国诗人、民族英雄李纲、文天祥都曾来过汀州，留下许多诗篇，"他们在福建的活动和创作，对爱国思想的传播，对诗歌创作的推动，作用都是巨大的"①。

另一方面，客籍作家文学创作的诞生可以从四个角度进行观察：

一是人文鼎盛的"宁化现象"。有"客家祖地"之称的宁化县颇得中原风气之先，取得骄人的人文成就。查《八闽通志》，宋代进士中，临汀郡的进士总数是 59 人，其中，宁化县籍有 30 人（比长汀县多出 3 人）；另有特奏名 100 人，宁化县籍的有 35 人。宋代宁化进士中，伍愿家族先后有 7 人中进士，其他伍姓的进士有 4 人，特奏名 15 人。客家偏僻小县人文如此彬彬，笔者称之为"宁化现象"。这种现象足以说明形成于宋代的客家民系文化起点较高，耕读传家、崇文重教观念在客家民系形成之时就成为共识。

与此相关的，就是文学创作的大量出现。福建客家文学史上第一个重要诗人，是宁化客籍诗人郑文宝。郑文宝是太平兴国八年（983 年）进士，累官至工部侍郎，文章干略俱优，尤长于诗，颇得名贤的推崇。《临汀志·进士题名》载：郑文宝曾作《题猴氏山》诗："秋阴漠漠秋云轻，猴氏山头月正明。帝子西飞仙驭远，不知何处夜吹笙？"大文学家晏殊取白居易语书其后曰："此书在在处处有神物护持。"郑文宝《题绿野堂》诗云："水暖凫鹭行哺子，溪深桃李卧开花。"欧阳修认为其艺术"不减王摩诘、杜少陵"（《六一诗话》）。郑文宝创作勤奋，有《郑文宝集》三十卷、《谈苑》二十卷。清代史学家杨澜在《汀南廑存集·自序》中说："闽有诗人，自唐欧阳行周始；汀有诗人，自宋郑仲贤始。"②

二是宋代理学诗人的创作。宋代理学发端于北宋，成熟于南宋。南宋最重要的理学家有杨时、罗从彦、李侗、朱熹，并称"闽学四贤"。他们都生长在福建，主要在福建传播理学，因此南宋理学又称"闽学"。这些理学家虽然专注于研究天人性命之理，但这些为人做事的修养功夫并不影响他们的诗文创作。例如杨时（1053—1135 年），字中立，号龟山，将乐县客家人，北宋熙宁九年（1076 年）进士。杨时拜程颢、程颐为师，一生精研理学，他"倡道东南"，对闽中理学的兴起有筚路蓝缕之功，后人尊之为"闽学鼻祖"。他的诗文著述很多，主要收在《杨龟山先生文集》中。再如长汀客家人杨方，字子直，号淡轩，隆兴元年（1163 年）进士，是朱熹的入室弟子。杨方的创作以议理散文为主，其诗亦有可观，如《送长汀簿张振古解印归》二首赞赏张振古"精刚""耿介"的性格，赞颂他不忍

---

① 陈庆元：《福建文学发展史》，福建教育出版社 1996 年版，第 127 页。
② （清）杨澜：《汀南廑存集》，同治癸酉（1873 年）刻本，厦门大学图书馆收藏。

苛刻百姓愤而辞职的正直爱民之举。这些理学名家身边都围绕着一批文人弟子，诗文成就亦不可小觑。

三是长汀客家诗人。长汀县是临汀郡治所在地。宋代长汀诗人主要有进士梁颢、吴简言、王宗哲，隐士邓春卿等。梁颢于北宋咸平三年（1000 年）中进士，"博洽能文"①。邓春卿，字荣伯，是陶渊明式的隐逸诗人，崇宁（1102—1106年）、大观（1107—1110 年）年间诏举遗逸、八行（孝悌等八种德行），邓春卿皆不就，卜筑南山，以躬耕吟诵为乐，有诗文三卷。临汀郡守章清曾亲访邓春卿，邓作《谢章郡守过访隐庐》②：

> 在巷愧无颜子志，过庐难称魏公心。
>
> 望尘不敢希潘岳，云满山头雪满簪。

诗以颜回、魏景卿自比，婉言辞谢朝廷的诏命，塑造了一个满头白发、不慕荣利的高士形象。

其四是沙县客家诗人。唐大历十二年（777 年），沙县隶属汀州，五代后汉乾祐元年（948 年），改属剑州（今南平市）。唐宋时期，沙县及其剑州所属的县份都有许多杰出的客家诗人。例如沙县人陈世卿，字光远，北宋雍熙二年（985年）进士，官至秘书少监，知广州，卒后赠吏部尚书；其子陈偁于天圣八年（1030年）中特奏进士，父子皆有诗歌存世。两宋之际，爱国诗人李纲与沙县诗人邓肃结为忘年之交，与陈瓘、陈渊、罗畸也交往甚密，陈渊与罗从彦又都从师于杨时，是同窗好友，于是形成以李纲为中心的诗人群体。例如邓肃（1091—1132 年），字志宏，自号栟榈居士，李纲贬沙县监税时，邓肃、陈渊等与之诗歌唱和，创作了许多描绘沙县秀美山川的诗歌。宣和中，邓肃在太学，作《花石纲诗十一章》，讽刺朝廷的劳民伤财之举，颇有坚持正义、不惧邪恶的硬项精神。他的词以婉约为主，清新隽永，富于情致。所著《栟榈集》十六卷，后被收入《四库全书》集部，《四库全书总目》（提要）评其"大节与杜甫略相似""在南北宋间，可谓笃励名节之士"③。

（三）元代福建客民大迁徙时期文学创作的沉寂

两宋时期，福建客家文学呈现出强劲的破土萌芽之势，有元一代却出现了历史性的逆转。元蒙征服者在汀州屠杀掳掠，严重摧残了社会生产力，自然灾害也使人民不能安居乐业，世代安居于汀江两岸的客家人不得不辗转避难，有的进入

① （宋）胡太初修：《临汀志》，福建人民出版社 1990 年版，第 148 页。
② （宋）胡太初修：《临汀志》，福建人民出版社 1990 年版，第 159 页。
③ （清）永瑢等撰：《四库全书总目》，中华书局 1965 年版，第 1352 页。

今天漳州境内的南靖、平和，更多的迁徙到广东的梅州、循州、惠州。人口流亡，汀州户口数大为减少，据《元史·地理志》载，至顺元年（1330 年）汀州路的户口数为 41423 户，比南宋宝祐年间锐减 18 万户。不到一百年的汀州，上演了一场场多么凄凉的人间悲剧！

人口流离与经济萧条极大压抑了客家文学的生长，整个元代福建客家文学创作衰微。《八闽通志》载，元代 90 年间，福建中进士者 35 人，其中汀州路仅 2 人：一是邹大观，清流人，历官大理评事；二是詹子微，上杭人，历官连城主簿。查《汀州府志·文苑》，元代文苑人物中有清流客籍诗人雷绅（字友绥），历官江西湖东道，府志载其"工词赋，卓荦绝伦，遨游京国间，声名大震"[①]。《汀州府志·隐逸》还说元代连城客籍隐逸诗人沈得卫"善歌诗"，著有《东崖樵唱集》。可惜他们的作品都已经失传。

现存元代描写汀州的诗歌，作者多是仕汀官员和避难入汀的中原人士，如陈有定、丁继道、尹廷高、王梦麟、卢琦。卢琦的诗《抵宁化县》《汀州道中》真实反映元代"兵火"之后，汀州田园荒芜、民不聊生的萧条景象，可谓诗史。

（四）福建客家民系发展时期的文学创作

明代是福建客家民系的发展时期。明朝建立后，社会趋于安定，民生复苏，福建客家人口回升，经济发展，文化事业长足进步。查《汀州府志·选举》，明代汀州府中进士者 51 人，中举者 262 人。这时期的客家文学也进入一个茁壮成长的阶段，主要表现在四个方面：

第一，客籍作家人数众多，著述丰富，各个客家县都涌现一批优秀的作家作品。《汀州府志·文苑》载明代著述有 74 家，所著达 133 种，文苑传有 15 家。各种史志所载的明代知名客籍作家总数上升到 80 人以上，其中不乏在全国有影响者。比如沙县人陈山，明洪武二十七年进士，官至户部尚书、谨身殿大学士，明成祖时参与编修《永乐大典》，明宣宗时任《两朝实录》总裁官。宁化人张显宗，洪武二十四年进士，殿试第二，皇帝特赐状元，官至交趾布政使，著有《忠义录》《警愚录》和《遗集》二卷。长汀人郝凤昇，明正德六年进士，授大理寺评事，他秉公执法，坚决与刘瑾余党斗争，昭雪不少冤案，被誉为"郝铁笔"，诗作有《九龙诗刻》，著名古文家茅坤盛赞其诗"出风入雅，疏旷豪爽"。清流县人赖世隆、伍晏、叶元玉、裴应章、裴汝甲、李弃，上杭县人胡时、丘弘、李颖、丘嘉周等也是明代著名的诗人。

---

① （清）曾曰瑛修：《汀州府志》，方志出版社 2004 年版，第 667 页。

　　宁化县诗人众多，杰出人物当数明末清初的李世熊。无论人品气节还是文学成就，他都是客家文人的优秀代表。李世熊（1602—1686年），字元仲，号寒支，明末曾拜黄道周为师。清军入闽后，李世熊隐居泉上，坚决拒绝清朝官员的利诱与恫吓，专心读书、著述，是一位很有骨气的文人。

　　李世熊的诗文主要保存在《寒支初集》《寒支二集》中，共计诗歌602首，赋1篇，序、论、记、传等各体散文共426篇。李世熊的诗歌气势雄大、想像怪奇，既描写自己的读书生活（如《石巢》），又歌咏客家地区的山水名胜（如《嘲九龙》《美女峰》《紫金山》），其感怀现实的诗尤为深刻，如《谢烈妇》《闻说马上俘妇》，反映了一个正直、有良知的知识分子对社会的批判精神。李世熊受明代中叶文学复古思想影响甚深，"六经、诸子百家靡不贯究，然独好韩非、屈原、韩愈之书"（《清史稿·遗逸二》），因此他的散文具有秦汉诸子散文扬厉好辩和韩愈散文艰涩古奥的特点。

　　第二，歌咏家乡山水风光的系列诗歌不断涌现，客家特色更为显著。如邓文铿的《大湖八景诗》、马驯的《鄞江八景诗》、丘弘的《杭川十咏》、陈喆的《归化八景诗》。张瑞钟有歌咏平和大峰山的系列诗歌，李颖收集宋元时期上杭籍诗人的作品汇编成《杭川风雅集》传世，对保存本土诗人的作品做出贡献。

　　第三，作家的爱国爱民思想与文学创作相呼应，写出时代的强音。明末的揭春藻、李鲁、刘廷标等人直面生与死的考验，拒不降清，英勇殉国，他们的诗歌表现了强烈的民族气节和爱国情怀。

　　第四，文学体裁较前代丰富。明代文学在原来诗词样式的基础上，文学散文和赋大量增加，这是客家文学的一大进步。丘嘉周的游记散文《金山记》描写上杭紫金山的风物特色，极富文采。李庆的《东皋清隐赋》、陈喆的《龟山赋》都是赋中的佳作。

　　明代仕宦或流寓福建客家地区的外籍官员、诗人也著述甚丰，影响很大，对客家文学的发展起着积极的促进作用。如吴文度（1441—1510年），字宪之，号交石翁，晋江人，成化八年（1472年）进士，弘治元年（1488年）以南御史迁汀州知府。在汀其间，吴文度"虚怀礼士，敬老怜才"，急民所急，忧民所忧，所作诗《夏雨叹》《喜雨谣》表达了拳拳爱民之心；他又作《勉诸生》诗，鼓励州县的生员勤奋扎实学习。汀州人感激吴文度，自发为其刊印《交石类稿》诗一卷、文二卷。《四库全书总目》（提要）（卷一百七十五·集部二十八·别集类存目二）评其诗文："词旨朴塞。盖文度官汀州知府时有惠政，汀州人为之刊行以志遗爱，是固不以词采论也。"又如徐中行（？—1578年），字子与，号龙湾，浙江长兴人，明中叶文学复古运动的"后七子"之一，嘉靖三十七年（1558年）任汀州知府。他在长汀霹雳岩建"华阳别馆"，与好友宗臣及汀州文士吟咏其间，留下许多精美的诗文。徐中行的文学创作及其复古主张都对客家文学产生深远影响，前面所述李世熊的文学倾向就是一例。

（五）福建客家民系发展时期的文学创作

清代是客家民系的壮大时期，福建客家文学也进入蓬勃发展的阶段。清初至清中叶的二百年间，各种史志所载的知名客籍作家在 90 人以上，形成与明代不同的发展特点。

一是客家文人集团出现。如康熙时期，宁化的李世熊与长汀的黎士弘、上官周，上杭的刘坊等人诗文唱和，互相砥砺，来往频繁，创作出许多诗文，带来清初汀州客家文学的繁荣局面。

二是出现文学理论探讨。李世熊、黎士弘与江西的"宁都三魏"、彭士望等文人交往密切，他们共同提倡文学有用于世的观点。黎士弘在《托素斋诗集自序》中还提出诗歌创作源于作者抒发强烈感情的需要，反对无病呻吟之作，其创作也努力实践这些观点。因此，潘耒评其"诗章一本性情，刊落浮华，始乃刻画，渐进自然"[①]，郑方坤评其"诗格随年而变，大抵刊落陈言，清真朴老"[②]。清代闽人第一个卓有影响的古文家是乾隆年间建宁县的客家人朱仕琇，他的古文理论继承韩愈古文的"养气"说，追求"平易诚见"（《与筠园书》）和"淡朴淳洁之趣"（《答黄临皋书》），得到雷鋐、陈寿祺、谢章铤的肯定和推崇，在省内外都有较大影响。他的弟子龚景瀚、官崇以及再传弟子张绅、高澍然等都在古文方面取得巨大成就。

三是涌现出诗画交相辉映的名家巨擘。清代许多著名客籍画家，不仅绘画名扬海内，诗歌也成就卓著。如上官周有《晚笑堂诗集》，黄慎有《蛟湖诗钞》，华嵒有《离垢集》，李灿有《珠园集》。上官周（1665—1749 年），字文佐，号竹庄山人，是清代康雍乾年间著名画家，与查慎行、黎士弘尤善。曾奉召上京绘《康熙南巡图》，返乡后于长汀县金沙河畔筑画室"竹庄"，绘成《晚笑堂画传》留世，著有《晚笑堂诗集》。《汀州府志·乡行》载其"工诗，尤精于画"。杨澜《汀南廑存集》称赞上官周的诗画："能自出新意，修然蹊径之外，人比之倪云林、沈石田。诗亦风通，美如其画。"

华嵒（1682—1756 年），号新罗山人，是雍乾年间扬州画派的主要画家之一，

---

① （清）潘耒：《托素斋文集序》，黎士弘：《托素斋文集》六卷，齐鲁书社 1997 年版，第 15 页。
② （清）郑方坤：《全闽诗话》转录《本朝诗钞小传》，福建人民出版社 2006 年版，第 450 页。

有《离垢集》五卷传世。《钱塘县志》（康熙版）载其："工人物、山水，能诗、善书，人称三绝。"况周颐《离垢集补抄序》评："其诗落笔吐辞无尘埃之气，江阴顾倚山称其如气之秋，如月之曙；紫山老人比之太阿出水，玉瑟弹秋。盖与书画同工，非书画所能掩。"①

四是文人开始自觉用客家方言进行创作。客家民歌是用客家方言创作的口头韵文，它诞生于唐宋，明清时传唱甚广。悠扬的客家民歌回荡在山间水滨、田间地头、妇孺之口，成为客家百姓文化生活的重要组成部分。优秀的客家民歌也吸引了许多客家文人用方言进行写作，如黎士弘的《闽酒曲》、廖鸿章的《勉学歌》、林宝树的《一年使用杂字》，他们的创作拉近了文学与生活的距离，体现文学为社会、为人生服务的方向；他们用本民系的方言进行创作，体现初步自觉的客家文化意识。钟俊昆先生认为，"赣南的散文，闽西的口头韵文，粤东的小说更有特色"②，虽然只是一个侧面的比较，但却是精辟之论。

五是客家文人热爱家乡山水、保护人文成果的自觉性大大增强。如永定诗人黄日焕、清流诗人雷可升创作了许多自成系列的山水诗歌，武平诗人李梦苡抒写山居生活的诗歌也清新可读。尤其要提到的是长汀文人杨澜，他搜集了五代以至清代嘉庆年间汀州八县文人的诗歌，编辑成《汀南廑存集》四卷传世；他还研究汀州客家的人文历史，编著了很有史学价值的《临汀汇考》。永定诗人巫宜耀的《三瑶曲》以及长汀文人范绍质的《猺民纪略》介绍了客家地区畲族人的生产生活，体现了对兄弟民族的理解与尊重。

六是词的创作要比前代丰富。《天潮阁集》中保存了刘坊的八首词。清代客家词人中最有成就的是马廷鸾，清人丁绍仪《听秋声馆词话》卷二十云："汀人均不讲倚声（填词），为之自司马始。"《长汀县志·文苑传》收录其诗词十余首，多佳品。比如他的【满江红】③：

> 古柏虬盘，枝南向，灵风瑟瑟。长太息，树犹如此，森人毛发。三字居然将狱定，两宫从此无人说。叹当年南渡旧君臣，何肝膲。　时事改，空呜咽。祠宇在，寻碑碣。想横戈跃马，冲冠洒血。万里冰天伤岁月，一家男女矜名节。尚憎他铁像跪门前，污神阙。

这是一首怀古咏史的词，诗人深切怀念民族英雄岳飞，谴责奸臣的罪行。全词情感悲慨、风格雄劲，即使置于宋代名家词林，亦无愧色。

---

① 丘复：《上杭县志》，上杭县地方志编纂委员会 2004 年重印，第 872 页。
② 钟俊昆：《客家文学史纲》，黑龙江人民出版社 2006 年版，第 31 页。
③ 丘复纂，黄恺元等承修，邓光瀛承纂：《长汀县志》，民国三十年（1941 年）铅印本，长汀县志办收藏。

这时期，载于汀州史志并有诗文传世的汀州仕宦官员或流寓诗人，主要有周亮工、彭士望、赵良生、王廷抡、丁澍、曾曰瑛、熊为霖，他们都为客家文学的发展做出巨大贡献。

（六）近代福建客家文学的演进与新质

从1840年"鸦片战争"到1919年"五四"运动，由于帝国主义的入侵，中国逐渐沦为半殖民地半封建国家，抱着救国救民之志的客家人积极投入反帝反封建的斗争之中。这一时期，福建客家文学的内质和外部形态都发生显著变化。

一是反帝爱国诗文的勃兴。建宁县诗人张际亮、长汀诗人康咏、上杭县诗人丘复的作品是这类诗歌的代表。张际亮（1799—1843年），字亨甫，号松寥山人。寓居北京西山寺读书时，他与龚自珍、魏源、姚莹、汤鹏等人交往，与时为河东河道总督的林则徐书信往来。鸦片战争爆发后，张际亮写下大量反帝爱国诗文，如《传闻》《寄姚石甫三丈》《东阳县》《陈忠愍公死事诗》，诗歌主调俊逸豪宕、激切奔放，不落闽派"声律圆稳"的窠臼。张际亮一生创作了大量的诗文，有《张亨甫全集》（文6卷、诗2600多首）、《金台残泪记》三卷、《南浦秋波录》三卷等传世。

丘复（1874—1950年），字果园，别号荷生，自号念庐居士，光绪二十三年（1897年）中举。丘复一生著述丰硕，有《念庐诗稿》十册、《念庐诗话》五卷、《念庐文存》五册、还编辑《杭川新风雅集》《天潮阁集》等古籍多种。他写给爱国志士丘逢甲的诗《仓海君以〈秋怀〉诗索和，此韵答之》（1909年）及《叠前韵再呈仓海君》（1909年），表达了对帝国主义列强侵略中国的强烈愤怒，表达了立志奋斗、振兴祖国的意志，比如他的《四十初度感怀》[①]：

> 识字从来忧患多，壮年曾把剑芒磨。
>
> 儒冠误我思投笔，烽火撄天屡枕戈。
>
> 忽忽百年人易老，茫茫前路海犹波。
>
> 平生梦想今安在，国体共和尚未和。

此诗抒写理想难以实现的苦闷和对民主共和政体的失望，状写了当时爱国知识分子忧国忧民的情怀。

二是咏史诗、讽喻诗的增加。长汀诗人郑蔚珍的《救驾坪》、郑克明的《救驾坪怀古》赞颂明末汀州总兵周之藩不畏牺牲为隆武皇帝护驾的精忠精神，寄寓抗敌御侮的希望。上杭诗人薛耕春担任将乐县教谕期间，劝谕百姓改正"父母有

---

①丘琼华、丘其宪编：《丘复诗文选》，香港天马出版有限公司2005年版，第25页。

疾多不医治，惟祈神作法事赎魂，亲死开筵谢吊"[1]的陋习，对延平府佞佛的社会恶俗也进行了批判，这些诗歌体现了客家文人接受近代新思想后勇于针砭自身陋习的改革精神。

三是出现富于近代气息的"文言合一"的诗歌。梁启超大力提倡"诗界革命"，黄遵宪响应梁启超的号召，提出"我手写吾口，古岂能拘牵"（《人境庐诗草》卷一）的诗歌主张，创作出大量"文言合一"的诗歌，成为"诗界革命的一面旗帜"。在他们的号召下，一些从事新式教育的福建客家文人开始了创新诗歌的实践，上杭包千谷等人的诗歌创作就响应了诗界革命的号召。

（七）福建客家民间文学

客家民间文学是百姓集体口头的创作，生活气息最浓，客家特色最强，在客家文学史上占据重要地位，福建客家民间文学主要包括客家民歌和民间故事。

客家人是唐宋时期从中原南迁的汉人，他们有深厚的中原文化根基，在辗转南迁过程中，他们吸收吴越民歌的文化营养；来到闽西山区后，又向当地畲族百姓学会唱山歌，于是，唱山歌就成为客家百姓重要的文化生活方式。他们用山歌歌唱劳动的欢乐，倾吐生活的甘苦，揭露剥削和压迫，也咏叹爱情的悲欢离合。客家山歌中情歌占绝大多数，这些情歌使用客家方言，即兴创作，语言朴实，感情真挚，最是青年男女的性情之响，如女子赞美情郎英俊的《十八亲哥笑融融》：

> 十八亲哥笑融融，肉色笑起石榴红。
>
> 牙齿赛过高山雪，眉毛赛过两只龙。

这首山歌用比喻之法，既形象贴切，又表达真挚的爱慕之情。又如表达由爱情升华为婚姻时的山歌《桐子开花球打球》：

> 桐子开花球打球，介好情意难得有，
>
> 介好情意难得见，两人行到铁树开花水倒流。

这首山歌使用比兴手法，桐树是客家地区常见的花树，桐花盛开之时，洁白亮丽，花瓣茂密，歌者用来比喻爱情的浓烈、情意的深厚。

长篇叙事诗《看牛歌》和《糖郎歌》是客家民歌的双璧。《看牛歌》叙述放牛娃一年到头的苦难生活，揭露东家（地主）的虐待与欺压，形式上采用月令的民歌样式，从内容和形式上都可以说是《国风·七月》的遗风余韵。《糖郎歌》叙述三姐与卖糖郎争取自由爱情婚姻的故事，用对话推进情节的发展，用对比衬托塑造人物形象，有较高的艺术成就。

---

[1] 丘复：《上杭县志·文苑传》，上杭县地方志编委会 2004 年重印，第 876 页。

　　山歌是成人的歌唱，童谣则是属于孩子的音乐。客家人用教育孩子热爱学习、文明礼貌，教育儿童做人做事。客家地区家喻户晓，至今传承不衰的童谣有《月光光　秀才郎》：

　　　　月光光，秀才郎。骑白马，过莲塘。莲塘背，种韭菜。韭菜黄，跳上床。床无杆，跌落坑。坑圳头，看黄牛。黄牛叫，好种猫。猫头鸡，好种鸡。鸡入埘，好唱戏。唱戏唱得好，虱嫲变跳蚤。跳蚤跳一工，虱嫲变鸡公。鸡公打目睡，天龙走得脱。天龙走忙忙，撞到海龙王。龙王做生日，猪肉豆腐大大粒。

这首童谣突出"秀才郎"形象，教育儿童热爱读书，将来做骑白马、神气十足的秀才郎。用顶针手法列举常见的动植物名称，让孩子"多识于鸟兽草木之名"。

　　客家民间故事主要包括神话传说、历史故事、生活故事以及寓言和笑话。这些叙事文学作品中保留了许多历史资料、民情风俗，体现着客家人的理想、爱憎和智慧，是客家文学的珍贵文化遗产。

　　《汀州府志·艺文》指出："汀自唐宋以来，人文日盛，以阐道、以明学、以考政治、以纪山川名物，莫不彬彬乎质文并茂，为大雅扶轮。"[1]纵观福建客家文学走过的发展道路，一方面，我们看到一个民系的成长过程，也看到鲜活的客家精神；另一方面，品味出客家文学的独特个性。清代史学家杨澜在《汀南廑存集·自序》中指出："汀人之诗，皆山水清音，不必有芬芳悱恻之风。怀香草美人之遗韵，莫不摆落窠臼，自抒性情。"[2]笔者认为，这"山水清音"与"摆落窠臼"，再加上历代客家人关注时事、爱国爱乡的激切豪迈精神，正是福建客家文学的独特个性所在。

三、客家文学的内涵与外延

　　历史上的福建客家主要分布在闽西的汀州八县，包括今天龙岩市所辖的长汀县、连城县、上杭县、武平县、永定县，以及三明市所辖的宁化县、清流县和明溪县，这些都是纯客家县。周边的沙县、将乐、南靖、平和、诏安等十几个非纯客家县也有许多客家人。在这片闽粤赣三省交界的群山之中，曾经涌现了许多卓越的客家儿女，创造了独特的客家文化，也产生了优秀的客家文学。

　　从唐宋以至明清的一千多年间，是福建客家文学诞生和发展的重要时期，涌现许多优秀的作家作品。从目前已知的史志资料看，较早辑录客家文学作品的是

①（清）曾曰瑛修：《汀州府志》，方志出版社2004年版，第751页。
②（清）杨澜：《汀南廑存集》，同治癸酉（1873年）刻本，厦门大学图书馆收藏。

南宋开庆元年（1259 年）胡太初修、赵与沐纂的《临汀志》，其后则是明代黄仲昭修纂的《八闽通志》。清代乾隆年间曾曰瑛修、李绂纂的《汀州府志》保存了较多汀州八县的诗文与著述名录，其中"文苑"部分辑录了宋代和明清著述名录105 家 202 部著作，文苑人物传 37 家；在"艺文"部分又辑录了历代诗歌 198首（题）、赋 9 篇、各体散文 192 篇。道光年间史学家杨澜编辑的《汀南廑存集》四卷，收录了汀州八县五代以迄清代乾隆、嘉庆年间的代表诗人 106 人、诗歌663 首，尤其难得的是，此书还有对作者、作品的精要注释与点评，范围全面、时间较早、选录精当，堪称"客家诗经"。收集一县一地作家作品较多的主要有清代版和民国版的各县县志，数量最多的要数民国时期丘复所编《杭川新风雅集》三十卷，他采集明清以至民国时期的上杭籍诗人就有 459 家，诗歌 6135 首。

从这些历史沉淀的福建客家古代文学材料出发，我们可以从作者、题材和语言三个方面，分别来考察客家文学的内涵和外延。

首先，从作者身份来看，客家文学作者是由客籍作者和客寓作者两类构成。

所谓客籍作者，是指属于客家人身份的作者；客寓作者，指暂时寓居客家地区的非客籍作者，主要是指前来客家地区仕宦的官员，或流寓的诗人。前者是客家文学创作的主体，后者是客家文学创作的附翼。严格地说，在客家文学发展进程中，主体与附翼的关系不是绝对的，它们是一种动态的发展的关系。唐五代时期，由于闽西地处山区，文化相对落后，客籍作家创作的文学作品很少，还是处于孕育与萌芽状态，文学创作的主体是前来汀州各县仕宦的官员，或流寓的诗人。这些客寓作家的创作，对客家文学的产生起着催生和引领的作用。这种文学现象与客家民系孕育于唐五代，形成于宋代密切相关。因为民系的形成，不单是地域的因素，更是文化的因素；只有在客家文化的发展达到一定程度之后，客家文学的大发展与繁荣才有可能到来。这些客寓诗人，他们仕宦、生活在客家地区，同样是客家地区物质文明和精神文明的创造者和建设者，他们的诗文描写客家地区的山水民情、抒写在客家地区的生活情感，认同客家的文化习俗，他们的创作理应属于客家文学的范畴。例如，中唐时期的著名文人元自虚、韩晔、蒋防曾任汀州刺史，唐末诗人韩偓曾流寓汀州；北宋熙宁、元丰年间，临汀郡守陈轩与通判郭祥正、福建转运判官蒋之奇等人游览汀郡山水，他们都写下许多精美的诗歌。如陈轩所作《临汀书事》二首：

居人不记瓯闽事，遗迹空传福抚山。
地有铜盐家自给，岁无兵盗戍长闲。

一川远汇三溪水，千嶂深围四面城。
花继腊梅长不歇，鸟啼春谷半无名。

　　诗咏汀州的开创、百姓的安宁与环境的优美，字里行间洋溢着政通人和、百姓安居乐业、恍如世外桃源的喜悦，历来脍炙人口。北宋末年，著名诗人韦骧、曾肇、洪刍也在汀州留下了诗歌的足迹。南宋著名理学家、诗人朱熹应长汀主簿刘子翔之邀，来汀州东山书院讲学；泰宁进士邹应龙也曾游历长汀，作诗《珠峰映翠》《登谢公楼》。尤其幸运的是，宋代两位著名爱国诗人、民族英雄李纲、文天祥都来过汀州，留下许多光辉诗篇，"他们在福建的活动和创作，对爱国思想的传播，对诗歌创作的推动，作用都是巨大的"[①]。

　　据《八闽通志》和《临汀志·进士题名》记载，宋代临汀郡考中进士的有 59人，另有特奏题名 100 人，说明在客家民系形成的宋代，客家文化的起点是很高的。但是，并非中进士者必然就是诗人，诗人也无须一定要中进士。我们今天所能认定的客籍作家，只能是凭借史志典籍中记载有诗文或诗文集传世的作者进行考量。唐宋时期的闽西客籍诗人主要有梁藻、郑文宝、邓春卿、王宗哲、邓肃、罗从彦、杨方等人。例如郑文宝（953—1013），字仲贤，宁化县人，太平兴国八年（983 年）进士，累官至工部侍郎，文章干略俱优，其诗深得当时晏殊、欧阳修等著名诗家赞赏[②]，有《郑文宝集》三十卷、《谈苑》二十卷等。清代史学家杨澜在《汀南廑存集·自序》中说："汀有诗人，自宋郑仲贤始。"[③]又如理学诗人杨方（1135？—1212？），字子直，号淡轩，长汀县人，隆兴元年（1163 年）进士。杨方慕朱熹理学，中进士后即专程拜谒于崇安，面受所传，成为朱熹的高徒。杨方的创作以议理散文为主，如他的《原心》篇；诗歌也有不少，其《送长汀张主簿纳印而归》二首，见于《临汀志·名宦》，也见于《汀南廑存集》。在这些客籍优秀诗人的带动和影响下，客家地区迎来文学的春天。

　　明代开始，由于社会的稳定与繁荣，客籍作者迅速增加，成为客家文学创作的主体。笔者据各种客家地区的史志统计，知名的客籍作者由唐宋元时的 14 人，增加到明代的 65 人、清代 91 人以上。其中不乏像郝凤昇、李世熊、黎士弘、丘嘉穗、刘坊、上官周、华喦、丘复等大家名家。与此同时，客寓作者如周景辰、吴文度、王守仁、徐中行、周亮工、赵良生、王廷抡、丁淮、熊为霖等，也创作了许多描写客家山水名胜和反映客家社会生活的诗篇。

　　由此可见，客家文学的作者群不单有客籍作者，也有许多客寓作者。客家文学的建设从来不只是客籍作者的孤军奋战。事实上，客寓作者一直是积极参与（有时甚至是领导、推动）了客家文学的建设，才使客家地区的文学出现百花齐放的

①陈庆元：《福建文学发展史》，福建教育出版社 1996 版，第 127 页。

②（宋）胡太初修：《临汀志》，福建人民出版社 1990 版，第 147～148 页。

③（清）杨澜：《汀南廑存集》，同治癸酉（1873 年）刻本，厦门大学图书馆收藏。

繁荣景象。因此，在界定客家文学的作者群时，外延应当从宽一些。倘若以籍贯为唯一标准，把客家文学的作者限定在"客家人"，其结果必然客家文学的丰富性与包融性大大萎缩了。

罗可群先生所著《广东客家文学史》一书，著录唐宋客籍作者 12 人，客寓作者（入粤文学家）5 人；明代客籍作者 12 人，客寓作者 2 人；清初至清中叶客籍作者 15 人；近代客籍作者 66 人，其中"客家才女"7 人。钟俊昆先生所著《客家文学史纲》一书第二编，在叙述赣南客家文学时充分肯定客籍作者与客寓作者共同对客家地区文学发展的作用。欠缺之处，在阐述福建和广东客家文学史纲时均未注意到客寓作者。

其次，从题材来看，描绘客家人的生活环境，反映客家人的社会生活及其思想情感，是客家文学的主要内涵。

客家文学大量描写山川景物，具有鲜明的地域特征，在数量上，山水诗也占很大比重。福建客家文学是在闽粤赣三省交界地区的汀江流域发展起来的，这里的生活空间不同于滨海（湖）地区，也不同于内陆平原、雪域高原，它全部是丘陵山地和小块盆地，竹树茂密，河水丰沛，是山青水秀之地。在客籍作者眼里，这里是祖祖辈辈筚路蓝缕开垦出来的美丽家园；在客寓作家眼中，这里的蛮荒之地，有别于通都大邑的喧嚣与繁华，他们于此获得的是一份忘怀名利的宁静和未经雕饰的素朴之美。仕宦客家地区的官员和流寓的诗人大多是被贬谪或怀才不遇，壮志难酬之士，当他们遨游客家山水时，不但鉴赏风物的奇特，还会产生客至如归、此乡是吾乡的感觉。南宋临汀郡守陈晔（福建长乐人）就曾赋诗说："我爱汀州好，山川秀所钟。阁前横濡水，亭畔列奇峰。古驿森慈竹，莲城挺义松。"①客家人文地理的独特之美与诗人审美眼光的结合，是客家山水诗之所以丰盛的原因。

客家文学反映客家人的社会历史、劳动生活，展现客家人的民俗风情，抒写客家人心灵的喜怒哀乐，记载客家人不懈的理想追求，同时也有客寓作家抒写他们在客家地区的见闻与感受，具有客家民系独特的人文内涵。客家人是中原汉人与土著闽越族和畲族融合发展而来，产生出独特的客家文化，包括客家方言、民居文化、民风民俗，尤其是客家文化中最为闪光的客家精神，包括迎难拓业、崇文重教、和睦亲邻、思根报祖等等，都在客家文学中得到充分的表现——这是客家文学最为重要的内涵，也是异于其他民系文学的人文特征所在。

客家文学既是地域文学，又是特色文学。有论者强调"客家的""文学的"是

---

① （宋）王象之：《舆地纪胜》卷 132，中华书局影印本，第 3799 页。

客家文学必须同时具备的两个因素①。"客家的"应当包括客家地域、客家人、客家人文特征三方面的内涵。三者表现在文学之中,"地域"是稳定的条件,"客家人"是灵动的因素,"客家人文特征"则是本质的要素。显然,客家文学的特色,其实就是客家人文的特色。

无论是客籍作者还是客寓作者,他们在客家地区创作的描写客家事物、反映客家生活、抒发思想情感的作品都属于客家文学,是毋庸置疑的。目前学界争论最大的,是客家文学题材的外延问题,换句话说,就是客籍作家在非客家地区创作的文学作品是否还可称为客家文学呢?

笔者认为不能一概否定,也不能一概肯定。以清代上杭籍著名画家华嵒(1682—1756)的一些作品为例,他创作的《丁酉九月客都门思亲兼怀昆弟作》《寄紫金山黄道士》《忆蒋妍内子作歌当哭》等诗歌,虽然当时他身在北京、杭州,但写作的题材是怀念家乡的亲人朋友,思念去世的妻子,这是任何一个客家人无论身处何地都必然会有的情感,而这些诗歌恰是最能反映诗人内心世界的东西。再如清代长汀著名词人马廷鸾的【满江红】(古柏虬盘),是作者拜谒河南朱仙镇岳王庙时所作的咏史词,但词的内容并不是描写异地山水,而是怀念南宋抗金英雄岳飞,表达的是汉民族共有的爱国情感,它不分地域,也不分民系。因此,笔者认为,客家人虽然身处异地他乡,只要题材上还是反映客家的人和事(如上述华嵒的诗),抒写客家人应有的普遍情感(如上述马廷鸾的词),具有客家风味,这类诗文仍然还是客家文学的范畴。我们不能认为客家人走出了客家地区,就不能创作客家文学了;如果画地为牢,自缚手脚,那又是一种什么情形呢?当然,如果只是单纯描写异地的山水人文,不写客家人,不言客家事,没有客家味,就只能称作是"客家人的文学",而不是"客家文学"了。古远清先生就曾指出"客籍作家写出的作品是否一定是客家文学呢?这也不一定。"我们还是以华嵒的创作为例,他长期生活在杭州、扬州等地,虽然他是客家人,但许多作品是描写杭州的山水人文,以及和友人的应酬唱和之作,没有客家风味,这些作品我们就不要硬性归入"客家文学"之列。因为我们所说的"客家文学",并不等于"客家人的文学";并非"凡是"客家人创作的文学作品都可以称为"客家文学"。在这点上,我们赞同古远清先生"从严"的观点。

再次,从语言上看,客家文学的创作可以是使用客家方言,也可以是使用官方通行的书面语言(共同语)。

有的客籍作家使用客家方言进行文学创作,如清顺治十一年(1654年)长汀

---

①黄恒秋:《客家文学的省思》,《客家台湾文学论》,台湾苗栗县立文化中心 1993 年版,第 15～25 页。

县举人黎士弘的《闽酒曲》①：

> 板桥官柳拂波流，也够春朝半月游。
>
> 数尽红衫分队队，赍钱齐上谢公楼。
>
> 长枪江米接邻香，冬至先教办压房。
>
> 灯子才光新月好，传笺珍重唤人尝。
>
> ……
>
> 谁为狡狯试丹砂，却令红娘字酒家。
>
> 怪得女郎新解事，随心乱插两三花。

这是用客家方言写成的组诗，由七首绝句组成，写的是客家传统米酒的酿造、销售及其传说。组诗用的是客家语，写的是客家事，抒的是客家情，具有浓郁的地方特色，历来备受关注。

再如康熙三十八年（1699 年）武平县举人林宝树（1673-1734）写下《用杂字》（又名《年初一》）。这是一首长达 5400 多字的七言歌体白话韵文，涵括日常生活和农业生产劳动；既歌颂了善良百姓的真诚友爱，也批判了富人的为富不仁。为了让百姓认识一年中的常用杂字，他巧妙地把识字同百姓日用相结合，在生活中识字，尤其是在识字中传扬了可贵的传统美德与客家精神。这首长诗在长汀四堡书坊多处刻印，因此在客家地区流传甚广，深受百姓喜爱，也是我们今天研究客家民俗风情的珍贵资料。

又如清代乾隆二年（1737 年）永定进士廖鸿章的《勉学歌》②：

> 东方明，便莫眠，沉心静气好读文。盥洗毕，闭房门，高声朗诵不绝吟。食了饭，便抄文，一行一直要分明。听书后，莫樱情，书中之理去推寻。过了午，养精神，还要玩索书中情。沐浴毕，听讲文，文中之理须辩明。食了夜，聚成群，不是读书便说文。别银灯，闭房门，开口一读到鸡鸣。后生家，只殷勤，何愁他日无功名。

这是用客家方言创作的杂言诗，勉励年轻人勤奋学习，于此亦可见出清代客家学子的学习态度与方法，以及客家人崇文重教的精神。

遗憾的是，史志典籍中记载的客籍诗人绝大多数是用当时官方通行的书面语言（俗称"官话"）进行创作，用客家方言创作的文人诗歌所存极少，上述三首可谓弥足珍贵。文人创作之外，全部运用方言创作的是客家民间文学，包括客家民歌（童谣、山歌）、民间故事和神话传说等等。客家民歌是民众在劳动生活中产生的集体口头创作，最初是以口耳相传的形式传播。现存的客家民歌虽然大多

---

① （清）曾日瑛修：《汀州府志》，方志出版社 2004 年版，第 15 页。

② 永定县方志委编：《永定县志·附录》，中国科技出版社 1994 年版，第 25 页。

是文人用"官话"记录下来，但由于它本来是在民间传唱，歌者所用语言就全部是客家方言。客家山歌的主要作者是女性，内容也绝大多数是情歌，形式则以七言四句为主，比如《红米煮粥满锅红》[①]：

> 红米煮粥满锅红，老妹恋郎唔怕穷。
>
> 风吹雨打唔怕苦，两人见了笑融融。

这是女子表白心意的情歌，用红米煮粥起兴，比喻爱情的成熟，然后直抒胸臆，传达出客家女子追求爱情，不怕穷苦的精神。又如《树生藤死死也缠》：

> 郎是山中千年树，妹是山中百年藤。
>
> 树死藤生缠到死，树生藤死死也缠。

这首情歌在客家许多地区传唱，它采用比喻拟人手法，表达了真挚永恒的爱情。闽西客家民歌中有两首长篇叙事诗，一首是《糖郎歌》，长达七百多字，讲述三姐与糖郎从相识相爱到私奔，以至有情人终成眷属的爱情故事，表达了客家女子对自主爱情的追求。另一首是《看牛歌》，长近三百四十字，它采用月令的民歌样式，叙述放牛娃一年到头的苦难生活，控诉了东家（地主）对放牛娃的虐待与压榨。这两首长诗语言质朴，形式优美，和《诗经》中的国风一样，是"饥者歌其食，劳者歌其事"之作，堪称客家民歌的"双璧"。

不仅于此，客家地区还有许多民间传说和神话故事，它们同客家山歌一样，是客家文学的瑰宝。从目前各县搜集整理的客家民间故事、神话传说来看，篇目有上千之数。这些民间故事都是用客家方言讲述，善讲者往往生动形象，倾听者常常错愕惊奇。许多客家孩子，尤其是八十年代之前出生的，更是在听着客家儿歌和民间故事中成长。

但是，倘若就凭客家方言的"语言风格"这条标准来衡量是否客家文学的话，就不切合实际了。因为客家文化传承的是中原汉族文化，客家文人所受的教育、参加的科举考试也都是与中原地区相同，文学创作的要求与标准也不会两样，而且客家许多方言也确实很难转化为书面语言（俗称"官话"），因此，客家文人不得不平时说着方言，创作时写着"官话"——这是不争的事实。所以，光凭是否使用客家方言进行写作来判断是否客家文学的话，那就会把许许多多客家文人的创作排斥在外，显然是不符合文学实际的。

客家文学的本质特征，是由客家文学的外延和内涵决定的。从前面我们的辨析可以看出，客家文学的内涵和外延包括以下五个方面：

（1）客家文学的作者，包括客籍作者和客寓作者，他们都可以进行客家文学

[①]长汀县民间文学集成编委会：《中国歌谣集成·福建卷·长汀县分卷》，编委会1991年印订。下首同。

的创作。

（2）客家文学的创作语言，既可以是客家方言，也可以是官方通行的书面语言(共同语)。

（3）客家文学的体裁，包括民间文学的客家民歌（儿歌、山歌）、民间故事，也包括文人创作的诗、词、散文、小说、戏剧以及当今的影视作品。

（4）客家文学的内容，可以是描绘客家人的生活环境、反映客家人的社会历史、文化习俗，表现客家人的劳动生活和思想感情，也可以是客寓作者抒写寓居客家地区的见闻和感受。

（5）客家文学蕴含丰富的客家文化内涵，如方言、民居、信俗、饮食、服饰、山歌……这些客家文化现象反映在文学作品中所体现出的客家人文特征是异于其他民系文学的特征所在。

略加比较即可明白，客家文学的本质特征，不是作者身份，也不是语言方式，而是文学题材与内涵的特殊性，即客家文学的人文特征。

笔者认为，给客家文学下定义，从纯文学角度考虑很难凸显其特色，从人文角度考虑则比较合适，那就是：

客家文学描绘客家人的生活环境、反映客家人的社会历史、文化习俗，表现客家人的劳动生活和思想感情。简而言之，客家文学就是具有客家人文特征的文学。

第一章　福建客家民系孕育时期的
　　　　文学状况

　　唐五代是客家民系的孕育时期，其中心地域是闽西的汀州。

　　据史料记载，闽西在夏商时属九州之扬州，原住民是古越人，西周时属"七闽之地"（《周礼·职方氏》）。"七闽之地"，主要指今天的福建、台湾和浙江南部。许慎《说文解字》"闽，东南越，蛇种"，揭示东南沿海越人信奉蛇为图腾的特点，也称"闽越族"。春秋末期，越王勾践灭吴之后迅速崛起，称霸江浙，传至七世孙无彊时（前334年）国亡于楚，但国亡族不灭，大批越人避乱入闽，与闽人融合，形成闽越族人。秦灭诸侯，实行郡县制，闽西属闽中郡。秦末群雄并起，越族首领无诸、摇、织等率越兵反秦。汉高祖五年（前202年），无诸以功封闽粤（越）王，都东冶（今武夷山市古城），王闽中地。高祖十二年（前195年）三月诏封南武侯织为南海王，领地在今闽西武平县地为中心的汀、潮、赣之间。然而，南海王却于汉文帝时造反，迅即失败，军队与贵族、官吏被迁徙于上淦（今属江西），其地归于闽越王。南海国仅历二十多年（"至多有60年"①），在历史长河中宛如昙花一现，因此早期的闽西大地并未得到应有的开发。东汉时，闽西属会稽南部都尉，孙吴时属建安郡。西晋太康三年（282年），析建安地置晋安郡，统县八：原丰、侯官、罗江、温麻、晋安、新罗、宛平、同安。闽西属新罗县地，县治在长汀县新罗山下。新罗县的设置，是闽西有县级行政区划的开始。按当时八县有户籍登记的4300户计算，平均每县537.5户，当然，地处偏远的新罗邑户数低于平均数一些。

　　闽西的开发，与整个福建发展的大背景有密切关系。当中原成为五胡十六国的争战之地，东晋与南朝宋、齐、梁、陈偏安江南之时，政治、经济、文化中心的南移给福建带来发展的春天。南朝陈永定间（557—559年），闽中地始置闽州（州治在今福州），后改为丰州，这是闽中自成一州的开始。隋平陈后，丰州又更名泉州，设泉州刺史统辖诸县，州治仍在今福州。李吉甫《元和郡县志》载，唐代"开元时有二万九千六百户"近十万人入闽。由于人口增长，开元十三年（725

---

①郭启熹：《闽西族群发展史》，福建教育出版社2008年版，第51页。

年），泉州正式改为福州，置福州都督府，下领福州、泉州、建州、漳州、潮州五州。这些地区的开发促进了福建经济、文化的发展与进步，也为闽西的开发带来一线曙光。十一年后，唐开元二十四年（736 年），"开福抚二州山峒置汀州"①，这就是闽西建州的开始。

闽西的发展，还与毗邻的江西赣州地区人口、经济、文化的发展有密切的联系。秦时，赣南设南野县，属九江郡。汉高帝设豫章郡，属扬州，郡治在今南昌，辖 18 县，有 67462 万户，人口 301965 万。赣南有赣县、零都、南野三县。东晋在江西境内增设 6 个侨置郡——西阳、南新蔡、安丰、松滋、弘农、太原以安置南迁移民。据《晋书·地理志》载，江西户口为 6.32 万户，约 30 万人，与汉代相差不大。但到唐"安史之乱"（755—763 年）引发第二次北民大规模南迁时，江西人口骤然增到 158.6357 万人（《旧唐书·地理志》卷四十）。赣南山区人口增长也很快，据《旧唐书·地理志》载：天宝年间赣州六县的人口为 27.524 万，仅次于洪州（35.3231 万）。天宝年间，广东韶州的人口的增长也很快，有 3.1 万户，其他地区则增长较慢，潮州程乡县（含现在的梅县、大埔、蕉岭、平远）只有 0.18 万户，汀州到天宝元年（742 年）也只有 0.468 万户，13702 人（《新唐书·地理志》）。可以看出，开元天宝年间，赣南人口在闽粤赣三角地区遥遥领先。汀州的客家先民绝大多数经由赣州南迁而来，因此，赣州人口的迅速增长、经济文化的繁荣，给毗邻的汀州的发展带来重要影响。

汀州建州（736 年）伊始，居民主要由两部分人组成，一是当地的闽越族人和畲族人，二是由中原南下躲避战乱和赋税徭役的汉人。闽越族是先秦时期就已入住闽西的土著居民。由于汀州地处闽粤赣三省交界的山区，远离中原，相对封闭，因此，在中原文明到来之前，当地闽越族人的经济、文化生活还十分落后。北宋乐史所撰《太平寰宇记》"汀州"条引中唐牛肃《纪闻》载：汀州州治在长汀村（当时长汀县所在地，今上杭县九州村），大树千余株，树皆"山都所居，其高者曰'人都'，其中者曰'猪都'，处其下者曰'鸟都'。人都即如人形而卑小，男子妇人自为配偶；猪都皆身如猪，鸟都皆人首，尽能人言，闻其声而不见其形，亦鬼之流也"。所谓"山都"，正是赣闽粤交界地区的原始土著居民——古越人的后裔。畲族本是古代北越中一个强大的民族，分布在湘、赣、闽、粤四省，随着汉人大量南迁挤压，畲民也大量南迁，到唐时即以赣、闽、粤边山区为大本营。清代杨澜著《临汀汇考》载："唐时初置汀州，徙内地民居之，而本土之苗仍杂处其间，今汀人呼为畲客。"唐昭宗乾宁元年（894 年），宁化黄连峒畲民起义，两万畲民围汀州，"按每户 5 人出围一人计算，汀州周围就有'蛮獠'10 万

---

① （宋）胡太初修：《临汀志》，福建人民出版社 1990 年版，第 2 页。

人"①。据《元和郡县图志》载，元和间（806—820 年）汀州有户籍登记的才 2618
户（即使再过 70 年，在籍人口数也不会超过畲民的十万之数）。可见这些畲民并
未进入户籍，平时隐于山间密林，不纳官税，斗争时却能迅速啸聚一起。但是，
畲民过着山居、狩猎和刀耕火种的游耕生活，这种落后局面也只有在大量中原汉
人（客家先民）进入汀江流域之后才得以改变。

《汀州府志·建置》载，唐开元二十四年（736 年）"福州长史唐循忠招诱
逃户三千余实郡中"，这三千多户汉人就是汀州早期的客家先民。建州之后，加
强了户口登记，天宝元年（742 年），汀州有户籍登记的 4680 户，总人口 13720
人（《新唐书》卷四十一·地理志五）。40 年过后，这里的人口有了显著增多，
据唐杜佑《通典》（卷一八二·州郡）载，唐建中时期（780—783 年）汀州有 5330
户，15995 人。唐末黄巢起义（878—884 年），战乱波及长江南北十几个省，民
无宁日，汀州各县却未遭兵乱，堪称一方乐土，于是北方汉人入汀者日众。

建州之初，汀州领长汀、黄连、新罗（一称杂罗）三县，州初治新罗（故城
在今长汀县东坊口，此地亦称旧州城），其后三迁，长汀县治亦随之三迁：一迁
长汀村（今上杭县北旧县镇九州村，有旧州之称）；天宝元年（742 年）二迁回
新罗故城，汀州改名临汀郡；乾元元年（758 年），临汀郡复名为汀州；大历四
年（769 年），汀州刺史陈剑因东方口瘴疠而民多病，三迁至白石村（今长汀县
卧龙山之南），同年，置上杭场。大历十二年（778 年），改龙岩县隶漳州，以建
州之沙县来属。五代南唐保大四年（946 年），割沙县属剑州，同年，置武平场。

五代时，闽王王审知（862—925 年）为巩固割据一方的目的，实行保境安
民政策。乾宁元年（894 年），闽西黄连峒畲民两万余人围汀州，王审知严禁诛
杀，亲到该地向饥民喊话："吏实为虐，尔复何辜?"动乱很快平息。在政局安定
的基础上，王审知重视发展农业生产，轻徭薄赋，减轻人民负担。闽中地区社会
安定，经济繁荣，北方文人学士相率避乱入闽，如翁承赞、黄滔、李洵、韩偓、
徐夤、王倜。与此同时，王审知注重发展教育，培养人才，因此闽中文化教育事
业得到长足发展，"一时中原士族南下，纷纷入闽。闽王折节下士，开门兴学，
以育才为急。凡唐末士大夫避地南来者，皆厚礼延纳，筑'招贤院'以馆之"。
汀州属闽管辖，礼客兴学之风靡然所向，带来汀州经济与文化的进步，也推动了
客家地区社会的发展。

唐五代时期，汀州在籍的汉族人口很少，最多时是 5330 户，15995 人（唐
建中时期），最少时才 2618 户（元和年间）。相对于土著民族来说，汉人在人口
数量上并不占优势，经济和文化也不发达，没有能力融合土著民族，更不用说"反

---

①郭启喜:《闽西族群发展史》，福建教育出版社 2008 年版，第 80 页。

客为主"。因此，客家民系不可能形成于唐五代时期。

汀州自建州到唐末约 150 年，任汀州刺史者（姓名可考）14 人。五代 54 年，任汀州刺史者 10 人。这些入汀官员中不乏赫赫有名的大文人，如元自虚、韩晔、蒋防，还有流寓或隐居于汀州的中原名士，如韩偓、徐夤。他们把中原的先进文化带到闽西山区，播下文学的种子，客家先民的文学创作也在孕育之中。

第一节　张九龄题诗谢公楼的传说

现存最早描写闽西风物的诗歌是张九龄的《题谢公楼》：

谢公楼上好醇酒，三百青蚨买一斗。

红泥乍擘绿蚁浮，玉碗才倾黄蜜剖。

张九龄（673—740 年），字子寿，一名博物，是唐代著名诗人、开元贤相。祖籍河北范阳，曾祖父君政任韶州别驾，遂移家南来，成为定居韶州曲江的客家先民。

谢公楼，汀州一酒楼名称，传说为纪念南朝大诗人谢朓而建，始建时间、地点已不可考。这首诗赞赏长汀谢公楼上的美酒，抒写畅饮佳酿的豪情，尤其是第二联，从外观的色彩和味觉的甜蜜写出客家米酒的特色，对仗也十分工整。"红泥"是长汀到处都有的红壤土，可用来作酒坛的泥封；把物品切开称"剖"，是客家人习惯的说法。于是，名人与好酒、好诗的结合，加上土色土香的客家语言，成为汀州文坛的千古佳话。

此诗最早出自南宋王象之所著《舆地纪胜》的"福建路·汀州条"。《舆地纪胜》是一部长达 200 卷的大型地理总志，是研究南宋以前地理风物的重要文献，书中明确记载此诗为张九龄所作。此诗也载入南宋临汀郡守胡太初所修《临汀志·亭馆》，说明宋代方志肯定《舆地纪胜》的记载，应该说，这是可信的资料。明代黄仲昭所纂《八闽通志·宫室》也载"谢公楼，在府治南"，采录张九龄的这首诗。乾隆版《汀州府志·古迹》虽载"谢公楼，在府治南"，但已不载张九龄《题谢公楼》诗，这引发了后人的许多猜想。

张九龄是否到过汀州？何时到过汀州？清代乾隆间史学家杨澜《临汀汇考·流寓考》中注释此诗云："相传为唐张九龄在汀所作，当俟详考。"抱着不确定的看法，留给后人考证，其史学态度客观而严肃。到了丘复编纂《长汀县志·流寓传》（民国版）时则明确指出，张九龄"未达时，曾寻其弟九皋寓汀，有题谢公楼诗"。又云："曲江曾寓临汀，上杭丘东山（嘉穗）集云：阅曲江县志，有之。"抱着肯定无疑的态度。县志按语又云："然张固粤人，庾岭虽凿，而汀水通粤利涉自古。公适乘舟往来，荒村赍酒，高阁吟诗，兴致一点，佳话千古，以故后人春朝月夕，游屐如云，莫不访遗址，醉醇醪，非临风而怀谢朓，实不名而知曲江矣。"

从时间上推断，张九龄"未达时，曾寻其弟九皋寓汀"，应是他30岁之前，即武后长安二年（702年）中进士之前，这个时间距离开元二十四年（736年）汀州建州尚有34年之久。他所登临的谢公楼，地点会是在哪？汉人多，离汀江近，有酒楼又热闹的地方，具备这些条件的一是古新罗邑的县城，二是长汀村（今上杭县九州村）。这两处也较符合"荒村赍酒，高阁吟诗"之说。

关于"谢公楼"之名，当初或许只是一座普通酒楼而已，并无纪念南朝大诗人谢朓之意。当时新罗古城或长汀村的汉人都是躲避徭役赋税的百姓，文化程度并不高；从张九龄的诗中也看不出哪些内容与谢朓有关。唐大历年间，州治搬迁到卧龙山下的白石村后，谢公楼也重新兴建。按清康熙年间马繁禧所作《谢公楼赋》，府治南的谢公楼乃由唐代一位诗酒风流的"谢公"所建，地点在云骧阁之左（东北处）。旁边就是汀江码头，十分方便南来北往的客人前来登临把酒。两宋时期，进入临汀郡的南迁汉人越来越多，其中不乏衣冠世族和文人雅士，他们登临谢公楼而饮酒赋诗，联想到南朝大诗人谢朓是很自然的，酒楼的名声也就与日俱增。也许就是这个原因，王象之才会把它载入《舆地纪胜》。南宋泰宁进士邹应龙流寓临汀作《登谢公楼》诗说：

> 沿岸城郭开翠屏，南山毓秀欲腾云。
> 寺院宝塔耸苍昊，江上群峰排众青。
> 沽酒自作太白醉，凭栏独向曲江斟。
> 风流江左今何处，吊古吟诗谁解听。

"凭栏独向曲江斟"，说明邹应龙相信张九龄在谢公楼上作诗的传说，"风流江左"指谢朓，这是有据可查的第一次将谢公楼与谢朓联系在一起，此后，文人咏唱谢公楼的诗赋历代不衰。

明代宣州诗人汤宾尹送里人郭时鸣赴任汀州府长汀县令，所作《谢公楼》诗说："东南风气好追游，腊后春前草似油。更道故园官路近，府中亦有谢公楼。"谢朓曾做过宣州太守，居于州城之北的"高斋"。唐初，为纪念谢朓，宣州百姓在"高斋"旧址上重建一楼，称"北楼"，当地人也称之"谢朓楼"或"谢公楼"。盛唐诗人李白游宣城，作诗《秋登宣城谢朓北楼》《宣州谢朓楼饯别校书叔云》之后，谢公楼更是闻名天下。汤宾尹以汀州"府中亦有谢公楼"相劝郭时鸣，可见汀州谢公楼的知名度和吸引力。

清代康熙间长汀诗人黎士弘《闽酒曲》诗中有"板桥官柳拂波流，也够春朝半日游。数尽红衫分队队，赍钱齐上谢公楼"的描写。康熙时汀州教谕马繁禧作

《谢公楼赋》，赋云："是以曲江选胜，醇酒矢音；宾尹探奇，香荔长吟……则后之览斯楼者，庶几哉更上一层，而播千秋之令名也夫！"历数歌咏谢公楼的人物与掌故。

乾隆间，汀州知府曾曰瑛主纂《汀州府志》，其诗《谢公楼怀古》录入《艺文志》中，诗云：

> 为怜高处少尘嚣，澹映冰壶暑气消。
>
> 地下星辰徊井络，天边睇睨接虹桥。
>
> 元晖旧唱惊人句，鄞水微痕隔岸潮。
>
> 莫倚南楼说开府，山林城市更清俦。

"元晖旧唱惊人句"指历代纪念谢朓所作的谢公楼诗。遗憾的是，现存的张九龄传记中并无到过新罗邑或汀州的记载，《曲江集》中也未涉及《题谢公楼》一诗。是史志阙载，还是沧海遗珠，抑或真是晚唐北宋时人的伪托之作？由于时间久远，史志阙载，张九龄题诗谢公楼的传说确实难以详考。既不能证明它的有，又不能证明它的无。

尽管如此，人们仍然愿意相信这个美丽的传说，正如人们相信"河出图、洛出书"的传说一样，它反映的是一个时代人群的文明程度。谢公楼的传说从一个侧面说明张九龄在汀州客家人心目中的重要地位和影响，人们把张九龄尊崇为汀州客家文学的先行者。究其原因，是否可理解为这是文化拓荒的需要？因为客家先民来到完全陌生的地方，在文化荒漠中建立起新文化，他们需要一个神话，需要一个传奇般的文学人物，后世许多诗人因这首诗激起无限的遐想和诗兴，就是明证。

谢公楼，很普通，却不平凡。它一头连着谢朓，一头连着张九龄，更重要的是，它连着客家人的文化梦想，连着中原文明与客家文化。历朝历代都有许多文人题咏谢公楼的诗歌，足见张九龄题诗谢公楼传说的深远影响。

第二节　唐五代仕汀官员及其相关作品

相对于黄河中下游经济繁荣、文化发达的州县来说，唐五代时期的闽西汀州还是蛮荒之地，来此仕宦的官员大多是贬谪的士人。在客家民系孕育的唐五代阶段，文化的传播者和文学创作的主体是前来汀州各县仕宦的官员和流寓的诗人。

1.元自虚

元自虚，张籍的文友，于唐元和二年（807年）任汀州刺史。张籍字文昌，祖籍吴郡，寄居和州，贞元十四年（798年）进士，历任太常寺太祝、国子助教、国子博士、水部郎中、主客郎中、国子司业等职。张籍是韩愈的学生，与白居易极友善，他关心现实，同情民生疾苦，所作乐府诗和王建齐名，世称"张王乐府"。元自虚南下入汀，张籍作《送汀州元使君》为老友送行：

> 曾成赵北归朝计，因拜王门最好官。
> 为郡暂辞双凤阙，全家远过九龙滩。
> 山乡只有输蕉户，水镇应多养鸭栏。
> 地僻寻常来客少，刺桐花发共谁看。

在张籍等中原文人对汀州的模糊认识中，那里是个"地僻寻常来客少"的山乡水镇，有的是"输蕉户"，多的是"养鸭栏"，开的是"刺桐花"——这些大都出自诗人的美好想像，情况远比想像的严峻得多。《太平广记》卷第三百六十一载有元自虚火烧山魈，遭到山魈残酷报复的故事，反映了中唐汀州社会汉人与土著居民矛盾冲突严重。当然，中原汉人要"客居"并开发蛮荒的闽越族人地区，矛盾是必然的，融合与发展则是永恒的。元自虚聪明能干，原本就是"王门最好官"，现在又携全家赴任，确实有一股献身边远山区的干劲，对汀州经济和文化的发展定然做出不小贡献。

2.韩 晔

韩晔是中唐著名诗人刘禹锡、柳宗元的挚友，同是参加王叔文政治革新运动失败后被贬的"八司马"之一。唐宪宗元和十年（815 年），被贬为远地各州司马的柳宗元、刘禹锡和韩晔等人奉诏回京。由于权臣的谗害，"八司马"中的五人又被贬到更偏远的州郡任刺史，柳宗元贬为广西柳州刺史，刘禹锡贬为广东连州刺史，陈谏贬为广东封州刺史，韩泰贬为漳州刺史，韩晔贬为汀州刺史。由司马到刺史，明里是升迁，暗里仍然是被排挤到偏僻的山区。

柳宗元到柳州后，曾作诗《登柳州城楼赠漳汀封连四州刺史》：

> 城上高楼接大荒，海天愁思正茫茫。
> 惊风乱飐芙蓉水，密雨斜侵薜荔墙。
> 岭树重遮千里目，江流曲似九回肠。
> 共来百越文身地，犹自音书滞一乡。

此诗以"芙蓉""薜荔"被风吹雨打暗喻他们五人再次遭到政治风雨，"千里目""九回肠"的描写寓情于景，表达了对"共来百越文身地"的战友的强烈思念。遗憾的是，《全唐诗》未收录韩晔的和诗。但韩晔毕竟是个文人，患难之中见真情，接到柳宗元的诗后，他作诗应和自是应有之义。

3.蒋 防

蒋防，字子征，义兴（今江苏宜兴）人，是著名传奇小说《霍小玉传》的作者、诗人李绅的挚友。有诗文集一卷，现存诗歌十二首。

元和中，元稹、李绅荐其为司封员外郎，加知制诰，进为翰林学士。因李绅与宰相李逢吉不合，蒋防受牵连，于长庆四年（824年）贬为汀州刺史。

传说蒋防在汀州期间登上州治后面的北山，不期遇到灵澈高僧。灵澈，俗姓汤，字源澄，浙江会稽人，云门寺律僧。先后从严维、皎然、包佶、李纾学诗，名震京城，与蒋防也是故交。因缁流嫉妒，元和间贬徙汀州。蒋防遇见旧交大喜，为其捐薪建寺。灵澈有《题壁诗》云：

> 初放到沧州，前心讵解愁。
>
> 旧交容不拜，临老学梳头。
>
> 禅室白云去，故山明月秋。
>
> 几年犹在此，北户水南流。

灵澈直述"旧交容不拜"，足见两人的情谊。同是天涯沦落人，他们诗友相聚，或静坐禅室，或欣赏白云明月，兴之所至，当有不少诗篇问世。

元自虚、韩晔、蒋防三位刺史远谪而来，备尝荒凉艰苦，固是文人的不幸；然而三位刺史都致力推崇儒学，兴建书院，传播文化，奠定了汀州深厚的人文基础，却是汀州人民的大幸！遗憾的是，由于时代久远，史志没有留下他们在汀州时期的文学创作，我们只能从上述相关旁证材料中想像他们的文学风采。

第三节　唐五代汀州流寓诗人的文学创作

唐末的黄巢农民起义影响大半个中国，也曾影响江西的饶州、信州，福建的福州、广东的广州，但福建汀州一直风平浪静，五代的改朝换代也未波及汀州，因此，汀州成了躲避战乱的"世外桃源"，中原世族和平民百姓纷纷来到这里定居。流寓诗人的文学创作便反映了这时期汀州的社会与生活情景。

1.韩偓

韩偓（840—923年），字致光，号致尧，晚年又号玉樵山人，京兆万年（今陕西西安附近）人。自幼聪明好学，10岁时曾即席赋诗送姨夫李商隐，满座皆惊，李商隐称赞其诗："雏凤清于老凤声"。龙纪元年（889年），韩偓中进士，初在河中镇节度使幕府任职，后入朝任左拾遗、左谏议大夫、度支副使、翰林学士。昭宗时任中书舍人、兵部侍郎。因得罪藩镇朱全忠，被贬为濮州（今山东鄄县、河南濮阳以南地区）司马。不久，又被贬为荣懿（今贵州桐梓县北）尉，再贬为邓州（今河南邓县）司马。

天祐元年（904年），朱全忠弑昭宗，立李柷为昭宣帝（即哀帝）。为收买人心，伪装豁达大度，矫诏召韩偓回京复职。韩偓深知一回长安，即入虎口，便不奉诏，携眷南下到江西抚州。威武军节度使王审知重视延揽人才，派人到抚州邀请韩偓入闽。天祐二年（905 年）八月，韩偓自赣入闽。

天祐三年（906 年），韩偓到福州。次年三月，朱温篡唐，国号大梁，四月改元开平。为保闽中平安，王审知向大梁称臣奉贺。忠于唐朝的韩偓不满王审知依附大梁，于同年秋天毅然离开福州，前往一千多里之外的汀州沙县寓居，三年后又进入泉州，住泉州西郊招贤院，过着退隐生活，直至去世。

韩偓是晚唐著名诗人，被尊为"一代诗宗"。在朝为官期间，深得昭宗信任，仕途上春风得意，生活上优渥奢华，所作诗多艳词丽句，正如后来他在南安寓所整理《香奁集》的序文上所述"柳巷青楼，未尝糠秕；金闺绣户，始预风流"，充满缠绵浪漫的色彩，后人称韩偓为"香奁体"的创始人。被贬出长安后，韩偓屡经转徙，目击乱离，诗风有很大转变，其诗多半叙写个人坎坷遭遇，倾吐胸中悲愤之情，诅咒战乱，同情人民。韩偓诗作，以入闽后的作品居多。其诗集《玉山樵人集》曾由《四部丛刊》重印传世；《全唐诗》收录其诗 280 多首。

韩偓寓居汀州沙县两年多，创作的诗歌有 50 余首，主要分为两类。一类表明自己的政治立场和态度，如《己巳年正月十二日，自沙县抵邵武军，将谋抚、信之行，到才一夕，为闽相急脚相召，却请，赴沙县郊外泊船，偶成一篇》：

> 访戴船回郊外泊，故乡何处望天涯。
> 半明半暗山村日，自落自开江庙花。
> 数盏绿醅桑落酒，一瓯香沫火煎茶。

此诗作于己巳年（909 年）正月十二日，韩偓从沙县乘船抵达邵武，打算去江西的抚州、信州（今上饶），投奔仍以唐臣自称的朋友。住下才一夜，王审知的使者就追来，请他返回福州。他不满已经依附后梁政权的王审知，拒绝邀请，仍回沙县。题中"郊外泊船"四字颇有甘于在野，不入庙堂的意味。沙县是客家地区，江边有庙、以火煎茶，是客家的风俗民情；诗人认为数盏绿醅胜过桑落名酒，足见诗人对客家民俗的热爱。另一类诗，描写唐末战乱的现实以及人民的苦难，如《过汀州》：

> 荒山无寸木，古道少人行。
> 地势西连广，方音异北闽。
> 阎闾参卒伍，城垒半荆榛。
> 万里瞻天远，常嗟梗化民。

此诗载于《永乐大典》（残卷），是韩偓于梁开平元年（907 年）下半年离开福州，前来汀州沙县时的见闻和感想。"阎闾参卒伍，城垒半荆榛"写唐末战乱，闽西受到波及。韩偓入闽后先到福州，后来汀州沙县，因此发现汀州"方音异北闽"，说明唐末五代时期汀州地区客家方言的形成初露端倪，已经和北边（含福州地区）的闽地方言有所不同。另一首《自沙县抵尤溪县值泉州军过后村落皆空因有一绝》则写他于梁开平四年（910年）初夏离开沙县前往尤溪县途中的见闻：

> 水自潺湲日自斜，昼无鸡犬有鸣鸦。
> 千村万落如寒食，不见人烟空见花。

诗中描写了泉州军（泉州刺史王延彬的军队）洗劫农村造成荒无人烟的景象，表达对军阀战乱的愤慨、对人民苦难的深切同情。

韩偓入闽，诗风转变。经历唐末的王朝易代、颠沛流离生活之后，韩偓的诗歌更贴近现实，更关注百姓生活的疾苦，多表现忠愤之气，文风也变得慷慨劲健，一洗脂粉之习。《四库全书总目》提要（集部别集类四）评其："晚节亦管宁之流亚，实为唐末完人。其诗虽局于风气，浑厚不及前人；而忠愤之气，时时溢于语外。性情既挚，风骨自遒。慷慨激昂，迥异当时靡靡之响。其在晚唐，亦可谓文笔之鸣凤矣。"

2.徐夤

徐夤，字梦昭，福建莆田城郊延寿村人。唐昭宗乾宁元年（894年）进士，授秘书省正字。后梁时回闽中，为王审知的掌书记。徐夤博学经史，尤长于赋，诗文喜欢堆砌词藻，时人号为"锦绣堆"。其诗文结为《探龙集》《钓矶集》，《全唐诗》编其诗四卷，凡267首。

唐代汀州用剡藤等树皮造棉纸，纸质洁白、坚韧、透气性好。棉纸可用以写契约，做油纸伞，亦可制成蚊帐。汀州是山区，冬天气候寒冷，夏天蚊虫叮咬，一般人家买不起布蚊帐，只能使用纸帐，经济实惠。《汀州府志·货之属》载："纸帐出长汀县。"徐夤在闽期间曾游汀州，对纸帐有深刻的了解，作《纸帐》：

> 几笑文园四壁空，避寒深入剡藤中。
> 误悬谢守澄江练，自宿嫦娥白兔宫。
> 几叠玉山开洞壑，半岩春雾结房栊。
> 针罗截锦饶君侈，争及蒙茸暖避风。

南宋时，纸帐在江南已很流行。李清照南渡后所作词【孤雁儿】有"藤床纸帐朝眠起，说不尽无佳思。沉香断续玉炉寒，伴我情怀如水"之句。宋人林洪在《山家清事》"梅花纸帐"条目中描写道："于独床四周立柱，挂瓶，插梅数枝；床后设板，可靠以清坐；床角安竹书柜，床前置香鼎；床上有大方目顶，用细白楮（纸的代称）作帐罩之。"可见，纸帐已成为文人清雅而淡泊生活的象征。徐夤的诗则是现存文献中较早描写纸帐的文学作品。同是载于《全唐诗》卷七一零的还有徐夤写的《纸被》：

> 文采鸳鸯罢合欢，细柔轻缀好鱼笺。
>
> 一床明月盖归梦，数尺白云笼冷眠。
>
> 披对轻风温胜酒，拥听寒雨暖于棉。
>
> 赤眉豪客见皆笑，却问儒生直几钱。

　　唐代汀州客家先民不但用棉纸做成纸帐，还做成被子，质地轻柔又温暖如棉。虽然"赤眉豪客"对此不屑一顾，贫困的文人儒生却倍加珍爱。徐夤的诗语言华彩，想像丰富，的确是汀州风物的最美写照。

第四节　唐五代客家先民的创作

　　汀州始创时期的客家先民主要是避役的百姓，整体文化程度不高。建州后的唐代 168 年间，汀州只有一人考中进士，就是宁化县的伍正己。

　　伍正己（794—874），初名愿，字公谨，唐宣宗大中十年（856 年）登进士第，曾任临州（今甘肃临洮）尉，官至御史中丞。伍愿担任临州尉后，更名"正己"，可见他是抱着"正人先正己"的为官之道，也是他清正廉洁思想的体现。唐代进士考试，以诗赋为主，因此可以说，伍正己是福建客家第一个有史记载的在文学上出类拔萃的客家先民。遗憾的是，伍正己的文学作品没能流传下来。

　　唐末，黄巢农民起义影响大半个中国，福建的闽北和福州也未能幸免，唯独闽西的汀州未曾遭到战乱的蹂躏，堪称一方乐土。于是，更多中原汉人南下进入汀州境内，给山清水秀的闽西大地带来经济文化的发展，催生了客家文学。南唐时期沙县崇信乡德星里人张确（942—993 年）参加南唐举行的最后一场科举考试（宋开宝八年），被取为魁首，授文林郎、秘书省校书郎。张确是唐僖宗时从河南固始县迁居沙县始祖张孺的六世孙，他高中状元，对早期迁入闽西的客家先民所起的鼓舞作用自不待言。

　　唐五代时期福建客家先民的文学作品流传甚少，所幸的是，我们今天尚可从宋代胡太初、赵与沐修纂的《临汀志》和清代杨澜所编的《汀南廛存集》中寻得吉光片羽，从中窥见客家文学胎动腹中的征兆。

1.伍昌时父子

　　《汀南廛存集》是长汀客家人、清代史学家杨澜编纂的汀州客家诗歌总集，载录五代以迄乾隆、嘉庆时期 106 位汀籍诗人的 663 首诗歌。第一卷开始部分就是伍昌时父子的诗歌。

　　伍昌时，一名大观，五代闽时为王审知的偏将军。王审知据汀州，昌时随之居宁化麻仓里，成为定居宁化的早期客家先民。其诗现存《写怀》一首：

> 当年四海昏，提剑出藩垣。
>
> 苦节安社稷，无心为子孙。
>
> 坏袍腥战血，病马卧苔痕。
>
> 同日封侯客，今来有几存。

此诗是作者多年征战生活的总结，表达安定社稷，不为子孙谋私利的忠贞怀抱，诗风甚有慷慨悲凉之气。

伍昌时之子伍德普，自少积学，隐居不仕，以教授乡里和渔钓为乐，《答友》是其隐居生活的写照：

> 蓑笠无尘襟有露，半生生计在沧浪。
>
> 船中风月情虽淡，世上繁华事任忙。
>
> 闲饮渚边红蓼岸，醉眠月下白蘋乡。
>
> 相呼相唤收纶去，短笛长歌送夕阳。

2.梁 藻

梁藻，字仲华，五代末北宋初长汀人。先世由章贡入闽，祖父捷，仕闽为仆射，充本州总管使。父晖，为南唐总殿前步军。梁藻强学多记，性乐萧散，不倚父亲权势，三举礼部未成名，于是杜门自适，有诗一编《梁处士集》。其中《题南山池》诗描写他悠然自得的处士生活：

> 翡翠戏翻荷叶雨，鹭鸶飞破竹林烟。
>
> 时沽村酒临轩酌，旋碾新茶靠石煎。

第一联写景生动形象，诗中有画，把池水比喻成翡翠，赞赏南山池水的绿；水波戏翻荷叶，写出水波的动态；荷叶带雨，清新自然；烟雾笼罩着竹林，由于鹭鸶的飞翔，撕破了缺口。诗人寓情于景，在形象描绘中表现汀州景物的可爱。第二联叙写临轩酌酒，煮水烹茶，透露出隐士高雅的生活情趣。

第五节　唐人小说对汀州社会景象的描绘

魏晋时期，我国出现以志怪为题材的文言短篇小说，引起读者的极大兴趣。唐代，文言短篇小说的创作进入成熟阶段，出现许多以志怪为题材的单篇小说或小说集。相对于政治经济发达的黄河中下游和长江流域，新开发的汀州蛮荒而神奇，这里有许多怪异的故事，引起人们的关注。唐代第一部小说集——牛肃的《纪闻》及包湑的《会昌解颐录》都反映了汀州的社会情景。

1.牛肃及其《纪闻·汀州山都》

牛肃，约生于武后时，卒于代宗朝。据《元和姓纂》，牛肃的祖籍为京兆泾阳（今属陕西），后徙怀州河内县（今河南沁阳县），官至岳州刺史。所撰《纪闻》（十卷）是唐代前期重要的小说集，在唐代小说的发展过程中起承上启下的作用。《纪闻》一书多载开元、天宝间的徵应及怪异事，其中的小说《汀州山都》记载了汀州建立之初的社会情况：

> 州初治长汀，大树千余株，皆豫章迫隘。以新造州治，故斩伐诸树。其树皆枫、松，大径二三丈，高者三百尺，山都所居。
>
> 其高者曰人都，其中者曰猪都，其下者曰鸟都。人都即如人形而卑小，男子妇人自为配偶。猪都皆身如猪，鸟都皆人首，尽能人言，闻其声而不见其形，亦鬼之流也。三都皆在树窟宅，人都所居最华，人都有时见形。
>
> 当伐木时，有术者周元太能伏诸都，禹步为厉术，则以左右赤索围而伐之。树既已扑，剖其中，三都皆不化，则执而投之镬中煮焉。

小说描写汀州州治初设于长汀村（今上杭县九州村）时的情况。当时的长汀村，土著居民"山都"（闽越族的后裔）在大树上筑巢而居，过着"有巢氏"般的原始生活。小说介绍了"人都""猪都""鸟都"三种人的体型、语言和生活习性，叙述了为新造州治，汉人驱赶山都，砍伐树木；山都不愿离开树窠，就被汉人捉来投入锅中水煮。这种暴力与恐吓行为，反映了汀州开发之初，汉族人与土著居民之间激烈的矛盾冲突，具有很高的史料价值。汪辟疆在其所编《唐人小说》中考订《纪闻》版本的流传时指出："虽为小说家言，然其遗闻逸事，颇足以备史乘存文献。"①

有些学者将小说开头"州初治长汀"中的"长汀"误以为是大历年间州治迁到卧龙山下白石村的长汀县治，这是需要纠正的。《临汀志·建置沿革》载：（汀州）"初治新罗，后迁长汀村，又迁东坊口，大历四年，刺史陈剑奏迁白石，即今治是也。"由此可知，州治迁到长汀县的白石村，那是大历四年（769 年）以后的事情。《太平广记》卷一五〇引《张去逸》载肃宗乾元元年册立张皇后事，这是《纪闻》全部作品中纪年最晚的一篇，因此可以确定《纪闻》记事的下限是乾元元年（758 年）；从牛肃的生卒年来看，牛肃约生于武周朝圣历（698 年）前后，肃宗朝时牛肃犹在，其卒年约在代宗朝前期，《纪闻》的成书年代也应在肃宗、代宗朝之际，因此，小说不可能涉及代宗朝后期大历年间的事情。

---

① 汪辟疆：《唐人小说》，上海古籍出版社 1983 年版，第 228 页。

2.包湑与《会昌解颐录·汀州山魈》

包湑，生卒年不详，主要活动于中唐后期。所著小说《会昌解颐录》成书于唐武宗会昌间（841—846年）。《太平广记》集部卷三六一有《汀州山魈》，自注"出《会昌解颐录》"：

> 开元中，元自虚为汀州刺史。至郡部，众官皆见，有一人，年垂八十，自称萧老："一家数口，在使君宅中累世，幸不占厅堂。"言讫而没。
>
> 自后凡有吉凶，萧老为预报，无不应者。自虚刚正，常不信之。而家人每夜见怪异，或见有人坐于檐上，脚垂于地；或见人两两三三，空中而行；或抱婴儿，问人乞食；或有美人，浓妆美服，在月下言笑，多掷砖瓦。家人乃白自虚曰："常闻厨后空舍是神堂，前人皆以香火事之。今不然，故妖怪如此。"自虚怒，殊不信。
>
> 忽一日，萧老谓自虚云："今当远访亲旧，以数口为托。"言讫而去。自虚以问老吏，吏云："常闻使宅堂后枯树中，有山魈。"自虚令积柴与树齐，纵火焚之，闻树中冤枉之声，不可听。
>
> 月余，萧老归，缟素哀哭曰："无何远出，委妻子于贼手。今四海之内孑然一身，当令公知之耳。"乃于衣带，解一小合，大如弹丸，掷之于地，云："速去速去。"自虚俯拾开之，见有一小虎，大才如绳，自虚欲捉之，遂跳于地，已长数寸，跳掷不已。俄成大虎，走入中门，其家大小百余人，尽为所毙，虎亦不见。自虚者，亦一身而已。

元自虚担任汀州刺史是在元和二年（807年），距离大历四年（769年）陈剑迁州近40年。然而州城里仍然是汉人与山都杂居，甚至府衙宅堂后的枯树中也还住着"山魈"，且能自由出入府衙。元自虚愤怒之中，烧死枯树中的"山魈"，却遭到"萧老"的残酷报复。

《会昌解颐录》的艺术成就远高于《纪闻》，体现了唐传奇"有意为小说"的特点，表现为：一是包湑有意同情元自虚的不幸遭遇，展示汉人与山魈杂居的社会状况及山魈报复的残酷。牛肃《汀州山都》重在记录山都的怪异，缺乏人情人性的描写。二是包湑的小说故事更完整，情节也曲折富于变化；牛肃小说的情节则比较简单。三是包湑的小说语言简洁、生动，小说中"萧老"的话只出现过三次，却活现了人物的性格，也是故事发生、发展、高潮的线索；牛肃小说则重在叙述，缺乏描写，带有笔记体小说的特点。四是包湑的小说更加生活化、个性化，小说人物"萧老"和元自虚都有独自的个性，"萧老"言谈的豪爽、行动的来去倏忽及报复时的凶狠都刻画得生动形象，元自虚的思想固执、性格急躁也一览无遗。

第二章　福建客家民系形成时期的
文学创作

两宋时期的福建客家地区，主要在临汀郡以及南剑州的沙县、将乐，邵武军的泰宁、建宁等地。

客家民系的形成在宋代，这是由宋代福建客家社会的特点决定的。

首先，人口的增长，为民系的形成打下基础。晚唐五代，黄巢农民起义后，中原王朝频繁更替，战火相寻，迫使大批北方汉人南迁，河南西南部、安徽南部和西南部及早先到达江西北部和中部地区的人们大部分迁入闽粤赣边区，"其近者，达于福建宁化、长汀、上杭、永定等地；其更近者，则在赣东赣南各地"①。因此，北宋时期临汀郡人口增长很快，据《太平寰宇记》载，宋太平兴国五年（980年）至端拱二年（989年），汀州有 24007 户（主户 19730 户、客户 4277 户）。比元和年间增加 21000 多户，这是第一次人口增长高峰。到北宋元丰间（1078—1086 年），主户有 66157 户，客户则达 15299 户（《元丰九域志》），这是第二次人口增长高峰，比第一次人口高峰时增加 56000 多户，出现"十万人家溪两岸，绿杨烟锁济川桥"的初步繁荣景象。

南宋时期，全国政治经济文化的中心转移到杭州，北方人口大量南迁，毗邻浙江的福建迎来重要的发展机遇。庆元版《临汀志》载，南宋庆元（1195—1201年）时，临汀郡主客户达到218570户，主客丁有453231人，形成第三次人口高峰。这时，主客之间的融合已到不能分开计算的程度。又据《宋史·地理志》记载，南宋宝祐中（1253—1258年），临汀户数达 223432 户、男丁 534890 人，比唐代设置汀州时增加近 22 万户，达到人口发展的顶峰。每户以五人计（计入妇孺），则总人口有近百万。

宋代临汀郡所辖县份，除长汀县、宁化县，于北宋淳化五年（994年）增加上杭县、武平县；于北宋元符元年（1098年）增加清流县；于南宋绍兴三年（1133年）增加莲城县。郡县管理机构的建立与完善，区域结构的稳定性，有利于百姓生产生活的安定有序，也有利于客家文化的形成与传播。

---

①罗香林：《客家源流考》，华侨出版社 1989 年版，第 19 页。

其次，汀江航运与商业的繁荣，形成民系的经济共同体。汀江是闽西水上交通运输的大动脉，唐宋时称长汀溪、正溪、大溪、鄞江、汀水，今人习惯称汀江。汀江发源于长汀与宁化交界的赖家山，流经长汀、武平、上杭，在上杭峰市（宋时尚未设永定县）出境进入广东省，至大埔县三河坝与梅江汇合后称为韩江，韩江流经潮州、汕头，注入南海。北宋乐史《太平寰宇记》载：（鄞江）"从城过，直至广南潮州，通小船。"南宋绍定五年（1232 年）四月，宋慈任长汀知县后，与郡守李华一道，奏请朝廷允准汀州食用潮盐。于是，他亲自主持开辟汀江航道，使得货船航运能从长汀直通潮州。于是，广东的海盐和海产品通过汀江逆流而上运到闽西各县，或再通过陆运到达江西。湘赣的粮食、布匹也可以通过陆路从瑞金运到长汀，然后通过航运到达闽西各县，或直达潮州；闽西各县的山货、土纸和手工艺品也可直达广东。由航运而衍生的船工、码头搬运工、店铺、食宿服务业等也带动了很多从业人员，从而形成经济上的紧密联系。汀江航运的开辟，沟通了闽粤赣的商业经济与人口往来，也更密切了汀江沿线城乡客家百姓的文化交流与民系认同。汀江，被客家人誉为"客家母亲河"，也是客家民系形成的见证。

航运的发展，带来墟市与手工业的繁荣。宋代临汀郡城内外以及各县都开设了许多坊里、墟市。比如州城内有三坊（福善坊、登贤坊、崇福坊），州城外则多达 14 个。长汀县在水东街和城西秋成门外杉岭设有两个县市（县级交易市场），乡村则设有八个墟市。坊市人口一般不从事农业生产，主要以经商和手工业为主。据南宋临汀郡守胡太初修《临汀志·户口》"除新收落账外见管"统计，主户和客户的坊市人口总数 150484 人，乡村人口总数 385036 人。坊市人口占到总人数 535520 的 28.1%，近 1/3。郡城所在的长汀县"阛阓繁阜，不减江、浙、中州"①，可见当时手工业和商贸繁荣的局面。

再次，文化的大发展，确立了耕读传家、崇文重教的客家精神。据《临汀志·学校》载，北宋咸平二年（999 年），临汀郡创建孔庙，天圣（1023—1032 年）中即庙创学；崇宁三年（1104）郡守陈粹嫌州学狭小，于是迁至州东兴贤门外，扩大规模，兴建学舍，得到皇帝赐书；南宋绍兴三年（1133 年），郡守郑强又在城内州东重建州学，有大成殿、明伦堂、稽古阁，"周阿邃严，凡百具备。且市膏腴以增饩廪，择师儒以严课程……于是升堂者数倍畴昔，人以不学为耻。"②果然，两年后的乙卯汪应辰榜，临汀郡一次就考中四名进士。宝祐间（1233—1239 年），郡守胡太初又修郡学，重建明伦堂、致极堂、御书稽古阁；肇行乡饮酒礼；增储均济仓钱米，以广赈粜。此后的几任郡守在州学基础上进行不同程度的扩大与维

---

① （宋）胡太初修：《临汀志》，福建人民出版社 1990 年版，第 13 页。
② （宋）胡太初修：《临汀志》，福建人民出版社 1990 年版，第 143 页。

修。其他县学也先后创建起来，其中，宁化县学创办于南宋建炎三年（1129 年），长汀县学创办于南宋绍兴三年（1133 年），清流县儒学创建于北宋元符年间（1098—1100 年），连城县学创建于南宋绍兴四年（1134 年），上杭县学创建于南宋嘉定十六年（1223 年），武平县学创建于南宋端平元年（1234 年）。

客家的印刷业始于南宋时期的长汀四堡，南宋四堡印书业虽然刚刚起步，不如正处于鼎盛时期的建阳麻沙，但印刷读书人应举需要的经书还是可以的。史料记载，南宋绍兴十二年（1142 年），汀州刻有贾昌潮的《群经音辩》七卷；庆元间（1195—1200 年），临汀郡守陈晔还刻过方夷吾编的医方书《集要方》。

客家民系在唐宋时期的赣闽粤边地区形成，从福建的角度来说，是指与赣南和粤东交界的闽西。闽西的中心地域是汀江流域的汀州地区，但它周边的县份与汀州客家联系紧密，邵武军的泰宁、建宁，南剑州的将乐、沙县等也都是客家人的聚居区或半聚居区。

由于宋代客家地区仕宦官员的教养之功与客家人的自身努力，客家地区的文化建设取得显著效果。据《福建史志》（2006 年）统计，临汀郡两宋共有进士 180人。毗邻闽西的客家县份，泰宁进士 15 人，建宁进士 26 人，将乐 19 人，沙县属于开发较早的县，经济、文化相对发达，因此，宋代沙县进士有 87 人。泰宁人叶祖洽成为宋代闽西北客家人的第一个状元。在客家民系形成的两宋时期，客家地区涌现众多的进士，这说明形成于宋代的客家民系文化起点较高，崇文重教观念在客家民系形成之时就已成为客家人的共识。

第四，民间信俗的形成，成为客家民系内部的精神纽带。其一是定光、伏虎信仰。伏虎大师（？-962 年），俗姓叶，法名惠宽，宁化县招得里叶岭人，主要生活在五代南唐时期。惠宽在汀州开元寺出家，后驻锡于长汀县平原山“普护庵”。他生前能够“以解脱慈悲力”降服老虎，还能开泉，祈雨，受到汀州百姓的尊崇；圆寂之后有灵，百姓“凡有所祷，应如响答”。于是汀郡吏民向朝廷申请，赐予“威济灵应普惠妙显”八字封号。定光大师（934-1015 年），俗姓郑，法名自严，泉州同安县人。自严 11 岁出家，17 岁得业，游历江西名刹古寺之后，31 岁驻锡于武平县南安岩。他生前能够除虎驱蛇，通航，开泉，祈雨，圆寂后能够感应祈雨，退敌，与伏虎大师一起保护百姓。汀郡吏民上表，朝廷赐予“定光圆应普慈通圣”大师的封号。淳熙元年（1174 年）郡守吕翼之将定光、伏虎真像迎入郡城，方便百姓敬奉；许多乡村每年举行盛大庙会活动，使定光伏虎作为客家人保护神的信念更加深入人心，客观上起到团结民众、和谐人际关系、鼓舞人们敢于开拓进取的作用。其二是妈祖信仰。由于汀江航运的开辟，海上女神妈祖信仰引进到临汀郡。《临汀志·祠庙》载，长汀县有“三圣妃宫”，南宋嘉熙（1237-1240）间创建，“今州县吏运盐纲必祷焉”。运输潮盐之前，州县官吏尚且要前往三圣妃宫（妈祖庙）祈祷平安，何况汀江沿线众多的船主、船工、商会呢？福建客家妈祖信仰的庙宇，仅闽西（龙岩市）境内至今还有 300 多处。

第五，客家方言的形成与推广，成为客家百姓交流的共同语。语言是交流的工具，包容性强是客家方言的特点。以中原汉语为母语的南迁汉人，在南迁过程中吸纳吴方言、湘方言和赣方言，在落脚地的闽西又接受闽越族、畲族的许多常用语。比如"房子"叫"屋"，"蔬菜"叫"菜蔬"，"公鸡"叫"鸡公"，"母亲"叫"阿娓"，"我"叫"偓"，"多吃点"说成"吃点添"，"去赶墟"说成"来去赶墟"，这些词汇句法既不同于闽北方言，也不同于闽南方言，带有自己独特印迹。尽管客家方言在北宋初期形成，但要推广到整个客家地区，成为客家百姓认同的稳定的交流工具，要到南宋后期。罗美珍、邓晓华的《客家方言》就是这方面的研究成果。

宋代临汀郡汉族人口众多、经济繁荣、社会稳定、文化发展，这些条件为民族融合提供了可能，南迁汉人也才能"反客为主"，用先进的中原文明吸收并改造当地闽越族和畲族文化，形成新型而独特的客家文化。

客家民系的形成是个渐变的过程。从汀州的建立到南宋末年，经历了六百多年的风雨寒暑。唐五代，土客之间关系比较紧张，从元自虚火烧山魈遭到猛烈报复的传说到唐末畲民围汀州看，南迁汉人在汀州并不占强势。宋代，临汀郡也是土客杂居，从现存带"畲"字的地名看，长汀有 13 处，上杭 12 处，武平 18 处（一说 36 处），连城 17 处，永定 4 处，宁化 4 处，清流 2 处，明溪 3 处。虽然这些地名所在之处并不一定都是畲民的聚居区，也可能指畲民开垦的荒地，但说明畲族遍布闽西各地。宋代临汀郡的畲民未发生大规模起义，而是与汉族人民和平相处，在生产、生活、语言等多方面互相交流，取长补短。于是，北宋时期，客家方言形成；到南宋时期，"在赣南、闽西、粤东形成了一个特殊方言区——客家方言区"[1]，客家民系正式形成。

客家民系是中原南迁汉人与赣闽粤边地区的闽越族和畲族经过长期交往、融合而孕育出的一支汉族民系，这一民系因拥有别于汉族其他民系的语言、品性、习俗等文化特征而具有独特文化个性。

伴随客家民系的形成，具有民系特点的客家文学也正式诞生。两宋时期的闽西文坛，不再是仕宦官员与流寓诗人的独占天地，客籍文人的创作崭露头角，郑文宝、陈世卿、杨时、罗从彦、杨方、邓肃、邹应龙就是其中的优秀代表。

---

①谢重光：《福建客家》，广西师范大学出版社 2005 年版，第 42 页。

第一节　北宋客寓诗人的创作

北宋时期，临汀郡人口增长很快，经济渐趋繁荣，文化也逐步发展起来，无复昔日的蛮荒景象。宋代重文抑武，客寓诗人多为文学素养较高的饱学之士，他们把尚文之风带到客家地区，公务之余与当地文人诗酒唱和，留下许多歌咏客家山水民情的诗歌，成为客家文学的重要组成部分。他们以自身的文学创作引领并激励当地客籍文人的创作，为客家文学的诞生营造了浓厚的文化氛围，促成客家文学的萌芽。

一、元丰诗人：陈轩、郭祥正

北宋元丰年间（1078—1085 年），临汀郡守陈轩、郡倅郭祥正常于闲暇之日与当地志趣相投的文人游览汀郡山水，觞咏酬酢，创作出许多诗歌，一时彬彬。陈轩（1038—1121 年），字元舆，建州建阳人，宋仁宗嘉祐八年（1063 年）进士第二，宋神宗元丰四年（1081 年）知临汀。在汀期间，陈轩"治尚简静"（《汀州府志·名宦》），颇受百姓爱戴。好友黄庭坚作诗称赞他"平生所闻陈汀州，蝗不入境年屡丰"（《戏答陈元舆》）。郡倅郭祥正（1035—1113 年），字功甫，号谢公山人、醉吟先生，安徽当涂人。宋熙宁间（1068—1077 年）进士，官至殿中丞、签书保信军节度判官。元丰间调任临汀郡通判，与郡守陈轩诗酒唱和，甚是相得。他们的作品大致可以分为三类。

（一）山水诗

北宋元丰时期，临汀郡主客户人口达到 81456 户，郡治所在地的长汀县呈现"十万人家溪两岸，绿杨烟锁济川桥"的繁盛景象。在安定、发展的社会环境、崇文抑武的国策影响下，元丰诗人题咏风景名胜的诗篇甚多，如陈轩的《题南楼》，郭祥正的《鸡笼山》《南安岩》。

题南楼

谁跨崇墉更起楼，卷帘平视四山头。

田间草暖牛呼犊，叶底巢成雀避鸠。

鸡笼山

神仙之府名鸡笼，千寻翠玉擎寒空。

秀色凌风入城郭，半衔晓日金濛濛。

南安岩

汀梅之间山万重，南安岩窦何玲珑。
青葱屹立敞四壁，巧匠缩手难为工。
嗟予俗缚未能往，愿得结草与岩松。
遂登彼岸达正觉，月落岩下松生风。

这些诗歌描写景物生动形象，"牛呼犊""雀避鸠"的画面极富情趣，"千寻翠玉擎寒空"也很有立体感。南安岩，处在距离郡城相对偏远的武平县南八十五里（今岩前镇），是定光佛的驻锡之处。郭祥正的《南安岩》作于定光去世（1015年）60年后，说明定光佛在元丰时期就受到汀州吏民的普遍尊崇。

　　元丰诗人中，同题唱和的现象引人注目。一是汀州主题，陈轩有《临汀书事》二首：

居人不记瓯闽事，遗迹空传福抚山。
地有铜盐家自给，岁无兵盗戍长闲。

一川远汇三溪水，千嶂深围四面城。
花继腊梅长不歇，鸟啼春谷半无名。

郭祥正有《次韵元舆临汀书事》（二首）：

福抚开山罢戍兵，我朝仁泽始流行。
岚烟蒸隰同梅岭，地脉逶迤接赣城。
花木藏春先腊拆，儿童要寿半岩名。
如今太守真黄霸，里巷歌谣善治声。

碧瓦参差几万间，重楼复阁更回环。
城池影浸水边水，鼓角声传山外山。
鉴落斗倾元驰禁，秋千争蹴未容闲。
使君得意同民乐，日拥笙歌倒醉颜。

　　这些诗既同题，也同韵，都以押"山、闲、城、名"为主，但从不同角度进行歌咏，或历史或地理环境，或歌颂政治昌明或赞赏官民同乐，描绘了宋代临汀郡美好的自然环境和社会环境。

　　同题唱和的主题之二是苍玉洞。苍玉洞在郡城之东三里，有岩洞、摩崖石刻、庙宇、楼阁亭池之胜，上有东禅院，下临汀江河，是个幽美宁静之处。陈轩、郭祥正都分别作有《苍玉洞》诗：

截断苍山百尺崖，峥嵘相倚洞门开。

天生只隔红尘路，不碍溪云自往来。（陈轩）

片片冰崖裂，淙淙雪浪深。

举头看白鹭，相伴洗尘心。（郭祥正）

两首诗在描写苍玉洞山水景象之余，或托物喻志，或借景抒情，表达忘怀名利的共同思想。

主题之三是西峰院。西峰院在长汀县西一里，闽永隆间建成。陈轩作绝句云：

扪萝百尺上孤峰，红藓斑斑杖屦踪。

唯有潮声生绝顶，晚风吹动半岩松。

郭祥正和其诗云：

寺占西山第一峰，与君高步蹑云踪。

西风吹尽霜林叶，放出亭亭千丈松。

陈轩与郭祥正既是同僚，又是志趣相投的诗友，互相唱和的诗篇很多。《临汀志·名宦》载郭祥正在通判临汀期间："与郡守陈公轩相欢莫逆。每于暇日，联辔郊行，觞咏酬酢，逮今所传诗犹百余篇。"可见唱和诗篇之多，在当时形成文坛风气。

（二）怀古咏史诗

这类诗，陈轩的《题蓬莱观》《汀州旧州城》可作代表：

题蓬莱观

蓬莱观下瑞烟飘，刘氏曾经此地超。

桃圃昔谐王母约，烟霄自赴玉皇朝。

白鹤乘去人何在，青鸟飞来信已遥。

若使何郎有仙骨，也须吹引凤凰箫。

汀州旧州城

五百年前兴废事，至今人号旧州城。

草铺昔日笙歌地，云满当年剑戟营。

蓬莱观，在宁化县上攀龙乡。此诗怀古，歌咏客家地区刘氏女飞升的传说，表达作者"未第时"对神仙世界的向往，对美好理想的追求。旧州城，在长汀县城东北郊东方口大丘头，为晋新罗邑址。此诗咏史，抒发世事沧桑的感慨。

（三）咏怀诗

这类诗，郭祥正的《卧龙山泉上茗酌呈太守陈元舆》《临汀春晚》可作代表：

卧龙山泉上茗酌呈太守陈元舆

君不见，欧阳公，在琅琊。酿泉为酒饮辄醉，自号醉翁乐无涯。醉来落笔驱龙蛇，电霍万里轰雷车。浓阴却扫吐朝日，草木妍媚春争华。斯人往矣道将丧，虽遇绝景谁能夸。又不见，卧龙山下一泓水，源接银河甘且美。惜哉无名人不闻，唯有寒云弄清泚。君携天上小团月，来就斯泉烹一啜。不觉两腋习习清风生，便欲飞归紫金阙。挽君且住君少留，人生难得名山游。汲泉涤砚请君发佳唱，铿金戛玉摇清商。斯泉便与酿泉比，泉价诗名无表里。自愧学诗三十年，缩手袖间惊血指。君如欧阳公，我非苏与梅。但能泉上伴君饮，高咏搁笔无由陪。明年茶熟君应去，愁对苍崖咏佳句。

临汀春晚

黯淡阴晴阁雨天，清明将近见秋千。

风高乔木莺初啭，水暖平沙鹭斗眠。

身计只知忧陷阱，年华岂解老神仙。

迢迢归路三千里，始信家书直万钱。

两首诗或抒发诗酒生活的文人情趣，或抒写春天时节的思乡情绪，真实反映了他们生活在客家地区的真情实感。

纵观陈轩与郭祥正之诗，陈诗典雅流丽，气势沉雄；郭诗俊逸豪放，颇有李白诗歌的浪漫主义风格。宋初著名诗人梅尧臣作《采石月》诗赠郭祥正，有"采石月下闻谪仙"之句，称赞他"真太白后身"，王安石也称赞郭祥正之诗"豪迈精绝"，由是声名大振。

二、嘉祐至崇宁间诗人：李存贤、洪刍

嘉祐（1056—1063 年）至崇宁（1102—1106 年）的 50 年间，仕汀官员也留下许多诗篇，代表诗人是李存贤和洪刍。

（一）李存贤与东禅院和诗

东禅院，在长汀县东三里，梁贞明二年（916 年）创，宋朝祖镜大师从密（俗姓郑，长汀人）书额。在此远眺，汀江两岸田野井然，村落民田历历在目，历朝文人墨客在此吟咏不辍。

据开庆《临汀志·寺观》载，嘉祐至崇宁年间以咏东禅院为题，前后相唱和的有六人，分别是：郡守林东乔（治平三年任，一说嘉祐七年二月前已在任）诗

云：“心爱民田远，车行石径中。”郡守石民英（熙宁五年任，一说至和二年初已在任）诗云：“云兼野色过松径，水带秋声入稻田。”刘弼（治平四年进士，龙溪县人，赠朝奉郎）和云：“滩声来席上，亭影落溪中。”

李存贤，元祐三年（1088 年）任长汀知县。他有《追和前守林公东乔东禅院诗》，诗云：“野云闲带雨，林木静无风。村落一溪外，民田四望中。”此诗描写田园景色，视角从上到下，由近及远，意境开阔，村落民田，宛如画卷，颇有唐代王维的田园诗风。

还有施子安（年代不详）诗云：“蝉唤翠阴声断续，鸟藏红叶声唧啾。”又云：“陇云飘软玉，江月洗寒金。”洪刍诗云：“花辞好树犹啼雨，竹喜嘉宾亦叹风。”

上述六人的诗歌虽然同题，却不作于同时。这种现象至少可以说明两点：一是北宋时期临汀郡社会安定，客家山水风景秀丽，文人士大夫互相诗歌唱和形成风气，这是社会文化发展的标志。二是他们的诗歌唱和并未形成诗社的规模。北宋时期，文化发达地区文人结社风气盛行。志趣相投的文人自发组成诗社，他们定期聚会，分题分韵，品评切磋，只是出于对诗歌本身的兴趣，并不带有功利目的。比如元丰七年贺铸在徐州与当地士人结为彭城诗社，此后又有邹浩的颍川诗社，叶梦得的许昌诗社，徐俯的豫章诗社，韩驹、吕本中的临川诗社等，文人结社一时成为时尚。但是，仕汀官员这种同题唱和的活动还不具备诗社的特征。

（二）洪刍的山水诗

洪刍（1066—1128 年），字驹父，江西南昌人，黄庭坚的外甥，与兄朋、弟炎、羽并称“四洪”。哲宗绍圣元年（1094 年），与弟弟洪炎同举进士。洪刍之诗师承黄庭坚，纪昀谓其“深得豫章之格”，是江西诗派的著名人物。崇宁元年（1102 年），洪刍谪监临汀酒税，常与郡守陈粹等人游览山水名胜。

洪刍在临汀留下的诗歌都是山水诗，他善于突出景物的色彩，勾画清新明丽的画面，如《题横翠亭》（二首）：

> 风枝雨叶春无赖，石径茅茨昼不开。
> 绿竹笋高人未觉，紫荆花谢我重来。
>
> 海棠红映梨花白，竹杖芒鞋绕屋檐。
> 深处提壶安好语，无人沽酒引陶潜。

横翠亭，在长汀县东禅寺中门之左。《舆地纪胜》载：“横翠亭，山光野色，横在目前。”崇宁间（1102—1106 年），郡守陈粹创，僧刻洪刍二绝句于柱。

洪刍还善于锤炼语言，运用比喻手法表现景物特点。如《陪郡守陈公轩游东山》：

> 篆破高青知野火，点残横绿是沙鸥。
>
> 微行曲折如羊坂，乱石峥嵘似虎丘。

崇宁间，陈轩回临汀故地重游，洪刍相陪游东山，作此诗。完整的本诗已不存，此四句写景，重在体现东山的山野气息。"篆破""点残"，用语精致独到，极富想像力。尾句以虎丘名胜作比，提高了东山的文化品位。

三、北宋流寓诗人：蔡襄、蒋之奇、韦骧

1.蔡 襄

蔡襄（1012—1067 年），字君谟，福建莆田蔡垞村人。宋天圣八年（1030 年）进士，历任翰林学士、三司使、端明殿学士、福建路转运使，知泉州、福州、开封和杭州府事等职。有《茶录》《荔枝谱》《蔡忠惠集》等传世。

蔡襄知泉州期间曾游览清流县南梦溪洞口的安济庙，有诗《宋安济庙潜灵王谒》：

> 远远青山叠叠峰，峰前真宰读书翁。
>
> 半岩冷落高宗雨，一洞凄凉吉甫风。
>
> 溪隐豹眠寒雾露，井洞凤宿旧梧桐。
>
> 九龙山下英雄气，尽属君王宇宙中。

此诗的写作缘起很有些神秘色彩，《临汀志·祀庙》载："嘉祐中，枢密直学士蔡公襄知泉州，有布衣上谒，自称宁化九龙进士。公与坐，莫测其为神，及送之庭除，忽不见，始异之。取刺而视，于中得诗五十六字，寻加访问。"此诗以九龙山的群峰连绵作为安济庙的背景，衬托出安济庙年久失修的冷落荒凉。尾联赞颂九龙山人的英雄豪气，意境开阔，富有气势。

2.蒋之奇

蒋之奇（1031—1104 年），字颖叔，常州宜兴人。嘉祐二年（1057 年）进士，官至监察御史，追封魏国公。熙宁二年（1069 年）王安石秉政，蒋之奇任福建转运判官，推行新法。熙宁四年，历江西、河北、陕西转运副使，同年六月游福州乌石山，十月游汀州，均有题刻。

蒋之奇在长汀游览苍玉洞，作有《苍玉洞》诗，表达为官清正的人格理想：

> 苍玉门径阔，白云庭院深。
>
> 鄞江一丈水，清可照人心。

蒋之奇还游览宁化名胜，作有两首诗：

鹫 峰

山前十里入青苍，猿鸟声中建道场。

月转竹阴侵阁冷，水流花片过门香。

宁化龙池岩

苍龙蜕骨去已久，山根一穴如天开。

寄言俗客不可入，往往白昼生风雷。

鹫峰，在宁化县南二十五里，山有寺院，五代闽永隆间创。这首诗从视觉、听觉、触觉和嗅觉写出鹫峰的山水特点。龙池岩，在宁化县南四十里，传说曾有龙蟠于此。苍龙已经蜕骨而去，可这里还"往往白昼生风雷"，写出龙池岩的传说与神奇。

3. 韦骧

韦骧（1033—1105 年），浙江钱塘（今杭州市）人。仁宗皇祐五年（1053 年）进士，历知婺州武义县、福建路转运判官、主客郎中，提举杭州洞霄宫。担任福建路转运判官期间，曾巡视临汀，作诗纪念在临汀遇到的奇特现象与感受：

临汀行馆十月桃花盛开

十月临汀气候伪，桃花零落发林阿。

也知欲趁春风媚，争奈穷州地暖何。

十月十二日早起按行临汀遇大雷电而雨

传车十月到长汀，郁奥犹如暑气生。

经夕山川带云雾，凌晨雷雨动檐楹。

乍逢旅客殊多怪，惯见邦人悄不惊。

聊作小诗传所过，他年稳坐话平生。

两首诗或描写临汀（今长汀县）十月的温暖气候与桃花盛开，或描写十月间的雷雨滂沱，反映了客家地区的气候特点，侧面体现临汀的美丽可爱。

北宋元丰、元祐前后许多文人汇聚临汀，留下许多脍炙人口的诗篇，的确是一个值得注意的文学现象。北宋诗文革新运动在宋仁宗时期（1010—1063 年）已经达到高潮，到宋神宗、哲宗时期是完成阶段。王安石、三苏、曾巩、黄庭坚和秦观等人的文学活动主要发生于在神宗和哲宗时，这是北宋社会一个文学创作的繁荣期。蒋之奇、韦骧等流寓汀州的诗人，他们以新奇的目光发现客家地区的山水之美，抒写远离红尘喧嚣的宁静。陈轩、郭祥正等仕汀官员大多来自朝中或文化发达的都市，贬谪偏僻的临汀郡，自然产生严重的心理落差。但是，中国历来的进步知识分子都是不会轻易放弃理想的，他们把亲近自然与放怀山水作为对个人政治悲剧的超越，把文学创作和艺术切磋作为忘怀环境恶劣与物质匮乏的精神补偿，在歌咏客家山水和民俗风情中抒写深刻的生命体验，所以，他们丰富的创作也就在必然之中。《临汀志·名宦》载陈轩："暇日与郡倅郭祥正登山临水，觞咏酬酢百余篇。邦人至今以为美谈。"他们的文学实践，为客家风景名胜增添了许多人文内涵，也为客籍文人的创作作出榜样。

第二节　北宋客籍文人的创作

两宋时期，随着客家民系的形成，客家文学也出现强劲的破土萌芽之势。宋代的福建客家文学，地域分布广，文人数量多，作品丰富，文体多样，涌现出具有全国影响的诗人和词作家。他们的作品，或描写客家地区的山水名胜，或反映客家地区的民俗风情；或抒写客家人的喜怒哀乐与理想追求，或表达客家人爱国爱乡情感，或揭露批判黑暗政治。他们的文学成就标志着客家文学的萌芽。

一、客家第一诗人：郑文宝

在客家民系形成的两宋阶段，文学上第一个取得突出成就的是宁化客家诗人郑文宝。

郑文宝（953—1013 年），字仲贤，一字伯玉，宁化县客家人。少时受业于南唐史部尚书徐铉（916—991 年），工于篆书，诗、文俱优。以父荫出仕为南唐奉礼郎、校书郎。入宋后，于太平兴国八年（983 年）进士及第，历任颍州通判、知州事，迁陕西转运副使，加工部员外郎、兵部员外郎等职。郑文宝在职期间勤政爱民，受到百姓拥戴，《临汀志·进士题名》载其在陕西转运副使任上，遇到荒年，粮食歉收，饥民挣扎于生死之间，郑文宝劝导豪户"出粟三万斛，活饥民八万六千余人"。《宋史》卷二百七十七载："文宝自环庆部粮越旱海入灵武者十二次，晓达蕃情，习其语，经由部落，每宿酋长帐中，其人或呼为父。"郑文宝在文学上也取得很大成就，有《郑文宝集》三十卷、《谈苑》二十卷、《南唐近事》二卷、《江表志》三卷传世。

郑文宝的诗歌至今大多散佚，现存于《全宋诗》的只有诗歌 16 首，单句 16 句；从题材来看，以怀古咏史、羁旅行役诗为主。

北宋初，李昉、徐铉等人效法白居易的闲适诗，多写流连光景的闲适生活，风格浅切清雅，被称为"白体"诗人。郑文宝是徐铉的弟子，入宋后补广文馆生时，又"深为李昉所知"，受他们的影响，郑文宝也写了不少"白体"诗歌。如他的七绝《题猴氏山》：

秋阴漠漠秋云轻，缑氏山头月正明。

帝子西飞仙驭远，不知何处夜吹笙。

这首怀古诗，抒发对王子晋升仙传说的神往之情，风格浅切清雅，意境空灵幽远、富于情意。北宋大文学家晏殊极赞赏此诗，宋代的蔡绦在《西清诗话》记载："晏元献公（殊）守洛，过而见之，取乐天语书其后曰：'此书在在处处有神物护持。'""晏元献公守洛"的时间是在北宋皇佑五年（1053年），晏殊自永兴军徙知河南，兼西京留守，此时离郑文宝去世已40年，说明郑文宝去世之后，他的诗歌依然受到追捧。

郑文宝的怀古咏史诗也有凝重犀利之作。由于亲身经历五代的衰亡和赵宋的兴起，郑文宝对五代王朝的兴衰有深刻的认识、敏锐的见解。他编写的《南唐近事》二卷、《江表志》三卷，就是对历史经验教训的回顾和总结。他的许多怀古咏史诗，不发兴亡感慨，而是针对历史人物和历史事件作鞭辟入里、警醒后人的分析与评判。如《读江总传》：

行人慵过景阳宫，宫畔离离禾黍风。

庭玉有花空怨白，井莲无步莫愁红。

吟诗功业才虽大，亡国君臣道最同。

争忍暮年归故里，纶竿回避钓鱼翁。

江总梁朝时为临安令、太子中舍人，陈朝时官至尚书令。江总笃行义，宽和温裕，好学，能属文，于五言七言尤善。郑文宝在诗中认为，虽然江总的"吟诗功业"才大名高，但他身当权宰，不持政务，与后主游宴后庭，导致国政日颓，纲纪不立，君昏臣乱，造成误国殃民的结局。南唐李后主文辞才华有余，而治国能力不足，在其作为阶下囚的词中抒写了深沉的亡国之痛。郑文宝一针见血地指出"亡国君臣道最同"，确是极中肯綮之见，对宋代帝王好文偃武也是一个警醒。他的《温泉》诗表达了对唐朝兴衰历史的独到见解：

潺湲如燎岭云阴，玉石鱼龙换古今。

只见开元无事久，不知贞观用功深。

笼无解语衣无雪，堆有黄沙粟有金。

惆怅狐雏负恩泽，始尤夷甫未经心。

诗人认为，唐玄宗能致开元天宝的盛世局面，是前任君臣艰苦努力、"贞观用功深"的缘故；天宝盛世迅速瓦解，是君臣耽于享乐，"群邪负恩泽"的结果。这体现了诗人对历史的清醒认识，也体现了宋诗长于议论的倾向。

郑文宝从少年求学开始离开家乡，长时间在外仕宦漂泊，因此作有不少羁旅行役之诗。其代表作是《绝句三首》：

亭亭画舸系江潭，直待行人酒半酣。

不管烟波与风雨，载将离恨过江南。

一夜西风旅雁秋，背身调镞索征裘。
关山落尽黄榆叶，驻马谁家唱石州。

江云薄薄日斜晖，江馆萧条独掩扉。
梁燕不知人事改，雨中犹作一双飞。

组诗三首都写离情愁怨。第一首是抒写过江南时与友人的别离之愁，末句将无形的离愁化为有形的可载之物，生动形象，对后人影响很大。南宋女词人李清照【武陵春】的"只恐双溪舴艋舟，载不动，几多愁"与此诗句可谓异曲同工之妙。第二首抒写身处边塞对亲人的思念，甚有苍凉悲慨之气。第三首尾联两句用燕子双飞反衬诗人的孤独相思，情致深婉，起到言有尽而意无穷的效果。

南宋胡仔《苕溪渔隐丛话前集》卷二四引蔡宽夫《诗话》云："大抵仲贤情致深婉，比当时辈流，能不专使事，而尤长于绝句。如'一夜西风旅雁秋，背身调镞索征裘，关山落尽黄榆叶，驻马谁家唱《石州》。'又'江云薄薄日斜晖，江馆萧条独掩扉，梁燕不知人事改，雨中犹作一双飞。'若此等类，须在王摩诘伯仲之间，刘禹锡、杜牧之不足多也。"

郑文宝的咏物诗所存不多，含义也比较幽微曲折。但与其他诗歌联系起来，却也能理解其中借物抒怀的隐微情感。如他的《香木槽》：

沉檀香植在天涯，贱等荆衡水面槎。
何必为槽饲鸡犬，不如煨烬向豪家。

《诗话总龟》卷十七载："雷州及海外琼崖多香木，夷民以为槽饲鸡犬。"郑文宝的诗表面上是咏叹远在天涯的沉檀香木只能制成饲鸡犬的食槽，而大都市豪门之家视檀香为珍贵材料，实际上抒写自己遭受冷落、怀才不遇的悲愤。南唐灭亡后，郑文宝曾有好几年遭受冷落，无人问津。他在《过信阳军白雪驿》诗中说自己："得罪先朝出粉闱，五原功业有谁知。年余放逐无人识，白雪关头一望时。"又作《寒食访僧》诗云："高僧不饮客携酒，来劝先朝放逐臣。"在严酷的政治环境下，诗人只好"近来学得笼中鹊，回避流莺笑不飞"（《鄞城新亭》）。北宋初期政治环境险恶，作为由南唐入宋的官员，郑文宝不得不韬光养晦以躲避可能的政治打击。

郑文宝的送别诗写得感情真挚，情景交融，如《送曹纬、刘鼎二秀才》：

旦夕春风老，离心共黯然。小舟闻笛夜，微雨养花天。
手笔人皆有，曹刘世所贤。郴侯重才子，从此看莺迁。

诗歌称颂曹、刘两位秀才的贤能，表达对青年才俊的鼓励与鞭策。"小舟闻笛夜，微雨养花天"二句既点明两位秀才离别的时间、方式和季节，又创设了一种离别远行的凄迷情境，历来为知音所赏。

郑文宝还有一些优秀的诗句散见于宋人的诗话、笔记之中。如欧阳修《六一诗话》称郑文宝《题绿野堂》"水暖凫鹥行哺子，溪深桃李卧开花"两句"最为警绝"、"人谓不减王维、杜甫也。"《六一诗话》为欧阳修晚年之作，距离郑文宝去世之日至少也有 50 年之久，可见郑文宝的诗歌一直被世人传颂，以至又被晏、欧所赏识。其他如"人辞碧落春风晚，花老朱陵古渡头"、"满帆西日催行客，一夜东风落楚梅"、"百草千花路，华风细雨天"等也词藻华彩、清雅隽永、对仗工整，多为后人所引用与传诵。

晏殊、欧阳修以及蔡宽夫等宋代著名诗家、文论家赞赏郑文宝的诗歌，是对其诗歌艺术的肯定，也是郑文宝诗歌具有全国性影响的明证。郑文宝的诗歌成就是客家民系形成过程中客家文学诞生的显著标志。清代史学家杨澜在《汀南廑存集自序》中称："闽有诗人，自唐欧阳行周始；汀有诗人，自宋郑仲贤始。"阐明了郑文宝在汀州客家文学中的历史地位，当代著名学者钱钟书在《宋诗选注》中也称郑文宝是"宋初一位负有盛名的诗人"。

郑文宝的散文现存甚少，《汀州府志·艺文》仅存其《书〈绎山碑〉跋》一篇。绎山，即峄山，在今山东邹县。"绎山碑"是秦始皇二十八年（前 219 年）首次东巡齐鲁时留下的纪功刻石，为李斯所撰。今所见峄山碑出于徐铉的摹本，由郑文宝刻于西安碑石，现收藏于陕西西安碑林博物馆。本文是郑文宝刻《绎山碑》时作的跋，介绍了刊刻的原委，赞颂业师徐铉对书法艺术的孜孜追求。这篇短文简洁流畅、文情并茂，读者可略见其散文风貌。

二、长汀诗人：吴简言、梁颢、
邓春卿、禅鉴大师智孜、王宗哲

从史志典籍看，北宋时期的长汀诗人不多，现存作品的作者主要是吴简言、梁颢、邓春卿、禅鉴大师智孜和王宗哲等。按题材分，他们的诗歌可分为三类：

（一）怀古咏史诗

这类诗以吴简言的《题巫山神女庙》和禅鉴大师智孜的《四皓吟》为代表。

1.吴简言

吴简言，字若讷，少年聪颖，"年十二有俊声"。北宋端拱二年（989 年）进士，任绵州（今四川绵阳）户曹。崇宁中擢茂异科，授秘书省著作佐郎。曾奉诏招抚西南少数民族，以功迁祠部郎中。乾隆版《汀州府志》将吴简言列入宋代文苑传，载其"有俊才"。有《若讷存稿》传世。他的怀古诗《题巫山神女庙》被刻于神女庙内的石碑上，成为北宋诗坛的知名之作：

> 惆怅巫娥事不平，当时一梦是虚成。
>
> 只因宋玉闲唇吻，流尽巴江洗不清。

巫山神女庙在长江三峡之一的巫峡山上。传说巫山神女乃王母第二十三女，太真王夫人之妹，名瑶姬，帮助过大禹治水，后化为石。按闻一多先生的看法，巫山神女是先秦时代楚民族信奉的一位女神，主管行云布雨，是造福农业社会的精灵。战国时楚国文人宋玉作《高唐赋》和《神女赋》，描述楚怀王、襄王梦中与巫山神女相会。于是"云雨阳台"成为男女私情的代名词。但是，宋玉赋中的"妾巫山之女"并非彼之巫山神女。唐代李善注引《襄阳耆旧传》云："赤帝女曰姚姬，未行而卒，葬于巫山之阳，故曰巫山之女。"此巫山按宋玉赋中的描绘，当在云梦。将两处巫山相混淆，始于北魏郦道元所作《水经注·江水》："丹山西即巫山者也。又帝女居焉。宋玉所谓'天帝之季女，名曰瑶姬，未行而亡，封于巫山之阳，精魂为草，实为灵芝。'"此后，注释者便都误以为宋玉赋中云梦的"巫山之女"就是巫峡山上的巫山神女，于真正的巫山神女来说，确是天大的冤屈。

《宋诗纪事》卷五载，吴简言途径巫峡，登山朝拜神女庙，见龛中神女卓姿清丽，想起宋玉所作高唐梦会之赋，觉得巫山神女冰清玉洁，赋中所写神女为楚襄王荐枕席之事，纯属宋玉无端编造，玷污了神女的清白，造成难以洗清的"闲话"，于是他一反传统说法，题诗于壁，阐发观点。意想不到的是，神奇之事发生了，"是夜梦见神女来见曰：'君诗雅正，当以顺风为谢。'明日解缆，果然"[1]。

这首诗就事说理，阐发己见，别开生面，对开启宋诗好议论的风气是有作用的。此诗最早见于《舆地纪胜》卷一三二《福建路·汀州》，《八闽通志》、《汀南廑存集》及《全闽诗话》均载此诗。

2.禅鉴大师智孜

智孜，俗姓萧，号禅鉴，元丰、崇宁间驻锡长汀南山同庆禅院。《临汀志·道释》载其"尝住福之白鹿，豫章之上蓝。机法之外，尤长于诗"，仕汀官员洪刍、郭祥正等与之酬唱，诗篇往来。智孜有诗近三百篇，由门人编成《南山集》雕版印行。他的咏史诗《四皓吟》深得大诗人黄庭坚的赞赏：

> 忠义合时难，云林共掩关。因秦生白发，为汉出青山。
>
> 不愿金章贵，常披鹤氅还。如今明圣代，高蹈更难攀。

---

① （宋）胡太初修：《临汀志》，福建人民出版社1990年版，第148页。

四皓,指秦末汉初不愿出仕当官而隐居于陕西商洛山中的四位隐士(东园公、甪里先生、夏黄公、绮里季),通称"商山四皓"。此诗赞颂四皓的高尚事迹,抒发对古代先贤的钦慕,委婉表达不愿追求荣利的思想。智孜身在佛门,却钦慕四皓的高风,反映了客家地区佛学与儒教兼容并蓄的特点。诗歌直抒胸臆,对仗精致,"三四句黄山谷最称赏之"(杨澜语)。

(二)山水诗

1.吴简言

吴简言的《游石燕岩》是山水诗的代表:

> 南峰挺秀献苍青,洞壑幽深万象生。
>
> 石燕扑光穿溜过,悬崖巉峭有风笙。

临汀郡山清水秀,山中洞壑众多。石燕岩在长汀城南七里,"昔有遇骤雨于其下者,见飞燕数十集石上,雨止视之,皆化为石,故名"[①]。此诗首联描写山峰挺秀、洞壑幽深。三四句描写石燕在悬崖洞壑间向着光明轻盈飞翔,鸣声动听,既写出石燕岩的静中有动,富有生机,也表达诗人对家乡的热爱。

2.梁颢

梁颢,字习之,长汀客家人,处士梁藻之子。《临汀志·进士题名》载其"博洽能文",宋真宗咸平三年(1000年)进士,历知庐州,漕广东,以和戎功迁开封府判官、兵部员外郎,出为河南府少尹。《临汀志·寺观》存有梁颢的《题灵洞天福院》:

> 门外路将三市隔,此中人是几生修。
>
> 千寻古木含云翠,一派寒泉绕槛流。

灵洞天福院,在武平县西五里灵洞山麓,唐咸通间(860—874年)创建。此诗极写灵洞山天福院清幽的环境,表达了对宁静生活的向往。三四句对仗工整,意境清新自然,令人神往。

(三)咏怀诗

1.邓春卿

邓春卿,字荣伯。崇宁间(1102—1106年)诏举遗逸、大观年间(1107—1110年)诏举八行(孝悌等八种德行),俱辞不就。卜筑南山,安贫乐道,以躬耕吟

---

① (宋)胡太初修:《临汀志》,福建人民出版社1990年版,第39页。

诵为乐。有诗文三卷。所作《谢章郡守过访隐庐》很能反映他的隐逸思想：

> 在巷愧无颜子志，过庐难称魏公心。
>
> 望尘不敢希潘岳，云满南山雪满簪。

宋徽宗大观二年（1108 年），临汀郡守章清为落实朝廷诏举遗逸和八行的政策，亲自拜访邓春卿。满头白发但精神矍铄的邓春卿以颜回、魏景卿自比，婉言辞谢朝廷的诏命。该诗塑造了安贫乐道、满头白发的高士形象。

2.王宗哲

王宗哲，字廷俊，北宋重和元年（1118 年）进士，历任江西南丰主簿、泉州理掾、韶州教授、潮阳县丞、灌阳县令。其弟明哲、宣哲也先后中进士，人称"一门三进士"。王宗哲的诗《答张太守赠题六柳堂》是其书写怀抱之作：

> 琴书廿载全州守，尸位我惭归半耕。
>
> 泉石堂前植六柳，归装片月伴收成。

王宗哲年七十致仕回乡，在庭前植六柳，名其草堂"六柳堂"，自号六柳先生，与临汀郡守张宪武、州学教授戴觉诗酒往来。张太守，即张宪武，字演翁，绍兴九年（1139 年）知临汀郡。张宪武赠诗《题六柳堂》："六柳先生以道名，归来高伴子侄耕。方瞳绿鬓君知否，一片灵台画不成。"王宗哲作此诗依原韵以答。诗中以谦逊的口吻总结为官经历，三四句化用陶渊明"带月荷锄归"的诗意，表明对陶渊明归隐田园的钦慕之意。

三、沙县诗人：陈世卿、陈偁、陈瓘

（一）陈世卿、陈偁父子

陈世卿（953—1016 年），字光远，号豸山，南剑州沙县贡川（今属永安市）人，祖籍河南颖川郡（今河南许昌市）。宋雍熙二年（985 年）进士，历任福建转运使、两浙路转运使、荆湖北路转运使等职，官至秘书少监，知广州，赐金紫。去世后，宰相王安石为其撰写墓志铭。其子陈偁（1015—1086 年），字君举。宋天圣八年（1030 年），年仅 16 岁的陈偁高中特奏进士，20 岁时袭父荫补太庙斋郎，后历任罗源县令，知惠州、开封、泉州、尉州等职，特封朝议大夫致仕。现存陈氏父子的诗歌可以分为两类。

1.山水诗

陈世卿的山水诗善于突出景物特点，在写景中陶写怀抱，如他的《淘金山》"未覆一篑土，便做千仞观。一自登巉岩，培塿视群山"写出淘金山的高峻，在与群山的对比中，写洁身自好、不与奸佞小人为伍的思想。这种思想与后来王安石坚持变法革新，不惧群小指责的精神一致。他的古体山水诗描写细腻，语言通俗自然，在山水之美中突出人情之美，如《游黄杨岩》：

> 朔风夜号空，千隅几枝木。深山自春色，芳草不凋绿。
> 朋来得进游，招提藏翠麓。新酒赤如丹，竹萌肥胜肉。
> 一醉出门去，缺月挂修竹。归路沙溪浅，危桥溅寒玉。
> 夜过渭滨居，门庭应不俗。对座寂无言，泉声如击筑。
> 宗明更可人，相邀勤秉烛。开缄得捷音，豺狼俱面北。
> 回棹今可矣，赏心嗟未足。西去有奇岩，祥云覆华屋。
> 箕踞列千人，未充空洞腹。更约林宗俱，来伴白云宿。

黄杨岩，又名万寿岩、麟峰，在今三明市岩前镇（原属永安，介于永安和归化县之间），岩上多产黄杨木，故称。此诗描写冬天与友人畅游黄杨岩，表现幽美的山间景象，赞美热情好客的家乡民情。

陈偁的山水诗主要写对家乡山水美景的热爱，抒写隐逸情怀。他的《栟榈山》诗，将家乡的栟榈山比拟天下闻名的武夷山，它们不但都有丹霞地貌，且都有令人神往的神仙传说，爱乡之情溢于言表。他的山水诗还善于写出景物的动态，赋予景物人格精神，如《题栟榈山》：

> 名蓝依净境，风物倍精神。翠巘藏仙迹，寒潭绝世尘。
> 岭猿吟岁月，山鸟语留人。拟学栖真客，林泉老此身。

栟榈山，在永安县治北二十里，与桃源洞隔沙溪相对，以多产栟榈木，故名。名蓝，即名寺。栟榈山有栟榈寺，后晋天福五年（940年）建，是永安古代名刹。此诗描述栟榈山清净无尘的景致，用拟人手法写出风物的动态怡人，抒发终老此山的隐逸之情。唐代王维的山水诗，一个鲜明的意境特点就是"净"，再一个就是"静"。王维诗歌由"净"而"静"是因为厌恶官场，企图隐逸。陈偁的诗歌由"净"而"动"，却不是为了逃脱官场，因为他的仕途一直是比较顺利的，既有政绩，又得百姓拥戴，因此，他的隐逸思想只不过是动极思静，对官场之外宁静生活的向往。

2.饯别诗

大中祥符年间（1008—1016年），陈世卿在荆湖北路转运使任上，因母亲病逝而回乡守孝。光阴荏苒，三年之后，朝廷催促其回京听用。陈世卿对家乡留恋不舍，他在《翠竹峰》一诗中写道："翠竹峰前是我家，归来重整旧生涯。烟霞尚有留人意，可奈门前驷马车。"临别之际，亲友在思古堂为其践行。陈世卿作绝句《思古堂》云：

> 思古堂前酒一樽，共谈时事出孤村。
>
> 临期上马无他嘱，务买诗书教子孙。

思古堂，在今永安市贡川西郊（五代、宋时属沙县）。这首饯别诗突出临别嘱咐亲友"务买诗书教子孙"，体现宋代客家人重视教育、耕读传家的思想。

（二）陈瓘

陈瓘（1057—1124 年），字莹中，号了斋。祖籍浙江吴兴，先祖陈雍为唐高宗时御史中丞。开元二十九年（741 年），陈雍举家南徙入闽，为陈氏入闽始祖之一。入闽后，其长子陈苏迁居宁化石壁，三子迁居闽县（今福州一带），陈雍自己携次子陈野迁居南剑州沙邑固发冲（今永安市贡川）。陈瓘是陈雍第十一代陈世卿裔孙，陈偁之子。

陈瓘于神宗元丰二年（1079 年）中进士甲科第三名，授湖州掌书记。元祐四年（1089 年）签书越州判官。徽宗即位，召为左正言，迁右司谏①。御史龚彦和弹劾蔡京被朝廷逐出京城，陈瓘出于公道愤起草疏蔡京之过，也被罢监扬州粮料院，改知无为军。

崇宁中（1102—1106 年），受蔡京等人忌恨，陈瓘以党籍除名，遭不断流徙，"蹿袁州、廉州，移郴州，稍复宣德郎"。陈瓘之子正汇在杭州告发蔡京有动摇东宫的企图，被流放海上，陈瓘也被安置通州。张商英为相，将陈瓘的《尊尧集》呈送徽宗，结果蔡京一党又将商英罢相，陈瓘流徙台州。政和元年（1111 年），陈瓘复承事郎，卜居江州。"复有谮之者，至不许辄出城。旋令居南康，才至，又移楚"（《宋史·列传》卷三四五）。宣和六年（1124 年）陈瓘病逝于楚州，终年 65 岁。靖康初，诏赠谏议大夫。绍兴二十六年，赐谥忠肃。

陈瓘一生著述甚丰，《宋史》卷二百八《艺文志》著录有《陈瓘集》四十卷，又《责沈》一卷、《谏垣集》三卷、《四明尊尧集》五卷、《了斋亲笔》一卷、《尊尧余言》一卷。杨时、朱熹等人对陈瓘极其推赏，朱熹称"陈了翁气刚才大"、"了翁有济世之才"，自是有一定道理。

---

①郭志安：《〈宋史·陈瓘传〉考补》，《兰台世界》2009 年第 24 期。

陈瓘的诗文至今大多散佚，现存诗歌可分为写景诗、赠答诗和杂感诗。他的写景诗，不喜用典，以事理结合、情韵兼胜见长。如《藏春峡》四首：

其　二

花落花开蝶自忙，琴闲书札日偏长。

我来不为看桃李，只爱幽兰静更香。

其　三

朝廷鹓鹭日振振，不道天涯亦有人。

弟劝兄酬无可恨，欢然别是一家春。

藏春峡，在今南平城东。《南平县志·山川志第四》："剑溪之东，宋吴仪读书处，两山环峙，繁花杂卉生其间，四时皆和。旁侧有咏归台、老圃亭、暗午亭、虚心亭、容照岩，废址犹存。"该志艺文志还载有杨时的同题诗："山衔幽径碧如环，一壑风烟自往还。不是武陵流水出，残红那得到人间。"《南平县志·独行传·第廿六》载，吴仪"与杨时、陈瓘，黄裳为友。时为题其钓台咏归堂。各咏藏春峡诗以赠之"。可见，这是一群理学家的聚会之诗。他们既是理学家又是诗人，诗中隐含理趣，却不生硬，都在写景叙事之间直抒自己的胸怀，有情韵，有理趣，也有诗味。当然，陈瓘也有以意境取胜的诗歌，如："雨余千亩竹，霜过一山松。逸兴云无尽，幽怀水不穷。"（《揽翠轩》）意境很是开阔。

陈瓘的赠答诗多是被贬谪之后酬答亲友的关切之作。徽宗即位时，陈瓘被召为左正言，迁右司谏。出于谏官的使命，一生刚直不阿的他从此开始了对权奸蔡京一党的坚决斗争。"瓘平生论京、卞，皆披摘其处心，发露其情慝，最所忌恨，故得祸最酷，不使一日少安"（《宋史·列传》卷三四五）。崇宁中（1102—1106年），陈瓘受蔡京等人忌恨，以党籍除名，先后"蹿袁州、廉州，移郴州"。廉州，今广西北海市合浦县廉州镇（北部湾东北岸），在宋代是十分荒远之地。三年之后，从廉州来到新的流放地郴州（今属湖南），他在《自合浦还清湘寄虚中弟》（二首）中说："三年已绝生还望，一日天恩到海涯。"有劫后余生，大难不死之感。在他的《和郑鲠之韵》诗里表达了贬谪期间对朋友的思念，以及自己勘破名利以读书自乐的生活情形：

十年三谪海边州，洛口相望阴献酬。

曾寄远诗来合浦，又传新句落丹丘。

身如古柏童童老，心似平江湛湛流。

归鸟倦飞云入岫，一瓢堪乐莫回头。

从周敦颐的《爱莲说》开始，濂洛之学体现出推崇陶渊明，以孔颜之乐为人生价值的取向，因此，濂洛诗人"表现出清净自然地生活态度、虚静自得的心理状态、闲和高远的风格趋向、意在情先的构思方式"①。这也就是诗歌尾联两句引用陶渊明《归去来兮辞》"云无心以出岫，鸟倦飞而知返"和《论语》所载颜回"一箪食一瓢饮，回也不改其乐"典故的缘故。

张商英（字天觉）罢相，陈瓘又被流徙台州，他作诗《代书简张天觉》劝慰张商英："辟谷非其道，谈空去自然。何如动业地，无愧是神仙。"陈瓘认为对权奸一党的斗争虽然失败，也不必遁入道教的空谈与出世；诗人以"非其道"的否定句，消释了张商英不食人间烟火、脱离现实的企图，"无愧是神仙"，凸显了诗人意志的凝聚和内敛、精神的冷静和超然，反映出理学家"私欲尽去"的学养和襟怀，对张商英这位共同反对蔡京一党的"战友"来说，"无愧于心"又何尝不是道德上的安慰与鼓励！

陈瓘的《杂诗》大多是他理学思想的"明道"之作。北宋中后期，濂洛之学在中州形成，二程宣讲道学也培养了不少弟子，道学思想开始在社会传播。陈瓘与杨时是老乡，又是朋友，在道学上有许多一致之处。北宋是儒释道三家并存且逐渐交融的时代，陈瓘有感于政治黑暗，竭力推崇儒家思想。他作《杂诗》说："床头史记千番纸，世上兴亡一窖尘。惟有炳然周孔道，至今余泽浸生民。"他的《尊尧录》将尧比作圣人，宋代皇帝比作舜，要求皇帝向圣人学习。在人性修养上，周敦颐把"仁义中正"称为圣人之道；认为要达到"仁义中正"的要求，就必须做到"纯其心"；要做到纯其心，就要"进德修业，孳孳不息"以达到"诚"的境界。只要达到诚，也就能成为一个符合"仁义中正"的圣人了。程颐、程颢进一步要求通过在自己的正心，诚意、修身等功夫，以达到"明于知天"的目的，即懂得儒家经典所说的"天理""天道"，在立身处世中体现"天理""天道"。陈瓘以《杂诗》为题，表达自己的道学观点：

> 大抵操心在谨微，谬差千里始毫厘。
>
> 如闻不善须当改，莫谓无人便可欺。
>
> 忠信但当为己任，行藏终自有天知。
>
> 深冬寒日能多少，已觉东风次第吹。

此诗意在阐明对道德修养的看法，表达以忠信为己任的行为准则。"深冬寒日"象征进德修业的艰苦，"东风"则象征蓬勃的宇宙生机和儒家"仁义中正"的人格境界。"次第吹"令人感到"仁"的生机活力，也有春天里曾点浴沂的意趣，可谓情理兼胜。

---

① 王利民：《濂洛风雅论》，《文学遗产》2006 年第 2 期。

《全宋词》收陈瓘词 21 首。陈瓘词纯为士大夫之词，言情说理，不涉闺情花柳。陈瓘一生屡受打击，漂泊异乡，因此，他的词蕴含着浓厚的思乡情绪和人生感慨。如著名的【卜算子】：

> 身如一叶舟，万事潮头起。水长船高一任伊，来往洪涛里。　潮落又潮生，今古长如此。后夜开尊独酌时，月满人千里。

上阕用比喻写立身处世，固然耐人寻味；下阕却很深情，"月满人千里"成为思念远方亲友的千古名句。细致描写思乡情绪的【满庭芳】：

> 扰扰匆匆，红尘满袖，自然心在溪山。寻思百计，真个不如闲。浮世纷华梦影，嚣尘路、来往循环。江湖手，长安障日，何似把鱼竿。　盘旋那忍去，他邦纵好，终异乡关。向七峰回首，清泪斑斑。西望烟波万里，扁舟去、何日东还。分携处，相期痛饮，莫放酒杯悭。

这首词自然本色，情感真挚缠绵，词中淡泊名利的旷达怀抱来源于诗人的生命体验，对家乡的思念是诗人真性情的流露。沙县的沙溪河畔有七座连绵的山峰，称为七峰山，"七峰"成为他家乡的代名词。"向七峰回首，清泪斑斑"，这是游子思乡情感的细腻写照。

历史上受到政治打击的士人不可胜数，或颓废，或归隐，或愤怒，或旷达，人生百态皆有。苏轼遭贬黄州，发出"人生如梦"的感慨，但他用变与不变的哲理让自己的精神得到解脱。可巧的是，陈瓘也经历了类似的心路历程。他在【减字木兰花】词中也说"人生如梦，梦里惺惺何处用"，他的【满庭芳】写道：

> 槁木形骸，浮云身世，一年两到京华。又还乘兴，闲看洛阳花。闻道鞓红最好，春归后、终委泥沙。忘言处，花开花谢，不似我生涯。　年华留不住。饥飡困寝，触处为家。这一轮明月，本自无瑕。随分冬裘夏葛，都不会、赤水黄芽。谁知我，春风一拐，谈笑有丹砂。

看到盛开的牡丹花，想到的是"闻道鞓红最好，春归后、终委泥沙"。这也是变与不变的道理。陈瓘还将"花开花谢"与自己的人生相比拟，真是"此中有真意，欲辩已忘言"！在感慨人生之后，最后寻求道教出世的解脱。陈瓘诗词固然不能与苏轼比肩，但他们的思想却是北宋大多数文人心态的共性反映。

陈瓘还有一些词纯为写景，注意字词的锤炼，生动形象，富有情致，不涉理路，为后人称道。如【青玉案】：

> 碧空黯淡彤云绕，渐枕上、风声峭。明透纱窗天欲晓。珠帘才卷，美人惊报，一夜青山老。　使君留客金樽倒，正千里琼瑶未经扫。欺压梅花春信早。十分农事，满城和气，管取明年好。

上阕描写大雪降临的景象，从"彤云绕"到"风声峭"，再到"青山老"，写出下雪的整个过程。"美人"的"惊报"，既充满生活情趣，又从侧面写出冬雪之大。

下阕由瑞雪兆丰年，预言明年更加美好。整首词充满喜悦温馨，是写景词中的佳作。王世贞《词苑丛谈》云："'隙月窥人小'，又'天涯一点青山'，又'一夜青山老'，俱妙在押字。"

四、泰宁诗人：叶祖洽

叶祖洽（1046—1117 年），字敦礼，邵武军泰宁县人。宋神宗熙宁三年（1070年）进士，钦点状元，任国子监丞，支持王安石变法。在改革派与保守派的长期斗争中，叶祖洽仕途沉浮，受尽波折，但他始终是新法的支持者。《宋史·列传》卷三五四中对叶祖洽颇有贬抑之词，但明显是抱着诋毁改革派的立场而发的，因此今人对史书所载的评价尚须客观历史地看待。

现存叶祖洽的诗歌仅有三首，其中一首只有两句。完整的两首诗中，一首是怀古咏史诗《钓台》，缅怀东汉隐士严光不愿为天子之臣的故事，侧面表达为功名牵累的疲惫及对政治风波的忧愁：

> 先生遗世者，长谢帝京尘。一钓桐江水，高名万古春。
>
> 客星曾犯座，天子不能臣。台下千帆过，风波愁杀人。

叶祖洽的另一首诗《邵武》，是作者从北方返回家乡泰宁途中所作：

> 江南烟雨蔽征轮，行近樵阳景渐真。
>
> 鸟语乍闻如梦寐，林光初见长精神。

邵武历史上有"昭武""樵川""樵阳"之称。宋太平兴国四年（979 年）以邵武县置邵武军，管辖建宁、泰宁、邵武、光泽四县。此诗抒写接近邵武时见到的明朗景物及乍闻鸟语时的惊喜心情，间接表达了对家乡的热爱之情。

第三节　两宋之际和南宋时期的客家文学

一、李纲在闽西的创作

李纲（1083—1140 年），字伯纪，祖籍福建邵武，生于江苏无锡梁溪。宋徽宗政和二年（1112 年）进士，先后担任太常少卿、国史编修等职。宣和元年（1119年）六月，京师开封发生特大洪水灾害，"京城之西，大水渺漫如江湖，漕运不通；畿甸之间，悉罹其患，无敢言其灾异者"。李纲上《论水灾事乞对奏状》，再上《论水便宜六事奏状》，提出"治其源，折其势，固河防，恤民隐，省烦费，广储蓄”等六项治防水患、体恤民生的措施，结果却是“朝廷恶其言，谪监南剑州沙县税务”（《宋史·李纲传》）。

李纲于宣和元年（1119年）十二月来到南剑州沙县，寓居兴国寺。公务之余，常与当地文人罗畸、邓肃、陈渊、邓季明、邓成彦、陈正式等宴游吟咏，彼此诗词赓唱，写下大量的诗赋辞章，成为李纲一生中的创作高峰期之一，也是沙县史上的一段文学佳话。王瑞明先生点校的《李纲全集》共收录李纲诗歌1566首，其中作于沙县的诗歌就有343首。

宋代的沙县，南迁汉人很多，据《福建史志》（2006年）载，宋代沙县人口最高峰时为43580户，属于望县。文化教育也很兴旺，《沙县志》卷八载：“沙自南唐张确魁，多士。入宋而陈、胡、曹、邓、罗、张诸大姓接踵升朝，当时五步一塾，十步一庠，士以诗书相劝。”沙县史上共有进士154人，其中有宋一代就有128人。李纲甫到沙县即欣然写下《沙阳》一诗：

沙阳虽僻左，风土冠闽城。讵知乱山里，有此膏壤平。
邑屋号华丽，溪山倍澄明。七峰转月色，十里无滩声。
食饶鱼稻美，荫有松竹清。管库职易办，尘劳念尤轻。
萧然漂泊迹，忘此羁旅情。忽忽岁改律，欣欣木向荣。
民俗素康阜，士夫多俊才。何当脱拘缚，春亩得躬耕。

沙县县城在沙溪河之北，故沙县亦称沙阳。诗歌对北宋末年沙县的“风土”“溪山”“民俗”“俊才”进行了真实描绘，抒发了到客家地区乐而忘忧的欣喜之情。

在沙县期间，李纲与当地文人一起做了一件重要的事——将沙县风景名胜整理成一个系列，命名为“沙阳八景”，分别是：凤岗春树、豸角秋烟、七峰叠翠、十里平流、瀛洲夕照、瑶池夜月、洞天瀑布、吕峰晴雪。“七峰叠翠”是沙溪河畔七座连绵的翠绿山峰，当地又名“七朵山”，李纲与邓肃、陈渊等人为这七座山峰一一命名，作诗歌咏，如《朝阳峰》：“先得朝阳一段红，何年鸣凤在梧桐。行舟若到湾环处，知是沙阳第一峰。”又如《桂花峰》：“桂花岁岁占秋风，香满溪城十里中。怪底士夫多折得，移根初自广寒宫。”他不但赞美沙溪河的清澈美丽“平溪绿净见游鱼，十里无声若画图”（《十里平流》），还专门造了一条游船，命名为“泛碧斋”，常与友人泛舟游赏，饮酒赋诗，如其所作《会凝翠阁游泛碧斋》：

高阁凝空翠，虚斋泛碧川。七峰连秀色，万户锁青烟。
风物悲游子，登临集众贤。伊蒲修净供，香雾缭芳筵。
嗜酒陶元亮，狂吟白乐天。嫩菱披紫角，新荔擘红圆。
文字真清饮，溪山结胜缘。画桥横螮蝀，绣岭卧蜿蜒。
落日生氛雾，移舟信溯沿。星河光耿耿，风露净涓涓。

> 山吐三更月，人游半夜船。乱萤飞熠耀，宿鹭立联拳。
>
> 尽兴归忘棹，衔杯约到莲。乘槎疑犯汉，御气欲登仙。
>
> 但有诗千首，何妨谪九年。深惭二三子，陪我亦萧然。

诗原有小序"六月十八日，同陈兴宗、邓成彦、邓志宏早会凝翠阁，晚游泛碧斋"。作者以文为诗，描写沙溪两岸秀美的山川风物，抒发尽兴忘忧之情。"七峰连秀色，万户锁青烟"，意境雄浑，富有气势。诗人感慨"但有诗千首，何妨谪九年"，可见贬谪中的诗人在沙县得到许多山水与人情的慰藉。

　　李纲在沙县创作的诗歌大多是山水诗及雅集酬唱之作。他的山水诗赞美沙县自然风光的清丽秀美，为客家地区的山水增添许多文化气息。

　　李纲贬谪沙县期间还兼摄武平知县事，《武平县志》载有李纲《仙翁》《石棋》等诗题多首，可惜内容均已失传，仅保留《灵洞山》和《读书堂》二首。他的《读书堂》诗：

> 灵洞水清仙可访，南岩木古佛同居。
>
> 公余问佛寻仙了，赢得工夫好读书。

《汀州府志·名宦》载，李纲在武平期间"构读书堂于县西，时集士子讲学其中"。此诗写自己用寻仙问佛和读书打发时光，表面极写豁达，实际隐含不得其用之意。

　　宣和二年（1120 年）十月，李纲应朝廷征召离开沙县。在北上途中过分水岭时作【望江南】词，表达对沙阳山水和友人的无限留恋：

> 征骑远，千里别沙阳。泛碧斋傍凝翠阁，栖云寺里印心堂。回首意茫茫。
>
> 分水岭，烟雨正凄凉。南望瓯闽连海峤，北归吴越过江乡。极目暮云长。

　　宋高宗建炎元年（1127 年），皇帝为安抚民心，起用李纲为相。李纲一上任便"首陈十事"，决心重整朝纲，收复失地。但高宗只想偏安江南，朝中主和派仍占上风，李纲主政仅 75 天，便被罢相。翌年，他又远谪万安军（今海南岛），直到建炎四年（1130 年）才还居福州。在前往海南，途径宁化县时，李纲留下了一首牵挂朝廷、报国无门的悲愤诗《题宁化县显应庙》：

> 不愁芒履长南谪，满愿灵旗助北征。
>
> 酹彻一杯揩泪眼，烟云何处是三京。

据《临汀志·祠庙》载，南渡初李纲迁谪经祠庙下，题诗于壁。宁化显应庙，在宁化县西南三里，地名草仓，祀五代闽时锐将长孙山将军。诗中"不愁"与"满愿"对比，表达不计个人荣辱，抗金卫国的志愿。诗人一边祭奠古代英雄，一边想着被金兵占领的故都开封，忍不住泪眼婆娑。

　　《四库全书总目》（提要）评价李纲"即以诗文而言，亦雄深雅健，磊落光明，非寻常文士所及"。《全闽诗话》引《小草斋诗话》评李纲诗歌风格"气格浑雄，才情宛至"。李纲在闽西的交游与诗歌创作，对客家地区文学创作的推动以及爱国思想的传播都有着深远的意义。

二、沙县文人群体的创作

李纲在沙县期间，与邓肃、罗畸、陈渊、邓季明、邓成彦、陈正式等人文学上互相唱和，政治上以爱国思想互相砥砺，形成以李纲为中心的客家文人群体。他们的创作，对营造客家地区浓厚的文学氛围，推动客家地区的文学创作都产生重要影响，也是宋代客家文学萌芽的重要标志。

（一）邓肃的诗词创作及其文论观

邓肃（1091—1132年），字志宏，自号栟榈居士。沙县八都邓敦人。父毂，字南夫，与同乡陈瓘、陈渊友善，杨时有《跋了翁祭邓南夫文》。邓肃诗文创作丰富，有《栟榈集》16卷传世。《全宋诗》收录邓肃诗歌182题，275首。

邓肃的诗歌以靖康元年（1126年）为界分为前后两个时期。前期的诗歌主要是山水诗和酬答次韵之诗，风格以雄浑俊逸、自然天真为主。在太学期间作讽喻诗《花石诗十一章》，是邓肃接触政治的开始，可看成其前后期诗歌的过渡阶段。后期的诗歌主要是反映家国动乱、感时伤事的叙事诗和咏怀诗，风格一变为悲壮沉郁、激昂慷慨。

1.邓肃与李纲的友谊及其诗歌创作

李纲在沙县期间，与之唱和最多的是邓肃。《宋史·邓肃传》载邓肃"警敏能文，美风仪，善谈论，李纲见而奇之，相倡和，为忘年交"。宣和二年（1120年）初春，邓肃有《寒梅上李舍人》诗：

> 穷山触目纷茅苇，此意昏昏谁可洗。
> 竹间忽破一枝梅，对月嫣然耿寒水。
> 吟诗索酒满高堂，穿帘的皪射晶光。
> 世上檀荤来不到，翦翦天风吹冷香。
> 人言百花睡未起，独冠群芳差可喜。
> 那知和羹自有期，未用争雄压桃李。
> 但怜雨雪正濛濛，寒意未舒万象穷。
> 故作先锋驱残腊，挽回天地变春风。

唐代诗人齐己的《早梅》诗有"前村深雪里，昨夜一枝开"之句，深得世人赞赏。邓肃诗中"竹间忽破一枝梅，对月嫣然耿寒水"把背景换成绿色的竹林，而且还写出梅花"对月嫣然"的神态，可谓继承中又有创新。诗歌还写出梅花的神采光艳、清香四溢，赞扬梅花敢为先锋"驱残腊"的精神。李纲作《次韵邓志宏梅花》以答。

仲春，沙县大雪。李纲作《春雪》诗，邓肃作《和李梁溪春雪韵二首》：

> 白白朱朱春已深，那知雪意更阴阴。
> 落花几阵遮山密，穿褐余寒赖酒禁。
> 骑马不前真有恨，留衣过腊岂无心。
> 等为迁客俱逢雪，谁似梁溪独醉吟。
>
> 玄冥忽欲作春容，不许东君利自封。
> 已使素英拖暖絮，更摧妖艳别寒松。
> 那知往事思飞燕，预庆丰年免象龙。
> 向有谪仙诗句好，何妨闭户醉金钟。

诗歌赞赏李纲的乐观精神。同是迁谪之人，俱逢大雪之日，韩愈作诗"雪拥蓝关马不前"，心中充满惆怅，而李纲却能醉吟春雪，怡然自得，的确是有谪仙风度。

泰宁县瑞光岩丹霞禅院的宗本禅师，是邵武农家子，原不知书，曾向邓肃学书法。李纲祖籍邵武，精通道释，此时也与宗本结为好友。邓肃有《送丹霞》诗，诗云："白莲结社记前缘，偶到人间共一年。对学三生形已改，相逢一笑性犹全。"李纲和作《次韵志宏赠丹霞师》："倾盖相逢亦有缘，那堪心契更同年。六根静处三生现，一点通时万法全。"

中秋前后，邓肃与李纲、陈兴宗等人以"岩桂"为题相唱和。邓肃《岩桂》诗写道："雨过西风作晚凉，连云老翠出新黄。清芬一日来天阙，世上龙涎不敢香。"突出岩桂色与香的特点，风格清远平淡、天真自然。

九月十五日夜，与李纲、陈兴宗登凝翠阁，乘舟泛溪。邓肃有《凝翠阁陪李梁溪次韵》，写出文人聚会、赏月赋诗的欢乐：

> 栏前碧玉四围宽，满座清风文字欢。
> 霜气袭人秋更爽，溪光耿月夜生寒。
> 登临顾我那能赋，姓字从公遂不漫。
> 此景此时难再得，相思但把锦囊看。

又有《陪李梁溪游泛碧》，描写深夜泛舟沙溪的情景：

> 凉天夜无云，寒江秋更碧。冷照月华中，水天同一色。
> 画船渺中流，三更群动寂。清风远相随，芦花秋瑟瑟。

　　近山得桂香，隔烟起渔笛。楼台半有无，疑是化人国。

　　我生本无事，钓竿勤水石。今宵更可人，仍侍君子侧。

　　浪登元礼舟，本非谪仙敌。敛手看挥毫，光芒腾万尺。

　　李纲谪沙仅一年，却与沙县文人结下深厚友谊。靖康元年（1126年）三月，时任尚书右丞、知枢密院事的李纲向钦宗推荐邓肃，召邓肃赴阙应对，诏赐进士出身，补承务郎。九月，授邓肃鸿胪寺主簿。建炎元年（1127年）正月，"金人犯阙，肃奉旨诣敌营，留五十日始返"《宋史·邓肃传》。五月，高宗即位，擢邓肃左正言。八月中，李纲罢相，邓肃两次进谏高宗，论李纲不当罢相，也被罢职归家。

　　邓肃与李纲不仅是文学上的挚友，在抗金事业中，也是共患难、同进退的战友。当时团结在李纲身边力主抗金恢复的福建诗人还有张元幹、陈渊、刘子翚等，他们主战反和的政治态度、热爱乡国的赤子情怀，都表现在他们的诗歌与词作之中，形成诗坛、词坛上一股震撼人心的主旋律。

2.邓肃在太学期间的诗歌

　　宣和三年（1121年）春，邓肃入京应礼部试，不第，补为太学生。宣和四年（1122年）五月，历时七年竭国力经营的"艮岳"终于建成。宋徽宗"命睿思殿应制李质、曹组各赋诗以进"，"是时独有太学生邓肃上十诗，备述花石纲之扰"（王明清《挥麈录》后录卷二）。邓肃的《花石诗十一章》讽刺官吏搜求扰民的行径，矛头指向徽宗皇帝。序略云：

　　区区官吏，辄以根茎之细，块石之微，挽舟而来，动数千里。窃窃然自谓其神刊鬼划，冠绝古今，若真足以报国者。以臣观之，是特以一方之物奉天子，曾不以天下之物奉天子也。臣今有策，欲取率土之滨山石之秀者，花木之奇者，不问大小，无可以骇心动目，毕置陛下圃中，若天造地设，曾不烦唾手之劳。盖其策甚易，而天下初弗知也。臣独知之，喜而不寐，谨吟成古诗十有一章，章四句，以叙其所欲言者。

劝谏皇帝，忠心之外，劝谏艺术尤为重要，邓肃自然明白这个道理。他在序中阐明，作诗的目的是要为皇帝献上一个"不烦唾手之劳"的计策。其"策"是什么呢？诗歌第三、五、八、十、十一章云：

　　天为黎民生父母，胜景直须尽寰宇。

　　岂同臣庶作园池，但隔墙篱分尔汝。

　　皇帝之圃浩无涯，日月所照同一家。

　　北连幽蓟南交趾，东极蟠木西流沙。

圣主胸中包率土，天赐园池乃如许。
坐观块石与根茎，无乃卑凡不足数。

恭维圣德高舜禹，一圃岂尝分彼此。
世人用管妄窥天，水陆驰驱烦赤子。

安得守令体宸衷，不复区区踵前踪。
但愿君王安百姓，圃中无日不春风。

普天之下，率土之滨，都是皇帝的园圃。这是邓肃立论的基础，典出《诗经》，大家认可。既然整个天下都是皇帝的园圃，奇花异石应当遍布天下的每个角落，也就是"天为黎民生父母，胜景直须尽寰宇"。皇帝胸怀天下，与臣庶有别。官员们为什么要将圃中之物迁远而近呢？出于什么目的呢？邓肃一针见血地指出，这是出于私心，是为了"争效忠"；争效忠的结果就是害了百姓，也害了皇帝。因为他们把皇帝等同于"臣庶作园池，但隔墙篱分尔汝"，心胸就太狭窄了。最后一章诗人以希望作结，把责任都推给那些"守令"，对皇帝也提出"安百姓"的要求，当然，这是皇帝能够接受的。

这首诗叙事说理，有破有立；婉转平和，洒脱奔逸，亦可谓"主文而谲谏，深得诗人之旨"（《除鸿胪寺主簿诰》）。诗歌触痛当朝权臣，邓肃被逐出太学。然而，邓肃敢于为民请命的客家人"硬颈精神"赢得人们的钦佩，名震一时。

邓肃被斥返乡后，作《南归醉题家圃》二首表明自己的心情：

填海我如精卫，当车人笑螳螂。
六合群黎有补，一身万断何妨。

近辅暴迫虎狼，圣君德大乾坤。
万里去黄金阙，一杯得杏花村。

组诗抒写自己有补群黎，甘愿一身万断的献身精神，谴责"近辅暴迫虎狼"的黑暗现实。形式上，这是两首比较少见的六言绝句，前六句两字一顿，语气铿锵沉郁，最后两句换为三字一顿，情致悠远，荡气回肠。

3.邓肃与动乱的社会

《四库全书总目》提要评邓肃"大节与杜甫略相似。其《靖康迎驾行》《后迎驾行》等篇，亦颇近甫《奉先》诸作。在南北宋间，可谓笃励名节之士"（卷一百五十七集部别集类十）。《靖康迎驾行》作于建炎元年（1127年）正月二十日，诗人记叙了金兵南下，攻陷汴京，勒索金银，掳走钦宗，臣民盼望钦宗回朝的情景。诗的后半部分对此有详细的描述：

　　虏人慕得犹贪利，千乘载金未满意。

　　钗钿那为六宫留，大索民居几卷地。

　　六龙再为苍生出，身磨虎牙恬不恤。

　　重城突兀万胡奴，杳隔銮舆今十日。

　　南门赤子日骈阗，争掬香膏自顶然。

　　愆气为云泪为雨，漫漫白昼无青天。

　　太王事狄空金帛，坐使卜年逾八百。

　　天听端在民心耳，苍苍谁云九万隔。

　　会看春风拥赭黄，万民歌呼喜欲狂。

　　天宇无尘瞻北极，旄头落地化顽石。

《后迎驾行》为从金营返回，投奔南京（今河南商丘），迎驾高宗时所作。《宋史》本传谓"张邦昌僭位，志宏义不屈，奔赴南京"，邓肃诗写道：

　　挥鞭冲晓露，归鞍载夕阳。一日复一日，不见御袍黄。左祍须文绣，毡车奉珪璋。作意礼乐盛，而乃访毛嫱。上皇袭太平，珍怪乘四方。奇器惊鬼划，舞要欲雪翔。端为大盗积，万里来贪狼。文移急星火，搜抉到毫芒。伐柯则不远，吾道其复昌。君看天宇间，紫微已辉光。跃马今朝去，定拜御炉香。恶衣供禹御，茅茨覆尧堂。为邦消底物，人心归则王。

此诗总结历史教训，毫不客气地指出，是"上皇"（徽宗）四方搜求珍怪，引来贪婪的金兵；前车之覆不远，国家中兴有望，希望新君能够收拢民心；人心归，就能王天下。诗人忧国忧民的情怀溢于言表。

　　南宋之初，社会动乱频仍。邓肃罢去左正言官职回乡之后，至去世之前，经历了两次举家避难的痛苦生活，这在邓肃诗中都有真切反映。

　　建炎二年（1128 年）六月，"建州卒叶浓等作乱"（《宋史纪事本末》卷六六），相继攻陷古田、福州、政和、松溪、蒲城诸县，十月间乱兵至沙县。邓肃举家和乡亲们一道离沙县，经邵武，过光泽县云际岭，出福建界，再由铅山、信州（今江西上饶）至玉山。其《玉山避寇》诗云：

　　前年十月间，胡兵满大梁。小臣阻天对，血涕夜沾裳。去年十月间，左省谪征商。扁舟归无处，江浙俱豺狼。今年十月间，叛卒起南方。官兵且二万，一旦忽已亡。一身幸无责，奉亲走穷荒。天宇如许大，八口无处藏。空山四十日，画饼诳饥肠。揭来古招提，和气霭修廊。迎门有禅伯，梵行照穹苍。却念客无归，烧猪饭苏郎。方袍二百指，祖灯其复光。中有护法人，义气干天枪。倒床得甘寝，不知冬夜长。明朝曹夫子，破浪飞危樯。入门郁春色，满船载琼浆。高谈惊霹雳，佳句刻琳琅。那知奔窜中，一乐得未尝。何

当扫阴雪，四海共春阳。便携我辈人，浩歌归醉乡。世事如弈棋，臧否均亡
羊。蓑衣可钓月，底处是金章。
诗中写出三个时间段的社会状况：前年（靖康元年）十月金兵包围京师开封；去
年十月（建炎元年），高宗退守杭州，罢免李纲相职，废除一切边防军政，中原
遂归金有；今年十月，叶浓"叛卒"打到沙县，"官兵且二万，一旦忽已亡"，可
见官兵与农民起义军作战的惨烈。"天宇如许大，八口无处藏。空山四十日，画
饼诳饥肠"，写出一家人的避难之苦。

绍兴元年（1131年）正月，顺昌县爆发余顺农民起义。沙县距离顺昌县界
仅八十里，烽火在望。于是，沙县百姓又要躲避战乱，"门前又见马如流，兵革
缤纷几日休"（《避地过雷霹滩》）就是这种情形的反映。邓肃带领全家离乡赴福
唐（今福州）避难。他在《避贼引》一诗中记述连夜乘船离开沙县的逃难情形：

羽檄星驰暴客起，西望烽烟无百里。夜半惊呼得渔舠，老稚相携三百指。
蟠屈蛇盘破蓬底，忽欲骞身风刮耳。沙汀舣岸少依刘，万斛愁情空一洗。回
思当年侍玉皇，禁垣夜直宫漏长。驱驰谁谓遽如许，客枕不安云水乡。前日
塞驴冲火烈，今此扁舟压残雪。隆暑祁寒欲少休，钲鼓迫人如地裂。草庐安
得无卧龙，奉天政赖陆宣公。凭谁急呼人杰起，使我叩角歌尧风。

邓诗叙事，既叙事件经过，又用力于细节描写。描写或人或物或心情，都精心刻
画。如写老幼蜷缩在破裂的船蓬底下，一起身就感到寒风刮耳，这是只有亲身经
历过的人才能写出来的切肤感受。邓诗叙事，还融入强烈的抒情。船中，诗人回
忆在朝中夜值的情形，对比现在，真是感觉时间过得太快；前天还在中原策驴奔
走，今日却在残雪中乘船避难。这些细致的心理活动描写，是诗人思想的真实反
映。诗歌最后四句，作者呼唤有像诸葛亮、陆贽那样的贤臣辅佐天子，带来太平
和乐的社会。

途径与清流县交界的黄杨岩时，邓肃作《黄杨岩》。其诗云：

石壁巉岩惊电划，异草幽花锁春色。
群山迤逦不能高，突兀独摩霄汉碧。
芒鞋千尺上崔嵬，手摘星辰脚底雷。
拨破烟云得洞户，醉眼恐是天门开。
入门嵯峨森碧玉，冷香吹面天香馥。
箕踞胡床挥麈尾，万指未充空洞腹。
我因避地访名山，扁舟夜度沙溪寒。
辛勤传此一笑喜，太平游立水云间。
猛将今无三角虎，狐狸昼号鳅鳝舞。
灵岩知有老龙潜，挽出人间作霖雨。

黄杨岩，在清流县南三百三十里，与沙县接境。作者采用以文为诗之法，描写黄杨岩的高耸崔嵬，叙述自己的来由，发表游览的感想，颇有韩愈七古之风。诗中多用夸张、比兴手法，气势雄浑，有李白豪放之概。末四句指斥朝廷政治腐败，造成农民起义、社会动乱，呼唤潜伏的"老龙"出来下一场大雨，换来清新太平的世界。在写景中议论时事，可见诗人对社会民生的关注。

这次外出避难，邓肃还作有《避地山谷》《龙兴避难》等诗歌，以自己的亲身体验，真实反映了社会的动乱和人民的苦难，是对杜甫现实主义诗歌传统的继承和发扬。

3.邓肃的词

《全宋词》收录邓肃词 45 首。王鹏运刻《宋元三十一家词》将【瑞鹧鸪】收入词中，共得 46 首。邓肃词的创作，以靖康元年（1126 年）为界分为前后两个时期。

前期词承袭北宋婉约词风，主要表现离别相思情感，风格清丽柔婉，如【生查子】：

> 执手两潸然，情急都无语。去马更匆匆，一息迷回顾。　孤馆得村醪，一醉空离绪。酒醒却无人，帘外三更雨。

又如【蝶恋花】：

> 执手长亭无一语，泪眼汪汪。滴下阳关句。牵马欲行还复住，春风吹断梨花雨。　海角三千千叠路，归侍玉皇。那复回头顾。旌旆已因风月住，何妨醉过清明去。

邓肃的词善于用事，语言质直。这些描写离别的词巧妙地化用柳永【雨铃霖】、李煜【浪淘沙】和温庭筠【更漏子】中的词句及王维的诗句，令人读起来既熟悉又新鲜，起到推陈出新的效果。

邓肃的词也有情景交融、语言明丽的特点。如【长相思令】三首：

> 一重山，两重山，山远天高烟水寒。相思枫叶丹。　菊花开，菊花残，雁已西飞人未还。一帘风月闲。

> 一重溪，两重溪，溪转山回路欲迷。朱阑出翠微。　梅花飞，雪花飞，醉卧幽亭不掩扉。冷香寻梦归。

> 红花飞，白花飞，郎与春风同别离。春归郎不归。　雨霏霏，雪霏霏，又是黄昏独掩扉。孤灯隔翠帷。

邓肃的词还善于写情，通过对景物、动作、语言的细节描写，以及前后对比方法，把人物情事表达得生动形象，如【江城子】：

酒阑携手过回廊，夜初凉，月如霜。笑问木樨，何日吐天香。待插一枝归斗帐，和云雨，嬛襄王。 如今满目雨新黄，绕高堂，自芬芳。不见堂中，携手旧鸳鸯。已对秋光成感慨，更夜永，漏声长。

邓肃前期的词不限于写离愁别绪，他把文人聚会、仕途奔波也一并写入词中，体现了向苏词学习的成果，风格变得豪迈洒脱。如【一剪梅】：

雨过春山翠欲浮，影落寒溪碧玉流。片帆乘兴挂东风，夹岸花香拥去舟。尊酒时追李郭游。醉卧烟波万事休。梦回风定斗杓寒，渔笛一声天地秋。

又如【临江仙】：

带雨梨花看上马，问人底事匆匆。于飞有愿恨难从。大鹏抟九万，鹦鹉锁金笼。 忽忽便为千里隔，危岑已接高穹。回头那忍问前踪。家留烟雨外，人在斗牛中。

前一首词描写与李纲、陈兴宗等人泛舟沙溪、饮酒赏夜的文人生活情趣。第二首词是邓肃赴京应试途中所作，共有九首，抒写自己应试前乐观开朗的心态和踌躇满志的情怀。

靖康之变后，邓肃经历了北宋灭亡、出使金营，张邦昌僭位及高宗称帝建立南宋等一系列重大事件，词的题材和风格都发生变化。他后期的词以国家时事为题材，表达自己忧国伤时的情感，风格一变为悲壮沉郁。如【瑞鹧鸪】：

北书一纸惨天容，花柳春风不敢浓。未学宣尼歌凤德，姑从阮籍哭途穷。 此身已落千山外，旧事回思一梦中。何日中兴烦吉甫，洗开阴翳放晴空。

靖康二年（1127年）三月七日，张邦昌称帝。"北书一纸"，即指金人立张邦昌为皇帝的册文。据王兆鹏《两宋词人丛考》邓肃年谱，本词作于高宗建炎元年（1127年）三月，张邦昌称帝之后，邓肃尚被扣留在金兵营中。这首词抒写诗人对国事日非的悲愤，期盼朝廷重用贤才以实现中兴。词气沉郁顿挫。

4.邓肃的诗论

北宋后期诗人黄庭坚（1045—1105年）论诗多言法度，倡导"夺胎换骨、点铁成金"，强调"无一字无来处"，对宋人影响很大，形成"江西诗派"。这种诗法虽有借鉴古人、推陈出新的意义，但造成模拟剽窃之弊。邓肃不满江西诗派的诗法，他在《无题》诗中说：

风行水上偶成文，暖入园林自在春。
换骨虽工非我有，呕心得句为谁珍。
三生戒老诗堪画，千古长庚笔有神。
不用临风叹奔逸，箪瓢一笑舜何人。

明确推崇"风行水上自然成文"的创作方法，批评呕心得句的"换骨"之风。

邓肃论诗，观点最集中的是《诗评》一文。他认为："诗有四忌：学白居易者忌平易，学李长吉者忌奇僻，学李太白者忌怪诞，若学作举子诗者，尤忌说功名。平易之过，如抄录账目，了无精彩；奇僻之过，如作隐语，专以罔人；怪诞之过，有类乞丐道人作飞仙无根语；功名之过，如诪诿卦影。"他还认为："此四者不可以笔墨求之，要运于笔墨之外者，自有所谓浩然之气，充塞乎天地之间。"

这种"运于笔墨之外"的文学观，与陆游提出的"诗家三昧"观点是一致的。陆游四十岁前也是学江西诗派，投入火热的抗金斗争之后，认识到生活才是文学的真正源泉。他在《题庐陵萧彦毓秀才诗卷后》中说："君诗妙处吾能识，正在山程水驿中。"他对儿子也说："汝果欲学诗，工夫在诗外。"（《示子遹》）对照邓肃前后期的诗歌创作，尤其是后期那些在动乱时代所作的反映现实、忧国忧民的诗歌，可知他确实很好地实践了自己提出的文学观点。

（二）罗畸与陈渊的创作

1.罗 畸

罗畸（1057—1124年），字畴老，罗从彦堂兄。宋熙宁九年（1076年）进士，绍圣元二年（1095年）中词科，曾任秘书少监，以右文殿修撰出知庐州、福州、处州等。有《洞霄集》十卷、《史海》百余卷、《道山集》三十卷等。宣和元年，63岁的罗畸已致仕在家，他"疏池沼，辟斋舫，唯诗书之娱"，李纲到沙县后，十分敬重罗畸，两人一见如故。

罗畸是书画爱好者，家中藏有衡山图、华山图、李伯时的藩马图、御马图，蜀中入定僧惠持画像、北宋大臣富弼画像，罗畸将这些珍宝一一展示在李纲面前。《李纲全集》卷一百五十八有《华山辩》，辩中有言："今来沙阳，见其图于罗丈畴老家。畴老顷尝官华州，得此图，尤不失真。"李纲将衡、华二岳图归还时，罗畸示其古风一首，李纲感其调高旨深，遂和作《次韵罗修撰古风》一首。

罗畸与丹霞禅师情谊深厚，诗词往来，李纲也敬仰丹霞禅师，对他们二人的诗作多有唱和，如《李纲全集》卷九有《次韵罗修撰赠丹霞三首》，卷十有《次韵丹霞录示罗畴老唱和诗四首》，卷十一有《罗畴老录示和丹霞绝句五首次韵》。

宣和二年（1120年）十月，李纲离别沙县，作《叙别畴老》一诗赠罗畸："忘年许结看经社，乘兴时参在野筵。舫斋谈笑龟鱼贯，翠阁吟哦卷轴成。般若光中无聚散，毗卢海里任纵横。愿公更展垂天翼，拭目鹏抟九万程。"诗前序云："畴老修撰见示七峰吟，因成七言十韵律诗以叙别。"除李纲外，陈渊、邓肃、陆佃的作品集中均存有与罗畸的唱和之作。

现存罗畸的诗歌仅有一首《登幼山》：

> 殿角才余一握天，我来神骨自飘然。
> 影移隐隐烟霞里，身在亭亭日月边。
> 脚底拥青寒树杪，面前凝翠乱峰巅。
> 几疑银汉余波溢，浪滚黄金砌畔泉。

幼山，亦名大佑山，在沙溪北岸，今沙县富口镇盖竹村西面。《沙县志·山川》
（嘉靖版）载："其孤峰上耸三十里，盘根约百里，有普照寺、铁砧石、聚星石、
忘忧石、降魔石、天威石、藏云坞、归云洞。"此诗抒写幼山奇特迷人的山水景
象及登高揽胜的感受，想象丰富，夸张大胆，极富浪漫主义色彩。

2.陈渊

陈渊（1067—1145年），初名渐，字几叟、知默，学者称默堂先生。十八岁
时乡试第一，二十八岁师从杨时，深得杨时赏识。与乡人罗从彦为同窗好友，交
往四十余年。绍兴五年（1135年）受举荐为枢密院编修官。绍兴八年（1138年）
赐进士出身，任监察御史，升右正言。因仗义执言得罪秦桧被贬。有《默堂集》
三十卷，杨万里为之序，集中颇多与杨时、罗从彦、邓肃、邓肃等人的诗词赓唱，
亦存有与陈瓘、游酢、朱松、李经（李纲之弟，字叔易）等的书信酬答。

陈渊是陈瓘的侄孙，又是杨时的女婿，因此较早就与李纲相识。宣和元年
（1119年）冬，李纲初到沙县，即邀陈渊小酌，赋诗《招陈几叟小饮》。陈渊有
和作两首，其一《次韵李伯纪舍人招饮》，其二《再和李伯纪舍人韵》。李纲为"七
峰叠翠"作有七首诗，陈渊也依次和作七首，如《朝阳峰》："扶桑拥晴红，梧桐
蔼深翠。鸣凤在高冈，昭昭圣王瑞。"又如《桂花峰》："嘉树霭春云，芳英粲金
屑。飘然秋风高，清芬满天阙。"辞藻明丽，气象华彩。

宣和二年（1120年）初夏，李纲的游船造成，作《泛碧斋》一诗记事，陈
渊也和作《和李舍人留题泛碧斋》，表示庆贺。仲夏，陈渊前往江西庐山，李纲
作《送陈渊几叟游庐山》，序曰："几叟束装呼仆，不远千里而往游之，触隆暑，
涉长道，不以为劳。其志岂特欲尽山林瑰伟绝特之观而已哉？兹山之南有人焉。"
山南之人指的是热爱庐山的陈渊，山北之人指的是东晋陶渊明。

是年秋，陈瓘寄灵芝给李纲并于信中告知："其味初淡、中苦，已而发甘，
鲜有此味者。"李纲感而赋诗《得了翁书寄石芝》，诗中借题发挥："我欲持之献
君子，自古至言多逆耳。愿于苦处辨忠良，若待回甘真晚矣。"陈渊也作《次韵
李伯纪舍人食了斋所寄石芝有感》，诗中肯定"梁溪心如百炼金"，"他日忠信今
悟矣"，表达对李纲忠而被贬的理解与劝慰。

罗从彦是陈渊的同窗好友，他的寄傲轩落成时陈渊为其题诗《寄傲轩》：

> 南窗何似北窗凉，寄傲乘风各有方。

　　　　　俯仰尚嫌天地窄，卷舒宁计古今长。

　　　　　酒斟盏里浮醽绿，菊采篱边满眼黄。

　　　　　万事醉来俱不醒，时飞清梦到羲皇。

刻画了罗从彦傲岸的性格、爱酒爱菊的品性，塑造了一个堪与陶渊明相媲美的隐者形象。

　　陈渊在理学上也很有造诣。《宋史·陈渊传》载宋徽宗同他讨论程颐与王安石学术同异，陈渊能够对答如流。他的一些诗歌在写景中蕴含理趣，如《春日偶题》：

　　　　　未可郊原从晓鞍，人间犹似有轻寒。

　　　　　春光不似常年短，过了清明更好看。

　　这首诗语言"和平简易"，体现了陈渊向陶渊明学习的成果。在思想内涵上，表达了道德修养的艰巨性，展现了达到"仁义中正"境界的光明和煦。即使不从理学角度来欣赏，这首诗实写春天郊游的感想，情绪积极乐观，也给予读者许多思想启迪。

三、理学家诗文：从杨时到杨方

　　宋代理学起始于北宋周敦颐和程颢、程颐。北宋末，"二程"的弟子杨时将"洛学"带到福建传播，一传给罗从彦，二传给李侗，三传给朱熹，朱熹是宋代理学的集大成者。由于南宋理学主要是在闽西北和闽中发展，因此，南宋理学又称为"闽学"，杨时、罗从彦、李侗和朱熹并称为"闽学四贤"。

　　这些理学家主要研究天人性命之理，他们的成就主要在于教授弟子，著书立说，传播理学，写诗作赋只是他们的闲暇余事。由于宣传理学思想的需要，他们也用诗歌来表达对理学思想的理解、感悟以及对理想人格和修养境界的执着追求，其中不少诗歌写景抒情，不涉理路，清新可读。

1.杨　时

　　杨时（1053—1135 年），字中立，学者称龟山先生，将乐县客家人。神宗熙宁九年（1076 年）进士。元丰四年（1081 年），杨时拜洛阳著名学者程颢为师，研习理学，与游酢、伊熔、谢良佐并称"程门四大弟子"。程颢卒，杨时又拜其弟程颐为师。学成后，他"倡道东南"，对闽中理学的兴起有筚路蓝缕之功，被后人尊为"闽学鼻祖"。曾任徐州司法、虔州司法、浏阳县令，官至国子监祭酒、龙图阁直学士。卒谥文靖。杨时著述很多，有《列子解》《周易解义》《三经义辨》《日录辨》《字说辨》等。

杨时的诗歌主要分为咏物诗、山水诗、感怀诗三类。他的咏物诗能够突出事物的特征给人予启迪，如：

又用前韵和早梅

楚国春归早，寒梅处处开。月和清艳冷，天与靓妆来。

东阁诗魂动，南枝岁律回。萧然冰雪态，无处觅轻埃。

岩　松

婆娑千尺倚岩巅，隐隐虬姿拂远烟。

尤喜地灵泉脉润，独愁天阔昼阴偏。

孤根碍石盘弥固，直干凌霜老益坚。

臃肿不须逢匠伯，散材终得尽天年。

杨时是理学家，注重文学的道德教化功能，重视宣传儒家的伦理纲常。但他并不用诗歌进行说教，他主张诗歌要"贯明道理"，又要求其"自然流出"。这两首吟咏早梅与岩松的诗，不但形象鲜明生动，且蕴含人格修养的义理。

理学家都爱把山水景物当做怡情体道的对象，因此山水诗也成为杨时诗作的主要内容。如以怡情为主的《游玉华洞》：

苍藤秀木绕空庭，叠石层峦拥画屏。

混沌凿开幽窍远，巨灵分破两峰青。

云藏野色春长在，风入衣襟酒易醒。

采玉遗踪无处问，拟投簪绂学仙经。

玉华洞是中国四大名洞之一，著名的旅游风景区，在将乐县天阶山。诗人陶醉于青翠的山间景色，以致产生归隐学仙之念。

怡情中兼有体道的山水诗，如《含云寺书事》二首：

竹间幽径草成围，藜杖穿云翠满衣。

石上坐忘惊觉晚，山前明月伴人归。

蝶梦轻扬一室空，梦回谁识此身同。

窗前月冷松阴碎，一枕溪声半夜风。

含云寺是杨时少年读书处。《将乐县志》（明弘治十八年修）载："含云山，在县治西。朝暮间常有云气氤氲。其山下有寺，宋杨时尝筑室读书于此。"诗中描写含云寺周围的景致及作者对自然和人生的感悟。

杨时的咏怀诗，有的写思念家乡、眷念亲人，如：

除夜感怀

岁律已云尽，思家日日深。二年为客恨，千里倚门心。

　　　　节物罗樽俎，儿童学语音。眩然如在目，恍惚梦难寻。

端午日

　　　　悠悠南北各天涯，欲望乡关眼已花。

　　　　忆得亲庭谁共语，应怜游子未还家。

杨时的咏怀诗，还有对人生世事的感慨。如：

偶　成

　　　　天远何须问，劳生听若何。犁锄三亩足，栖息一枝多。

　　　　白雪宁堪冒，清时只浪过。好寻明月影，醉舞自婆娑。

感　事

　　　　世事浮云薄，劳生一梦长。散材依栎社，幽意慕濠梁。

　　　　风激鹰鹯迅，霜残草木黄。投闲如有约，早晚问耕桑。

作为理学家，杨时坚持儒家文学思想，认为"为文要有温柔敦厚之气"①，他的诗歌创作也以"温柔敦厚"为审美标准，无论叙事说理，都是"仁义之人，其言霭如"的风貌。杨时还十分推崇陶渊明的诗歌风格，认为"陶渊明诗所不可及者，冲淡深粹出于自然"②，因此，冲淡自然成为杨时诗歌的主体风格。纵观杨时的诗歌创作，和他自己倡导的理论还是比较一致的。

　　杨时的散文主要是序、记一类的实用文体，这些散文观点鲜明，见解独到，发人深省。比如其著作《书义》的自序文，开篇就明确指出，《尚书》的根本义理就是"中而已矣"。他认为，"中"并不是一成不变的中庸之道，所谓"中"者，是"贵乎时中也。时中者，当其可之谓也"，就是根据当时的实际情况，"知时措之宜"，取其可行之策。学校教育要讲明先王之道，学者应当慎思、默会。这种见解是对儒家思想的新发展，为儒学注入活力。杨时所作《沙县陈谏议祠记》，运用对比方法，突出陈瓘的直言敢谏和敏锐的洞察力，给人以深刻印象。他还指出，陈瓘的德业"足以泽世垂后"，其流风余韵也"足以立懦夫之志"，点明了纪念陈瓘的意义所在。文章意旨醒豁，说理温柔敦厚，言简意赅，体现了杨时作文的功力。

2.罗从彦

　　罗从彦（1072—1135 年），字仲素，沙县客家人。元祐三年（1088 年）罗从彦中举，时年十七岁。建中靖国元年（1101 年）始，罗从彦拜杨时为师，研习

---

① （宋）杨时：《龟山集》卷一〇《语录》，《四库全书》卷一五六·集部·别集类九。

② （宋）杨时：《龟山先生语录》，《四部丛刊》影印宋刊本，卷一。

理学。他曾五度受学于杨时，"终得杨时不传之秘"。罗从彦学成回沙县后，绝意仕进，先后在沙县洞天岩和南斋书院讲学论道，弘扬理学，学者称"豫章先生"。政和六年（1116年），延平人李侗拜罗从彦为师。南宋建炎二年（1128年），应汀州太守的邀请，罗从彦到连城冠豸山定居讲学。绍兴二年（1132年）罗从彦以特科进士出任广东惠州博罗县主簿，绍兴五年卒于任所。遗书有《诗解》《春秋指归》《二程龟山语录》及《尊尧录》等。绍定四年（1231年），宋理宗赐谥"文质"。现存《豫章文集》十七卷，收入《四库全书》卷一百五十七·集部·别集类十。

　　《宋史·罗从彦传》谓："龟山倡道东南，士之游其门者甚众。潜思力行，任重诣极，惟仲素一人而已。"罗从彦是上承杨时，下启李侗的重要人物。"洛学"经过杨时、罗从彦、李侗、朱熹四代师承，到朱熹集理学之大成，终于建立起复杂而又完整的理学体系。罗从彦的成就在于理学的研究与传播，文学创作并不丰富，现存诗歌主要分为山水诗、感怀诗和题咏三类。

　　从山水景物中体道，是罗从彦山水诗的主要内容。如《侍郎岩》：

　　　　济具游丹洞，穿林惹翠云。迩来多野趣，殊觉少尘纷。

　　　　笑日花迎客，临崖鸟唤群。真机皆自得，此道与谁闻？

侍郎岩在清流县黄杨岩北五里，北宋熙丰间，侍郎张驾、祭酒杨时、司谏陈瓘读书于此。罗从彦奉行"道学"，提倡在自然中回归人的本初之心，此诗并不深奥说理，诗人从郊游的花鸟野趣中悟得"真机"，正如陶渊明从"采菊东篱下，悠然见南山"中悟出人生的"真意"。

　　罗从彦的感怀诗多是阐发自己对理学的理解心得，如《观书有感》《自警》：

　　　　静处观心尘不染，闲中稽古意尤深。

　　　　周诚程敬应粗会，奥理休从此外寻。

　　　　性地栽培恐易芜，是非理欲谨於初。

　　　　孔颜乐地非难造，好读诚明静定书。

这两首诗阐述了读书的两点感悟，一是追求"诚敬"的境界，二是追求"静心"的修养方式。这是罗从彦理学思想的两个重要观点，对李侗和朱熹影响很大。

　　他的一些感怀诗也抒写自己的怀抱与志趣，如《自述》：

　　　　松菊相亲莫怨频，纷纷人世只红尘。

　　　　自怜寡与真堪笑，赖有清风是故人。

　　罗从彦的题咏诗大多是与友人的唱和之作，名为题咏，实为咏怀，如《寄傲轩用陈默堂韵》：

　　　　自嗟踽踽复凉凉，糊口安能仰四方。

> 目送归鸿心自远，门堪罗雀日偏长。
>
> 家徒四壁樽仍绿，侯户千头桔又黄。
>
> 我醉欲眠卿且去，肯陪俗客语羲皇。

　　李侗和朱熹十分钦佩罗从彦的治学与为人。罗从彦去世后，李侗亲往惠州博罗县扶枢回沙县，将其葬于黄祭之阳的祖墓并撰写墓志铭，朱熹也作《挽李延平先生用西林韵》悼念：

> 一自篮舆去不回，故山空锁旧池台。
>
> 伤心触目经行处，几度亲陪杖屦来。
>
> 上疏归来空皂囊，未妨随意宿僧房。
>
> 旧题岁月那堪数，惭愧平生一瓣香。

3.杨 方

　　杨方（1134—1211），字子直，晚年自号淡轩老叟，长汀客家人，朱熹的弟子。隆兴元年（1163年）进士，调弋阳尉，不赴。他"平昔心师朱文公"，"特取道崇安参请数月，面受所传而归"①。后历任清远主簿，秘书郎，知庐陵、临川，广西提刑等职。《八闽通志·儒林》称其"清修笃孝，行己拔俗"。

　　杨方现存诗歌不多，赠别诗有《送长汀张主簿纳印而归》二首，很能体现诗人的思想性格：

> 精刚自许挟浮云，拂拭平生欲佩君。
>
> 匣古年侵春晕涩，忍随人课割铅勋。
>
>
> 张公不是病参军，晚出犹将一事君。
>
> 耿介只今无伴处，秋光诗好与谁闻。

　　张振古，清江人，淳熙八年（1181年）为长汀县主簿。《临汀志·名宦》载其："刚正有守。郡帖督诸乡税，文移星火。振古悯小民穷困，且多逃亡，死户虚数，归告郡，将乞宽期限。不听，声言欲加谴责。振古不为怵，力言不可。郡将怒叵测，振古曰：'我不忍奉上官暴贫民。'即纳印而去。"杨方作此诗为他送行。这两首诗赞张振古"精刚""耿介"的性格，颂其不忍苛刻百姓的爱民之举，表达自己的钦佩之情。杨方一生以刚直骨鲠闻名，联系杨方与张振古的性格来看，他们两位可谓惺惺相惜。

　　杨方的咏怀诗《在汀怀晦庵夫子》表现和朱熹之间的师生情谊：

---

① （宋）胡太初修：《临汀志》，福建人民出版社1990年版，第151页。

> 晦庵教诲龟山髓，垂橐归携伊洛章。
>
> 隽永清言倾麈尾，欢欣挂颊美鱼翔。
>
> 心随雁影向千里，案置河图见万方。
>
> 观罢乍闻松子落，新书欲就且彷徨。

晦庵，朱熹的号。《汀州府志·流寓》载朱熹"尝卜居往来过汀，邑人杨方亲受业其门"。此诗怀念先生的殷殷教诲，表达对朱熹的怀念之情。

杨方的咏物诗将写景与抒情相结合，富有时代气息。如《古梅》：

> 尚有黄梅一树斜，几年叉柱惜繁花。
>
> 新诗连壁皆惆怅，想见当时北客家。

《全宋诗》原有跋："绍兴末年，三守李姓，是公盖有关河之想。"诗歌以黄梅的花繁叶茂反衬北来客家人对中原沦于金人铁蹄之下的惆怅心情。

杨方是朱熹的弟子，对理学也有一定的研究。他的散文多是阐述理学观点的哲理散文，比如《原心篇》。心论问题是理学的一个重要组成部分，在朱熹哲学中，心的基本意义是指知觉。人有知觉就能感知各种社会内容，知觉能力无所谓善恶，具体的知觉内容则有善恶、正邪之分。知觉得声色嗅味的是"人心"，知觉得道理的是"道心"。也就说，所知觉的内容合于道德原则的是"道心"，所知觉的内容主于个人情欲的是"人心"。人们应当加强道德修养获得更多的道心，克制沉溺于个人情欲的人心。这种观点强调了人的自我修养与完善，也就是所谓的"存天理灭人欲"。但他最大的缺陷就是脱离实际，是理想化的道德完美主义。杨方长期担任地方官吏，对这个问题有比较清醒的认识。他在《原心篇》开篇就旗帜鲜明地提出："论心者皆曰，须识其本体。余谓，心之本体在顺其初者也。"认为探求心之本源，在于"顺其初"，"初者，万虑俱忘时也，突然感之，卒然应之，则纯乎天者也"。社会生活中，人心有各种各样的情感和欲求，这是很自然的。《易》认为生动是天地之心，何况人心呢？孟子认为人有良能、良知，是用不着学，也用不着考虑就拥有的。杨方认为，对于人心应当"率其本真，而不涉于矫拂"，也就是顺从人的本真之心，发挥人的良知，摒弃外界的强加之意、世俗之心。杨方的观点补充了朱熹的心论学说。

四、南宋其他诗人：汤莘叟、邹应龙、李仲虺

宋朝偏安江南之后，形成宋金对峙 150 年的局面。由于统治者不思恢复，"直把杭州当汴州"，因此，南宋时期的山水田园诗词依然鼎盛，福建客籍文人在这方面也有不少存世之作。

1.汤莘叟

汤莘叟，字起莘，又字元盛，宁化县客家人。宋高宗绍兴四年（1134年）解元，次年连捷进士，终饶州府推官。《明溪县志·风节》载："时秦桧擅权，（汤莘叟）不愿仕进，告假归里。韬光隐晦，寄傲林泉。"《汀州府志·文苑》载其"好吟咏"，诗词俱佳，有《诗集》二卷、《诗余》一卷。

现存汤莘叟的诗歌，一类是山水诗，抓住景物特征，借景抒情，如《马上吟》：

> 宿雨洗山新绿嫩，晓风吹杏浅红干。
>
> 沙头路暖日初上，行客扬鞭不觉寒。

此诗大约作于中进士之后的赴任之时。作者抓住初春多雨、树叶嫩绿、杏花浅红、春风和煦等特点，抒写雨后清晨骑马远行时对春天风物的感受，透露出"春风得意马蹄疾"的兴奋之情。

他的山水诗还善于抓住色彩、声音描写景物，动静相衬，抒写出内心感受，如《登宜春台》诗：

> 草径无边绿，江空见底清。
>
> 遥峰横晚色，古木逢秋声。
>
> 客舍孤云远，乡心一雁鸣。
>
> 凭高寄吴楚，倚杖独含情。

归田之后，汤莘叟过着清闲自在的农夫生活，创作了不少田园诗，如《幽居》：

> 自在清闲独有吾，太平时代作农夫。
>
> 一锄陇亩归来晚，倚杖柴门听鹧鸪。

诗人"倚杖柴门"，颇有王维《渭川田家》"野老念牧童，倚杖候荆扉"的味道。不过，诗人倚杖柴门不是为了等待牧童，而是为了"听鹧鸪"。鹧鸪是汀州客家山区常见的飞禽，鸣声时闻。古诗中的"鹧鸪"意象，多含有"不如归去"的寓意，此诗表达热爱隐居生活的主旨。此类田园诗还有不少，如"葛巾簪下无多发，茅舍门前有好山"，皆脍炙人口。汤莘叟原有《诗余》一卷，当是词作，但未能流传下来。

2.邹应龙

邹应龙（1173—1245年），又名应隆，字景初，泰宁客家人。宋庆元二年（1196年）进士，钦点状元。官至礼部尚书、端明殿大学士、签书枢密院事，权参知政事，为南宋名臣，诗词亦佳。谥"文靖"，封开国公。

邹应龙的诗歌题材比较丰富，主要有山水诗、怀古诗、咏物诗。他的山水诗善于抓住景物与时令特点，意境清新明丽，语言平易淡雅，如《珠峰映翠》、《游宝林寺》：

> 名城佳丽有奇峰，形若圆珠翠影重。
> 触目葱笼风淡淡，凝眸荟蔚月溶溶。
> 常分秀色归图画，遥送青光入酒盅。
> 亘古盘回颜不改，应知此地产豪雄。

> 乳燕啼鸠三月暮，淡云疏雨午时天。
> 金罂花落无人管，断送韶光又一年。

他的怀古诗写景意境开阔，抒情沉郁凝重，如《登谢公楼》：

> 沿岸城郭开翠屏，南山毓秀谷腾云。
> 寺院宝塔耸苍昊，江上群峰排众青。
> 沽酒自作太白醉，凭栏独向曲江斟。
> 风流江左今何处，吊古吟诗谁解听。

邹应龙的咏物诗善于抓住物的特征展开联想，运用比喻、拟人、谐音、双关等方法揭示物的象征意蕴，如《莲池书院爱莲诗》（十首选四）：

> 爱莲人住赏溪崖，外劲中通心与偕。
> 独鲜江天风月趣，吟边光霁满襟怀。

> 爱莲人是赏溪人，独爱金塘水色新。
> 翠盖娇姿香馥郁，一天霞彩胜如春。

> 爱莲人度赏溪西，爱彼青青不染泥。
> 中立独亭君子掺，赏时应不让昌黎。

> 爱莲人隐赏溪中，能识晴波造化工。
> 独爱藕芽清白节，此心应与一般同。

莲池书院，在泰宁县水南邹应龙故居前。南宋嘉熙元年（1237 年），邹应龙辞官返乡，请人在自家书院前挖了一口大池塘，种上莲花，题名"莲池书院"，路名题为"赏溪"。组诗十首以拟人手法歌咏莲花的外形与内在品格之美，抒发对莲花的喜爱之情，寄寓自己为官做人的清白节操。此诗格调高雅，情感真挚，构思精巧，堪与周敦颐的散文《爱莲说》相媲美。

邹应龙的词现存不多，他为祖母和母亲祝寿的几首词很有特色。如【鹧鸪天】（二首）：

　　九十吾家两寿星，今夫人赛昔夫人。百年转眼新开袠，十月循环小有春。
生日到，转精神，目光如镜步如云。年年长侍华堂宴，子子孙孙孙又孙。

　　寿母开年九十三，佳辰就养大江南。缇屏晃耀新宁国，绣斧斓斑老朴庵。
倾玉斝，擘黄柑，两孙垂绶碧于蓝。便当刊颂崆峒顶，留与千年作美谈。
《永乐大典》（残卷）卷之一万一千六百十八·十四巧老·寿亲养老书之二载：
"文靖公之祖母，皆年遇九十，吾家二寿母也。"这两首词运用比喻、夸张、用
典等多种表现手法，想像丰富，语言质朴畅达，描写长者健康、儿孙满堂的吉祥
景象，洋溢高堂贺寿的喜庆气氛。

　　他的词还善于运用神话传说营造意境，用有形的山水景象形容无形的情感，
如【卜算子】（寿母）：

　　满二望三时，春景方明媚。又见蟠桃结子来，王母初筵启。　　无数桂林
山，不尽漓江水。总入今朝祝寿杯，永保千千岁。

此词是邹应龙任静江（今广西桂林）经略安抚时，为母亲昌国叶夫人所作的祝寿
词。下阕即景抒情，融情入景，形象表达了孝敬母亲的丰富情感，历来为人称道。

　　邹应龙的从弟邹应博，宋宁宗开禧元年（1205 年）进士，历知婺州、平江
府，提点江南西路刑狱等职。邹应博也存有两首为祖母和母亲祝寿的【鹧鸪天】
词，与邹应龙词相仿佛，生动可读，堪称姊妹篇。

3. 李仲旭

　　李仲旭，莲城邑士，主要活动于南宋绍熙（1190—1194 年）前后。现存较
早歌咏莲峰山石门岩景点的词，是他所作的【如梦令】（石门岩）：

　　门外数峰围绕，帖石路儿弯小。花老不禁风，委地乱红多少？人悄，人
悄，隔叶数声啼鸟。

　　这首词描写石门岩山峰围绕、石径花飘、鸟啼山幽的暮春景象，细腻地表现
了诗人惜花之情与闻鸟之乐的情感变化。写景有声有色，动静相衬，风格清新自
然，"多为识者称赏"[①]。

---

① （宋）胡太初修：《临汀志》，福建人民出版社 1990 年版，第 55 页。

第四节　南宋客寓诗人的创作

南宋时期的临汀郡人口增长很快，社会稳定，商业繁荣，"阛阓繁阜，不减江、浙、中州"①。这里不再是令人生畏的蛮荒之地，也不再是士人的贬谪之所。仕汀官员乐意前来上任，流寓诗人也喜爱这片热情而美丽的土地。仕汀官员重视学校的建设和人才的培育，在文学创作上也留下脍炙人口的诗篇，代表人物是陈晔和郑强。流寓诗人也热情讴歌客家山水，尤其是宋末文天祥抗元斗争时期在临汀郡留下了许多振奋人心的爱国主义诗歌。

一、南宋仕汀官员的创作：陈晔、郑强

1.陈 晔

陈晔，字日华，福建长乐人。庆元二年（1196 年）知临汀。《临汀志·名宦》载其在汀六年，"为治精明，百废俱兴"。他的咏怀诗《我爱汀州好》说明了原因，诗云：

> 我爱汀州好，山川秀所钟。
> 阁前横滴水，亭畔列奇峰。
> 古驿森慈竹，莲城挺义松。

此诗直抒胸臆，白描写景，清新明快，表达了对临汀山水的热爱之情。

2.郑 强

郑强，南宋初力主抗金的爱国文人。曾随张浚出师阆州，后贬谪监宣州商税。绍兴二十一年（1151 年）为临汀郡录事。在汀期间作有《定光南安岩》三首：

> 石笋灵岩接太虚，百千年称定光居。
> 未知天上何方有，应是人间别地无。
>
> 香风影里迎新魄，梵呗声中见落晖。
> 自恨劳生名利役，不能来此共忘机。
>
> 路入云山几万层，豁然岩宇势峥嵘。
> 地从物外嚣尘断，天到壶中日月明。

---

① （宋）胡太初修：《临汀志》，福建人民出版社 1990 年版，第 13 页。

组诗赞叹武平县南安岩犹如人间仙境般美丽，慨叹自己为名利役使的无奈。此诗视听结合，意境空灵，想像丰富，处处有出尘超凡之气，是描写南安岩的"神曲"之作。

二、南宋流寓汀州的诗人：蔡隽、文天祥

1.蔡 隽

蔡隽，福建仙游人。宋宁宗开禧元年（1205年）进士，曾为琼州教授。蔡隽游览临汀，有《题苍玉洞》诗：

> 向来曾醉呼猿洞，乱石穿云拥坐隅。
>
> 谁料七闽烟瘴底，半岩风物似西湖。

北宋诗人所作同题《苍玉洞》诗，多是言志之作。此诗将苍玉洞比拟成杭州呼猿洞，把山水相连的汀江河畔比成西湖，表达了对临汀风物的赞美之情，在同题诗中写出新意。

2.文天祥

文天祥（1236—1283年），庐陵（今江西吉安市）人，南宋著名爱国将领。宋理宗宝佑四年（1256年），进士第一，历任湖南提刑、知赣州、右丞相等职。宋末元军南下，南宋皇帝亡命海上，文天祥率军在赣闽粤间英勇抗击元军。文天祥曾三次入汀州，率部收复宁都、兴国、于都等县，兵锋直指赣州。不久，文天祥在赣州作战失利，元军大举入闽，文天祥撤出汀州，转战广东沿海，坚持抗元斗争，直至被俘。

德祐二年（1276年）十一月，文天祥率师驻扎汀州时作诗记事：

> 雷霆走精锐，斧钺下青冥。
>
> 江城今夜客，惨淡飞云汀。

该诗在《文天祥集》原有序："予在剑，朝廷严趋之汀，十月行，十一月至汀州，而福安随陷，车驾幸海道矣，事会之不济如此，哀哉。"这首诗描写宋军雄壮的气势以及自己在汀城夜晚的心理感受。

文天祥转战汀州归化县（今明溪县）时，拜谒莘氏夫人庙并作诗抒怀：

> 百万貔貅扫彗芒，家山万里受封疆。
>
> 男儿不展撑天手，惭愧明溪圣七娘。

莘氏夫人庙，即显应庙，在归化县（今明溪县）北郊，宋时建，祀莘七娘。旧传莘七娘是五代时人，从夫出征至归化，不幸染病而亡。此诗气势恢弘，情感豪迈，表达了抗击元军，报效朝廷，无愧于巾帼英雄莘七娘的雄心壮志。

文天祥的队伍大多是从赣闽粤客家地区招募的客家子弟，他坚持抗元的斗争意志，他在诗歌中体现出来的爱国精神，都深刻影响了客家民众的思想。无论是李纲还是文天祥，"他们在福建的活动和创作，对爱国思想的传播，对诗歌创作的推动，作用都是巨大的"①。

第五节　两宋传记散文与小说

《开庆临汀志》的"仙佛""道释"两部分保留了19篇人物故事，应该说，史志中的这些篇章大多是实有其人其事的，有的还是很出色的人物传记，如《敕赐定光圆应普慈通圣大师》（简称《定光大师》）、《敕赐威济灵应普惠妙显大师》（简称《伏虎大师》）。但也须注意到，因为这些都是"仙佛""道释"人物，非凡人可比，所以就不可避免地掺杂想像与虚构，有的就变成小说的写法，如《梁野人》。古代文人对史志的重视自不待言，这些地方志中的传记散文与小说也必然会对当地文人的文学创作产生一定的影响。

一、传记散文：《定光大师》与《伏虎大师》

定光大师（934—1015年），俗姓郑，法名自严，福建泉州同安县人。祖上在南唐时任四门斩斫使，父亲任同安令。定光十一岁出家，三十一岁时（乾德二年）驻锡临汀郡武平县南安岩。定光大师生前逝后镇蛟伏虎，呼风祈雨，御寇除妖，救死扶伤，诸多善行义举及其无边佛法在闽西地区广为流传，被信众尊为定光佛。南宋乾道三年（1167年），诏赐累封为"定光圆应普慈通圣"八字大师，"民依赖之，甚于慈父"（《临汀志·仙佛》）。

伏虎大师（？—962年），俗姓叶，法名惠宽，宁化县人。得业于汀州开元寺，南唐保大三年（945年）驻锡于长汀县东六十里的平原山麓。惠宽生前为汀州百姓扫除虎豹危害，大旱之年祈祷降雨；圆寂之后仍能显大威力，保护民众不受盗寇侵犯，深受百姓称赞。南宋嘉熙间（1237—1240年）诏赐累封为"威济灵应普惠妙显"八字大师。

---

①陈庆元：《福建文学发展史》，福建教育出版社1996年版，第127页。

《临汀志·仙佛》中佚名的《定光大师》)和《伏虎大师》是两篇优秀的传记散文,详细介绍了定光和伏虎的生平事迹。这两篇散文,作者善于通过语言和动作的细节描写刻画人物,如《定光大师》:

> 初,南康盘古山波利禅师从西域飞锡至此,山有泉从石凹出,禅师记云:"吾灭后五百年,南方有白衣菩萨来住此山。"其井涌泉,后因秽触泉竭,舆议请师主法度以符古谶,师许之,乃泛身而往。江有槎桩,常害人船,师手抚之曰:"去!去!莫为害。"当夕无雨,水暴涨,随流而逝。至山,观井无水,遂以杖三敲云:"快出!快出!"至中夜,闻有落泉溅崖之声,诘旦涌出满溢。

作者用铺垫和衬托手法突出人物法力的神奇与灵验,如《定光大师》:

> 真宗朝,尝斋于僧,对御一榻无敢坐者。上命进坐,僧答曰:"佛未至。"少顷师至,白衣衲帽,儒履擎拳,即对御就坐。上问:"师从何来,甚时届道?"答曰:"今早自汀州来。"问守为谁?曰:"屯田胡咸秩。"斋罢,上故令持伊蒲供赐咸秩,至郡尚燠。咸秩惊辣,表谢。上乃谓师为见世佛,御赐周通钱一贯,文至今常如新铸。咸秩闵雨,差吏入岩祈祷,师以偈付来吏,甫至郡而雨作,岁乃大熟。

作者还善于场面描写,在紧张气氛中消释矛盾。如《伏虎大师》:

> 七年,汀苦旱,靡神不宗。郡将闻师道行,结坛于龙潭侧,延师致祷。师云:"此方旱气燔甚,实众生罪业自速其辜,今当普为忏悔。七日不雨,愿焚其躯。"及期旱如故,师延趺坐,命厝火于薪。众骇愕,火未及然,油云四起,甘雨倾注。师曰:"未也,水流束薪乃已。"未几,果然。见闻赞叹。

二、小说:《梁野人》与《汀州七姑子》

《临汀志·仙佛》中佚名的《梁野人》是一篇传奇小说,描写了梁戴梦见金人,送柴米给母亲,与兄长相见,遗钱周乏四件事,塑造了一个洒脱放旷、个性独立、亦人亦仙的梁野人形象。小说故事富于想像,如他梦见金人一节:

> 一日就寝,梦金人长丈余,持其左手,以一金钱按其掌心,嘱曰:"子欲钱,但缩左手袖中,振迅则随用而足。若妄费,漏言,则钱不复出矣。"
>
> 戴曰:"诺。"既觉,左手犹微痛,隐然有钱文,试之,果然。

小说善于运用对比写法,既表现梁野人振钱术的神奇,也表现人物善良孝顺的人品,如送柴米给母亲的情节:

　　　　其母常诮之曰："吾生二子，汝兄取科第矣，于汝何望！今雨弥旬，薪粒告尽，奈何？"戴曰："所须若干？"母曰："多多益好。"翌朝，戴引薪米数十担，施施从外来。母曰："强哉！儿，多固好，顾安所得钱乎？"戴曰："幸毋虑。"振袖偿值，一一如数，无欠无余，母方异之。

小说情节也曲折生动，富于波澜。"兄弟见外"一节最引人入胜。兄弟相见本应是高兴的事，却因为哥哥教训弟弟而闹得不欢而散；当哥哥寻找弟弟时，"使人交驰于市，求之弗得"。第二天才发现弟弟留下许多钱，请哥哥用钱来周济贫乏。这样，一个心地善良、周济贫困的侠士形象就呼之欲出了。

　　南宋洪迈所作的《夷坚志》乙志卷七有《汀州七姑子》，是一篇笔记体志怪小说，记述南宋绍兴年间临汀郡通判陈吉老一家深夜与七姑子（未开化的土著民）相遇的惊悚故事：

　　　　汀州多山魈，其居郡治者为七姑子。倅厅后有皂荚树极大，干分为三，正蔽堂屋，亦有物居之。陈吉老为通判，女已嫁矣，与婿皆来。夜半女在床外睡，觉有撼其几者，颇惧，移身入里间，则如人登焉，席荐皆震动。夫妻连声呼："有贼！"吉老遽起，与长子录曹者偕往。无所见，诧曰："公廨守卫严，贼安得至？若鬼也，争敢尔！"老兵马吉，方宿直。命诣厨温酒，厨与堂接屋，马吉方及门，失声大叫。录曹素有胆气，自篝火视之，吉仆绝于地，涎液纵横。灌以良药，久之始能言，曰："一黑汉模糊长大，出屋直来压已。"不知所以然。吉老犹不信。录曹见白衣人长七尺，自厨出趋堂，开门而出。真以为盗，急逐之，而堂门元闭自若也。启之，又见其物开厅门去。复逐之，亦闭如故。洎至厅上，白衣径奏东厢卒伍持更处。一卒即惊魇，众救之，已绝矣。

　　中唐时期汀州城内就有山魈（古越族人，亦称山都），包湑《会昌解颐录》有《汀州山魈》，记述元自虚与萧老的故事。这篇《汀州七姑子》小说反映了时至南宋初，临汀郡治周围仍然常有七姑子出没的情况。陈吉老与其长子实有其人，《临汀志·名宦》载："陈吉老，字子川，莆田人。绍兴癸丑，以朝奉郎丞清流。越三年最闻，迁通判军州事。赣寇闯郡境，吉老自将斩关破贼。长子希造，字贤，复善骑射。"可见，陈吉老父子都是艺高人胆大，能够"斩关破贼"的人物。所以，当听到"有贼"的呼叫声，吉老"遽起，与长子录曹者偕往"。小说两次描写陈吉老不信家中有"贼"，先是"诧曰"，后是"犹不信"，突出人物自信的特点。描写他的长子录曹，则完全是动作描写"急逐之""复逐之"，极富穷追猛打的气概。小说还善于运用侧面烘托之法，如马吉被七姑子吓得"仆绝于地，涎液纵横"，守更士卒"惊魇"而绝，衬托出陈吉老父子的勇敢形象。

　　《临汀志》"仙佛""道释"中，还有许多精彩的散文、小说，如《富国先生》《晏仙人》《曹道翁》《刘氏女》等。这些作品记述发生在汀州的奇闻异事，读者可以从侧面了解宋代汀州的社会状况；从文学艺术上看，这些散文、小说语言朴实、生动，表现手法也达到很高的水平，是宋代文学的精品之作。

第三章　元代福建客民
大迁徙时期的文学

元代是个特殊时期，福建客民大迁徙是这一时期的重要现象。

宋代，汀州及其周边地区经济环境和文化环境稳定，成为唐代以来中原汉人躲避战乱的"世外桃源"，客家民系出现。然而到了元朝，大量客家人被迫挑起行囊远走他乡，汀州人口急遽减少，经济发展停滞，文化遭到极大破坏。究其原因，一是元蒙统治者的残暴统治，二是客家人民反元斗争的失败，三是连年的自然灾害与瘟疫。闽西客家百姓大量迁往粤东的梅州、循州和惠州，有的则迁往与龙岩相邻的漳州。据《元史·地理志》载，汀州路至顺元年（1330 年）的户口数为 41423 户，比南宋宝祐年间减少 18 万户。直到元至正十六年（1356 年），汀州六县人口才升至 238127 人。

元代的科举考试，北方中断了 77 年（元灭金后起算），南方也中断了 36 年（元灭南宋后起算），直到仁宗延祐元年（1314 年）才宣布恢复科举考试，次年举行了第一次会试。终元之世，总共举办 16 次。每次选各地举人 300 名赴京会试，四个民族等级（蒙古人、色目人、汉人、南人）各 75 名，额定取 100 名，四个民族等级各 25 名。这样的名额分配，对于人数众多的汉族人民来说极不公平。考试科目也不公平，仁宗时科举规定：蒙古、色目考生试"经问"，汉人、南人考生试"明经""经疑"时，汉人、南人考生必须加试"经义"。这样做的结果，当然是汉人、南人被录取的机会极少。元代还有两举不第，恩授教授、学正、山长之例，但又规定，享恩授的汉人、南人的年龄限在 50 岁以上，蒙古、色目人只限 30 岁以上。

元代 90 年间，福建中进士者只 35 人，其中汀州路进士仅 2 人，举人 1 人[1]。南剑路的沙县进士可考者 2 人[2]。邵武路的泰宁有荐辟 2 人，乡举 1 人[3]。与宋代

---

[1]（明）黄仲昭修纂：《八闽通志》，福建人民出版社 1989 年版，第 25 页。
[2] 梁伯荫修：《民国沙县志》，民国十七年（1929 年）版，中国地方志集成，福建府县志辑。
[3] 本社编：《福建府县志辑》10，《中国地方志集成》，《光绪重纂邵武府志》，《民国重修邵武府志》，上海书店 2000 年版，第 15 页。

进士人数相比，这数量实在相差甚远。现存元代的诗文大都是仕汀官员和避难入汀的中原人士的诗歌，福建客家人创作的诗文大都没能保存下来，数量极少。总的来说，元代客民大迁徙时期的福建客家文学十分沉寂。

第一节　元代客籍文人的创作

据《汀州府志·文苑》载，元代汀州乡土文人只有雷绅一人。雷绅，字友绥，清流客家人，至正二年（1342 年）举人，历官江西湖东道。他"工词赋，卓荦绝伦，遨游京国间，声名大震"，遗憾的是，作品没流传下来。其他清流、上杭、沙县的进士也都没有作品存世。元代有诗词存世的客籍作者只有欧阳大一、沈得卫。

1.欧阳大一
欧阳大一，号道清，清流客家人。元季练气于清流县丰山岭，相传其蜕去为仙。《汀南廑存集》卷一存有他的《古风》（四首）：

其　一
　　丈夫生性矫，超越群英少。返视溯真源，忧心恒悄悄。欲扣玄冥关，寐深失天晓。迴惑力淬磨，铁杵销针小。长竿透顶缘，脚力争强骄。甚觉庚苍天，精神空废了。所以炼性功，全气杜潜扰。错走路偏歧，仙凡迴绵渺。

其　四
　　海上有奇山，蓬壶立三墺。中乃群仙居，俗踪莫能到。仰彼昆仑际，神驰妄颠倒。安得与之俱，授我长生诰。辟谷有神助，优闲而终老。恃此驱邪剑，而祛魔劫暴。雷霆肃天威，氛妖任挥扫。触起现虚极，固是琼瑶岛。

这组诗带有道教宣传性质。第一首叙述自己生性勇武，超越许多英俊少年，后来还本溯源，潜心修道。中间二首诗写自己勤奋炼性、炼丹、炼气、存精等道家功夫。第四首表达对道家仙山蓬壶、昆仑的向往之情。此诗表现元代客家人对道教的理解与追求，具有丰富的想像力，反映了客家文人不与元朝合作的态度。

2.沈得卫
沈得卫，一名德卫，字辅之，连城客家人。元末，汀州路总管陈有定招置宾幕，欲任其为官，得卫推辞弗受，隐居莲峰山，在灵芝峰下筑"樵唱山房"，日与朋侣登临啸咏。明初，郡守辟其为儒学训导，"讲教有方，一时人敬重之"①，后任将乐县训导。洪武年间以贤良方正举，授黄岩县丞。《汀州府志·隐逸》载，沈得卫"善歌诗"，著有《东崖樵唱集》。

沈得卫所隐居的莲峰山（旧名东田石），在莲城（元末改名连城）县东五里，是连城风景名胜之地。《临汀志·山川》载其："峭壁巉岩，高插霄汉，盘礴数十里，溪流环绕其下。绝顶坦夷，石泉流溢。"宋朝"官置三寨其上，每遇寇警，必移民于此，真一夫当关，万夫莫前之险"。莲峰山南面主峰为"冠豸峰"，因其形似古代獬豸冠而得名。莲峰山东面有石门岩，南宋绍兴间（1131—1162年），雪峰僧倚石门岩结庵，名曰"宿云"。绍熙间（1190—1194年），莲城县令黄莘于石门岩创总宜亭，县令赵汝樵创悠然阁。元至正二十六年（1366年），连城县尹马周卿率千人开发莲峰山，标为十三景，隶书岩壁间：苍玉峡、豸冠、云栈、天梯、桃源、清如许、芙蓉波、金字泉、白云深处、天光咫尺、苍谷、凌虚、小崆峒。又有香炉石、九老亭、迎春石，立春日连城人皆诣石祷祝。从此，文人墨客咏赞莲峰胜景的诗词日渐增多。

现存较早描写莲峰山的诗就是沈得卫所作的《游莲峰山》：

> 采芝休羡隐商颜，伐木常时只爱山。
>
> 落日放歌苍峡外，清秋长啸白云间。
>
> 桃源仙遇千年语，竹径僧逢半日闲。
>
> 为问餐霞玄圃者，大丹若个九成还。

作者叙写隐居莲峰山，放歌苍峡、长啸白云，与僧长谈的山林之乐，抒发了自己热爱自然、不屑功名利禄的志愿。

第二节　元代客寓文人的创作

元代文学中，可称道者是流寓闽西的文人创作。他们既描写汀州的风景名胜，也抒写对家乡的思念。最有文学价值的是丁继道、卢琦的作品，他们的诗歌真实反映了元代汀州动乱的社会和人民的苦难，表达了对民生的关注与同情，有较强的现实意义。仕汀官员的诗歌所存甚少，汀州总管陈有定的两首诗可作代表。

---

① （明）黄仲昭修纂：《八闽通志》，福建人民出版社1989年版，第25页。

一、流寓闽西的文人创作

1.王梦麟

王梦麟，元代逸士，籍贯不详，一说清流人。元初避乱寓居长汀。工诗，著有《石龛小集》。他的《苍玉洞》诗自出机杼，不落前人窠臼：

> 曲曲清溪叠叠山，石门深处有禅关。
>
> 我来自得闲滋味，坐听山篁尽日还。

诗人描摹苍玉洞周围的山水景象，抒发避难汀城，暂得安宁的喜悦。诗歌巧用叠字，音节响亮，形象清晰，意境清雅，深受时人喜爱。

2.尹廷高

尹廷高，字仲明，别号六峰，浙江遂昌人。宋末为避战乱携家南下入汀，隐居城郊，闭门读书，宋亡二十年后始返故乡。入元后于大德间（1297—1307年）任处州路儒学教授（《遂昌志》）。顾嗣立《元诗小传》又谓其尝掌教永嘉。有诗集《玉井樵唱》三卷。

在汀州期间，曾作《临汀书怀》一诗，抒写对家乡的思念：

> 开尽黄花秋又深，不堪清夜听寒砧。
>
> 灯前远信和愁写，枕上新诗带梦吟。
>
> 霜月一江随瘦影，关山千里动归心。
>
> 青鞋布袜云间寺，向日鸥盟得再寻。

尹廷高常与汀州客家文人相唱和，对汀州有很深厚的感情。晚年回家乡后还曾写诗《寄汀州伍贡元明夫》，寄托对分别朋友二十年之久的思念之情。

3.丁继道

丁继道，元初人，生平事迹待考。《永乐大典》（残卷七八九五）载有他途经汀州作的一首《至元丙子十月驰驿至汀州》，诗云：

> 踪迹似征鹰，行行近广东。
>
> 路穷南海际，人在万山中。
>
> 茅屋蛮烟黑，枫林夕照红。
>
> 瘴乡难久住，马首竟匆匆。

至元，元世祖忽必烈的年号。至元丙子，1276年。驰驿，骑驿站的马。此诗描写元代汀州蛮荒的景象，反映了元蒙统治下客家地区民生的凋敝。

4.卢　琦

卢琦（1306—1362 年），字希韩，号圭峰，福建惠安人。至正二年（1342 年）进士，初授将仕郎、浙江台州录事。至正十二年至十六年（1352—1356 年），任泉州永春县尹，《八闽通志》（泉州府人物传）载其"在县多惠政，而尤以教化为首务"。至正十六年（1356 年），卢琦调任宁德县尹，后官至浙江温州平阳知州。有《圭峰文集》10 卷、《诗集》12 卷传世。

卢琦是良吏，又以诗名闻闽中。生当元季末世，元朝加重对百姓的压迫与剥削，农民起义此伏彼起。在忧国与忧民的矛盾中，卢琦只能一方面在有限的范围内保境安民，一方面又同情百姓疾苦，用诗歌反映社会的动乱与人民的苦难。如他的五言古诗《忧村氓》：

> 世道日纷纭，人人自忧切。路逢村老谈，吞声重悲咽：我里百余家，家家尽磨灭。休论富与贫，官事何由彻？县帖昨日下，羁縻成行列。邻里争遁逃，妻儿各分别。莫遣一遭逢，皮骨俱碎折。朝对狐狸啼，暮对豺虎啮。到官纵得归，囊底分文竭。仰视天宇高，纲维孰提挈？但恨身不死，抑郁肠中热。南州无杜鹃，诉下空啼血。

这首诗揭示了百姓逃难、妻儿分别的原因就在于官府的逼迫与压榨，批判的矛头直指元朝的政治。当我们读到他"仰视天宇高，纲维孰提挈？但恨身不死，抑郁肠中热。南州无杜鹃，诉下空啼血"的诗句时，我们不能不敬佩这位正直爱民的封建官吏，杜甫的诗句"穷年忧黎元，叹息肠内热"（《自京赴奉先咏怀五百字》）也回响在我们耳旁。

《汀州府志·艺文》载有卢琦《抵宁化县》诗一首：

> 触热来宁化，居人已卖瓜。
> 田园犹五色，市井仅千家。
> 孤塔凌空笋，青山对县斜。
> 萧条兵火后，抚景重咨嗟。

这首诗描写诗人亲眼所见"兵火"之后宁化县市井萧条、人口锐减的景象，抒发对人民苦难的同情。语言清新典雅，意境开阔，情感婉挚。《临汀汇考》又载卢琦《汀州道中》一诗：

> 七闽穷处古汀州，万壑千岩草木稠。
> 岚气满林晴亦雨，溪声近铎夜如秋。
> 云中僧舍时闻犬，兵后人家尽卖牛。
> 安得龚黄为太守，边方从此永无忧。

诗歌反映了汀州凄凉萧索、民穷财尽的惨象。"安得"两句，借古代好官（龚遂、黄霸）清廉爱民的典故以表达对百姓的同情和对社会安宁的期望。这些诗歌既是对杜甫忧国忧民思想的继承，又是对白居易讽喻现实精神的发展。《四库全书总目》（卷一六七）提要评价卢琦"官虽不高，而列名良吏，可不藉诗而传。即以诗论，其清词雅韵，亦不在陈旅、萨都剌下"。

二、仕汀官员的相关作品

元代仕汀的官员中，有两个汀州路总管：吴思可、陈友定，他们的事迹与相关作品值得一提。

1.吴思可

吴思可，籍贯不详，主要活动于元初，官至汀州路总管，与元代著名书法家、翰林学士赵孟頫（1254—1322 年）是朋友。元制，在各路总管府中，达鲁花赤与总管并称长官。其中达鲁花赤是监治官，掌管路府印信，位在总管之上；总管"掌判署"，处理赋役词讼及一切政务，亦称"管民长官"，同知、治中、判官、推官皆为佐贰官，协助总管处理政务。元朝统治者实行明显的民族歧视政策，各路达鲁花赤以蒙古人充当，汉人只能充总管，回回人充同知。吴思可接受朝廷任命，前往汀州时，赵孟頫作《送吴思可总管汀州》，诗云：

> 七闽南去路崎岖，五马承恩出帝都。
> 地气喜闻今有雪，民生宁似昔无襦。
> 山城美酒倾鹦鹉，雨馆春深听鹧鸪。
> 他日相思应怅恨，离筵不忍赋骊驹。

这首诗最有思想性的是第二联，大意是：听说汀州今年下大雪，是令人高兴的事啊，瑞雪兆丰年嘛，可又担心百姓是否像往昔一样没有厚衣服穿，表达了对民生的关切，可见他们的思想境界还是比较高的。吴思可到汀州后的情况，史志中没有出现他的劣迹，倒是有记载他将隐士王梦麟的《苍玉洞》诗鸠工刻于苍崖，诗字俱佳，为汀州名胜增添了色彩。遗憾的是，吴思可自己的诗文却没有存留下来。

2.陈友定

陈友定（？—1368 年），一名有定，字永卿，一字安国，约生于元泰定至至顺年间（1324—1332 年）。世居福建福清县，曾祖父时移居清流县明溪驿大焦乡。陈友定初为明溪驿卒，因军功升清流县尉、县尹。至正十八年（1358 年），升任延平路总管，至正十九年（1359 年）为汀州路总管，至正二十六年（1366 年）八月擢升福建行省平章政事，元末与明军交战，战败后被朱元璋杀害。

　　陈友定出身农家，小时没有读书，十岁时便在盐店当童工。他升任福建行省平章政事后，招纳文学名士留置幕府，自己也开始学诗作文，不久，竟也粗通作诗。他有《送赵将军》一诗，颇有豪放慷慨之气：

纵横薄海内，不惨别离颜。

几载飘零意，秋风一剑寒。

　　元至正二十八年（1368 年）十二月，陈友定坚守延平。明军大将汤和率部攻破福州后，与征南将军胡美集中兵力围攻延平。陈友定知大势已去，饮毒药自尽。适天大雷雨，友定复苏，被械送京师。陈友定被收时慷慨作歌：

失事非人事，重围戟似林。

乾坤今已老，不死旧臣心。

这首绝句沉郁凝重，表达自己对元朝的效忠之心，颇有失败英雄的慷慨赴死之气。

第四章　福建客家民系
发展时期的文学

　　洪武元年（1368 年）十二月，明军占领福州，又在延平俘获福建行省平章政事陈有定，福建其余各路兵不血刃，望风归顺，福建境内没有遭到太多的战争灾难。明朝建立之后，实行恢复生产，与民休息的政策，因此客家地区民困有所缓解，户口回升很快。据《福建史志》（《闽西客家人口的演变》1997 年第 5 期）载，洪武二十四年（1391 年），汀州府人口有 60033 户，290977 人，比元末增加了 52000 多人。明成化六年（1470 年）汀州府分清流县之归上、归下里，宁化县之柳杨、下觉里，将乐县之兴善、中和里，沙县之沙阳里增设归化县（今改名明溪县）。成化十四年（1478 年）又析出上杭县之太平、溪南、金丰、丰田共四里一十九图增设永定县。至此，汀州府下辖八个纯客家县份。漳州客家地区也于明正德十二年（1517 年）析南靖县地增置平和县，明嘉靖九年（1530 年）增置诏安县，属漳州府。

　　明代，汀州府治所在地的长汀县商客云集，许多商家都在汀州城设立会馆，先后有广东会馆、湖南会馆、江西会馆、吉安会馆、龙岩会馆、杭永会馆、连城会馆、武平会馆等，长汀成为闽粤赣边商贸重镇。汀江航运更加发达，当时每日从江西赣南、闽西各县运集长汀的物产达 2000 余担。本地生产的玉扣纸、竹木、烟叶、土茶、皮枕、纸伞、四堡的雕版印刷品，江西的谷米、大豆、钨矿等物资由汀江水运到广东潮州、汕头及东南亚各地市场，又从外地运回食盐、煤油、海产、药材、布匹、百货等紧缺物资，汀江货船"日上八百、下三千"，"粮油菇笋下广东，盐布百货上汀州"。汀江沿岸一些人口稠密的集镇也因有了码头而迅速繁华起来。

　　明代的科举考试改革了元朝的民族歧视政策，又根据每个省份人口的多寡分配一定比例的进士名额。宽松的人才选拔制度激发了文人读书，参加科举考试的积极性，客家地区重视读书的风气更加盛行。据《汀州府志》载，明代汀州府中进士者 51 人，中举者 262 人，宁化的张显宗成为明代福建客家的第一个状元。又据《三明市志》载，明代闽西北客家地区的邵武府建宁县有进士 11 人；延平府的将乐县有进士 3 人，沙县 10 人，泰宁 10 人，永安 5 人。又据《南靖县志》

（民国稿本）载，明代南靖县中进士者多达 17 人。

明代，福建客家文学进入发展的旺盛时期。

明代是福建客家民系的发展时期，福建客家文学也进入茁壮成长阶段。明代客籍作家人数众多，著述丰富，各客家县都涌现一批优秀的作家作品。《汀州府志·文苑》载明代著述有 74 家，所著达 133 种，文苑传有 15 家。各种史志所载的明代知名客籍作家上升到 80 人以上，其中不乏在全国有影响者。

明代客家文学的发展历程，大致分为三个阶段。明代前期，受政治的高压政策以及台阁体诗风的影响，福建客家文学主要是山水诗。许多客家县都出现了自成体系的写景诗，如邓文铿的《大湖八景诗》、陈山的《沙阳八景诗》、马驯的《鄞江八景诗》、丘弘的《杭川十咏》，清流诗人赖世隆、叶元玉，连城诗人伍清源、童玺等歌咏家乡秀美风光的诗歌也熠熠生辉。客寓诗人的创作则以周景辰、刘翥的写景诗为代表，汀州知府吴文度重视文化教育，体察民生疾苦，他的诗歌反映劳动人民的愿望，表达真诚的爱民之心、报国之情，词旨朴实真挚，受到汀州百姓的推重。

明代中叶，"前后七子"的文学复古思想、王阳明的"心学"思想在客家地区传播，王守仁、徐中行、宗臣等人的诗文创作影响了客家文学的发展方向，客家文人诗学盛唐，山水之音多有唐风余韵。李坚的咏怀诗多以"古风""杂诗"的形式，让传统的诗体重放光彩。郝凤升的咏物诗《梅花百咏》是这时期诗歌的亮点。郝凤升为官清正，直言敢谏，他的咏梅诗歌赞颂梅花高洁的品格和笑傲风雪的精神，语言精警，高古典雅，无论其人品和诗歌都是明代中叶诗坛的代表。

明末的客家文学由于国事危亡，文人反思历史、感慨当今的咏史诗、咏怀诗较多。揭春藻、李鲁、刘廷标等人的爱国诗歌则是这时期最富于激动人心的旋律。一些著名文人身处明末清初，因其主要文学成就产生于动乱的清初，其影响也在清初最为明显，故将李世熊、丘衍箕、卢日就等人的创作情况放到清代叙述。

第一节　明代前期的客家文学

明初的福建客家文学主要是山水诗和咏史诗，系列写景诗成为这一时期文学的亮点。明初山水诗的兴盛有着多方面的原因，首先是明初经济发展，社会安定，国力渐趋强盛，出现"海内晏安，民物康阜"（杨荣《杏园雅集图后序》）的太平景象。府县的官吏也注意风景名胜的开辟，既是粉饰太平，显示政绩的政治需要，也是文人雅士诗酒吟咏的现实要求。其次，与台阁体诗风的盛行有关。永乐至成化年间，以杨士奇、杨荣、杨溥为代表的台阁大臣，他们的诗歌以"颂圣德，歌太平"为主题,艺术上追求平正典丽,影响了诗坛百年。客家诗人邓文铿、陈山、赖世隆、丘弘、马驯等人都是进士出身,在地方和朝廷都当过官,诗歌创作上受台阁体影响势在必然。另外,明初统治者加强对文人的控制,限制士人思想自由,对文人的迫害也令人震惊。客家地区开门见山,所居之处依山傍水,优美的自然环境给文人凭添了许多艺术灵感。因此,文人不敢去正视和表现社会现实的不平与黑暗,陶情山水、歌咏家乡山水名胜也就形成时代风尚。

当然,山水诗并不能代表诗人的创作全貌,他们的咏怀诗、咏史诗虽然所占比例不大,却不受台阁体的束缚,能够真实表达个性思想,有较强的现实感。

一、明初客籍诗人的创作

明朝建立之后,由于经济的复苏和文化的发展,由于科举制度的刺激,客籍文人的创作犹如雨后春笋不断涌现,客家文学开始复苏,胡时和张显宗的创作是其标志。邓文铿、陈山、马驯、丘弘等人的诗歌写出了客家地区的山水清音。李颖、叶元玉的怀古咏史诗表达了对客家英雄人物的崇敬与怀念。他们的创作成就为明中叶客家文学的茁壮成长做了良好的铺垫。

(一)客家文学的复苏:胡时、张显宗

1.胡时

胡时,字子俊,上杭人。《汀州府志·文苑》载其"善诗,工楷书",是元末明初著名的隐逸诗人。元末,胡时不愿和朝廷合作,以隐居讲授为乐。诗作《村居》是其隐居生活的写照:

> 豆种南山秫种田,醒时独酌醉时眠。
> 溪头水涨夜来雨,门外山连晓起烟。
> 村鼓数声春社日,牧童一曲夕阳天。
> 东邻老叟时相问,桑柘阴中话有年。

这是一首很有客家乡村特色的田园诗,诗人巧妙地化用陶渊明和陆游的诗句,描写了一幅有声有色的村居生活画面。杨澜《汀南廑存集》评此诗:"一气浑成,自是仁兴而就之作,足征素养之裕。"丘复评此诗:"诗亦冲夷高洁,大雅不群。"①

---

①丘复:《杭川新风雅集》,中华民国二十五年(1936年)版,上杭县图书馆收藏。

明朝，一个崭新的时代。朝廷的征辟激起胡时出山的雄心。洪武八年（1375年），在上杭知县刘亨的推荐下，他出任上杭县学的司训（明清时县学教谕的别称）。培养了一批又一批的弟子之后，他又想到急流勇退，晚年创作的《七峰山》是其思想的表露：

　　　　此山秀色浮乾坤，诸山环峙不敢群。自昔山县产人杰，瑶华芳草扬远芬。

急流勇退空华发，清宵梦隐山之樾。归来此地结茅茨，长对青山睇松雪。
七峰山，在上杭县城北郊，距县城四公里。此诗赞叹七峰山的秀丽与上杭县的地灵人杰，抒发自己归隐山林之想，也从另一个侧面表达对七峰山的热爱之情。丘复《念庐诗话》卷一云："杭人之诗，宋、元以上无一存者，惟此诗为杭诗先声，雄健苍古，宜其得传也。"

2.张显宗

张显宗（1363—1409 年），字名远，宁化石壁人。明洪武二十四年（1391 年）进士，殿试取选第二名，皇帝特赐状元。历任翰林院编修、太常寺丞、监理国子监学事、工部侍郎、交趾布政使。《八闽通志·人物》载其："操心诚笃，处事公正，在交趾时，民怀其德，建祠祀之。性尤聪敏，读书过眼成诵。"著有《忠义录》《警愚录》等。

张显宗是明代福建客家第一个状元，他的诗歌也是明代客家人走出山区的标志。现存张显宗较早的诗是《题清风秀才岭》：

　　　　层层曲曲复超超，万壑松风响翠涛。

　　　　绕足青云平古磴，蒙头红日照英豪。

　　　　乱峰斜度飞鸿急，孤店聊安过客劳。

　　　　不是圣朝兴举子，等闲谁识秀才高。

清风秀才岭，宁化县通往江西石城的一座山岭。此诗约作于明洪武二十一年（1388年）中岁贡之后，赴南京国子监就学路上。诗歌抒发理想实现的喜悦心情，这是科举时代文人心态的真实反映。

张显宗出仕之后，对家乡亲人的思念常常萦绕心头。他的《对月遣怀》：

　　　　闲看苍穹白玉团，瑶台镜挂碧云端。

　　　　人情苦乐知多少，月色光辉总一般。

　　　　供职无才愁岁晚，思亲有泪几时干。

　　　　三千里外家音远，独对金樽强自宽。

客家人重视读书科举，考上状元自是光宗耀祖，但是远离亲人的思乡之痛却只有自己知道，正是"人情苦乐知多少""思亲有泪几时干"，其孝思、情思溢于言表。诗中"几时"一词，颇有"家音"色彩，客家人读来特别亲切！

另一首《题陆御史望云图》也是这种情感的表现：

> 陆子东吴秀，去亲仕王畿。鞠躬侍执法，宪度清且夷。奉亲以契阔，悠悠动遐思。朝咏蓼莪篇，暮吟四牡词。寤言望白云，寐也尝见之。宛如在目前，承颜不敢违。汝亲自可见，吾亲当别离。念子思亲诗，泫然泪双垂。

这首题画诗，由歌咏陆御史勤于王事、思念亲人，引发自己的思亲之情。明末著名诗人李世熊评此诗："公文传世甚少，存此一篇，稍见先进风调。"①

（二）邓文铿、陈山等人的山水诗

1.邓文铿与《大湖八景诗》

邓文铿（1360—1427年），字德声，沙县眉山村（景泰三年划归永安县，今属三明市三元区岩前乡眉山村）人，明洪武十八年（1385年）进士，任高州府茂名县（今属广东）知县。以治绩最优，召入为刑部主事，累升至金都御史。出知武昌府，又改知德安府，后转苑马寺卿。宣德元年（1426年）致仕。《永安县志》载其"风裁独持，不畏强御"，是个不畏强权、嫉恶如仇的正直官吏。他致仕回乡之后，作有《大湖八景诗》，如《镜湖秋月》《高隐雪晴》《梅岭层峦》：

> 娟娟素魄半空悬，倒醮平湖一镜天。
> 光漾清波银练净，风生细浪玉花圆。
> 雁惊霜冷栖寒渚，龙误珠吞起碧渊。
> 爽溢吟襟诗逸兴，宵中转影到帘前。
>
> 茅屋青山隐者家，田园随分度年华。
> 回头又了三秋历，触目俄看六出花。
> 有客观梅研易象，何人仗节在龙沙。
> 朝晴喜出黄棉袄，冷暖林泉亦可夸。
>
> 幽村村外拥层峦，梅岭如阶踞地蟠。
> 几树孤高凌顶上，数重青翠接云端。
> 烟枝带雪连云锁，玉叶漫山和月寒。
> 人道江南春信早，岭头先得一枝看。

大湖，在眉山村旁约十里。这里湖光潋滟、石洞幽深，春天桃花争艳，冬天梅开山岭，虽然地处幽僻，却是风景独好。邓文铿以诗人的眼光发现大湖的美，创作出大湖八景诗，大湖也因此山灵有幸，名声在外。大湖八景，除了上面诗中的三

---

① （清）杨澜编：《汀南廑存集》（卷一），同治癸酉（1873年）刻本，厦门大学图书馆收藏。

景之外，另五景是屏嶂朝阳、桃源活水、擎天雨霁、石洞寒泉、乔木郊墟。邓文铿的八景诗，描写细腻，想像丰富，意境开阔，语言平正典雅，在写景中也不缺乏情感的参与，如"人道江南春信早，岭头先得一枝看"，寓情于景，爱梅之情溢于言表。

2.陈山与《沙阳八景诗》

陈山（1362—1434 年），字伯高，又字汝静，沙县人。洪武二十六年（1393年）中乡试，次年进士。由举人历始兴、奉化教谕。永乐初年，明成祖召陈山参与编修《永乐大典》，书成，擢吏科给事中。宣德二年（1427 年），明宣宗任命陈山为户部尚书兼谨身殿大学士，诏领文学士，日侍文华殿，充《两朝实录》总裁官，深得宣宗爱重。宣德九年，以年老致仕，卒于返乡途中。

"沙阳八景"之名，李纲贬谪沙县期间就已确定，李纲还为沙阳八景一一作诗。陈山在家乡期间亦作有《沙阳八景诗》，与李纲八景诗相比较，李纲擅长七绝，陈山长于五律；李纲诗在写景之余多寄托自己的身世之感，时露悲慨之气，陈山诗多曲尽描绘，情感平正，语言雅丽。如两人的同题诗《十里平流》：

> 平溪绿净见游鱼，十里无声若画图。
>
> 但道曾经太史爱，不须污染自为愚。（李纲）

> 源远难寻委，平看十里新。月来清见骨，风度碧生鳞。
>
> 树色中流断，鸡声两岸匀。梁溪相识后，激滟更精神。（陈山）

描绘沙溪水的清澈、宁静是他们的共同点，但表现方式不一样。李诗直截了当地说水清"见游鱼"，水静"十里无声"，很符合抗金英雄的豪爽性格；陈诗则用月景来写水清，用微风吹澜来写水流平缓，用两岸的鸡声相闻来以动衬静，显得更有诗意，符合陈山文人的特点。从抒情的角度来看，李纲表示，我爱沙溪水，但不必像柳宗元被贬谪到永州一样，把当地的"冉溪"改名为"愚溪"。李诗表达的是忘情山水，不以贬谪为念的旷达胸怀。陈诗的抒情是寓情于景，首联一个"新"字为全诗定下基调，中间两联具体描写清新明静的画面，尾联将人文历史内涵融入诗中，以拟人写法，赞美"十里平流"水光潋滟，更显精神。陈诗的美与诗人对家乡深沉厚重的爱在此得到很好的体现。

《全明词》收有陈山的一首词【临江仙】：

> 半世林泉浑不到，偶来流水孤村。盘桓诗酒易黄昏。云栖松上鹤，风掩竹边门。　湖海元龙年未迈，鹏程万里长存。朝游元圃暮昆仑。清光依日月，忠节著乾坤。

写景之余，作者引用东汉名士陈登的典故，抒发志存高远、清正忠节的思想。打破了诗言志、词言情的观念，颇有苏轼"以诗为词"的创新精神。

3.马驯与《鄞江八景诗》、《扶风十景诗》

马驯（1421—1496年），字德良，长汀四堡（今属连城县）人。明正统九年（1444年）举人，考官题其卷曰："笔阵汹涌，文采灿然，非胸中藏万斛珠玑不能。"果然，次年连捷进士，授户部主事。后历官户部郎中、四川参政、四川右布政使、左布政使、都察院右副都御史、巡抚湖广。67岁时以年迈致仕返汀，买山郡东，号乐丘，取欧阳修《醉翁亭记》首句"环滁皆山也"其中两字名其书房"皆山堂"，日与故旧交游，徜徉山水名胜，诗酒题咏。每年新正、清明、秋祭、冬至，必定返回老家四堡，与乡人亲友团聚，游览四堡景观，也是景景有诗。马驯在汀期间作有《鄞江八景诗》《扶风十景诗》《汀州府志》（艺文）中还保存他部分记、疏、策、揭帖等散文。

汀州自唐宋以来就是州郡路府的所在地，文人歌咏汀州山水名胜的诗歌很多，但使之成为系列的则以马驯的八景诗为早。他的八景诗用古风写成，四句一换韵，平仄相间，写景抒情相结合，如《龙山白云》：

> 郡城有山何蜿蜒，恍若神物蟠其间。
>
> 白云暧暧笼穷巅，依依约约相盘旋。
>
> 云兮何日从龙去，大沛甘霖雨如注。
>
> 直须一解枯槁容，山下苍生正延伫。

他的诗善于化用前人诗句，抒情富有个性，如《苍玉古洞》：

> 苍苍屹立百尺崖，洞门不计何年开。
>
> 红尘半点无由到，唯有浮云时往来。
>
> 断碑只字藤萝蔓，扫破莓苔还可玩。
>
> 频频快读三四过，长啸一声白云散。

开头四句从宋代临汀郡守陈轩的诗句化出而不露痕迹，结句写诗人长啸白云的豪放个性震撼人心。作者还善于描绘景物的空灵朦胧之美，在丰富的想像中表达对山水的热爱，如《宝珠晴岚》：

> 鄞江初晴宿雨收，晓看岚气笼山头。
>
> 非云非烟亦非雾，若聚若散兼若浮。
>
> 应是天孙有余暇，特向山间挂图画。
>
> 褰衣我欲一登临，恐惊白云不敢下。

马驯的八景诗问世之后，鄞江八景之名便确定下来。上述三景之外，其他五景是云骧风月、通济瀑布、霹雳丹灶、拜相青山、朝斗烟霞。成化年间（1465—1487年），汀州知府黄埕（兰溪人），公务之余也作有同题的汀州八景诗，与马驯诗歌不同之处，是常常在写景之余抒写对故乡的思念之情。此后，汀州文人的题咏更是络绎不绝。

马氏郡望为扶风茂陵（今陕西咸阳）。据《客家姓氏渊源》载，唐大和年间
（827—835 年），马发龙入福建，留居宁化安乐；唐大顺年间（890—891 年），
马益郎迁汀州府；北宋初，马殷之子马二郎、三郎迁宣河，马五郎、七郎、九郎
迁汀州四堡，马四郎迁清流。到明代时，长汀四堡马氏已是人口众多，人才辈出。
马驯在四堡马屋村省亲访友期间，率村民辟出"扶风十景"：梅岭堆蓝、珠峰映
翠、南山古木、北阜苍松、梓里浮烟、花溪流水、日出扶桑、月出沧海、笔峰夕
照、帘幕朝云，题有《扶风十景诗》。

马驯所赞赏的"扶风十景"虽然不是历史悠久的风景名胜，但反映了诗人对
家乡山水的热爱，反映了四堡民众文化生活的提高。这些诗歌的出现有力地说明，
美景并不只存在于城市，乡村美景更加自然而且廓大。这也印证了罗丹的一句话：
"生活中并不缺少美，而是缺少发现美的眼睛。"马驯十景诗的结语也许不只说
出了他自己个人的内心感触：

> 人间此景真难得，昔年悔作宦游客。
> 庙谟民瘼两关心，辜负佳山几春色。
> 迩来疏奏君王前，衰骸幸允归田园。
> 编巾野服草堂坐，无边佳致蓬壶天。
> 鹿门我喜追芳躅，趣适渊明不须菊。
> 悠然潇洒身无拘，拍掌临风歌一曲。

4.丘弘与《杭川十咏》

丘弘（？—1471 年），字宽叔，号兰斋，上杭县在城里（县城）人。父陵宗，
宣德朝贡生，曾任浙江布政司经历，敦德守义。丘弘于明天顺三年（1459 年）
乡试，以易经中式第二名。天顺八年（1464 年）中进士，授户科给事中，又迁
都给事中。丘弘在职期间，"与毛弘同居言路，皆敢言，人称二弘"[1]。成化七年
（1471 年），丘弘奉命出使琉球，至山东德州时因病去世。

丘弘出仕前作有咏赞杭川（上杭县的别称）风景名胜的系列诗歌《杭川十咏》。
这些诗歌有的善于拟人写法，展开想像。如《南塔禅钟》，写出钟声悠扬的无尽
魅力：

> 古塔崚嶒俯碧流，梵钟隐隐出林幽。
> 一声撞破禅房绿，几杵敲残枫叶秋。
> 长送夕阳归渡口，每催晓月落城头。

---

①丘复：《上杭县志·列传》，上杭县地方志编纂委员会 2004 年印行，第 779 页。

有时惊觉纱窗梦,清韵还疑五凤楼。

有的诗形象鲜明,极富诗情画意,如《西安牧笛》:

古塞西安近水涯,数声牧笛兴偏赊。

陇头吹处鸦初乱,牛背横时日欲斜。

黄鹤凄音悲过客,武夷清弄微仙家。

吟余独倚书楼听,落尽江梅一树花。

有的诗在写景中表达一个观点,如《长坝乐耕》,作者认为"寻求真乐"在于农事劳动,不能轻漫农民,诸葛亮就曾躬耕于南阳:

万事虽能不挂胸,寻求真乐莫如农。

一犁春雨秧初绿,数亩秋云麦正浓。

击壤同时歌作息,负喧无事坐从容。

世人莫漫轻耕叟,曾说南阳有卧龙。

有的诗描写汀江河畔渔歌互答、民歌悠扬的生活景象,如《濑溪渔歌》:

溪水沄沄远接空,渔歌互答乱流中。

一声欸乃秋波绿,几曲悠扬夕照红。

响彻云霄惊落雁,调高杨柳拂回风。

翻嫌渭叟浑多事,却卜熊罴号太公。

丘弘的十景诗中另有:琴冈雾色、袍岭朝云、折水春涛、石潭秋月、浮桥利涉、崎滩客棹。丘弘的诗,"上杭三志"(顾志、蒋志、赵志)艺文均有载录,对当地文人影响很大。

5.伍清源与童玺

自元末连城县尹马周卿开辟莲峰山十三景后,明初文人题咏极多,代表人物是连城人伍清源和童玺。伍清源,字石泉,号秋圃,善诗文。洪武初,汀州府辟充儒学训导,后以明经举,授宝钞提举司副使。童玺,字信之,明成化十六年(1480年)举人,历任全州同知、平乐府通判、高州府同知、广州府同知、刑部员外郎、澂江府知府。

伍清源和童玺致仕之后,在身体老病的情况下畅游莲峰山,其热爱家乡、钟情山水的精神十分可贵。他们同题材的游莲峰山诗有:

游东田石

匡舆小坠出郊坰,露冕真惭鹤在轩。

落日孤城迎野色,高空流水洗秋瘢。

劈岩已见仙人掌,柱杖何须玉女盘。

灵鹫只疑天竺近,青冥端碍日车番。

茶余月照莲花顶，磬罢僧归柏叶园。

自喜病躯生羽翮，少依居士息心魂。

岁晚读书岩室上，便应此地即桃源。（伍清源）

登冠豸（次方邑侯咏）

扶人曳履不辞难，问柳寻花到远山。

冷眼风披吹不倦，热衷泉饮酌来寒。

莲池鱼跃波翻动，林谷鸟栖羽习闲。

俯仰乾坤了无事，那知身在世尘间。（童玺）

两首诗叙事、描写、抒情相结合，都以游记的散文写法创作。相异之处，在于伍清源的诗意境开阔雄浑，诗中秋色的苍茫、仙人掌的壮美、玉女盘的波光、莲花峰顶的高耸及月下的钟磬梵音，都给读者带来世外桃源的感受。童玺的诗注重表现主人公对春天风物的感受，"冷眼""热衷"，写出春风的和煦、泉水的清凉；"波翻动""羽习闲"写出池水涟漪之态、倦鸟栖息之貌。这些都来自细腻的观察所得，诗人陶醉自然，忘怀尘世之情也就表露无遗。

他们还有同题材的石门岩诗：

连缮来东郭，登临作胜游。风余岩际雨，花剩石门秋。

问竹云林合，搴兰谷响幽。乾坤时俯仰，浩荡一虚舟。（伍清源）

明明春晓寂无氛，老子寻芳出户门。

醉舞插花还酌酒，登临引子复携孙。

清泉怪石看佳境，小阁疏帘见远村。

好景撩人吟不尽，谁知别是一乾坤。（童玺）

伍清源爱秋，所以秋天的风雨只会带来秋高气爽，诗中问竹搴兰、俯仰宇宙，流露诗人高雅豪放的情怀，与前一首诗的风格一致。童玺爱春，因此春天的泉石好景撩人，诗人醉舞插花、登临佳境，仿佛来到另一个天地，与前一首游莲峰山的诗相比较，也是观察细致，情感细腻之作。

6.赖世隆与叶元玉

赖世隆与叶元玉都是清流县人，明代著名诗人。赖世隆于宣德五年（1430年）进士，官翰林院编修，有《玉堂遗稿》存世。叶元玉于成化十七年（1481年）进士，历任户部侍郎、广东潮州知府等职，著有《古崖集》传世。

清流县城一面依山，三面傍水，清溪环绕，小城内外，山水名胜星罗棋布。赖世隆作有许多赞美家乡山水的诗歌，如：

赞雁塔晓钟

早鸡声里听钟鸣，映起当年野老情。

林外月斜敲正急，山中露冷韵偏清。

客船夜泊愁惊梦，官署辰衙喜报晴。

我有新诗寄僧壁，纱笼却笑宋人赓。

龙津夜月

夜月登桥疑步蟾，水精宫里见婵娟。

山高错讶玉盘小，波静方知银镜圆。

对影吟诗惭李白，问天把酒忆坡仙。

清溪此景谁争得，独载清晖满钓船。

三港清流

众流合处水平沙，浅碧粼粼望眼赊。

夹岸桃花迷远近，傍桥梅影见横斜。

四时鱼美多渔钓，百里滩连少客槎。

最是夜深堪玩处，千家灯火映溪涯。

赖世隆在京任翰林院编修期间，与杨士奇、杨溥等台阁大臣诗歌唱和。他们曾以赖世隆早年在清流城北求学的读书庄为题作诗，杨士奇《咏读书庄》："清流城北读书庄，旧隐诗书岁月长。玉署归来春昼永，松门流水落花香。"杨溥亦曾作《题赖编修清流读书庄十首》："清流水冷落花红，布谷飞鸟晓雨中。因忆吾农与稼事，几回展卷读豳风。"可见二杨对他的赞赏。赖世隆的诗歌也明显受"台阁体"诗风影响，字里行间总有一种雍容典雅之气，但这些山水诗在典雅中多了一份清新，在华丽中变得更为自然。

当然，清新自然的诗风只是赖世隆诗风的一个方面，他的另一类诗却表现得雄浑劲健，如《九龙行》：

九龙之险无与比，江淮河汉风波耳。

岂如此水怪石多，朝夕无风浪自起。

天开地辟几春秋，何人凿空先泛舟。

畏途一开不可塞，至今来往行人愁。

乘风鼓棹碧潭心，喧天万壑隐雷鸣。

日色无光昼如夜，忽忽孤篷一叶轻。

峡口初过第一龙，禹门吕梁高更雄。

船从天上直坠地，回头白雪翻晴空。

第二龙中长且大，狂澜骇浪争澎湃。

前呼后应疾若飞，生死须臾不停待。

三龙乍过四龙迎，鲸波拂面舟人惊。

欲寻小径避险阻，倚天峭壁难飞腾。

五龙曲折忧回舵，六龙峻濑防危祸。

乱涛势合如山来，船从水底钻将过。

急流数里诣七龙，俗传魔怪留神踪。

莫云此龙易与耳，前后覆溺在眼中。

八龙崎岖犹可畏，浪高石大难回避。

九龙出峡且安行，维舟上岸如更生。

相对斜阳须畅饮，梦魂半夜犹频惊。

起来四望远山色，龙里月沉云气黑。

所经历历皆可陈，悔将微躯临不测。

九龙之险甲九州，瞿塘滟滪如安流。

自笑好奇穷涉览，诗成空说鬼神愁。

九龙，指九龙滩，在今清流县与永安市之间。上六龙最险，属清流县；下三龙稍平，属永安县，上、下共二十余里。民间称"九龙"分别为雾龙、马龙、三门龙、大长龙、五伯龙、贰龙、香龙、小长龙、安龙。民间有歌谣："九龙十八滩，滩滩鬼门关，十个船过九个翻，运气不好难生还。"这首歌行体诗详细描写行船经过九龙险滩的惊险万状及船客的生死感受。长诗语言气势汹涌，宛如一气呵成。叙事描写生动形象，惊险处神鬼莫测、扣人心弦；平安时心情难定、半夜犹惊。诗人将亲身经历诉诸笔端，读者也仿佛身临其境，亲历一番，足见诗人驾驭语言的能力。

叶元玉的山水诗风格与赖世隆不太一样，先看叶元玉的一组诗：

东华翠嶂

出郭相将二里赊，寺钟鸣处是东华。

直跻绝顶三千仞，俯视平原几万家。

流水竟朝东海去，长安不受片云遮。

风流自笑非安石，也有登山兴未涯。

灞涌岩

金莲山寺万松阴，流水花开自古今。

几发青螺撑佛顶，半岩秋月印禅心。

满天风雨龙归洞，入座笙歌鸟隔林。

骏马神鹰无觅处，一声鸡犬在云深。

重游东华

> 山色层层翠欲流，乘风独上万峰头。
> 花当二月已如此，人过十年才一游。
> 地僻便知为太古，民淳还幸际西周。
> 怪来眼界无留碍，北望长安是帝州。

叶元玉进入官场的时代，距离"三杨"的台阁体主盟诗坛已过50多年。弘治（1488
—1505年）、正德（1506—1521年）间是以李梦阳、何景明为代表的"前七子"
文学复古时期。弘治间，叶元玉与李梦阳同在户部任职，他们"团亭把手议政
事，西斋剪烛论诗文。割鸡呼酒对山月，挝鼓放舟看水云"（《舟中寄李献吉》），
建立了深厚的友谊。在以复古为革新的诗歌改革问题上，叶元玉完全支持诗歌向
盛唐学习，自己的诗歌也写得很有盛唐的雄阔气象。如他的"满天风雨龙归洞，
入座笙歌鸟隔林。骏马神鹰无觅处，一声鸡犬在云深"（《灞涌岩》），又如他的"峡
口初过第一龙，禹门吕梁高更雄。船从天上直坠地，回头白雪翻晴空"（《九龙行》）。
但是，叶元玉并不片面提倡诗学盛唐，还广泛学习宋代苏轼、王安石、陆游清奇
疏朗的风格。如他的"直跻绝顶三千仞，俯视平原几万家。流水竟朝东海去，长
安不受片云遮。"（《东华翠嶂》），读之令人马上联想到王安石的"不畏浮云遮望眼，
只缘身在最高处"（《登飞来峰》），又如他的"山色层层翠欲流，乘风独上万峰头。
花当二月已如此，人过十年才一游"（《重游东华》）。叶元玉的山水诗，既有盛唐
诗歌的意境雄阔，气势豪放，又有陆诗的疏宕婉转。杨澜评他的《重游东华》诗：
"古厓七律婉转清便，风格俱近放翁，此首尤疏宕，行余溶漾，如珠走盘。"明
末清流进士李于坚推崇叶元玉的诗集《古崖集》为"有用之学"，与其能够全面
撷取唐宋诗歌精华是分不开的。

（三）怀古咏史诗的新发展

宋代客家文学中的怀古咏史诗，如郑文宝的《题缑氏山》《读江总传》等，
反映客家历史人物与事件的题材极少，而在明代，这种现象有了很大改观。明初
的怀古咏史诗以李颖、叶元玉的诗歌为代表。

李颖，字嗣英，上杭人。生卒年不详，主要活动于明宣德至成化前后。天资
隽异，读书好古，曾教授于乡，赖其琢成者众。晚年居梅坡，人称梅隐先生。工
吟咏，著有《梅隐稿》，都谏邱弘为其作序，谓李颖诗文"烟霞风月，陶写性情，
皆自然流出"[①]。

[①]（清）曾曰瑛修：《汀州府志》，方志出版社2004年版，第25页。

　　李颖对客家文学的一个重要贡献，就是搜集宋元以来至于明初上下三百余年间上杭籍先辈的诗文，编辑成《杭川风雅集》，于天顺二年（1458年）刊行于世。这是福建客家文学史上第一部以县为范围的文人作品合集，意义深远。宋元以至明初，改朝换代，屡经兵燹，客籍文人作品所存无几。李颖于隐居教授之余，"广询故老，博访遗文"，搜集整理成书，为保存客家文化遗产做出贡献，"既成，诗社君子莫不争相快睹"①。

　　李颖的诗现只存一首《题周子礼全城事》：

> 排难男儿事，何当伐大功。
> 忆曾抒妙策，绝异恃元戎。
> 魃鼠潜逃穴，疲癃返荜蓬。
> 君惟发长啸，巾扇曳秋风。

这首咏史诗写明初周子礼保卫上杭县城不被流寇侵扰的史事。杨澜《汀南廑存集》评此诗："魄力沉雄，大家笔意，结得超脱。"丘复在《杭川新风雅集》中补充了事件的详细背景，说明诗歌的意义："周子礼，在城人，家饶于财而尚义。洪武十八年来苏里贼钟子仁纠广寇曾水荫将攻县，民竟奔避。子礼白知县邓致中修筑县城，工甫毕而寇至。子礼挺身告众曰：'有能退贼者，当罄家业酬之。'时张爱为民丁队长，偕梁文彪率所部以应。子礼断左手食指与之誓，众皆感奋，争前杀贼。贼既退，子礼尽出白金尝众。不足，出其家人簪饰布帛器物。又不足，更以田产立券给之。予以子礼义行可风，而梅隐先生诗亦足以张之，乃参考旧志孝义传及寇变志详记于此，使读者有所兴感焉。"

　　叶元玉的两首咏史诗也很有特色，一首是《烈士祠》：

> 杨梅径口血痕新，七十年来迹未陈。
> 自挺一身当众贼，果能半日活千人。
> 巍巍祠宇天应报，郁郁英魂气始伸。
> 却愧无功窃禄者，乾坤何处可容身。

烈士祠，在清流县城，祀邓瑶。邓瑶，清流人。《汀州府志·孝义》载："景泰间，草寇攻掠，村民骇窜，至杨梅迳。迳狭，人莫能进，贼追及。瑶挺身与战，自午至申，贼乱枪伤瑶胸，死犹倚石僵立，贼惧而退。境中四百余家赖保全焉。"此诗赞颂了邓瑶为保护乡亲而壮烈牺牲的献身精神，对"无功窃禄者"予以辛辣的讽刺。三四句语言凝练，概括力强，对比鲜明，杨澜评此诗："三四序事高简峭拔，见其用笔之老，一结词严义正，大家风矩。"②

---

①丘复：《上杭县志·艺文志》，上杭县地方志编委会 2004 年印行，第 661 页。
②（清）杨澜：《汀南廑存集》卷一，同治癸酉（1873 年）刻本，厦门大学图书馆收藏。

另一首是《题双忠祠》：

> 张许祠堂何处是，大忠西畔郭门东。
>
> 自从孤垒支强虏，谁不低头拜下风。
>
> 身死唐家当日节，力扶元气万年功。
>
> 不须再读前朝史，诗笔年来仗至公。

双忠祠，在河南睢阳城中。"安史之乱"期间，张巡、许远及部将雷万春等人死守睢阳，力拒安史叛军，拯大唐江山于岌岌可危之际。城破，张巡、许远皆不屈而死。平叛之后，唐朝追赠张、许二人，在睢阳城中建忠庙以祀。此诗缅怀张、许的死节之举，赞颂其力扶唐朝元气的不朽之功，表达了客家人对国事的关心和对英雄的崇敬。

二、明代前期客寓诗人的创作

客籍文人与客寓文人的创作是互相影响的，他们都创作了许多描写山水景物的诗歌，形成明初的一股文学潮流，客家山水诗大放异彩。这一时期的客寓文人中，连城知县周景辰、汀州知府刘燧、吴文度的诗歌尤为引人注目。

（一）周景辰的莲峰山系列诗歌

周景辰，松阳（今浙江松阳县）人，宣德间（1426—1435 年）调任连城知县。周景辰在连城期间遍游莲峰山各个景点，每游必有诗。他的写景诗善于运用比拟写法，把景物写得栩栩如生，如《冠豸峰》《金鸡》：

> 霜风摇落满空山，秋叶稜稜护铁冠。
>
> 鹄立莲峰天咫尺，俨如正色立朝班。
>
> 胶胶振羽协朝阳，赤趾朱冠动晓光。
>
> 山立于今千万载，终朝迎日涌扶桑。

他的诗能联系历史故事，赋予景物以深厚的文化内涵，如《天马山》：

> 风鬃竹耳与云齐，赤赭来从大宛西。
>
> 皇帝拓疆思汗血，茂林风雨夜犹嘶。

天马山，在连城县东北五公里揭坊，又名马头山、竹安寨。《汀州府志·山川》描写天马山："怪石昂藏如天马，旧传遇风雨则嘶，嘶则乡里不靖。元末雷陨其首，石尚存。"诗中借天马之名咏史，讽刺汉武帝为满足一己之好而开疆拓土。此后，游客只要一听到天马山的名字，就会想到汉武帝与汗血宝马的故事，可见此诗的文化魅力。

他的诗还善于联想，表达自己的政治理想，如《滴水岩》：

> 林外泉声任洒洒，岩前苔篆故斑斑。
>
> 愿分一滴琼浆液，散作飞霖溉人寰。

滴水岩，在连城县北七里。《汀州府志·山川》载滴水岩："有泉自石窦出，深不盈尺，不溢不竭。相传定光佛驻锡于此。"此诗由滴水联想到施恩泽于百姓，表达作者志愿造福社会、大济苍生的理想。

周景辰的赠答诗也写得飘逸、流动，如《赠文川镇抚宋祯亲舍歌》：

> 将军好文兼好武，年少辞亲总貔虎。
>
> 铁骑长驱塞北风，征衣梦断江南雨。
>
> 功成事定论勋绩，将军著名天府籍。
>
> 宠秩荣嘉圣主恩，生成实赖慈亲力。
>
> 亲年八十双鬓斑，倚门日望将军还。
>
> 将军日告得归养，上堂笑捧祝亲觞。
>
> 祝觞且酌宜春酒，母问阿孙平安否。
>
> 回头酌酒问阿儿，主上圣时尧舜耦。
>
> 阿孙袭职在燕山，扈驾日日趋朝班。
>
> 一门忠孝喷千古，不觉喜笑盈亲颜。

宋祯，连城人，宋富之子。袭父亲承信校尉、通州卫管军百户职。洪武三十二年（1399年），从指挥使朱崇征遵化等处，以功升燕山右卫副千户，改本卫镇抚。此诗描绘宋祯一家其乐融融的亲情，宣传一门忠孝的思想，"台阁体"诗风较为明显。

（二）刘焘的武平山水诗

刘焘，明正统年间（1436—1449年）任汀州知府。武平县三大景点——龙河、南安岩、梁野山，都是客寓文人喜爱的诗歌题材。刘焘所作的三首诗颇有特色，如《龙河碧水》：

> 一江城外号龙河，龙化沧溟岁几多。
>
> 混混源从梁野发，滔滔泉入海潮波。
>
> 浪涵春景鱼游镜，绿尽秋澄翠染罗。
>
> 最是月明堪听处，清风几度送渔歌。

龙河，即化龙溪，今名平川河，自北向南流经武平县城区。《汀州府志·山川·武平县》载龙河："一名南安溪，在县治南百步，源出清平乡，合流归顺乡，入潮州界。"此诗赞美龙河水的浩荡、清澈及秋月之下的清风渔歌，意境悠远，风格清新雄放。再如他的《南岩石洞》：

> 南岩佳致本天成，洞里晴阴自晓昏。
>
> 怪石嵯峨千古迹，琪花开落四时馨。
>
> 鹿知佛事晨参刹，猿识僧情早闭门。
>
> 乘兴几回游玩遍，恍疑别是一乾坤。

南岩，即南安岩，在今武平县岩前镇，曾是定光古佛的驻锡之地。此诗正面描写南安岩的美景佳致，以猿、鹿有知，侧面描写僧人的早晚佛事，别开生面，富有情趣。又如他的《梁野仙山》：

> 梁野峰峦插汉间，神仙曾此炼丹还。
>
> 幽岩洞渺三冬暖，山殿云深六月寒。
>
> 松叶秋深猿啸集，瑞花香拂鸟声残。
>
> 僧闲睡起无尘想，茶罢经完坐石坛。

梁野山，在武平县城东三十五里。此诗描写梁野山的高峻和神话传说，以及奇特的气候与自然景观，突出"仙山"的特点。尾联用白描手法写僧人念经打坐，尤为生动形象，宛在目前。

（三）吴文度的爱民诗作

吴文度（1441—1510 年），字宪之，号交石翁，晋江人，少时从父寓居江宁。成化八年（1472 年）进士，除龙泉知县。弘治元年（1488 年）以南御史迁汀州知府。吴文度在汀州期间，虚怀礼士，敬老怜才；处理政务，明辨是非，"讼者立庭下，一言即服"（《汀州府志·名宦》）。他在汀州任职九年，深受百姓拥戴，他的诗歌编成《交石类稿》，汀州百姓自发出资为他刊印。《四库全书总目》（提要）卷一百七十五评其："词旨朴塞。盖文度官汀州知府时有惠政，汀州人为之刊行以志遗爱，是固不以词采论也。"

吴文度的诗，有的真实表达迁谪汀州后百废待兴的种种困难，抒发思念家乡的情绪。如《汀州咏怀》：

> 孤城千堞寄荒村，百废萦心强就扪。
>
> 海内黎元犹自困，客中襟抱向谁论。
>
> 迁疏莫补承宣化，朽腐难酬旷荡恩。
>
> 家国相望天万里，不胜归梦欲销魂。

他的诗有的描写汀州山水的美丽，表达对宁静自由生活的热爱，如《佛祖峰》：

> 九曲蜿蜒小径赊，望穷幽处入僧家。
> 山坳缥絮通云气，木末垂珠滴露华。
> 习静暂应聆梵语，涤烦聊且酌仙茶。
> 洒然身世忘归兴，策杖行吟到日斜。

他的诗最优秀之作，是一些忧民所忧、乐民所乐的咏怀诗，如《夏雨叹》《喜雨谣》：

> 太空无云晓霞赤，甘雨不来将百日。
> 农家夫妇不敢嗟，坐对田头相向泣。
> 平畴草黄生暖烟，五月尚未分秧田。
> 瘦麦登场刚足税，吏胥又索丁户钱。
> 远道征人苦行役，溽暑烦蒸易成疾。
> 眼前疫疠犹可医，秋来税租何从给。
> 我怀牧爱无良谋，仰天啼嘘空自尤。
> 不才天谴分宜此，我民何罪罹此忧。
> 高山峨峨神所主，再拜登之至私语。
> 彼山灵兮能致云，一夜风雷作霖雨。
>
> 夕阳西下孤村宿，小卧山斋掩愁目。
> 飒然凉风天际来，带得甘霖下空谷。
> 泠泠入枕闻新声，顿令毛骨虚寒生。
> 半夜呼灯启窗听，檐花溜玉铿锵鸣。
> 一洒天瓢坐来久，已送欢声到南亩。
> 农家儿女笑相迎，戏逐田间捉蝌蚪。
> 小溪水足波茫茫，葡萄万顷随鱼航。
> 老翁科头坐航尾，醉来抵掌歌苍浪。
> 鄙怀便觉闲愁适，归兴遄飞城行急。
> 但得秋登风雨时，我辈泥涂安足惜。

这两首诗是一组姊妹篇，为吴文度在汀任职期间夏日遇旱而作。前一首诗反映持久干旱带给百姓的忧愁与痛苦，诗人殷殷祈祷，急民所急。后一首抒写自己与广大民众久旱逢甘霖的喜悦之情。诗中刻画下雨的过程、农家老少的欢声笑语及自己的喜悦心情，十分细致生动。

他还重视当地人才的培养，鼓励在州学和县学的生员勤奋学习，如他的《勉诸生》：

> 碧梧凉冷动郊墟，万斛炎歊已扫除。

匡壁渐明灯下火，董帷宜近案头书。

功须砥砺方为至，学不沉潜总是虚。

老我颛蒙心未死，欲从诸子乞三余。

诗歌引用典故为例证，以自身勤勉为表率，勉励学生要充分利用时间深入扎实学习。其殷殷教诲足以令人肃然起敬。

第二节　明代中期的客家文学

明代中期是许多新思想相互碰撞的时代，客寓文人对客家文学的成长起了巨大作用。首先是王守仁"心学"思想在客家地区的传播。一次军旅机会，——奉命平定漳州詹师富等农民起义，王守仁率军来到汀州和漳州客家地区。他给动乱不安的世道带来宁静与和平，客家百姓为他建祠以示表彰和纪念，同时，他的"心学"思想也随着百姓对他的崇拜而深入人心，给桎梏人性的理学寒冬带来一股思想解放的春风。弘治、嘉靖时期的复古思潮也随着徐中行、宗臣到福建为官而进入汀州客家地区，影响福建客家文学的发展方向。明中期来到客家地区的仕宦官员创作了大量诗文，多种文学思想的碰撞，对客家文学的发展有直接或间接的影响。明代中叶客籍文人的创作也成果斐然，一大批山水诗人涌现出来，清流县的伍晏、裴应章，长汀县的廖辅、胡祖熹，永定县的孔庭训，宁化县的黄槐开等都是山水诗创作的佼佼者。郝凤升是这一时期客家文人的翘楚。他秉公执法、直言敢谏的忠心得到士人的尊崇，他的《梅花百咏》高古典雅，是咏物诗的奇葩，著名古文家茅坤在《九龙诗刻》序中盛赞其诗"出风入雅，疏朗豪爽"，在客家文人中影响很大。李坚、康时的咏怀诗开拓了诗歌表现的新领域，颇受人追捧，名噪一时。总体来说，明代中叶的客家文学呈现出茁壮成长的新局面。

一、王守仁忧民伤时的军旅诗

王守仁（1472—1529年），字伯安，浙江余姚人，世称阳明先生、王阳明，是明代著名的教育家、哲学家。弘治十二年（1499年）进士，翌年授刑部云南清吏司主事，后改兵部主事，正德十一年（1516年）擢右佥都御史，出为虔州（今江西赣州）巡抚。正德十二年，王守仁奉命平定漳州詹师富等农民起义，曾驻军长汀、上杭、永定、武平等地。正德十四年（1519年），王守仁平定宁王朱宸濠在南昌发动的叛乱，拜南京兵部尚书，封"新建伯"。后辞官回乡，在绍兴、余姚一带创建书院，宣讲"心学"，形成"王学"一派，影响深远。

正德十二年（1517 年）三四月间，王守仁率军驻扎在汀州上杭，一是维护了闽西的社会安定，二是关心民瘼，从民所请。漳州南靖大帽山区的詹师富农民起义万余人，以山寨、岩洞为据点，活动在赣闽粤边区一年有余，三省为之震动。王守仁三月到上杭，不到两个月就迅速将其平定，然后又兵不血刃地瓦解了武平岩前的刘隆农民起义队伍，"守仁驻上杭，遣老人刘本义等往各地方，晓以祸福，许其自新。于是刘隆等归义纳降，余党悉解"（《汀州府志·兵戎》）。王守仁有《岩前剿寇班师纪事》：

> 吹角峰头晓散军，春回万马下氤氲。
> 前旌已带洗兵雨，飞鸟犹惊捲阵云。
> 南亩稍欣农事动，东山休作凯歌闻。
> 正思锋镝堪挥泪，一战功成未足云。

王守仁率军镇压的是农民起义军，当然不值得歌颂，但他身为巡抚，奉命而为，在一定范围内减少杀戮、平息动乱就是他所能做到的事了。他在《征漳寇经永定道中》一诗中说明此行的目的"疮痍到处曾无补，翻忆钟山旧草堂"，是要有补于世的，所以当他看到南亩"农事动"的时候，他的心情是高兴的。

王守仁三月到达上杭，正赶上春旱严重，农田无法春播。王守仁于驻地行台为民祷雨，雨果然下了一天一夜，但旱情并未解除。到四月戊午王守仁从漳州班师回到上杭时，大雨竟然连下三天三夜，旱情解除，万民欢腾。"王师"真的成了及时雨，于是王守仁应上杭官员所请，将行台之堂命名为"时雨堂"，还与当地官员一起拜谒朱文公祠，游览七峰名胜并作《时雨堂记》：

> 正德丁丑三月，奉命平漳寇，驻军上杭。旱甚，祷于行台，雨日夜，民以为未足。逮四月戊午，班师，雨；明日又雨；又明日大雨，民乃出田。登城南之楼以观，民大悦。有司请名行台之堂为"时雨"，且曰："民苦于盗久，又重以旱，谓将靡遗。今始去兵革之役而大雨适降。所谓王师若时雨，今皆有焉，请以志其实。"呜呼，民惟稼穑。德惟雨、惟天阴骘，惟皇克宪，惟将士用命劾力。去其螣蟘，惟乃有司。实穬获之，庶克有秋。予何德之有，而敢叨其功？然而乐民之乐，亦不容于无纪也。是日，参政陈策、佥事胡琏至自班师。遂谒文公祠于水南，览七峰之胜概，归志于行台之壁，赋诗志喜焉。

王守仁同时还作有《上杭喜雨》二首：

> 即看一雨洗兵戈，便觉光风转石萝。
> 顺水飞樯来贾舶，绝江喧浪集渔簑。
> 片云东望怜梁国，五月南征想伏波。
> 长拟归耕犹未得，鹿门初伴渐无多。

> 辕门春昼犹多事，竹院空闲未得过。
>
> 特放小舟寻急浪，始闻幽磐出层萝。
>
> 山田旱久俄逢雨，野老欢腾且纵歌。
>
> 莫谓可塘终拟险，地形原不胜人和。

诗中描绘上杭客家特色的山水民情：江上商船往来、渔民会集；山中磐声悠扬，藤萝叠翠；山田有水，野老纵歌。诗中没有"喜"字，而句句洋溢着诗人与民同乐的喜悦之情。王守仁在上杭逗留期间，常与当地官员和文人游览山水名胜，游必有诗，如《上杭南泉庵》：

> 山城经月驻旌戈，亦复幽寻到薛萝。
>
> 南国已看回甲马，东田初喜出农蓑。
>
> 溪云晓渡千峰雨，江涨春深两岸波。
>
> 暮倚七星瞻北极，绝怜苍翠晚来多。

南泉庵，在上杭县琴冈。郊游是为了寻幽访胜，但诗中写得最多的还是东山的农民、天上的云雨、汀江的水波，因为他牵挂着的还是农民春耕需要的雨水，心里透露出的还是那个"喜"字。时隔不久，上杭人邱道隆（正德九年进士，官至江南道御史、南雄知府）作和韵诗《和韵题南泉庵有感》，表达对王守仁的怀念：

> 南征将士欲投戈，寻乐旌旗映薛萝。
>
> 酒熟田家亲赛社，晚晴鱼舍乱堆蓑。
>
> 半帘风月吟中趣，一剑功名水上波。
>
> 指点当年陈迹在，几人襟袖泪痕多。

王守仁在上杭时间不长，却深得民心。明嘉靖三十七年（1558年）上杭县城建有王文成公祠，清康熙五十七年（1718年）建有阳明书院，民国时又在阳明书院旧址上新建阳明祠，祠内《时雨记》碑至今尚存。

二、文学复古思潮在客家地区的传播

　　明代弘治、正德之交到隆庆、万历的近百年间，占据文坛主流地位的是文学复古思潮。他们的代表人物是前、后七子。"前七子"指活跃在弘治、正德年间文坛上的李梦阳、何景明、王九思、边贡、康海、徐祯卿、王廷相。"后七子"指李攀龙、王世贞、谢榛、吴国伦、宗臣、徐中行、梁有誉。前、后七子不满于明初以来受理学风气和"台阁体"诗风造成文坛萎靡不振的局面，他们倡导复古以达到变革文学的目的，寻求文学新的出路。"前七子"中，李梦阳是这个文学群体的核心，他提倡"文必秦汉、诗必盛唐"，提倡重视真情的表现。以李攀龙、王世贞为代表的"后七子"继承和发展了"前七子"的复古思想，把文学复古运动推向新的高潮。《明史·文苑传》称李攀龙："持论谓文自西京，诗自天宝而下，俱无足观，于本朝独推李梦阳。"王世贞也和李攀龙一样力推汉魏、盛唐文学，但在学古的同时，他反对模拟蹈袭，比较重视把学古和师心相结合，体现自己的真感情。他还倡导作诗文要遵循一定的艺术规则，即"法"。比如作诗，"字法有虚有实，有沉有响""句法有直下者，有倒插者"等。"法"的提出，为初学诗者提供了入门的途径。这也是他们影响广泛的原因之一。

前、后七子的文学复古运动对福建客家文学产生过一定影响。清流诗人叶元玉与李梦阳"同舍相唱和"，以"百年知己"相称，其后期诗风受"前七子"影响自不待言，前面已作阐述。"后七子"中的徐中行曾任汀州知府，宗臣在任职福建布政司参议期间两次应邀来汀州，他们与汀州文人同游山水名胜，诗酒唱和，留下许多诗文，其影响力更为直接。

徐中行（1517—1578 年），字子与，号龙湾，浙江长兴人，是嘉靖中期进行文学复古运动的"后七子"之一。嘉靖二十九年（1550 年）中进士，授刑部主事、历员外郎、转贵州司郎中。嘉靖三十七年（1558 年）出为汀州知府。

宗臣（1525—1560 年），字子相，江苏兴化人，与徐中行同榜登进士第，历任刑部主事、吏部考功郎、稽勋司员外郎，为人刚正不阿。嘉靖三十六年（1557年）四月，被权臣严嵩贬到福建，任福建布政司参议。嘉靖三十八年（1559 年）二月，因抗击倭寇有功，升任福建提学副使。

徐中行任汀州知府仅一年时间，但他对汀州的文教事业做出较大贡献。他辟长汀碧云、朝斗二岩为学馆，选八邑弟子高等者校艺其中。他在霹雳岩建华阳别馆，"日一造焉，哦咏其间，修然如书生也"。时任福建布政司参议的宗臣两次应邀来汀州与徐中行会晤，他们诗酒唱和，留下不少作品，如秋游朝斗岩的同题诗：

> 仙掌苍苍倚寂寥，众峰高拥万霞朝。
> 泉飞南斗青天湿，地拢中原紫气骄。
> 秋到白云留作赋，客来明月坐吹箫。
> 相逢已在崆峒上，何用缑山问子乔。（徐中行）

> 百尺高岩插斗寒，鄞江江上长琅玕。
> 泉声晓破千峰碧，树色晴吹万木丹。
> 傲吏佩环云外见，中原风雨醉边看。
> 十年各有冥鸿语，何地相逢始挂冠。（宗臣）

徐中行擅长七律，意境阔大，想落天外，胡应麟《诗薮》认为其诗"闳大雄整，卓然名家"。宗臣诗则注重实际，现实感更强。

他们还有霹雳岩同题诗：

> 仙台高与碧云平，风驭泠然落太清。
>
> 石室昼开丹灶色，天门秋度紫箫声。
>
> 题诗此日鸿濛圻，把酒千山海月生。
>
> 况有同心堪坐啸，风流谁似谢宣城。（徐中行）

> 洞口垂杨系紫骝，碧云亭阁枕江流。
>
> 天门昼宿双松雨，石磴寒生一笛秋。
>
> 瑶草深山谁可赠，客衣南斗夜相留。
>
> 酒阑共卧千峰月，未信华阳是旧游。（宗臣）

徐中行诗学杜甫，有其雄浑，而沉郁不足。有些佳句历来为人赞赏，如"题诗此日鸿濛圻，把酒千山海月生"，清奇雄阔，很有气势。宗臣之诗则比较沉着含蓄，如"酒阑共卧千峰月，未信华阳是旧游"，有意境，表达友情却很婉曲。

同年九月，宗臣与揭鸿游览归化县东北五里的滴水岩，作《滴水岩记》。宗臣是后七子之一，"七子多以诗称，世贞诗文兼擅，宗臣则以文名"①。宗臣的散文并不局限于学习左丘明、司马迁、董仲舒、贾谊、班固、扬雄等秦汉散文，韩、柳、苏轼、曾巩的散文也是他学习的对象，继承中有创新，风格也多样，因此他的散文成就胜于其诗。他的《滴水岩记》叙事条畅、描写生动：

> 于是，明日以数骑东行，踰岭稍折而北，已又折而东，凡三折至岩。岩壁斗绝外坠。迤而上，揭君迟之。迤既上，有字，故名"迎仙"。余曰："迟仙不愈迎仙哉？"堂后有亭。亭题，余怪其腐，而因与揭君解衣其中，遂易之曰："振衣。"已乃闻垂垂而雨，则滴水岩在焉。其水有三，一出垂石如莲者。二从石隙中下，盛之以石盂。揭君曰："岩人咸饮此水。"尝之甘，已烹为茶，尤甘。余曰："盖天浆乎！盖天浆乎！"其石乃蜒而曲，若龙足戏云中，而则隐则现者，余怪焉。稍前，有斗石下垂，类莲而华者，因名之"垂莲水"。石亦莲，不名者，从水也。又俯而睇其右隅，僧在焉。其炉烟阴阴上也。余曰"何僧？"揭君曰："此记所称赖僧者也，其既化而坐数日矣，乃岩人始知之，则大异之，而因绘其躯以祀之，此即其躯也。旱而祷，辄雨；异之而祷，更大雨。"则叹曰："有道哉！夫人者宜显者也，佛者宜幽者也。今暴其身于明白四达之区，而使竖商、牧子折其面目而嘻焉。即僧而灵，固殷殷怒也。"于是命藏之幽。幽之者，神之也。

---

① 郭预衡：《中国散文史》，上海古籍出版社1999年版，第174页。

这段文字叙议结合，以对话推动叙事的发展，生动而不凝滞，的确"天才婉秀，吐属风流，究无剽窃填砌之习"①。

三、明中叶客寓诗人的冠豸山诗歌

明中期，福建客家地区的州县官员大多写过冠豸山题材的诗歌，吴稔、方进、王乔桂、刘玉成、郭鹏、徐大化、沈应奎等人的诗歌载入《汀州府志·艺文》。与前期冠豸山题材的诗歌相比，能推陈出新的作家主要有吴稔、郭鹏和徐大化。

1.吴　稔

吴稔，安徽歙县人，嘉靖间任连城县教谕。他的《冠豸峰》是明初诗人周景辰诗的步韵之作，但诗思迥然不同：

　　　　碧血千年化一山，峨峨犹戴殿前冠。

　　　　当年抗疏回天日，不与诸峰列笏班。

此诗把冠豸峰说成由古代忠志之士的千年碧血变化而成，当年他敢于抗疏回天，与众不同。这种出人意表的想像，使景物具有人的思想性格与灵动的气质，在生动形象的写景中赞颂忠直之士。

周景辰有《石门岩》绝句："双峰壁峙自天开，一径中通般若台。几度空山秋月冷，猿啼和泪暮钟来。"吴稔也和韵一首：

　　　　西崖壁立自天开，一境中通般若台。

　　　　几度山空秋月白，猿声时逐暮钟来。

吴稔诗为其步韵之作，内容相似，但意境清新有生气，一改周诗的荒凉冷寂，令读者耳目一新。

2.郭　鹏

郭鹏，道州（今湖南道县）举人，生卒年代不详，明万历初任连城县令。他的《题冠豸》诗气势雄浑，将自己落拓不羁的个性及超凡脱俗的感受表露无遗，富有盛唐气象，是明中叶复古诗风的体现：

　　　　人间何处是蓬莱，一陟莲峰胸次开。

　　　　危石千寻空欲坠，飞泉百丈画中来。

　　　　芝房承露荷仙掌，竹杖随云步玉台。

---

① （清）纪昀等：《宗子相集提要》，《文渊阁四库全书》第 1287 册，上海古籍出版社 1987 年版，第 1～2 页。

　　　　　拓落浑忘形似我，恍疑今已脱凡胎。

3.徐大化

　　徐大化，号照寰，浙江会稽（今绍兴）人，万历十一年（1583 年）进士。万历间，由翰林贬谪连城知县。在任期间，修学宫，建南、北二水闸，筑堡寨。他还为民请命，废除苛政，"邑苦浮粮，前令得请蠲其半，大化竭力再请，悉蠲之，民免驮赔之苦"①。公务之余，他常携诗友登山览胜。《春日偕学博陈仁冈、徐环溪、游桂山三老登莲峰绝顶》是其代表作：

　　　　　五柳先生放衙早，讼庭阒寂闲如扫。
　　　　　莲华峰头春色妍，山灵期余恣探讨。
　　　　　予怀寥落转纷纭，搜奇直欲破氤氲。
　　　　　身凭清汉双飞舄，足蹑丹梯千尺云。
　　　　　金泉香暖堪种药，珠树玲珑舞丹鹤。
　　　　　何处衣冠秦汉人，为言避难藏丘壑。
　　　　　时殊事异几千秋，乌龙洞口花满洲。
　　　　　云间忽尔闻鸡唱，定有仙人在上头。
　　　　　我意从之登绝顶，好向仙人问丹鼎。
　　　　　须臾九老笑相迎，贻余火枣供青茗。
　　　　　冷然故作微风行，仰见星斗纷纵横。
　　　　　东顾闽海三千里，海底珊瑚叶叶明。
　　　　　掩映桃花红万树，树里弦歌声满城。

此诗想像丰富，典故传说信手拈来，豪气风发，意境雄阔，极富浪漫色彩，颇有太白诗风。其为政、为诗的成就，史册上都应有他的一笔。

四、明代中期客籍诗人的创作

　　明中叶客籍文人的数量大大增加，由于"心学"与理学思想的争鸣，以及文坛流派的活跃，也由于许多客籍文人考中举人进士，走出山区在朝中或地方州府任职，他们的创作倾向与风格就和当时主流文学趋向一致，创作题材也由明初的山水诗向咏物诗、咏怀诗发展，其内容也更富有生活气息。由于明中叶刻字印书业的繁荣，这时期的客籍文人大多都有自己的诗文集问世，

———————————
① （清）曾曰瑛修：《汀州府志》，方志出版社 2004 年版，第 26 页。

而且还精选前人诗文编辑成书，以表明自己的文学旨趣。清流诗人伍晏不仅受"前后七子"诗学盛唐的影响，还积极推崇唐代散文，编辑《唐文精粹》行世，与"唐宋派"相与呼应。

（一）山水诗的发展

明代中期客籍诗人创作的山水诗歌，虽然不像明初那样自成系列，但无论就数量还是质量看，都在前人基础上有所发展。受"前、后七子"复古诗风的影响，他们的诗歌多学盛唐，或清新隽永，或流动飘逸，或沉着含蓄，或雄浑豪放，风格多样。在写景的同时抒发个人的独特感受，其爱乡之情一往情深，对社会人生的思考也足以令人回味。

1.伍晏、裴应章、伍可受

伍晏（1459—1538年），清流县人。弘治二年（1489年）中举，曾任半废州学正，正德元年（1506年）、嘉靖元年（1522年）先后受聘参与编修《孝宗实录》《武宗实录》。《汀州府志·文苑》载其"耽经史，工辞赋"。有《一龙文集》《唐文精粹》《中兴词选》《中原一览》等行世。

伍晏的山水诗，善于抓住色彩的浓淡变化，从视觉上描写山中景物的异彩纷呈，如《登屏山》：

亭亭溪北倚危峰，景色看来淡又浓。
红树晓闻金翡翠，白云秋叠玉芙蓉。
桥边溪月穿疏竹，雪里梅花间古松。
闲对此山扪虱坐，一声孤鹤入高空。

诗人还善于运用比拟写法，想像丰富，富于情致，如《登七峰岩》二首：

勒马官亭着眼看，七峰烟雨逼人寒。
亭亭屹立空青外，疑是池阳九子山。

东望仙岩翠色浓，昭峣削出七芙蓉。
竹林若个闲居士，正好人来坐一峰。

伍晏的五言古风写得自由奔放，流动飘逸，"清隽可喜"（《笔精》），如《东华山》：

东华高嵯峨，幽胜冠古今。蹑足踏云根，举头接天语。
玄房卧白云，籁空劫尘土。秋壁消芙蓉，丹枫衬红雨。
竹月粘碎金，松风杂鸣杵。一涧玉龙嘶，千仞飞凤舞。
云根盘紫霞，瑶枝拂琼宇。翠色摇苍冥，雄螺跨天府。

　　　　鉴池鱼鸟静，琪树鸾鹤举。岩花染素流，秋月漾寒渚。

　　　　林扉度鸣玉，松涛惊雪羽。春和益熙明，岁寒倍清楚。

　　　　有客邀我游，扪萝觅仙侣。八纮壮胸襟，万山攀石乳。

　　　　不道武夷山，偏与蓬莱伍。

伍晏用清新华美的语言赞美家乡壮丽的山水景象，固然源于对家乡的热爱之情，也与明中叶文坛提倡"诗学盛唐"的风气有关，与诗人豪放的胸襟也大有关系。他那"一声孤鹤入高空"的志向和"八纮壮胸襟，万山攀石乳"的理想，是诗歌创作的内在动力。

　　伍晏的诗有的还富有理学趣味，如《观澜亭》：

　　　　一亭雄丽倚溪头，拭目危栏几度秋。

　　　　元气不停天地脉，化机无息古今流。

　　　　星疏水国河图出，月印潭心太极浮。

　　　　老我望洋成一笑，羞将经史卧沧州。

观澜亭，在清流县东樊公庙右，永乐间邑令李庠建。诗人由观澜引发对自然界元气不停、化机无息的深度思考，表达作者对宇宙生生不息的感慨。

　　裴应章（1536—1609年），字元暗，号澹泉，清流县人。隆庆二年（1568年）进士。任太仆寺少卿时，裴应章奉旨出使辽国。他目睹辽国政治清明、上下谦让、百姓安定、军队训练有素，似有觊觎中原之心。回朝后，即呈奏《防辽表》，提出闽甲砺兵、修明政治、爱护百姓、防备辽国入侵的主张，获得朝廷嘉纳。他还奉命赴郧阳平叛，兵不血刃而凯旋，以平乱功擢户部侍郎。万历三十四年（1606年）任吏部尚书，与宰相张居正同朝。年届古稀才告老还乡。晚年徜徉家乡山水，吟诗自娱。去世后，朝廷追赠"太子少保"，谥"恭靖"。有《懒云居士集》等传世。

　　裴应章现存的诗歌多作于致仕之后，多为吟咏家乡的山水诗。他的诗歌在句法上受"后七子"王世贞诗"法"的影响较为明显，如《宿南极山》：

　　　　老兴少年同，寻芳二月中。桃花红落雨，杨柳绿摇风。

　　　　泉连琴书润，云深榻几笼。论心贪夜话，不觉晓鸣钟。

王世贞论诗"句法有直下者，有倒插者"。裴诗第一句"老兴少年同"，应理解为"老兴同少年"。三四句中的"落雨""摇风"，应理解为"在雨中飘落""在风中摇曳"。五六句"琴书润""榻几笼"，应理解为"湿润了琴书""笼罩着床榻和桌几"。这些都是"倒插"句法。这种句法的运用并未使诗歌变得晦涩难懂，反而更显精巧有味，耐人咀嚼。当然，这首诗的成功之处，还在于画面的色彩明丽，视听结合，写出春天景物的特点。

　　裴应章还善于虚实结合，营造空灵朦胧之美，如《游大丰山顺真宫》：

　　　　漠漠云封洞，巍巍地接天。芝香田有玉，火伏鼎无烟。

　　宝树生奇萼，琼浆漱雨泉。山高名自胜，况复有神仙。
大丰山，在清流县赖坊乡东南，距离县城约 120 里。昔人以其丰大而山顶如磨，故呼为丰山，海拔最高处 1700 多米，是县境内最高的山。大丰山是道家圣地，相传元代有欧阳真人在此结草为庐，潜心修炼，得道之后，信徒甚多，有"顺真道院"，香客来此朝拜不断。此诗描绘丰山神奇景象，处处在在有仙气环绕，尾联晓畅如话，却是点睛之笔。

　　裴应章的诗还善于运用画家的"点染"之法，虚实相生，突出景物的特点。如《丰山岭上即事》：

　　　　倚杖危峰上，烟霞障几重。逶迤盘古道，绝胜引仙踪。
　　　　露滴晴天雨，云低半岭松。蓬壶何处是，天际一声钟。
这首诗突出丰山的高峻，第一句是"点"，点明人在高峰之上，第二句是"染"，用层云几重来烘托山的高峻。最后两句，一虚写，一实写，从听觉上来表现丰山之高。裴应章晚年所作之山水诗，是他出仕近四十年在外艺术修为的结晶，其艺术功力之高可见一斑。

　　伍可受，号冲吾，清流人。明万历五年（1577 年）进士，历任云南容县知县、礼部给事、开封推官、户部主事、云南金事、山东参议。有《博艺堂稿》《焚余草》《谪居草》《代弈吟》等传世。

　　伍可受的诗写景动静相衬，意境清新疏朗，如《东华山》：

　　　　东华巉屼俯青丘，万叠晴光翠欲流。
　　　　雨过画屏天外出，花明绣幕望中收。
　　　　遥看雪羽孤飞鹤，点破云林一色秋。
　　　　几度登楼闲纵目，归来新月上城楼。
伍可受的诗也有沉郁、凝重的一面，如《告政归省玉华道中》：

　　　　廿年游宦梦魂疑，今日巉岩遇故知。
　　　　自觉枕流非矫节，暂闲琐阃愧匡时。
　　　　疏狂曾借尚方剑，懒慢徐敲太傅棋。
　　　　只此奇峰攀莫及，蓬莱犹复引人嬉。

　　此诗是作者回乡途中所作，诗中回顾从政经历，抒发青山有如故知，胜景犹如蓬莱之感。杨澜评此诗，"结语寄托遥深，令人寻味不尽，通体亦疏宕"。

2.廖辅、胡祖熹

　　自马驯写过汀州八景诗后，吟咏汀州风景名胜的诗篇不断涌现。明代中叶的代表诗人是长汀人廖辅、胡祖熹，他们分别是七言诗和五言诗的代表。

　　廖辅，字舜之，号东山老人。弘治二年（1489 年）以贡知寿州。《汀州府志·文苑》载其"政事明敏。工诗，善草书"。有《舜文手稿》。他的山水诗擅长七律，重抒情，有情致，如：

云骧阁

云骧杰阁高百寻，轩窗俯瞰汀江浔。

皎月结为金石友，清风涤尽尘埃襟。

古今取用固无端，巨夕往来为知音。

一观此境兴无已，呼来颖口挥长吟。

霹雳岩

雷师怒劈青云根，血点迸出丹砂痕。

稚川曾此炼丹液，千年井灶留乾坤。

山中风月宛如昨，云端鸡犬今何存。

神仙灵秘讵可测，且拼痛饮开芳樽。

他的诗还善于描写幽奇的意境，想像奇特，富有意趣，如《朝斗岩》：

冰轮影转夜未阑，羽人朝斗登仙坛。

半函小篆写黄箓，一瓣降香招紫鸾。

露滴瑞阶霞帔湿，风敲琼枫褐衣寒。

天真礼罢神宇定，步虚声绕青云端。

此诗以丰富的想像描写朝斗岩深夜时分道人做法事的神奇景象，诗歌意境幽奇，人物活动亦真亦幻，句句似有仙气围绕，为山水名胜增添了许多神秘色彩。

明中叶擅长七律的山水诗人还有梁珍、邓于苏和康宪。他们都是长汀人，也擅长七律，诗风相近。

梁珍，字文重，明正德十四年（1519年）举人，授武昌推官，迁东平知府。工诗，所作逾千首，有《寒泉诗草》。他的诗歌重描写，有意趣，如《罗汉寺》：

西郭雄峨接上台，三千罗汉下天来。

只缘佛刹云中见，次第僧房月下开。

夏日青松龙偃蹇，秋风碧树鹤徘徊。

上人时复供清赏，笑取香花浸酒杯。

邓于苏，进士邓向荣次子。嘉靖间以贡出仕，授新昌（今浙江省绍兴市新昌县）令。《长汀县志·文苑传》载其"博雅，尤长于诗"，有《习静山居集》。他的山水诗也长于描写幽奇景象，富有情致，如《华阳别馆》：

陡壁悬萝秋可怜，青枫隔水挂苍烟。

倚云亭古苔花合，落叶池清树影悬。

石室霞封金母册，节台风揭子云篇。

使君藻思谁能并，试读禅林白鹤镌。

康宪，字章甫，明嘉靖十九年（1540 年）中举，授礼部司务、江西提刑按察使司金事等职。他游览长汀、连城、上杭等地风景名胜，游必有诗。他的诗在写景中抒写人生感慨，如《霹雳岩》：

著意观空翻疑眼，无心处世即逃名。

峰头云去原归寂，松顶风来自有声。

玉洞本从天斧削，仙胎岂假鼎炉成。

生平不作风波恶，中夜何劳问守庚。

这首诗借景抒情，表达清白做人、无愧于心的人生态度。杨澜评此诗："提笔直下，注到结处作归宿，非泛泛填辞。"《汀州府志·人物》载其："持宪纪，绝趋承，有廉毅声"，此诗当为言行一致之作。

胡祖熹擅长五绝，山水诗自成特色。胡祖熹是长汀人，万历三十四年（1606年）举人。博学未仕，有《胡贤书集》传世。由于未仕，少受文坛主流思潮影响，他的诗清奇超逸，明快爽朗，富有个性。他写景不在摹形，而在达意，如《题云骧阁》：

风月谁为主，江山此胜场。泠然轻两腋，会欲兴云骧。

此诗赞颂长汀云骧阁美景，重在表达登临时清爽欲飞的心情。他的诗大多简洁明快，直抒胸臆，如《题通济瀑泉》：

谁将一片玉，挂壁鸣清琴。看山此得意，流水是知音。

他的诗也运用比兴写法，意味深长，如《题苍玉洞》：

古洞玉璘珑，嵯峨如渍墨。此境原天造，苍苍其正色。

此诗突出描写岩石苍青的特点，赞赏其保持天然本色，寄托自己的人格理想。

3.孔庭训与"永定前八景"的雏形

明代中叶永定诗人的代表是孔庭训。孔庭训，字东溪，弘治十四年（1501年）举人，授杭州府通判，升湖州、绍兴二府同知，后迁刑部员外郎。《永定县志·列传》载其："德性温醇，操行清介，历官中外而囊无遗物，人士钦之。"他的诗歌主要保存在《汀南廑存集》（卷一）和清代《永定县志》中。

"永定前八景"之名肇始于永定首任县令王环，雏形于孔庭训，完善于清初顺治康熙年间黄日焕的《龙冈八咏》。永定建县于明成化十四年（1478 年），首任县令就是王环。王环有诗《杭陂春耕》：

滚滚源流涨小溪，老农分引入杭陂。

栉风沐雨歌无逸，锄畎耘畛诵楚茨。

百亩蓄畬芒种候，一犁膏雨早春时。

仁看两秋收成日，报赛先农祀古祠。

《汀州府志·名宦》载永定"时邑草创，环兴利除害，有惠政"。从该诗看，王环已经开始注意永定文化景点的建设。

现存孔庭训描写永定风景名胜的诗歌，大部分和永定前八景的名称吻合，因为现存孔庭训的诗歌不完整，所以只能说是其雏形。他的诗精于用典，表现客家古朴的民风，如《鳌石渔歌》：

溪深鳌石小，水落鹭洲平。何处垂纶客，清歌作楚声。

渭川余韵在，岩濑旧风生。欲识渔人趣，临风且濯缨。

他的诗写出客家人爱唱山歌的特点，如《龙门樵唱》：

蹑足上龙门，云深碧树蕃。烂柯人不见，伐木句犹存。

一曲歌声远，三秋暝色昏。谁云樵者苦，自有乐堪言。

此诗描写龙门山樵夫之乐，从中可见明代客家山歌的普遍。文人诗歌中反映客家民歌的传唱，在现存文献中，这是较早的。他的诗表现人民对和平生活的渴望，如《古镇烽销》：

水绕南溪净，山连古镇平。雨余烽火熄，风静路尘清。

处处谈王道，人人乐种耕。堤封十九里，老死不知兵。

他的诗歌还反映农民的劳动生活，如《杭陂春耕》：

绿水绕杭陂，春耕正及时。东风鸣布谷，细雨事锄犁。

北望皆沾足，西成可预期。人人知稼穑，重赋大田诗。

这是王环《杭陂春耕》的同题诗，作者从视觉、听觉等多方面描写杭陂的春耕景象，赞颂农民稼穑的辛勤。《永定县志·艺文志》（道光版）保存了永定人赖守芳（字石潭，正德八年举人）的一首同题诗《杭陂春耕》：

布谷声催趁早时，连阡越陌各孜孜。

锄云兼莳新田草，候雨忙修旧石陂。

担食提壶晨饷亟，荷犁带耒晚归迟。

稻梁饱餍寻常事，稼穑艰难知未知。

此诗描写春耕时期，杭陂两岸农民耘田除草修石陂，早出晚归忙碌的劳动景象，感叹稼穑艰辛，与王环、孔庭训的诗歌主题一致。

4.黄槐开与宁阳八景

黄槐开，字子虚，宁化人，万历二十二年（1594 年）举人，授山东青州推官。著有《天宝山人集》十二卷、《在齐草》二卷、《落花雁字诗》一卷、《钱神纪》、《陶纂》等。黄槐开有描写宁阳八景的系列诗篇，虽然《汀州府志》和《汀南廑存集》只存三首咏景诗歌，但可以判断，八景之名雏形于黄槐开，完善于明末清初宁化诗人李世熊和客寓诗人彭士望。

黄槐开的诗善于结合正面描写与侧面衬托，抒写对古代英雄的怀念之情，如《草仓遗迹》：

> 丞相祠堂寄草仓，壁间留句照斜阳。
> 一麾出守三持节，千载行人几断肠。
> 蝉咽暮云悲旧国，马嘶寒雨泣空廊。
> 采苹荐罢重回首，山鸟无声水满塘。

草仓，地名，在宁化县西南三里。草仓有显应庙，祀长孙将军。北宋末年李纲迁谪经祠庙下，曾题诗于壁。明嘉靖间，知县潘时宜移草仓神于后堂，特祀李纲于中堂，改祠额曰"大忠"。此诗咏史，为纪念民族英雄李纲而作。诗中以"斜阳""蝉咽暮云""马嘶寒雨"等景物营构意境，衬托诗人悲凉的心情，尾联情景交融，含不尽情思于山水之间。

他的诗借渡口送行景象，表达人们的相思离别之情，如《东山古渡》：

> 溪流远抱邑之东，溪上犹存旧绀宫。
> 僧出晓船常载月，樵归晚渡递分风。
> 障泥屡惜嘶骄马，遗迹都忘散落鸿。
> 因忆故人从此去，鱼书珍重碧波通。

东山古渡，在宁化县东五里。此诗描写古渡人们早出晚归的景象，抒写对故人的思念之情。他的诗还结合景物描写，表达对人生的看法，如《南岭秋清》：

> 南岭秋风日夜清，芙蓉卓秀对孤城。
> 山深雾豹文将变，天净霜鹰眼倍明。
> 万里京华勤北望，千家禾黍乐西成。
> 凭高谩笑蜩鸠辈，踽踽蓬蒿过一生。

南岭，即南山，在宁化县南。此诗极写南岭的高峻，表达远大志向，嘲笑目光短浅的庸碌之辈。宁阳八景的其他五景是宁桥夜月、翠华春晓、圣水清泉、金山古塔、普光岩寺（南山倒影）。

（二）咏物诗的奇葩：郝凤昇与《梅花百咏》

郝凤昇（1468—1521年），字瑞卿，号九龙，长汀人。明正德六年（1511年）进士，授大理寺评事，后升大理寺副。他秉公执法，坚决与刘瑾余党斗争，昭雪不少冤案，被誉为"郝铁笔"。正德十四年（1519年）春，武宗听从阉党江宾之言，要遍游塞北，自宣府幸榆林。郝凤昇引喻"土木之变"的历史教训劝留王驾，因忤旨，诏下锦衣卫，不久被释放。三月，武宗下诏南巡洪州（今南昌）。时洪州宁王朱宸濠扩充兵力，大造兵器，已蓄意谋反。郝凤昇与大理寺正周叙等十六人上疏力谏，被罚跪于阙下五日，跪后仍受廷杖四十。大理寺评事林公甫等十一人被当场杖死，郝凤昇与周叙等侥幸活着，却严重伤残，鲜血淋漓，不能站立，仍下锦衣卫。六月，朱宸濠反，江西巡抚孙燧、按察司副使许逵被杀。虔州巡抚王阳明闻讯，来不及请示朝廷，趁其尚未得势，起兵直捣南昌，又在黄家渡伏击朱宸濠的部队，以火攻大败叛军，俘虏朱宸濠。八月，武宗亲率平叛大军南下，甫至涿州，王阳明捷报已至。武宗醒悟郝凤昇等臣子的忠心和先见之明，同月，释放了郝凤昇、周叙等三十余人。正德十五年（1520 年），郝凤昇以疾告归终养。在汀养伤期间，东山下有梅林，为汀郊胜景"东庄梅雪"。郝凤昇托物寓志，作咏梅诗百首，题为"和沈日休梅花百咏"，简称"梅花百咏"。

完整的《梅花百咏》现在难以见到，所幸清代道光年间杨澜所编《汀南廑存集》卷二载有《梅花百咏》二十首，可让今人窥豹一斑。郝凤昇的梅花诗每首都用"真、人、尘、春"四字为韵脚，描摹生动传神，借物寓志。这些诗歌咏赞梅花不畏风雪严霜的冰姿气骨，寄寓自己刚直不阿、坚贞不屈的精神，如：

古 梅

占得鸿蒙一段神，风寒饱历见天真。

疑从炎帝以前植，岂是逋仙而后人。

傲骨千秋曾化铁，芳心半点不随尘。

频看世事沧桑变，独有寒花岁岁春。

早 梅

玉作丰标铁作神，群芳难比此芳真。

能于风雪飘零日，特似乾坤挺立人。

菊委渊明三径草，莲枯茂叔一池尘。

寒花独放殊堪喜，蓦地呼回万象春。

担上梅

凄凄客路易伤神，幸托寒花趣味真。

竹担横挑过酒肆，村童错认卖花人。

半肩行李颇增色，一片襟怀迥出尘。

驿使相逢应借问，江南何处得先春。

诗人从色、香、形、神描写梅花，如《全开梅》："肌肤一片莹如玉，肝胆十分倾向人。深院传来香有韵，连枝望去白无尘。"揭示出梅花内在的人格精神之美，如《古梅》："傲骨千秋曾化铁，芳心半点不随尘。"《早梅》："能于风雪飘零日，特似乾坤挺立人。"在诗人笔下，梅花形象栩栩如生，梅花品格坚贞高洁，成为君子人格的生动写照。

郝凤昇的梅花诗语言洗练，高古典雅，许多警句耐人寻味，如《溪梅》"孤标不改严滩操，劲骨还同渭水人"，《友梅》"不逐炎凉移雅操，惟将清白对高人"，《观梅》"尽有高标凌岁月，殊无俗态惹风尘"，《二月梅》"岂与群芳争艳丽，特留清操殿芳春"，《园梅》"但愿苍生无菜色，何辞皓质共芳尘"，一人而百首诗歌同咏梅花，却无生硬雷同，足见诗人的艺术功力。

《梅花百咏》在当时就脍炙人口，士人争相传诵，和者甚多。郝凤昇去世后，其为人、为诗都予后人巨大的影响。嘉靖四十年（1561年）中举而步入仕途的长汀诗人康诰，曾任和州知府、南安郡司马，皆有政声。《汀州府志·人物》载："诰为张居正子师，及筮仕，绝无一字及政府，人咸服其介节。"有《仕学轩文集》传世。他作有《和郝九龙梅花诗》（二首）：

> 春光喜见一年新，又倩梅花娱主人。
> 贪看晚香娇雪夜，更怜孤介脱风尘。
> 窗前月魄寒生梦，枝上诗魂细写神。
> 说到此中清绝处，一生心事是天真。
>
> 寒逼枯枝尽吐花，顿令春色到诗家。
> 惊看一苑东方白，遥忆三更北斗斜。
> 浅碧不须将粉传，淡红直已卸铅华。
> 少陵曾对君索笑，踏雪谁云著脚差。

这两首诗从梅花的清绝无华、春色喜人落笔，也表达了清白做人的思想，与郝凤昇可谓志趣相投、诗中知己。

郝凤昇好吟咏，常与何大复、郑少谷等名流相唱和，所作诗歌甚丰。郝凤昇去世后，诗作由其子郝君溱付梓刻印，著名古文家茅坤为《九龙诗刻》作序，盛赞其诗"出风入雅，疏旷豪爽"。

《九龙诗刻》中有很多描写汀州山水与人情的诗歌，如写上杭风光的：

三折水

> 杭川谁把蛟龙锁，屈曲深潭历万古。
> 时时怒吼接青霄，银涛蹙起盘空舞。
> 腰间宝剑千金收，电光掣断随波流。
> 揽衣上马急回首，一天烟雨迷沧州。

挂袍山

> 青袍果为谁人挂，似与西南补天罅。

> 上有虎窟下龙潭，风雷可怪无冬夏。
>
> 杭川士子多清狂，登高意气凌八方。
>
> 我来亦欲夺袍去，空山不动云苍苍。

这些诗意境壮阔，气势豪放，正如茅坤所评的"疏旷豪爽"。

他的诗集中也有一些表意委婉含蓄的无题诗，如《和李义山无题诗》：

> 伊谁瀛海泛仙舟，怅望无因意自犹。
>
> 流水窗前容易过，落花枝上怅难留。
>
> 梧桐倒尽金樽月，杨柳吹残玉笛秋。
>
> 检点异乡云物冷，不胜凄切重回头。
>
> 乌鹊桥成七夕来，桥头车马度轻雷。
>
> 清新弦上歌声发，逦迤花前月影回。
>
> 夜静怕为庄叟梦，诗成聊寄谪仙才。
>
> 只今心事夷陵土，化作秦人一炬灰。

这些诗表面上是写通往仙境而不得的怅惘，实际上抒发时光易逝而壮志难酬的怨情，亦如茅坤所言："公之诗岂古所称可以兴，可以群，而抑不必其可以怨者乎？"诗人感叹"只今心事夷陵土，化作秦人一炬灰"，这种远大理想化为灰烬的怨情正是对朝廷政治黑暗的批判。

（三）咏怀诗的新开拓

明中叶的咏怀诗，以李坚、康时二人为代表，他们的贡献在于开拓了咏怀诗表现的新领域。

李坚，字贞夫，长汀人。弘治十八年（1505 年）进士，授行人，官至户部郎中，与清流进士叶元玉诗文唱和。有《讷庵诗集》。《汀州府志·文苑》载李坚："为人博洽英敏，雄词丽句，人竞宝之。"李坚弘治年间在朝为官，正是"前七子"复古思潮的高峰期。他诗学盛唐，主要模拟李白，自成特色，如《拟李白古风》：

> 崔巍千仞岗，上有孤生桐。凡禽不敢过，威凤日相从。
>
> 高标本虚心，至和含其中。采之献清庙，雅奏谐黄钟。
>
> 时无子期侣，空山饱霜风。自分沟中断，行为爨下充。
>
> 幸逢蔡中郎，得登君子宫。愿言承左右，备君燕闲供。
>
> 养君中和性，庶以效微躬。

少陵真人豪，稷契心自许。周遭鸿洞间，百折水东注。
短褐才掩胫，破庐不蔽雨。犹轸当时忧，不暇一身诉。
心期万广厦，大庇寒士聚。地下千载人，谁为唐宰辅。
肉食不怀谋，藿食乃心苦。

李白《古风》组诗有五十九首，李坚拟有七首，风格亦近似李白的浪漫豪放。上二首，前首抒写自己获得知音的欣喜，后首赞颂杜甫忧国忧民的情怀，批判肉食者不用心国事。用《古风》咏怀，在高古典雅的形式中，融注了现实的内容与感叹，在明中叶诗人中是个开拓。

李坚的诗歌还向秦汉诗歌学习。《古诗十九首》是东汉时期的文人作品，钟嵘的《诗品》将其位于上品，称为"五言之冠冕"。《古诗十九首》没有题目，内容多为咏怀和讽喻之作，萧统把它们列入《文选》杂诗类之首。李坚以杂诗、漫兴为题的一类诗歌就是向《古诗十九首》学习的成果。如《杂诗》二首：

结发初事君，相期在白头。天荒地云老，两情誓靡休。
诇期洵几何，君身为远游。远游归何时，一去三十秋。
思君不可见，空抱离索忧。

飞鸟返故林，游鱼思旧渊。物性固有尔，人情胡不然。
昔与君别时，庭树初抽箊。一别年华多，森森踰前檐。
树生已如此，妾心将何堪。

组诗模仿《古诗十九首》的比兴写法，表面写夫妻之间的离别相思情感，实际上寓有时光蹉跎、理想未能实现的感伤。再如《漫兴》三首：

离离原上花，灼灼开新枝。采之簪满头，诚可媚芳姿。
纷纷谁家子，竟取争妍奇。我欲往效之，濡露恐沾衣。
衣沾固足惜，妍奇将安为？

妾有朱丝弦，少小解拈弄。所惜知音难，深藏不轻用。
持以事夫君，和鸣奏鸾凤。君心不余谅，顾谓作哇哄。
竽瑟古难投，良用自惭恐。

盈盈道旁花，采采足人悦。芬芬曲径兰，寂寂无人撷。
品质岂不殊，托根有悬绝。安得寻幽人，岩隈当见掇。

组诗采用比兴写法，以"原上花""朱丝弦""曲径兰"比喻美德与才干，批评世人追求"妍奇""道旁花"，抒发自己怀才不遇的忧思。杨澜评此诗："诸诗皆落落入古，古处不在语奇句重。"

李坚致仕之后，回长汀过着隐居生活。他晚年用七言律诗咏怀，与其不以世务萦心、悠然闲适的生活情趣相一致，诗风冲淡、沉着，如《春兴》：

> 春昼迟迟午思清，南窗睡起坐檐楹。
>
> 好怀百种与千种，幽鸟三声复两声。
>
> 不向江头观卧柳，懒于枝上听啼莺。
>
> 门前一任春来去，花落花开总不惊。

他晚年也用五言古风吟咏情志，艺术更见功力，如《竹屋》：

> 幽居谢尘事，有竹千万竿。四壁不受尘，拂座清风寒。
>
> 主人北窗下，琴书愒盘桓。出门即成趣，满目青琅玕。
>
> 忆初小筑时，颇虞生植难。既严牛羊牧，复剪荆棘繁。
>
> 封培至今日，有此竹屋安。虽惭万间庇，自作千亩看。
>
> 崇篁丈人行，老节高岏巑。孙枝更秀拔，夭矫凌云端。
>
> 遂令竹屋名，旁溢四远宽。南阳有卧龙，章庐耸丘峦。
>
> 成都有少陵，草堂名不刊。地胜每因人，兹语良非谩。
>
> 寄声竹屋翁，勉陟前修坛。

诗人为新落成的竹屋作诗，以章庐、草堂作比，寄寓学习先贤，保持晚节高洁的意愿。李坚的咏怀诗，学唐，也学秦汉，开拓了表现领域，启迪了后人。

擅长用七言律诗咏怀的还有康时。康时，长汀人，南安司马康诰之子。明万历四十年（1612 年）中举，父子登科，奉旨建"联璧"牌坊于东大街。康时善诗，工楷书，著有《袌筍集》。

康时的咏怀诗善于引用典故表达自己的处事态度，在对比中表达对现实的批判。如《南归自警》：

> 飘零剩得老公车，岸帻青山问故庐。
>
> 生计折来宁惜肋，骄氛避却且全橹。
>
> 枭鸱满眼空相吓，鸥鹭闲心总自如。
>
> 国恤祇平何日事，可容吾道卷还舒。

他的咏怀诗还幽默风趣，于嬉笑怒骂中尽抒胸怀，如《笑占此身那得更无家》：

> 浪迹天涯半岁华，此身那得更无家。
>
> 诛茅小构鹪栖足，庋阁残书蠹隐赊。
>
> 已识浮名空泡影，肯拼短发逐晖斜。
>
> 纵人笑指河清俟，抱瓮山畦学种瓜。

咏怀诗之外，康时描写山水民情的七言律诗也很有成就，如《端阳后一日小集》，黎士弘《仁恕堂笔记》称其"清文胜气，名噪一时"。

第三节　明末的客家文学

　　明末，农民起义的号角以及清军的铁蹄动摇了明朝的统治，对家乡的热爱、对历史的反思、对明朝的忠贞成为这一时期客家文学的主题。灵通岩是漳州平和县客家地区的名山，以灵通岩为主题的诗歌在明末成为热点。以陈喆《归化八景诗》为代表的山水诗，延续了整个明代歌咏客家山水之美的诗歌传统，成为明代山水诗的总结。以陈牲诗歌为代表的咏史诗表达了众多文人对国家前途命运的深沉忧虑。揭春藻、李鲁、刘廷标等人的爱国诗歌则是舍生取义的民族正气之歌，在客家文学史上始终洋溢着一股激动人心的感人力量。

一、漳州客家地区的灵通岩主题

　　灵通岩，原名佛祖岩，位于平和县客家人住区的大溪镇大峰山。大峰山由狮子、玉女、擎天、灵通、天池等七个主要山峰连成，最高峰为狮子峰，海拔 1278 米，奇峰突兀，犹如雄狮盘踞，堪称"天险"。灵通岩上的灵通寺，建于天然石洞之中，上有磐石覆盖，下是悬崖绝壁，唯有一条"天梯"小径可以攀登，地势十分险要，风景清幽古朴。

　　元明以来，大峰山周围居住着许多客家人，佛祖岩成为客家人朝神拜佛的圣地。明末黄道周曾在佛祖岩读书，因在岩上题"灵通感应"四字，从此人们改称"佛祖岩"为"灵通岩"，也由此带来灵通岩主题的创作。查阅《平和县志》，以灵通岩为主题的就有林钎、陈天定、黄道炯、张瑞钟等人的诗歌。林钎的诗善于抓住景物特征，突出灵通岩的高峻、苍古，同时表达人与自然和谐共处的愿望，如：

　　　　　　　层峰叠叠石千寻，老树寒藤隔翠岑。
　　　　　　　烟雾中分天上下，洞门斜映日浮沉。
　　　　　　　直从鸟道闻清梵，可怜禅声似古琴。
　　　　　　　寄语空山旧猿鹤，何年相共守空林。

陈天定的诗重在写人及对佛理的领悟，如：

　　　　　　　寺古多荒瓦，僧贫只荐茶。谷鸣千树响，人定一香斜。
　　　　　　　鉴水形怜影，安心客是家。可将生灭理，悟取佛前花。

灵通岩以瀑布、飘云、峰险、石奇为四大特色，黄道炯的诗对飘云、瀑布作了生动形象的描绘，如：

　　　　　　　行行衫袖白云沾，一入灵通气不炎。

> 万仞摩天开石壁，半空喷雪挂珠帘。
>
> 层梯雨过苔痕滑，幽谷烟深鸟语潜。
>
> 惆怅崖边遗旧址，尚存古佛独庄严。

平和县诸生张瑞钟的《游狮子岩》也很有特色：

> 苍藤翠樾迎岩陲，古刹禅枯入定时。
>
> 泉隐龙珠波自润，云连犀角石偏奇。
>
> 葛衣牵引寒花坠，棕履穿过峻岭迟。
>
> 太乙峰头留古迹，至今犹恐野人知。

此诗描写苍藤、古刹、清泉、飘云、奇石、峻岭等景物，突出狮子岩古、野、清、奇的特点。尾联发出峰顶难以攀越的感叹，再次感叹狮子岩的高峻，表达了对家乡美丽山水的热爱之情。

二、陈喆与《归化八景诗》

陈喆，字二吉，号阆石，归化（今明溪县）客家人，陈甡孪生弟。明天启七年（1627 年）以明经举，入京试，中副车。民国版《明溪县志·风节》载其："生平敦伦纪，崇品行，捐势利，先德义。教人务重躬行，其见于文艺者特余绪耳。若其条陈民瘼，补救尤多。"公谥"文贞先生"。有《啸谷子》四卷、《十笈集》三十卷。

归化于明初成化六年（1470 年）建县，境内有宋代理学家杨时、罗从彦的诞生地及祠宇，也有元代汀州路总管、福建平章事陈有定的出生地和屯军的营垒。神奇的滴水岩和建于元代大德年间的觉林寺早已名扬远近。人文、自然名胜众多，文人吟咏的诗篇十分丰富。到明末，八景之名逐渐明朗，陈喆作的《归化八景诗》就是一次总结和定型。陈喆的八景诗都是七言律诗，他的诗色彩绮丽，意境幽奇，如《玉虚洞天》：

> 谁是闽南第一山，霞标迥出五云斑。
>
> 鼋梁露湿琼浆冷，龙穴苔封石灶间。
>
> 径转兰舆骚客过，风飘紫笛洞仙还。
>
> 采芝已是游蓬岛，瑶草琼花尽可攀。

玉虚洞天，即滴水岩，在归化（今明溪）城东北六里。此诗赞叹玉虚洞天的山势高迥，鲜花盛开，宛如蓬莱仙山。他的诗善于以动衬静，意境雄浑，如《雪峰营垒》：

> 百折崔嵬是雪峰，临高遥望暝霞重。

> 千山翠色林中刹，万壑寒声石底松。
> 烽燧当年愁过鸟，旌旗何处捲飞龙。
> 英雄一散空陈垒，疎木萧萧起暮钟。

雪峰营垒，即楼台鼓角山，在城南十五里，为邑中主山。有陈有定屯军旧垒和雪峰庵。这首诗描写雪峰的高峻和营垒的险要，在暮钟声里寄托对古代英雄的感叹。他的诗还叙议结合，活用典故，如《龟山挺秀》：

> 东望龙湖绕石林，名贤祠宇昼阴阴。
> 即云大道无南北，却叹遗丘已古今。
> 日落虚堂飞雾动，春来残碣卧苔深。
> 龟山寒色孤山对，犹似当年立雪心。

龟山挺秀，在县东二十里之龙湖，为文庙朝山，又称文帽山。大儒杨时诞生于此。其他五景为觉林梵地、白沙夜月、星窟禅窝、狮塔标奇、碧嶂晴岚。

三、客寓文人的山水诗文：
顾元镜、巢之梁、唐世涵的创作

1.顾元镜

顾元镜，字朗生，归安（今浙江湖州市）人，天启间进士，为池州知府，崇祯三年（1630 年）任汀州府分巡漳南道，后为广东布政使。清顺治三年（1646 年）十一月，参与拥立朱聿鐭监国（史称绍武朝）。有《九华志》八卷传世。顾元镜两次游览武平县南安岩，都有诗：

南安岩

> 灵岩真法界，登览自悠哉。
> 贝叶空中下，莲花石上开。
> 有山堪作钵，无涧不浮杯。
> 蹑顶一长啸，松风十里来。

重游南安岩

> 丹岩缥缈白云乡，半日偷闲逸兴长。
> 玉柱由旬撑福地，石床阒寂侍空王。
> 翻经座上游檀绕，卓锡阶前草木香。
> 信宿不妨频载酒，山灵应识旧诗囊。

两首诗描写南安岩佛事盛况、寺庙的壮美，抒写对秀美河山的热爱之情，表达对定光古佛的崇敬之情。"蹑顶一长啸，松风十里来"，气势豪迈，意境阔大，颇能体现人物个性。

2.巢之梁

巢之梁，江苏武进县举人。天启末崇祯初任武平知县。他的《龙河碧水》是刘焘的次韵之诗：

> 万派奔流汇玉河，岚光树色映来多。
> 桃花浪喷峨眉雪，杨柳风吹太液波。
> 石峡浮霞明诰锦，沙堤积翠剪春罗。
> 澄清一碧犹无际，到处沧浪起暮歌。

作者抓住声、光、色的特点，一句一景，明丽如画。较之刘诗，风格偏于婉丽。他的《南岩石洞》很有特点①：

> 石室原无斧凿痕，何年虎踞共龙蹲。
> 劈开须仗巨灵掌，说法还归大士根。
> 借片白云封谷口，邀轮明月伴黄昏。
> 几时绝顶攀萝去，更觅通天第一门。

此诗缅怀定光古佛，抒写热爱自然、攀登高峰的雄心壮志。颈联一"借"一"邀"，想像大胆，豪情毕现。

3.唐世涵

唐世涵，乌程人，崇祯八年（1635年）以进士任汀州知府。在任期间，有增筑城墙，创宝珠门城楼，捐俸建府学、县学，造万安、济川二桥等诸多德政。后调任台湾知府。明初，马驯有汀州八景诗，唐世涵另标十胜，各纪以诗，如：

离谳珠悬

> 褰帏纵目景堪娱，到处盘旋入画图。
> 槛外波明双合璧，岩前螺拥半抛珠。
> 云开晴嶂连峰媚，夜静骊龙抱形孤。
> 却笑此心同象罔，不知身在宝山无。

舒啸阁

> 迟日公余作胜游，凭栏遐瞩寄思幽。
> 园林会有翻空鹤，沙渚曾无骇浪鸥。
> 长啸不妨时自适，短吟端籍景为酬。

---

①丘复：《武平县志·艺文》（民国版），武平县地方志编委会1965年印行，第15页。

凤音天际人何往，我欲因之访一流。

马驯八景诗用古风，唐世涵十景诗用七言格律，十景诗中，有六景（丽谯虹缀、环雁鸣钟、西倚听松、东翘舒啸、乌石干霄、白沤映碧）是八景诗中没有的，另四景虽然景点相同，但换了名称（元岑拱辰、复阁云骧、揖龙正笏、离巘珠悬）。从描写角度看，马驯多是从外往里看，诗人"不在此山中"；唐世涵多是从里往外看，诗人"身在此山中"。仔细品味他们的诗歌，还能发现，唐世涵的诗作于汀州知府任上，时值壮年，字里行间体现豪气与锐气，如其《舒啸阁》诗"风音天际人何往，我欲因之访一流"，富有行动力。马驯的诗作于致仕之后，功力虽然老辣，锐气却已减半，如其《宝珠晴岚》诗"褰衣我欲一登临，恐惊白云不敢下"，总是担心的更多一点。

唐世涵还游览将乐玉华洞，留下华美的篇章：

何尝拜石但揖之，昔日朝中笑尔痴。朝中拜人不拜石，独向山林称傲客。鄞江太守一事无，生来况有看山癖。玉华丈人天际峰，石床丹灶留仙踪。洞门深深秉烛入，窈窕直与玄都通。桃花流水迷津路，几度寻春春不暮。松声半夜沸飞涛，岚气终朝喷成雾。卧龙冈下梦相率，盘礴应知凤有缘。披榛小勒新亭额，走笔先题玉版笺。人间袍笏难医俗，白云处处青山曲。安用伛偻长事人，得似渔樵吾欲足。

诗人以七言古风记游，表达对官场伛偻事人的厌恶和对自由生活的向往，颇有李白《梦游天姥吟留别》的诗风。

四、陈甡的咏史诗

明末，清军的铁骑蹂躏了中原大地，南明朝廷摇摇欲坠。许多忧国忧民的文人回顾历史，从反思历史人物、事件中表达对国家前途命运的担忧，其中，陈甡的咏史诗做得比较好。陈甡，字二生，别号壶石，归化（明溪县）客家人。隆武元年（1645年）贡生，以明经终。工诗古文辞。著有《合璧楼诗文集》《诗经了言》等，《明溪县志·文苑》称其著述"皆粹然儒者之言"。

他的咏史诗《吊陈平章故址》：

铁戟金戈战未休，犹余浩气在峰头。
千群鼓角空残垒，一望山河只故丘。
落日悲风闻勒马，荒原野燹忆焚牛。
可怜胜国孤臣泪，洒向明溪作水流。

陈平章，即陈有定，归化人，曾为元朝福建行省平章政事。陈平章故址，指雪峰营垒。此诗凭吊古代英雄陈有定，追述其戎马生涯，感叹其悲壮人生，婉曲地表达希望有英雄出来安定天下的愿望。他的咏史诗还有《御帘里怀古》（二首）：

> 翠华南幸避胡尘，走马间关度七闽。
>
> 当日珠帘遗马上，西湖歌舞属何人。
>
> 胡马纵横正戒严，闽中半壁且龙潜。
>
> 金牌不到黄龙府，坐使南来卸御帘。

旧传，宋端宗躲避元军路过明溪驿东，因遗一帘，其地遂名"御帘里"。这两首绝句回顾南宋君臣被元军追击狼狈南奔的史实，揭示南宋朝廷败亡的原因。

五、明末爱国诗歌

明末，在国家遭受清军入侵和农民起义双重打击的危亡之际，许多文人表现出对国家的忠节之心，他们用沾着血泪的诗篇唱出一曲曲时代的正气之歌。揭春藻、李鲁、刘廷标是客家群体爱国诗人的代表。

1.揭春藻

揭春藻（1591—1642年），字元玉，归化（今明溪县）人。崇祯元年（1628年），以恩贡入京廷试不第，被驸马王昺聘为西席五年。期间，常与黄道周、曹能始、余希之兄弟、李元仲、董其昌等名流吟诗作赋，著有《香玉斋诗集》，名噪一时。崇祯十四年（1641年），揭春藻任浙江长兴县丞，次年受郡守之命，押解贡物进京，到达山东临清县时遭遇清兵突袭，城陷，揭春藻被俘。清兵逼其投降，他受尽酷刑，坚贞不降，临死前作《绝命诗》一首：

> 北阙君恩重，家乡归梦遥。
>
> 钱塘轰晚汐，碧血涌江潮。

此诗表达对家国的依恋及报国的决心。他口吟绝命诗壮烈赴死，时年51岁。

2.李 鲁

李鲁，字得之，号弘庵，上杭县人。明天启四年（1624年）举于乡。明末，李鲁召集志同道合的人结为贞社，积极为南明出谋献策。隆武时授工部主事、兵部职方司主事。明隆武二年（1646年）八月，唐王在汀州遇难。时在上杭的李鲁坚不降清，自杀殉国。门人诸子搜集李鲁遗作，编成《烬余集》刊行于世。李鲁文武双全，国变之际更以节义自许，志在恢疆勤王。他的《有怀》一诗抒发安邦报国的豪情壮志及壮志未酬的慷慨之气：

笑谈阵里识英雄，千古肝肠一愿中。

对榻论文月似水，当垆说剑气如虹。

敲残银烛更将尽，绕遍栏杆曲未终。

无可奈何今夜尔，分将一魄付西风。

3.刘廷标

刘廷标，字霞起，号玉存，上杭人，刘坊的祖父。崇祯九年（1636 年）征选为永嘉县丞，迁云南永昌通判，旋署永昌府事。明永历二年（1647 年），张献忠部将孙可望进军云南，驰檄谕降永昌。刘廷标拒不投降，赋《绝命诗》四章，自缢殉节。其诗云：

甲申腊望闻哀诏，已誓攀髯殉此身。

三载偷生惭后死，今亡犹是大明臣。

縻绊隆昌历四秋，曾无一事解民忧。

于今且缢从先帝，共结君臣万古愁。

白发生来头上雪，黄金都是眼前花。

不知阿母何承受，每把斯言训克家。

忆昔绕爷双膝时，启予每咏节廉诗。

于今清苦归泉下，尚博双亲慰可儿。

这些诗既有表达对明朝的忠节之心，又有回忆儿时爷娘对自己的教导，哀情百转，读之令人动容。

第四节　赋的兴起与散文的变革

宋元时代，福建客家文学作品中罕见有赋。虽然《汀州府志·文苑》载元末清流县举人雷绅"工词赋，卓荦绝伦，遨游京国间，声名大震"，但他的赋作未在客家地区流传，黄仲昭所编《八闽通志》就已阙载他的作品。明代开始，赋体作品犹如雨后春笋般破土而出，涌现出李庆《东皋清隐赋》、陈喆《龟山赋》等代表性作品。赋的兴起，与明代重视八股文写作和"台阁体"诗风有关，八股文注重对偶写法，"台阁体"讲究雍容典雅，两者都促使文人从赋中得到有益的艺术借鉴。赋的兴起，也与作家的生活遭际和当时相对安定繁荣的时局等因素有关。明正统至成化年间，连城客家人李庆的赋作，就是其中的例子。

　　李庆，字善征，明正统九年（1444 年）举人，任广东封川县教授，后迁抚州府教授，改任温州教授。他素富文学，尤善诗赋。他的《东皋清隐赋》通过主客问答形式，赞颂连城县理学诗人童昱隐居东皋的清高品节。赋中咏赞东皋地灵人杰的一段描写词采富饶，文学性很强：

　　　　文川之东，彭溪之北，童氏东皋，地灵人杰。地何曰灵？非以龙之潜跃，非以凤之飞鸣，非以龟守，非以鳞驯，盖有其灵不可得名焉。尔其崒山连霄兮，豸山之幽；源泉溥地兮，彭溪之流；桃源烟暝兮，唳孤峰之鹤；蓼江晓涨兮，戏沙暖之鸥。若乃垂杨旗旐兮江枫，彩翠芊绵兮春农；秋水长天兮一色，风香两岸兮玉井芙蓉。人何曰杰？非以朝歌之屠，非以淮阴之却，非空桑之伊，非寒冰之稷，其杰诚有不可得而悉焉。尔乃丰姿粹美兮，碧梧翠竹之森森；节操清贞兮，苍松古柏之稜稜；皎皎无瑕兮，崑山之片玉；温温有脚兮，大地之阳春。识超乎乡士，行尚乎古人；水边林下，一鹤一琴。既而结茅为舍，编竹为篱，良辰芳节，高士故知，焚博山之一炷，掩柴门之半扉。卷舒六籍兮，究尧舜之大道；洞明千古兮，探孔孟之精微。

明天启七年（1627 年），归化诗人陈喆以明经举；入京试，又中副车。他于讲授之余所作诗赋甚丰。他的《龟山赋》赞颂杨时传播道学的贡献及其深远影响。赋中第一段对龟山地形地貌的描写生动形象、曲尽其妙：

　　　　龙湖之阴，有层崖千叠，峥嵘乎如弥天之陵者，曰"天上冈"。襟万壑而逶迤，带千林而彷徨。祢莲峰而顾复，孙铁岭而磅礴。连阿雾拥，叠嶂云翔。爰有一阜，若蹲若笋，或低或昂。我仪图之，俨一灵龟突踞于大山之旁。苔袭褶以为衣，卉层被以为裳。石嶙峋以为甲，树纵横以为章。于嗟活兮，其仪不忒。虽非六眸，灵蠵是忒。伭衣蜿蜿，矍鼍矍鼋。就而睨之，头昂足踞，是云龟山。一田叟策杖而来，曰："此山也，是宋儒产于斯，因取以为号者也。"

写景的赋，陈喆还有《玉虚洞天赋》。他在描写"玉虚洞天"（归化八景之一）的各种景物之后说："块乌石、块虎丘，蹑天姥，肩罗浮，足不及历，眸不胜收，耳不及接，心不及谋，攒奇聚怪，洞府仙州，泂海南之异地。岂羡吞吐云梦之八九，而远觅岛外之麟州。"运用比喻、排比称颂玉虚洞天仙府般的美丽绝伦。陈喆还有抒情小赋《穷达赋》，对社会中"穷""达"两种世象进行描绘和评说，抒发"信穷通兮有宰，任起伏兮奚猜？唯夫达人志士，朝则展蕴，席则藏珍"的思想。明代赋的兴起，为清代赋的发展奠定了良好的基础。

　　明代散文的发展，经过明中叶"前、后七子"和嘉靖年间以王慎中、唐顺之、茅坤、归有光为代表的"唐宋派"，以及晚明"公安派""竟陵派"等多种文学革新思潮的激荡，出现了新的特点，改变了宋元散文沉闷的理学气息。王学左派抨击伪道学、重视个性精神的思想，以及公安派等提倡抒写"性灵"的文学主张，都为散文创作注入生机与活力，散文的情感化、生活化和个性化及其文学性都得到增强。

明代客家文学的散文创作取得一定的实绩，以闽西客家为例，乾隆版《汀州府志》"著述"一节，载明代 74 家，著述达 133 种，其中很多就是诗文合集或散文专集。明代散文主要有游记散文，还有记、序、碑文等应用体散文。

游记散文以丘嘉周《金山记》、高攀龙《纪行》、徐霞客《闽游日记》为代表。丘嘉周，字小塘，上杭客家人，丘道隆之季子。嘉靖中入太学，援例仕山东按察司经历。嘉靖二十九年（1550 年），他在上杭紫金山卜地募建紫金庵神光宫、飞龙庙、桃源洞诸胜，读书其中。他的散文《金山记》记述了兴建山中各处景点的起因与经过，详细介绍各处景点的名称与特色，叙事有条不紊，语言简洁生动，如介绍从五龙峰到一天门沿途的景点：

> 更下凡十一折，抵五龙峰，下为百丈泉，众山之水峻驶下注如飞雪。遡泉而上，渡琴桥，迁径缭绕深入。道经双耸泉，泉韵潺湲，野芳袭袂，白云纷入，檐楹隐约见于树杪者桃源洞。前为归鹤楼，下为海光池，构基虽隘，景类武陵。自桃源而下约里许，抵奇古之山脊，为一天门。游人憩此，回首金山，窅然高入云表。其旁立茶亭，设茗具以饮渴者。乔木蔽天，松涛满耳，虽赤日漫山，而暑气莫之侵也。

高攀龙（1562—1626 年），江苏无锡人。万历二十三年（1594 年），高攀龙因上疏评论辅臣王锡爵，指责"陛下深居九重"，被贬为广东揭阳县典史。高攀龙《纪行》中有一部分写自己被贬揭阳，由水路经过长汀、上杭的经历，其中描写乘小舟过大姑滩一节，惊险动人：

> 十三日过大姑，险绝处不可屈指。前所经九龙滩，以上水最艰而稳。此皆顺流，且身在舟中，滩流湍急，从高而堕，其下复乱石纵横如牙，舟别无柁，舟人仅以两桨干旋之。每下一滩，舟辄刺入白浪，裹而复出，穿於石罅中，几希乎公孙大娘之剑。假令张旭、右军观之，书法当更进。

作者将小舟穿行于石罅激流之中比之为公孙大娘之剑，又联想到"张王"书法，可见诗人于贬谪之中仍保持乐观、开朗的心态。

徐霞客（1586—1541 年），江阴人，明代著名地理学家、旅行家。崇祯元年（1628 年）三月，徐霞客入闽游历将乐县玉华洞，在《徐霞客游记》第十二篇中详细描绘玉华洞内外的山水景观，其中描写洞内景象尤其细致：

> 初入，历级而下者数尺，即流所从出也。溯流屈曲，度木板者数四，倏隘倏穹，倏上倏下；石色或白或黄，石骨或悬或竖；惟"荔枝柱""凤泪烛""幔天帐""达摩渡江""仙人田""葡萄伞""仙钟""仙鼓"最肖。沿流既

穷，悬级而上，是称九重楼。遥望空蒙，忽曙色欲来，所谓"五更天"也。至此最奇，恰与张公洞由暗而明者一致。盖洞门斜启，玄朗映彻，犹未睹天碧也。从侧岭仰瞩，得洞门一隙，直受圆明。其洞口由高而坠，弘含奇瑰，亦与张公同。第张公森悬诡丽者，俱罗于受明之处；此洞炫巧争奇，遍布幽奥，而辟户更拓；两洞同异，正在伯仲间也。拾级上达洞顶，则穿崖削天，左右若青玉颊肤，实出张公所未备。

作者从颜色、形态多角度描绘洞内钟乳石的奇姿丽影，对洞中明暗缘由的说明，采用与张公洞对比的方法，显示了作者对自然的精心观察与高妙体悟。

序、碑、记等散文数量众多，许多也是思想性、艺术性俱佳的文学作品。比如丘弘《杭川乡约序》，盛赞上杭人梁崧制定的乡约符合民意，得其中庸，对客家地区淳厚之风、礼让之俗的形成极有裨益。童玺的《乡约亭记》，赞赏连城县令方进将当地五显神祠改为乡约亭，在其旁建社学的举措。作者认为，设立乡约亭，"政寓于亭，教寓于社，实善举也"。百姓可以通过乡约亭"知古道之美，迁善去恶，而师师之风将遍闾巷"，人心之善，不约自固，获得"移易靡俗，阶梯唐虞，而元气复春"的效果。作者还运用假设论据，从反面进行论证："第有任牧民者，或不善绳以法律，峻其鞭朴，禁锢锻炼，溃肌流血无所爱。既不教以善，又不使之约而为善，世道职此，去古益远。彼受若直、怠若事，而忍心若是耶？"通过正反对比论证，说明与其让百姓不知法而犯法，不如让百姓懂法而守法的道理。

万历年间宁化县令唐世济所作《宁化龙门桥碑》，精彩地描写龙门桥的景象和作用，颇有以诗为文的写法：

七闽多津梁，若壮玮巨丽，斯亦不数数矣。余从僚属诸荐绅落之，飞甍悬槛，凭虚御风，势欲干霄，望且豁目。晴则朝阳暮霞，金紫相射；雨则溪云山霭，苍翠交驰。使近而凭栏，远而凝眸者，恍惚五城十二楼。而回瞻城郭，郁郁葱葱，俨然雄峙其上。四望则行歌倦憩，车马辐辏，辚辚而辐辏兹桥也。内以为万井之屏障，外以为四达之亨衢，洵非云楼月榭流连光景者，可以方美而絜胜矣。

唐世济在宁期间，率民捐资建造宁化龙门桥，多仁爱之举、惠民之行。离任后，宁化百姓在龙门桥东建仁爱祠纪念唐世济，裴应章作《仁爱祠记》。记中用大量具体事例，间以对比突出表现唐世济对宁化百姓的种种仁爱之举，尤其强调：

其功迹之最著者，无如鼎建龙门桥，费不赀而功不劳。大抵侯之为政，持大体，不务琐屑，间尝有所掊击，非情不可恕，则理不可遣，弊罔山积，一阅立扫。度先时宁令者，困公私冗日，拮据不休；而侯则草满讼庭，常供坐啸；山当官阁，数有咏吟。又时征召文士为诗酒游，赓歌迭和，闲雅甚都，翠华之间，炳如其色矣。

赞颂了唐世济政简刑清、重视文教的为政之道。裴应章还作有《文峰记》，记述连城县令牛大纬率民修建文峰塔的经过，叙事简洁明快，如写筹建过程一段：

> 岁辛卯，文野牛大夫来宰兹邑，甫下车，首询邑之文献，而诸青衿复以前言进。大夫跃然曰："人事气运常相关，安有地灵而人不杰者?不穀即无能俄顷遽诸生化，顾复不藉山川之灵为诸生竖赤帜，以作其气而贾其勇，安所称师牧之责？矧有故址可循，天实启之，奈何逡巡？"于是遂诹日经始，捐俸助工。财不费官帑，而富者输金；役不及五丁，而贫者效力。木石助之近郊，匠石募之西浙。肇工于壬辰之冬，越甲午秋而落成。

不足两百字，就把复杂的建塔工程介绍得一清二楚。作者无意塑造人物形象，而在描绘工程的确定、捐资及建造过程中，一个热心文教、调度有方的人物形象自然浮出水面。明末著名爱国文人黄道周也为清流百姓写过《题邓公德政祠记》，颂扬清流县令邓应韬为政以德，造福百姓的善举，阐明了为政以平，则民平、天下平的观点。文章用大量的古今例子加以正反比较、论证，体现了黄道周丰富的学识和爱民的治国思想。

第五章　福建客家民系
壮大时期的文学创作

　　明崇祯十七年（1644 年）三月十九日，李自成农民起义军攻入北京，崇祯皇帝自缢身死，明朝灭亡。四月，吴三桂引清军入关，大败李自成。五月初，清军占领北京。五月十五日，大明遗臣于南京拥立福王朱由崧登基，改元"弘光"。弘光二年五月，清军占领南京，在芜湖俘获朱由崧，弘光朝灭亡。同年七月，郑芝龙、郑鸿逵兄弟于福州拥戴唐王朱聿键称帝，改元"隆武"。隆武二年（1646 年）八月，清兵入闽；当月二十八日，清兵突袭汀州城，隆武帝朱聿键罹难，福建大部遂为清占。同年十二月，郑成功在烈屿（小金门）誓师抗清，奉永历帝朱由榔为正朔，以厦门、金门为根据地，坚持抗清。永历十五年十二月（1662 年 2 月）郑成功收复台湾。永历十六年五月（1662 年 6 月），郑成功因病去世，其子郑经、孙郑克塽在大将刘国轩的辅佐下坚守台湾。康熙二十二年（1683 年），郑克塽降清，清朝统一全国。

　　清代，福建客家人经历了四次较大的迁徙。一是郑成功收复台湾时期，带了三万军士入台，主要是闽南人、客家人随往。二是康熙中期"湖广填四川"移民中，大量客家人迁移到四川，以及西南的桂、湘、黔各地，也有倒迁入赣，直至浙江的，形成南下北上的局面。三是康乾时期的移民潮，许多福建客家人迁居台湾。永定下洋中川村人胡焯猷，于雍正十一年（1733 年）渡台到淡水县，开发台北兴直堡，创办明志书院，"利泽孔长，于今犹受其赐，是……有功于垦者"（《台湾通史》），就是一个典型的例子。四是太平天国运动时期，太平军四次进入闽西，许多客家人参加太平军，或加入天地会、千刀会等反清组织。起义失败后，又有许多客家人被迫迁居东南亚，甚至世界各地，使客家人的足迹遍布五洲四海。要注意区分的是，清代客民的迁徙与元代的情况不一样。元代客民的迁徙是因为统治者的残暴与灾害的严重，客民被迫举家、举族大迁徙。清代客民的迁徙主要是因为客家地区人口剧增，人多田少，于是一部分人响应朝廷号召，前往台湾，或移民四川，留居在闽西客家大本营的客家人仍占大多数。

　　由于清代康熙后期以至乾隆时期的社会稳定与经济繁荣，福建客家地区人口增长迅速。以汀州为例，道光九年（1829 年），汀州八县人口达到 1258683 人，同明初洪武二十四年（1391 年）相比，客家人口增加 96 万。科举方面，清代汀州府文进士有 82 人，也比明代多 31 人。其他客家地区的清代文进士：建宁 15 名，沙县、将乐各 14 名，永安 4 名，泰宁 2 名，南靖 7 名，平和 13 名，诏安 8 名。

　　清代是福建客家民系的壮大时期，也是客家文学的大发展时期。清初，客家文人亲身经历改朝换代的社会大动乱及残酷的战争现实，这种深刻的社会体验、矛盾复杂的政治情感迫使他们创作诗文来表现。清初的福建客家文学有"遗民三雄"（李世熊、熊兴麟、刘坊）及李弃、丘嘉彩等一批遗民诗人。与李世熊诗文相唱和的有黎士弘、黎有纲、刘坊、赖惟中、伊元复等一批诗人，形成以李世熊为中心的汀州客家文人群体，他们的诗文反映清初社会的动乱和人民的苦难，抒发其内心的不平与呐喊，现实性很强。清初"三李"（李长日、李赞元、李于坚）、"二丘"（丘梦鲤、丘嘉穗）、"一黄"（黄日焕）的诗文成就也很可观。

　　康熙统一全国后，社会趋于稳定，统治者在思想、文化方面加强控制，因此，清中叶客家文学作品的现实批判性大为减弱，于是有的文人将目光转向歌咏山水，如雷铉、李梦苡等"乾嘉十才子"的山水诗；有的文人研究民俗风情，如林宝树、范绍质、巫宜耀等人的民俗诗文；有的文人诗画兼擅，艺术兼融，出现"诗画四杰"（上官周、华喦、黄慎、李灿）。词的创作，经过元明两代和清初的沉寂之后，清中叶马廷萱的词一枝独秀，享誉词坛。赋也得到发展，这时期的赋作品数量多，质量上乘，是客家古代文学史上辉煌的时期。清代散文也取得长足发展，出现黎士弘、丘嘉穗、朱仕琇等一批有影响力的古文大家。

　　清初至清中叶（道光二十年）的二百年间，是客家文学的发展期。鸦片战争之后，客家文学增添了反帝反封建的时代新内容，客家人的文学目光也更投注于国家与民族的前途命运。按中国古代史与近代史的习惯分界，本书将鸦片战争以后的客家文学放到近代文学一章论述。

第一节　清初至清中叶的诗歌创作

　　清初至清中叶是诗歌创作的大发展时期，作家众多，作品丰富，涌现出许多海内外知名作家。这一时期的诗歌创作有四个突出特点：

　　一是出现了客家文人群体。清代许多县有文人小群体，几个群体之间又能联络感情，互通声气，艺术上互相切磋、探讨理论，对文学的发展与繁荣起了很大作用。明末清初的李世熊是宁化县文人群体的领袖，又是汀州客家文人的领军人物，长汀诗人黎士弘、黎有纲，上杭诗人刘廷标、刘坊，宁化诗人赖道寄、伊元复都是这个文学团队的中坚人物。在他们的努力下，客家文学步入繁荣时期。这种良好的风气也一直延续下来，兄弟、父子等家族式的文学团队在清代最为明显，如长汀的黎士弘、黎士毅、黎致远，家族三人在仕途和文学上都很有成就，还有长汀的杨联榜、杨澜、杨浚父子，李长秀、李长日兄弟，宁化的伊朝栋、伊秉绶父子，都是其中的突出代表。

二是出现了诗画交相辉映的名家巨擘。长汀的上官周、宁化的黄慎、上杭的华嵒、武平的李灿并称"诗画四杰"，他们不仅是康乾时期的著名画家，而且都擅长作诗，有诗集传世，体现了文学、艺术之间的融合发展。

三是文人向民歌学习，开始自觉用客家方言进行创作。黎士弘的《闽酒曲》、林宝树的《一年使用杂字》、廖鸿章的《勉学歌》并称"客家文学三宝"，他们用客家方言写作诗歌，更加富有客家文学特色，体现了文学与生活的紧密联系，也体现了民系意识的初步觉醒。

四是客家文人不但热心歌咏家乡山水，还用诗歌反映兄弟民族的生活和劳动。永定诗人黄日焕、清流诗人雷可升、武平诗人李梦苪创作了许多自成系列的山水田园诗歌，永定诗人巫宜耀的《三瑶曲》描写畲族人的生活劳动和风俗，体现了兄弟民族的团结与友谊。

这一时期客寓汀州的文人也成就斐然，周亮工、彭士望、赵良生、王廷抡、曾曰瑛、熊为霖等创作了许多诗歌，为客家文学的繁荣起了推波助澜的作用。

一、清初客家文人群体及其文学观

宁化诗人李世熊是明末清初汀州客家文人群体的核心人物。李世熊（1602—1686年），字元仲，晚号愧庵，宁化县客家人。性颖悟，博极群书，凡坟典经史以及释典道书、医卜星纬之学，靡不淹贯。明末，李世熊以科举为务，以授徒为业；入清之后，他隐居家乡泉上，坚决拒绝清朝汀州府官员要求他出仕的敦请，四十年不入城市，以著述耕种为乐。所著有《钱神志》二十卷、《史感》和《物感》各一卷、《本行录》三卷、《经正录》三卷、《寒支初集》十卷、《寒支二集》六卷及《狗马史记》若干卷。83岁时还完成《宁化县志》的编纂，"心裁独抒，为通儒所称"。李世熊的文章和气节赢得汀州文人的赞誉和推崇，他身边有一批诗人，如长汀诗人黎士弘、黎有纲，上杭诗人刘廷标、刘坊，宁化诗人赖道寄、伊元复，形成客家文人群体。李世熊的思想及其文学观都对他们有着重要的影响。

李世熊的思想是传统的忠君爱国思想。他43岁时（1644年）拜黄道周为师，同门师兄有林君若、林守一等人。李世熊还与"宁都三魏"结为好友，尤其与魏礼交往甚密，"易堂九子"之一的彭士望也是其深交的诗友。这些人都是有识有节之士，他们以忠君爱国和民族气节相砥砺，文学风格大致相近。

李世熊诗学屈骚，故瑰奇浪漫；又学唐音，故声圆调响。散文则学"二韩"（韩非、韩愈），因此有先秦诸子散文扬厉好辩、长于议论和韩愈散文艰涩古奥的特点。李世熊推崇唐音，认为诗歌的自身特点就是可歌可咏，"唐人律绝皆披管弦，每名章一出，辄为优人谱入新声，流闻宫禁。今人但谓诗以陶冶性灵，表举兴会，辄置音调不讲。其实性灵与兴会未必相关，而比字串句，呼之如击土鼓，何论管弦？即自吐喉唇，如沾泥絮，可谓之陶冶、标举乎？"①批评了明中叶"性灵派"置音调于不顾的弊端。李世熊还认为，情感抒发应出于自然。他评论自己那些批判现实的诗文"怨怒哀思备有之，或遂指为乱亡之音，此则天实为之，非仆所能为也"②。"天实为之"，就是诗人的情感出自天然；诗人有忧国忧民之心，见到世间不平之事，怨怒哀思之情自然流露，并非刻意为之。

他的弟子黎士弘也提倡诗歌应当表达情感，有感而发。黎士弘在《托素斋诗集》自序中说："我所见于事而欲恸欲哭，心即以其呜呜咽咽，悲凉骚屑如秋飙陨箨徘徊而入于手，我则敢不载书？我所见于事或歌或愕，心即以其嘻嘻喝喝，濡首脱帻，牵袂舞蹈而入于手，我则敢不载书？我所见于事而以为谑，以为长恨，以为傲慢，心即各肖其来，而谑之，长恨之，傲慢之，环车拥辔纷来而入于我手，我则敢不载书？"总之，即事于心，情之所感，载之以书，不吐不快。

李世熊与"宁都三魏"（魏际端、魏禧、魏礼）有着密切联系。他们政治上坚守遗民思想，文学上都提倡"有用于世"。李世熊批判八股文的空疏迂腐，指出八股文无用于世的弊端，说："今之衡文者，动以孔孟朱程绳天下之逸才矣。由某论之，则为挟天子以令诸侯。凡以孔孟朱程不可得，而世未尝不慑乎其名，而服其义之正也。夫谈理则无精于宋儒之语录，论事则无精于汉宋之策议，今世之文涉语录则以为腐，涉策略则以为粗然，则舍是二者而仿佛事理之间，其传之后世抑又何所用之哉。"（《寒支二集》卷三《答阴元征书》）李世熊对科举失望之后，创作了许多反映现实、揭露黑暗的诗歌，写出不少富有见解的政论文，撰写了大量忠臣义士的人物传记。

李世熊和黎士弘对诗歌本质的认识及提倡文章"有用于世"，反映了他们对文学反映现实和批判现实的重视，反映了清初客家文学现实主义诗风的主导地位。

---

① 李世熊：《寒支二集》卷三《答雷吉又书》，清初檀河精舍刻本，集89-461，北京大学图书馆藏。
② 李世熊：《寒支二集》卷三《答官公璧书》，清初檀河精舍刻本，集89-466，北京大学图书馆藏。

二、遗民三雄

明清易代，许多汉族知识分子不愿与清朝合作，他们选择隐遁山林，以躬耕著述为乐，成为前朝的遗民。李世熊、熊兴麟、刘坊是明代遗民的典型代表，无论文章和气节，他们都是客家文人中的雄杰。

（一）李世熊的诗风及其创作成就

李世熊的文学创作继承并发展了屈骚传统，诗歌内容上表达爱国爱民的思想，尤其是在动乱的年代里能够针砭现实，反映民生疾苦，赞颂忠贞爱国的英雄；艺术上发扬了屈骚的浪漫主义风格，体现出险拔瑰丽的特色。他的田园诗散发着客家地区温馨的乡土气息，他的"和陶诗"倾吐自己的内心情怀，成为诗人个性的真实写照。他的散文品类众多，尤以人物传记和抒情散文最能反映作者的思想感情。

1.屈骚诗风的传承与发展

李世熊是明清鼎革之际大力推崇屈原，传承并发展屈原爱国思想的遗民诗人、古文大家。李世熊爱好屈原诗歌，深受屈原忠君爱国思想的熏陶。明亡之后，他坚决拒绝清朝汀州官员的威胁利诱，"遁迹深山，四十年不入城市"。他用诗史的笔触赞颂忠臣义士的爱国壮举，真实反映社会的动乱和人民的苦难，他还把爱国之思与爱乡爱民之举结合起来，发展了屈原的爱国思想。他的诗歌取法屈骚艺术，诗风也呈现出险拔瑰丽的特色，在屈原接受史上具有特殊的地位，因而值得高度重视。

李世熊对屈原的接受是从年轻时期就开始的。黎士弘《前征君泉上李先生墓表》说李氏："少独好韩非、屈原、韩愈之书，故其造就咸有根柢。"[1]据《李寒支先生岁纪》所载，李世熊20岁时就作《离骚评注》二卷，27岁所刻《闻文集》就已经带有屈原愤怒怨怼的文风特点。李氏在《答官公璧书》中说："《闻文》愤怒之篇，则于是始也。以视曾子弗人，读之而叹曰：'悲哉，何气味之似屈原、韩愈也。屈原非其遇也，韩愈乃晚达，名遂山斗。子亦足矣，何凄凄为久之沦落不偶老矣。'南州彭躬庵读其文则曰'骚之变体'，黎愧曾则曰'小雅之诽怨'。怨也，屈也，骚之变体也，其源一也。"屈子之怨，是"信而见疑，忠而被谤"之怨；李氏之怨，不只是自己科场蹭蹬、沦落不偶的孤愤，更多的还是大多数正

---

① （清）曾曰瑛修：《汀州府志·艺文》，方志出版社2004年版。

统文人对明朝沦亡、异族入侵的共怨。虽然李氏与屈子的身世遭遇不一样，但身处乱世的怨怼精神是一样的，正如《清史稿》所言李氏为文："悲愤之音，称其所遇。"即使到了入清之后的晚年，83 岁的李世熊在编纂《宁化县志》时仍不顾文字之祸，"随事发泄，离骚孤愤时见笔端，哭世骂世交有之"①。县志问世之后，朋友为之感泣，清朝官员也为之钦服，的确"不负黄花晚节馨"②。

　　明朝的灭亡，对当时任何一个文人来说，都是严峻的情感考验，更是一次立身处世的艰难抉择。在明清交替之际，李世熊祝发为僧，更名寒知，隐入山林。在组诗《祝发答赖惟中》里，他写道：

<blockquote>
水落沙明更不疑，枉教心血渍霜髭。
谈经未敢诃诸佛，读易终身愧仲尼。
轻卸一肩齐石电，还留本面见亲师。
芒芒其道朱成碧，与汝从容别素缁。

各筑脂城各坚枢，蜂房蚁国各相娱。
事烦日饭三升镩，才尽方畦八斗茶。
大树初封秦草荠，冬青未植朱花芜。
可怜铁脊孤团坐，寒照山摧与海枯。
</blockquote>

仔细品味"芒芒其道朱成碧"与"冬青未植朱花芜"两句，其中有寓意。在朱明王朝沦亡之后，李世熊祝发僧服，要"留本面见亲师"，决不雉发清服，沦为亡国奴；即使"铁脊孤团坐"，也甘之如饴，义无反顾。

　　在《读书》一诗中，他又写道："一代时文尽，千秋后死心。空挥屈骚泪，山泽自行吟。"把自己比作行吟泽畔的屈原，再次表明了眷念故国，忠于明朝的坚定意志。

　　屈原的爱国精神锻造了李世熊一副铁的脊梁，他与王夫之、李陈玉等人一样，是铁骨铮铮的遗民诗人。李世熊隐居之后，清朝的汀州府官员以李氏"人望、养高"为由，多次逼他为新朝效力，使出威胁、利诱手段，但他决不畏惧，拒绝出山。他在《答汀州李太守书》中以身婴痼疾、疮痍满体为由，委婉拒绝太守的要求，明确表明自己的人格态度："人趋炎而某守贱，人走利而某守贫，人逐市朝而某卧穷壑，人附权势而某侣缁衲。"《明遗民录》也载："有龃龉于清帅某者，遣人移书逼之，世熊复之曰：'天下无官者十九，岂尽高士？来书谓不出山，虑

------

①李世熊：《寒支二集》卷三《答黎愧曾》，清初檀河精舍刻本，集89-479，北京大学图书馆藏。

②李世熊：《寒支初集》卷三《赋河水七章》，清初檀河精舍刻本，集 89-75，北京大学图书馆藏。

有不测之祸。夫死生有命，余年四十八矣。诸葛瘁躬之日，仅少一年。文山尽节之辰，已多一岁。何能抑情违性，重取羞辱哉？'"他以诸葛亮、文天祥自比，不惜以死相拒。汀州府官员慑于李世熊的气节与声望，只好打消逼他出山的念头，他也四十年不入城市，坚守了爱国信念与民族气节。

李世熊的诗文保存于《寒支初集》十卷、《寒支二集》六卷。其中，《寒支初集》十卷有诗歌 306 题，计 500 首，赋 1 篇，各种序、传、书、论等文体散文258 篇；《寒支二集》六卷有诗歌 86 题，计 102 首，各体散文 168 篇。这些诗文最显著的特点，就是饱含着屈原式的忠君爱国思想。清初古文大家、"易堂九子"之一的彭士望在《寒支集序》中就指出："此正则之变思也邪？此无咎之广体也邪？夫屈之旨，一于楚宗；而元仲之酬应表志何不皆然。"平阳释本晓人岳《寒支集引》也说："近来偶读《寒支集》，有时似读《曹娥碑》，有时似读《静江志》，数数开口叫笑惊怪，徒侣不解何故。今知世间本无文字，只是有性气男子忍痛不住，仰天一呼，目河山一恸，此气弥天溢地，冲破世间人鼻孔。"这种"气"，正是诗人出自心灵而发于言外的忠君爱国的民族正气。

满清铁骑席卷明朝江山时，许多忠臣义士英勇抗敌，被俘而不降清，保持了民族气节。李世熊诗文的重要内容，也是最感人肺腑的篇章，就是赞颂了这些忠臣义士的爱国精神和不屈意志。

黄道周（1585—1646 年），号石斋，明代福建漳浦铜山（今东山县）人，南明隆武朝时任武英殿大学士兼吏部、兵部尚书。隆武元年（1645 年）九月，黄道周率兵三千，出仙霞关前往江西抗清。十二月，黄道周在婺源附近兵败被俘，次年三月，黄道周拒不降清，在南京英勇就义。噩耗传来，李世熊悲痛万分，为坛遥哭，作《闻铜山先生殉节》诗：

> 正是天家震业时，先生苦志厉贞师。
> 炊尘空鼓三军勇，饮血幽求二帝知。
> 世不可为无好手，死虽何济见男儿。
> 慢亭仙掌应挥泪，似悔扬驹未絷维。

诗歌赞颂黄道周于"天家震业"之时抗清爱国的"苦志"及虽死犹生的"男儿"本色。"空鼓"一词暗寓黄道周的部队人数极少，装备极差，在江西抗清是明知不可为而为之，唯求表明自己的忠君爱国之心而已。李氏在《褒恤孤忠疏》中还向隆武帝进言："辅臣黄道周孤师抗敌，义无反顾，身陷敌营，绝粒就死，史册所书，于今为烈。"再次表彰了黄道周的爱国壮举。

又如《读刘佐明拜傅相公空坟诗》三首：

> 九土何分室与茔，到头埋骨不埋名。
> 世间尽有长生诀，援宅仙人只舍生。

冷照悲风黯黯过，大招无计奈魂何。

青山碧霞遥呼答，字字分明正气歌。

红尘浩浩鬼相嬉，白日晶晶九地辉。

天上几回仙子葬，人间何处有丰碑。

傅相公，名冠，别号寄庵，江西进贤人。天启二年（1622 年）进士，传胪第二人，历官 11 任，拜礼部尚书兼文渊阁大学士。隆武二年（1646 年）三月，傅冠督师恢复江西，在福建邵武被清兵所俘，就义于汀州，葬于罗汉岭。其子来汀州，负其尸骸归葬。此后，岭上虽然只剩空坟，但路人仍指以为傅相公墓。

在《寒支二集》中，传略、墓表共 12 篇，其中 10 篇记载的人物全部是忠臣义士，宛然史册中的英烈传。其如南宁府横州知州郑云锦、兵部尚书总督学士张同敞、庶吉士郭之奇（字正夫）、大司马杨畏知、翰林院检讨林守一、漳州诸生张明振（号玄著），都是抗清斗争中顽强不屈、以身殉国的忠贞爱国之士。《清诗纪事初编》卷二评李世熊散文云："奇崛愤抑，善于说理。其传志之文，表彰明季义士，虽不如黄宗羲，而轶事旧闻，多补史缺。"正是从其所载人事之丰富翔实，史料性强的角度来说的。

李世熊《答彭天若》一文中说："先时所欲表忠扶义，借杯浇垒之作，幸而不死，此诺敢忘？"可见，他为忠臣义士赋诗咏赞、作传略、写墓表，不仅是借杯浇垒之作，更是当成对烈士的一份庄严承诺！

国破山河在，生民苦难多。在外敌入寇、异族侵凌之际，文人报以忠君爱国，保持民族气节，这是屈原爱国精神赋予时代的新内容。李世熊传承屈骚精神，把爱国之思转化为爱乡爱民之举，发展了屈原的爱国思想。

彭士望曾将李世熊的《寒支集》"逐首批注，不曰铁骨冰心，置生死度外，则曰无念不在民瘼"（《祭彭躬庵文》）。李氏之"铁骨冰心"，上文已作阐述；"无念不在民瘼"则是李氏诗文的另一个重要内容。

李世熊关心民瘼，首先在于直面社会动乱黑暗的现实，同情人民的苦难，发挥文学针砭现实的作用。如《谢烈妇》二首：

寥落河山得女师，由来聂姊拟要离。

明明皎月魂无夜，翩翩飞霜夏可移。

应笑衣冠头似杵，何能怒裂眼如箕。

青枫岭上流丹石，未许通人例勒诗。

岂有华筵不散时，佳人义死当生离。

仙灵血性同根蒂，兵解丹还幻转移。

> 光岳只今存粉黛，忠贞自古少裘箕。
>
> 寒原万吹呼秋寐，鬼唱文家正气诗。

谢烈妇，名陵娘，宁化诸生丘人霖之妻。烈妇之死，此诗原序有所说明："隆武二年八月，闽关不守，大驾奔汀，宿卫萧散，田仰所领溃将将趋东粤，间道走建宁出泉，上下里居民骇窜。丘人霖之妇谢氏与溃卒遇，抗节而死。里人哀而羡之，歌咏其事。余碌碌苟活，殊愧贞魂，添次诸贤韵后，聊备采风云耳。"诗人将谢烈妇比作战国时的侠客聂姊、当今妇女的模范，赞颂她的英勇与节烈，讽刺世族士绅的软弱无能，暗寓作者对明军抵抗清军无力，反而残害平民妇女的愤慨。李氏将谢陵娘的节烈事迹比喻为文天祥的《正气歌》，可见他对谢氏坚毅不屈精神的称颂。

他的作品中，还有反映清兵入闽后的暴行的，如《闻说马上俘妇》：

> 人似明珠马似龙，裹鞭遥指杏花中。
>
> 市边帘舞香回酒，骑后胡催骤入风。
>
> 扬罩半枝金杏粉，垂裙一派石榴红。
>
> 汉家画史今如在，再揾明妃控玉骢。

诗中描写一队清兵到酒肆喝酒之后，掠夺妇女而回的场面。这首诗直刺清军的暴行，在文字狱盛行的清初，倘若没有坚持正义的精神是万万不敢，也难以写出来。但这恰恰是社会现实的真实反映，表现正直、有良知文人的正义感和社会责任心。

李世熊关心民瘼，还在于乱世中想方设法保护民众，为百姓做实事、做好事。李氏之子子权于《李寒支先生岁纪》记其父："身虽肥遁，不入城市，凡设险御暴、绸缪桑梓者，亦备极苦心。即一邑之利害，当事或移书咨决，或造庐面商，凡济人利物事不一而足。"我们从李世熊《石泉堂观亨寨》二首可以看到其中大概：

> 依寨为家已八年，一登一降此留连。
>
> 仙人竟是停骖主，泉作延宾沉酿川。
>
> 豺虎年年飞噬人，穷猿曾此越长林。
>
> 如今痛定能忘报，丝绣仙人更铸金。

观亨寨在泉上里石泉堂前，地势高峻，泉水流淌，寨内宽广。清初的宁化县，无论城乡，常遭溃兵土寇的剽掠，"豺虎年年飞噬人"说的就是这种动乱不安的社会局面。李世熊率领族人依寨设险，筑堡而居，躲避兵寇，保障了乡民的平安。

康熙十三年（1674 年）三月，闽藩耿精忠重树反清复明的旗号，派兵攻打浙江、江西。可是，仅一年时间就军饷匮乏，士气不振，为招兵买马，扩充粮饷，"日日杂派，家家驻兵"，弄得民怨沸腾。耿精忠令谕地方敦请李世熊出山听用，但李氏洞悉全国政局已定，久经战乱的人民亟需休养生息，耿精忠的举动不能复明只会扰民，就以老病为由力辞不起，又联结数十乡成立保民会。在三藩叛乱中，他的家乡泉上里因此得以免遭劫难。

李世熊和文天祥、黄道周一样，都有忠君爱国、坚守民族气节的思想，但他的忠，并非愚忠，更不是感情用事的冲动，而是冷静、理性地思考问题。当反清复明已经不再可能的时候，他选择的是关爱乡梓，保护民众，把爱国之思化为爱乡爱民之举。这种做法，颇得屈原爱国思想的神髓，是对屈原爱国精神的新发展。

李世熊对屈骚的接受，既体现在爱国思想的继承和发展，也体现在诗歌艺术的取法层面。总体而言，李氏的诗歌创作，与屈原诗歌的思想深邃和风格的浪漫瑰丽还颇有差距，两者不在一个水平面上。但仅就其诗而论，却也自有特点，就是多写爱国之思和山水田园之美，用语怪奇，诗风险拔，色彩瑰丽，富有浪漫主义特色。《清诗纪事初编》评李世熊："诗以险拔自矜，不择声调，然言之深者，足动人肺腑。正所谓欲哭不可，欲泣则近妇人，不哭泣而使人难堪者。"准确地指出李氏诗歌的特点。

李世熊诗歌对屈原诗歌艺术的取法主要在两个方面。一是诗歌的浪漫主义创作手法，如《圃珑岩》：

> 拔宅诸仙弃旧窝，掷抛琼玉似星罗。
> 堕云偃蹇眠秋壑，崩浪崔巍蹙怒鼍。
> 奇鬼森来如欲搏，璧人双崒恨无多。
> 幽篁独立思公子，自采兰蘅带女萝。

圃珑岩，在宁化县泉上里。诗人描写圃珑岩的美丽高峻，想像极为丰富。他把遍地的石头比作星罗棋布的"琼玉"；描写云的变化："堕云"如偃蹇睡眠，"腾云"则如崩浪、怒鼍；山头则比作"奇鬼""璧人"。他还化用屈原《山鬼》的诗意，为圃珑岩披上一层神奇浪漫的色彩。又如《嘲九龙》：

> 崖郁确兮水激诡，奔雷舞蛟奚为尔？尔奚不浩汗洞洪洗日唤月生，奚不荡天圯地淘汰星河澄万涬？奚为嘈嘈嗃嗃如勃磎，辣语谵喉轩厥齿？倾珠辇雪垒峥嵘，侮怖贾庸谲舟子。或者察其狂鸣怒号，郁噎不平有类廓落厄奇之士，我心汪濊殊不尔似。五湖亦在中，五岳亦在里。回肠乾端移，倒臆坤轴徙。倘然物构等烟销，万有还初鬼神理。安能兀处穷荒限，妄竖肩臂妄尊侈！附巉石之威，神龙偕自拟。束涓流，则作势生风；赴巨浸，即垂首帖耳。十数里喧涛穴中哄猛蚁，惜乎未观海浪得名而已。

九龙，即九龙滩，福建燕江滩名，在今清流县与永安市之间，以水急滩险闻名。此诗用拟人写法，开篇突兀，追问迭起，中间将九龙与"我"进行精彩的对比，嘲笑九龙河水的自显威风，结尾处点出是九龙水没有见过海浪而已。全诗想像奇特，气势奔放，句式上有七字句、十二字句、五字句、三字句、十字句，长短参差错落，起伏跌宕，很有屈骚的浪漫主义风格。

检视自己的诗文集时，李氏曾自我评价说："酾酒烹蔬自祭诗，骚宗雅系嗣无儿。新编突兀如天问，六代三唐彼一时。"（《检寒支集》）指出自己诗歌以屈骚为宗的特点。

李诗取法屈骚的另一个方面，是比兴手法的继承和发展。先来看两首短诗，《暮秋感怀》云："采菊未盈握，秋霜满我怀。菊有霜之洁，霜香与菊谐。采之将谁遗，美人水一涯。霜菊结同时，美人结同心。愿以岁寒质，输此溯洄音。"《美人临流》云："杨柳渺于丝，花飞烟际迟。有怀难致语，临水散相思。绝世矜孤影，遗香染静漪。可怜风漾漾，叠濲妒娥眉。"

两首诗中"美人"与菊花的比兴含义，明显是对《离骚》开创的"香草美人"之喻的传承和发展。屈骚以"美人"象征君王或自喻，李氏则以"美人"象征忠贞贤良之士，菊花象征高洁坚毅的人格精神，亦是深得屈骚比兴神髓的。

在李世熊的咏物诗中，这种比兴象征手法的运用得到进一步发展。李诗所咏之物，以松、梅为多，其次荷、菊。这些高洁人格的象征之物，在李氏诗歌里，人与物融为一体，达到心物交融的境界。如《古松》：

> 受命于天冬亦春，惟公可许胆包身。
>
> 千秋知己孟东野，解道青青木不臣。

"受命于天东亦春"之句，是从屈诗《橘颂》"受命不迁，生南国兮"演化而来。诗人把松树四季常青的特点认为是"受命于天"的本色，也只有松树一身是胆，可以违背四季变化的荣枯规律。唐代诗人孟郊（字东野）写过《罪松》诗云："天令设四时，荣衰有常期。荣合随时荣，衰合随时衰。天令既不从，甚不敬天时。松乃不臣木，青青独何为。"孟郊在诗中把松树称为是"不敬天时"的"不臣木"，有会于心的李世熊则将孟郊视为"千秋知己"。"不臣木"的寓意是什么？诗人不言，读者自喻。

李诗对屈骚艺术的取法，重视自我感情的抒发而不造作，时代气息强烈，富于批判精神，用《清诗纪事初稿》的话来说是"言之深者，足动人肺腑"。李诗取法屈骚的比兴，能在前贤的基础上有所发展，而非刻舟守株，颇得诗家三昧。

2.田园诗风

李世熊 45 岁时（1646 年）隐居于宁化泉上村。在 40 年的隐居生活中，他创作了许多田园诗。他的田园诗主要分为村居生活诗与和陶诗。

他的村居生活诗，有的写农民的喜与忧，如《喜雨》《苦雨》：

> 西风促雨散农忧，沽酒无钱典故裘。

　　　　千亩稻花新出浴，满城树色更宜秋。

　　　　鹭唼香过荷丝浦，月涌烟归蓼影洲。

　　　　市贵盘餐难速客，一觥聊与晚凉酬。

　　　　谁遣狞龙漫汗游，连旬悲啸地天浮。

　　　　鹧鸪啼破黄陵峡，石燕飞残白帝洲。

　　　　是处青山翔湿鹭，人家粉壁贴蜗牛。

　　　　荷花欲香香不得，秫米价高空酒瓯。

他的诗还写与农友乡亲的和谐相处，如《村居》：

　　　　千株杨柳百家村，沸沸春泉响到门。

　　　　短褐临流刚洗盏，西畴老友致朋尊。

他的诗更多地写自己村居的读书生活，如《山斋》（二首）：

　　　　不知谁是主，信步探山扉。迳反花偏碍，风高鸟落识。眠云慵作雨，卧
　　　树倒生枝。此地谁堪伴，柴桑一卷诗。

　　　　非俗亦非梵，书斋隐世间。苔完知客少，树放似心闲。茗熟遵泉脉，诗
　　　成得大还。伊人薄秋水，随意止春山。

　　李世熊崇尚陶渊明，他的和陶诗有 15 首。这些诗有的表达对田园生活的热
爱和远离尘网的悠然，更多的是抒发自己的人生感慨。如《和陶饮酒》，诗人的
思想性格、自我形象尽在其中：

　　　　我本磊落人，忧患缠绵之。唯逢酣饮处，亦有开眉时。暮年学恬淡，意
　　　复不在兹。昨宵遇名酒，旷然散群疑。滞雨苦寥落，一杯聊自持。

　　　　东海有贫士，本非稀世姿。独立龙门桐，百尺无旁枝。中含宫徵音，其
　　　外则无奇。弄置沟渎中，屈辱无不为。犹然自偃蹇，麒麟安可羁。

2.散文特色

　　李世熊文凡三变，"少时不蹈绳检，好为驰骋无涯涘之文。又一变为沉深宧
眇之文……后又变为纵横曲折之文，间取唐宋大家叙事议论之法行其臆见，自谓
淋漓适志矣"[①]。黎士弘《前征君泉上李先生墓表》评论李世熊散文："奇杰悽丽，
长于推测情变，层见叠出。"彭士望在《寒支集序》中也指出他风格多变的特点。
总之，李世熊的散文长于说理，语言奇崛，文风曲折，富于变化。他的散文可以

①李世熊：《寒支二集》，集 89—387，王之绩《寒支集序》，清初檀河精舍刻本，北京大学
图书馆藏。

分为说理散文、人物传记和抒情散文。

李世熊有些短小精干的说理文极有见地,如《里老论》:

> 古之里宰、党正,皆禄秩命官。汉人于乡、亭之任,三老之设,俾其劝道乡里,助成风俗,得与县令、丞、尉以事相教,复之勿徭戍,或赐肉帛,或赐爵级,任之既专,礼之又优。是以当时士大夫皆乐为之。如张敞、朱博、鲍宣、仇香之徒,方其微时,亦尝为其乡之亭长、啬夫,不以为浼下。逮后,魏之邻长、里长,亦复徭役;隋之州、县、乡官,悉由吏部;而唐之里正、村正,亦以品官以下充之。
>
> 人之不愿为乡职,自唐睿宗世始也。而输差之法,至宣宗始创见焉。夫其不愿差也,而后差之以轮也。于是期会、追呼、鞭笞、楚挞、困踣无聊,则有逃之而已。上之人既奴隶叱之,囚徒临之,则下之人安得不自贱?倚法为奸,匿税规免,固其所也。至明太祖老人之设,固齿德俱尊人也;今亦与里长同视而虐用之,久矣。
>
> 夫齿德,人之不至也,吾能以礼动之,以义风之。得一里长,而一里之事举;得一老人,而一里之化行。坐守花封不下堂,而鸣琴可治,不亦快哉?

论文追述里老制度的变革及里老地位的浮沉,重点分析唐宣宗时期虐待里老的情形,通过前后对比,阐述重视里老以教化百姓的重要性。

他的人物传记以《赖道寄传》为代表。作者善于从外貌、神态、语言等多方面描写人物,生动形象:

> 道寄于是谒布政使邓公思启、按察使蔡公守愚,单衰缀络,骨露衣表。二公怆叹久之,少进与语,辞吐清华,特为加礼。再叩所业文,异日投一编,奇采焕烂。两公惊叹曰:"是足倒三峡之流矣。"时成都有富宦罗一元者,老无子,慕道寄雅才,欲以爱女妻之,邀蔡、邓两公赞其可。道寄艴然曰:"弃丧者无天,婚丧者无后。此覆载所不容而罗君独容之,得无不祥乎?"两公愧服其言,益相引重,乃为资粮助其归。浃岁,扶枢返,毁瘠几人腊矣。

他的抒情散文以《祭彭躬庵文》为代表。其中,辛酉读《春兴》诗一节:

> 辛酉,先生为《春兴》诗中见怀一章,曰:"八十翁从土室头,潺湲和血写离忧。"呜呼,某之心血非先生谁见之?次曰:"我为薪与君传火,世抉河须友作舟。"呜呼,薪今尽矣,火安传乎?舟已移矣,河安济哉?又次曰:"带汁屡经嗤葛亮,借丛偏只误田畴。"自今嗤者无眼嗤,误者从其误矣!
>
> 结曰:"何其老寿偏逢此,长使吾徒泪不收。"呜呼,老矣,又且后死,只须目瞑乃泪收耳!正恐儿孙读此,泪亦不收也。天下人读之,泪亦不收也。岂不哀哉!

时值80岁的李世熊,展读彭士望《春兴》诗中的知己之言,一读一思,一叹一悲，老泪纵横，情深意切，感人至深。

（二）熊兴麟的生平及其创作成就

熊兴麟（1606—1695 年），字维郊，号石儿，永定客家人。少时禀经酌雅，力摹唐宋诸大家，黄道周称其："雄浑劲健，一洗浮靡，足觇立朝节概"①。

崇祯十五年（1642 年），熊兴麟举于乡，次年联捷进士，授宜兴（今江苏宜兴市）令。熊兴麟在宜兴期间，"杜苞苴，平讼狱，戢奸禁暴，加意噢咻，一切无名赋役，蠲除殆尽，吏胥拱手行文书而已。间复巡行四方，察其形势要害所在，俾民立栅结垒，控御绸缪，以相保聚。他邑山寇，多白昼肆劫掠，而荆溪一路仍熙熙有承平遗风，四境德公如慈父母。江院某方奏公'治行第一'"②。清军占领南京，熊兴麟返回故乡。

南明隆武时，大学士苏观生、何吾驺交章荐举熊兴麟，起为礼部主客司主事、河南道御史。闽事败，不避艰危，投奔永历。逾年，出为湖广监察御史。永历元年（1647 年）冬，兴麟巡行至辰州（今湖南沅陵县），被清军俘虏，逼令薙发，纳敕印，劝其出仕清朝。熊兴麟不屈，被羁押近七载，始得放归。

熊兴麟以完名全节返乡后，居家四十余年，侍奉老母，"日以读书养志、课子孙自娱。时与二三知友，流连于围棋、文酒间，舒情啸咏，弄月吟风，以寄其浩浩落落、不可一世之慨"；"衣冠眉宇，一如素履，无稍逾其高风亮节，人士翕然宗之"③。

熊兴麟有《素园诗歌》传世，原有诗歌数百首，后散逸甚多，今人整理而成《素园遗稿》，尚存诗 157 首。

熊兴麟早期的诗歌大多湮灭，现存诗歌主要是羁縻辰州及回乡之后的作品。被羁押辰州期间，熊兴麟拒绝出仕清朝，保持了忠节的品行。他的诗《不仕》，辞气铿锵，态度坚决，阐明自己面对威逼利诱而节义不改，是一首正气之歌：

> 既涵山岳气，生非无自来。吾自有吾主，岂茫无所裁。出处不容混，钟鼎何为哉。笑杀从权人，气运谓如此。日读圣贤书，节义岂如是。曾闻正气歌，复披却聘史。圣主恩如天，不变乃君子。宁卧北山中，宁作田家翁。或餐霞吸露，或弄月吟风。与世淡无事，从教天地聋。

隐居家乡时期的诗歌，主要歌咏山水及描写自己的山居生活，如描写永定县绿筠书院的《松院秋声》：

---

①②③徐元龙修：《永定县志·文征》（民国三十二年版），丘嘉穗《前进士湖广巡按监察御史熊公传》。

凌空杰阁挂松楸，谡谡涛声杂濑流。

鳞老薄霄亭日午，风寒飞线满江秋。

谁为方夜读书赋，自有登高落帽俦。

铛沸新泉茶七碗，恍疑羽化上琼楼。

此诗赞赏书院松林的苍翠茂盛，抒写品茗听松的愉悦心情。他描写山居生活的诗，清新自然，许多是表明心志之作，如《山居》《凤山山居》：

城市幽栖避，柴门懒得关。鸣琴声恍鸟，步月影移山。入座云霞乱，傍帘泉石闲。北窗高卧处，谁复问人间。

但使胸无系，入山不在深。岩前堪独酌，云树可乘阴。临风皆有意，对月仍无心。登高远舒啸，赋诗重行吟。时逢樵采语，可与论知音。且坐而且卧，簪绂不能淫。

他的述志之作，主要见于咏物诗和咏怀诗，这些诗清新雅健，气势雄浑，很能代表其晚年的思想与诗风：

咏 柏

众芳争落尽，孤柏独森森。叶映山河色，干坚天地心。曾经甘露润，何畏肃霜侵。不为寒风改，挺然傲古今。

静 夜

夜阑何事掩柴扉，摇麈鸣禽逸兴飞。浩气行天光烛斗，清风满袖月明衣。

写 怀

胸次无余物，悠然彼岸登。啸呼风万里，气遏云千层。天地作庐舍，羲皇列友朋。迂疏人易厌，傲骨自崚嶒。

熊兴麟于多事之秋，历仕崇祯、隆武、永历，洁己爱民，任难勤王。羁縻之中，威武不屈，富贵不淫，七年遗臣而不改其忠节。隐居奉母，晚节亦如松柏。其抗怀忠孝，百折不回的精神，堪与李世熊接踵其二。

（三）刘坊的生平及其创作成就

刘坊（1658—1713 年），原名琅，字季英，号鳌石，祖籍汀州上杭，出生于云南永昌县。祖父刘廷标，明末为云南永昌通判。张献忠部将孙可望入云南时，刘廷标不降，自杀殉国。父之谦，永历时以恩荫补为赵州学正，累迁户部主事。顺治十六年（1659 年）三月，清军攻占云南，刘之谦被俘，不屈，遭炮烙死，全家与难者 80 余人。刘坊母子因事前外出幸免于难。刘坊 22 岁时返汀州，居上杭伯子家。宅中有一百年古榕树，遂名其阁为"天潮阁"。刘坊惓怀家国，终身不娶，遍游大江南北，访求遗逸。所最推崇者，为成都刘苴、衡阳王夫之、江西丘维屏、宁化李世熊、南海陶叶，都是明季遗老。康熙五十二年（1713 年）五月卒于宁化李世熊家，由李世熊之子求可君将其葬于李世熊墓旁。

刘坊有《天潮阁集》6 卷，收入散文 28 篇，词 9 首，诗歌近 300 首。刘坊自谓其诗文"一无仿效，意到则书，唯所欲言，以为自有文章以来，唯一刘鳌石而已"[①]。

刘坊的诗歌主要分为四类：

其一，赠答诗。刘坊与李世熊、黎士弘等都有密切往来，诗歌赠答。如《奉寄李元仲先生二首》：

> 安稳西华老赵州，草玄书就复何求。
> 峨眉无恙犹思汉，猿臂空神竟不侯，
> 白发至今留但月，丹青他日任阳秋。
> 近来删定闻尤甚，肯把明珠一暗投。

> 但见奇峰天际吐，不知君子近如何。
> 闲情且更传三略，绝曲休教续九歌。
> 满目荆榛悲虎豹，百年天地老风波。
> 圃珧桂秀蘺黄日，拟后登岩醉薜萝。

第一首诗称颂李世熊有如唐代高僧从谂修养高深，以及对明朝故国的忠贞。第二首则是表达对元仲先生的关切，预为秋后游宁之约。李世熊比刘坊大 56 岁，属于祖父辈，但共同的政治理想和民族气节使他们结成忘年交。李世熊与刘坊的祖父刘廷标是朋友，当刘坊返回汀州拜访元仲先生时，李世熊作诗《赠刘季英》，赞赏刘坊的才华：

> 天末幽忠四十年，每伤遗迹辄潸然。
> 间关入梦勤三揖，凄切书铭累百言。
> 万里归来惊少息，立谈倾倒尽珠璠。
> 世家风节云霄炯，偃蹇西华何足怜。

其二是山水诗。刘坊在闽期间，游览客家山水，创作了许多富有客家山水民情特色的诗歌。如：

九日杭川

---

①丘复：《上杭刘鳌石先生传》，刘坊：《天潮阁集》，民国五年(1916 年)印行，第 5 页。政协上杭县文史资料编辑室收藏。

九日登高兴自佳，忽闻秋老独关怀。

人情似草愁霜降，世事如星逐岁差。

一水弄晴澄远浦，乱山堆浪激孤排。

频年此节成虚度，烂醉风前任帽歪。

桃源洞

紫金山下桃源洞，泉树阴阴夹道遮。

昨日乘鸾三岛去，满山开遍碧桃花。

清流道中即目

人家杂芳树，高下置其间。野水忽平地，孤城卷乱山。

云生东华迥，月过北溪闲。万古樊公庙，淫祠未可删。

其三是咏物诗。诗人喜爱古榕、青松与梅花，往往见景生情，托物言志，如他的《咏梅》：

寒山消瘦更无尘，别墅疏林映玉人。

白水澄潭盟雅致，碧云天际想风神。

傲残庚岭三冬雪，开早长安万树春。

两眼乾坤憔悴久，对君犹见古遗民。

此诗咏赞梅花寒冬傲雪、清雅无尘的风神韵致，是诗人入清后坚守遗民思想的自我写照。

其四是咏怀诗。咏怀诗在《天潮阁集》中占最大分量，是刘坊思想感情的集中体现，也是刘坊诗歌最具有感人力量和价值的部分。如《五歌》（丁卯除夕客洪州作）：

有客有客字季英，十年落魄东西行。中原万里无托足，萧然天地惟一身。短衣粝食苦不饱，高歌傲慢凌古人。呜呼！一歌兮漏一下，霜风漠漠云飞野。

有兄有兄头已白，三人憔悴各颜色。生时本作同支亲，长大岂期山海隔？伯兄闽中因哭子，耳目昏朦骨如指。去年接得仲兄书，垂老伤心客金齿。呜呼！二歌兮漏二催，天涯我自怜孤骸。

宝刀宝刀中夜鸣，光芒上薄斗牛精。猛虎正肥蛟龙卧，白狐跳跃黄狐狞。何时淬尔冰雪骨，人间安得有不平？呜呼！三歌兮漏声沉，皇天生我知何心。

寒禽寒禽声何微，喔喔鼓翅吹天机。行年三十不得意，生世何如未生时！黄农虞夏去我久，我行抱此将安归？呜呼！四歌兮漏四滴，读书谁知有今日！

丈夫傀儡负奇志，炯炯双眸须如猬。履穿肘露不自谋，往往喜说盘古初年事。穷冬雨雪天闭藏，寒梅悠悠吐生气。呜呼！五歌兮天已曙，披衣大笑出门去。

这组诗是模仿杜甫《同谷七歌》所作。刘坊有着杜甫一样颠沛流离的经历，但刘坊的家国之恨与流离辛苦远甚杜甫。这组诗以浓烈的情感抒发自己人生落魄、萧然一身的憔悴，也表达自己高歌傲慢的不屈意志。在《黄河行》诗中他写自己："不明、不宋、不唐、不汉一男子，往往高歌动鬼神。"刘坊的诗歌唱出眷怀家国的深情，也唱出自己壮志未酬的悲愤，体现不屈的意志，因而具有强烈的震撼人心的力量。丘复《天潮阁集序一》评述刘坊诗文："字里行间，犹可想见先生之隐衷，知先生之身世者，读之能无油然生爱国之心乎？"南社诗人柳亚子在《天潮阁集序四》中亦认为刘坊诗文"足以惊天地而泣鬼神"。

刘坊的散文，一类是纪游的写景抒情小记，如《九龙诗记》《漱玉亭记》《癸亥中秋后一日纪游》。一类是记、序、书信、祭文等应用文体散文，他的《天潮阁记》文短而寓意深刻：

> 有树蓊然垂天而立，其枚肆蔚然蘽然四出。其林之所给，非一隅一时之所办也。庇其荫者且数亩，聚其下而娱愉者则皆是也。至其苊茨偃仰上干青霄，寒暑所不能移其性，霜露所不能变其操。猛风则怒号，条风则悠扬。月初出郁郁葱葱，月中天则凄清而苍凉，是其咳唾之为雨露，呵叱之为雷霆，播之百物为虫鸟之鸣，宣之金石为宫商之奏者，世亦何以测其然哉！嗟乎，夫物之尤者，则固若是矣，而于人何独不然！
>
> 予既归杭之四年，皆馆于伯子家。临宅有榕树一林，盖百岁物矣。予喜其谽谺盘错，崛强自立，若嵇阮诸君颓然放于尘埃之外者。又其性与他木异，恒夏萎而冬青，亦后知之胜侣也。每风雨良夜，予周行其下，或攀援而踞其巅，纵观丘原，俯仰八极，悠然深思，窈然遐想，更不知此身之为晋与秦也。因取而名之曰："天潮阁"。若曰是其噌吰嘲哳而春秋异候者，乃天地万物之相感于不已者也，而予之心则有不然者！

天潮阁，在上杭县城北，是刘坊自滇归杭后的居所，阁名隐藏"大明"二字。本文在阐述取名"天潮阁"由来的同时，寄寓自己亦如榕树"寒暑所不能移其性，霜露所不能变其操"的气节，表达"崛强自立，若嵇阮诸君颓然放于尘埃之外"的思想。

他的另一类是抒情议理散文。他的《广送穷文》模仿韩愈《送穷文》的形式，内容上却是焕然一新，富有时代气息。作者虚构了八种穷魅：国穷、世穷、家穷、道穷、诗穷、技穷、友穷、志穷。"刘子"指斥众魅，而众魅反驳"刘子"，使"刘子"后悔前言之非，解除心中的疑惑，坚定了特立独行、不为流俗所移的志向。

李世熊、熊兴麟与刘坊三人，无论文章和志节都堪称遗民中的英豪。雄风所向，许多爱国文人都体现了可贵的民族气节，如李弃、丘嘉彩、赖道寄。李弃（1597—1678年），字白也，清流诗人，入清之后，他决心"头不顶清朝天，脚不踩清朝地"，屈守孤楼，从不下地，杜门著书，直至去世。著有《评订史鉴》，有诗歌100多首传世。丘嘉彩（1596—1668年），泰宁县人。明崇祯九年（1636年）中举，隆武二年（1646年），南明阁部傅冠率兵至福建邵武，丘嘉彩前往参赞军事。明亡后，隐居于泰宁城外醴泉岩外侧的肖岩，多次拒绝清廷的征召，甘于岩居穴处、清贫守志，有诗集《悲秋集》传世。宁化诗人赖道寄也在入清后悲愤难抑，悉发为诗，洒血抒怀，哀伤而逝。李世熊作《赖道寄传》，刻画了一个孝悌、爱国的客家平民形象。著名散文家魏礼评此文："文章非扶植世教，感发人心，竟可无如此完人？得兹传闻，扬生气凛冽，百世之后，闻风兴起，足感顽懦。此寒支以文字为功德，不减春铎晨钟也。"点明文章警世的社会意义。

三、清初六才子

活跃在清初客家文学诗坛的，还有一批富有才气的客家诗人。他们的创作主要是山水诗、咏怀诗和咏史诗。"三李"（李于坚、李长日、李赞元、）、"二丘"（丘梦鲤、丘嘉穗）、"一黄"（黄日焕）是其中的代表。

1. "三李"及其创作成就

李于坚，字不璘，清流县人。崇祯四年（1631年）进士，历任汾州司理、南京礼部郎、提督浙江学政等职。李于坚性格开朗，风度潇洒，喜欢奖掖后进，致仕后以著书作诗为乐，有《西河草》《吴草》《楚草》《燕草》《遁圆草》《酒花诗》各一卷传世。其时，名公巨卿以及山人词客，争以得其一卷为平生快事。杨澜《汀南廑存集》收录李于坚的专题诗歌《酒花诗十六首》，可见其诗歌的影响程度。

李于坚的诗用词精工，含义隽永，风格俊逸，独具一格。代表作是《忆磊园山居》：

> 岸回纤路合，枫夹大江寒。梳土通云气，删苗入药栏。蕉衣长受墨，笋箨落为冠。静了花间事，看舟渡石盘。

磊园山居，原址在清流东门城外，与旭来寺相连，是李于坚青年时的读书处。此诗回忆磊园的环境，以及山居时期种植花药、读书写字、闲看渡舟的悠闲生活，抒发对青年时期的怀念之情。

客家地区多酿米酒，清流县传统也是如此，李于坚对家乡的米酒珍爱有加，作有《酒花诗十六首》。杨澜《汀南廑存集》收录他的《酒花诗》十首。其中两首：

> 不分杜若与江蓠，结茝凝脰坠粉脂。
>
> 浪说兰陵光琥珀，齐传巴国浸酴醿。

芷随刘锸娟娟艳，瓣向陶巾片片飞。
漉到四邻炊正熟，此中信自有东篱。

难寻泡沫与浮沤，云梦山醒冷石鼗。
驿使寄衔兼麹部，督邮重锡领青州。
闲随柳絮飘帘下，斜缀榆钱掛杖头。
馥馥冶墙吹断后，不禁业发小山秋。

诗歌从酒花的香气、颜色、形状、飘飞的动感、不同时令的联想及其相关典故，多角度多感官形象生动地描绘酒花之美，确实精工隽逸、极富文采。杨澜评论他的酒花诗"点缀映媚，胸有锦机，旁见侧出，参错于行墨间，有落花依草之致，馀霞散绮之观，亦一时绝作也。"

李长日，字化舒，号石村，长汀县人。《汀州府志·文苑传》载其"善古文词，尤长于诗"。著有《石村草堂诗文集》。入清之后，一些文人无法改变现实，又不愿出仕新朝，只好寄情山水以消遣愁闷，李长日也是这样的人。他的《南溪泛月》（二首）：

谁牵小艇泊桥西，酒灶茶铛亦并携。
共拟扣舷吟永夜，相将移棹泛前溪。
传来渔唱随风远，过去鹊声傍月低。
渺渺予怀看水际，流光一望压长堤。

高林明月薄溪滨，草上离离露色匀。
今夕能同良会好，几年相对友朋真。
香流双桨茶声嫩，白浸千峰水气新。
却喜放舟绝壁下，岩边灯影照嶙峋。

诗人携酒带茶，与友人泛舟南溪，自是联想到苏轼的放舟赤壁，耳畔响起那"桂棹兮兰桨，击空明兮溯流光。渺渺兮予怀，望美人兮天一方"的歌谣。这种流连山水、沉溺于诗意境界的做法，实际上更是一种出世与入世难以选择的心灵煎熬。

清初，汀州几经兵燹。顺治三年（1646 年），清兵追杀隆武皇帝于汀州；康熙十五年（1676 年），郑成功派大将吴淑收复汀州，不久又被清兵占领。战乱把汀州城破坏得满目疮痍，一花一木，亦足令人触景伤情。李长日的《斗姆阁》《游玉屏山》是对这种社会状况的反映：

叹息年来兵燹后，伤心不复过龙山。
近闻莲社成飞锡，特办芒鞋一叩关。

半偈深谈残照里，六时清磬古松闲。

逃禅我欲频来此，相送孤筇带月还。

树声围古刹，门迳背林斜。白日松浮霭，小春园自花。

千峰灵运展，半偈赵州茶。万象今零落，幽寻感物华。

诗歌从侧面反映清初战乱给汀州带来灾难，文人寄托佛教以安抚受伤的心灵。诗中流露的伤心、叹息及万象零落、孤独凄凉之感，是当时文人普遍心情的反映。

李赞元（1613—1699 年），字匡侯，号素园，别号遯叟，漳州府平和县人。清顺治四年（1647 年）举人，出仕后累迁至河北道参议。任职所至，政绩卓著，百姓爱戴。63 岁致仕，因福建兵乱未宁，侨寓南京，直至去世。赞元善诗，有诗集《出门吟》《遯园草》《怡老篇》等传世。杜浚的《李匡侯出门吟序》称其"闽海山水人物之奇，得此诗伯而无遗恨矣"。他的诗歌有的写怀才不遇、壮志难酬的郁闷，如《宝镜叹》：

绣囊裹宝镜，日夜挂妆台。侬色已憔悴，踌躇未敢开。

他的咏史诗联系现实，寄寓历史沧桑之感。如《未央宫》：

故殿久成荒，空钟在建章。寒烟生废井，蔓草上枯杨。苔锁朱门暗，虫飞画阁凉。寥寥秋苑内，明月为谁光。

2. "二丘"及其创作成就

丘梦鲤，字渔父，上杭县人。崇祯六年（1633 年）举人。清顺治十三年（1656 年）任榆次（今山西省晋中市榆次区）县令。善诗、文，著有《归来草》《澹园集》《读史随笔》等诗文集。其诗《宝珠楼》描写登汀州宝珠门城楼所见山水美景，生动形象，犹如图画：

身拥山城意自娱，卧游长日胜披图。

岩从电劈高朝斗，峰学龙蟠静抱珠。

赤水乍离同月冷，碧天遥映伴云孤。

凌空雅有惊人句，领下宁询探得无。

他的散文《九仙岩记》以纪游的写法，描述九仙岩的地理位置及周围的溪流、石桥、岩洞等景观，追述县令李自华对九仙岩的修建之功。文中描写沿溪探访九仙岩一段，语言简洁，移步换景，形象生动：

县东之十里，缘溪行，有石阜，昂首圆背，张其爪距，回顾而北，若奔若蹲，崇竦于大溪之侧者，为狮子潭。迤潭南行，亘山脊，石涧淙淙，揖大溪而流注，虬松披阴于道左。邑人旧叠石桥其上，俯瞰涓流，鳞文斑斓，照映涧中，行者憩焉。稍折而东，逾平田，穿洞口，磴道仄甚，已数武，乃划然得所谓石岩。深广可二丈馀，高三之二，碧流绕其下，时为溅沫，涓涓清出。环底皆石盘，平迤决溜，为窟者九，或阔二尺许，或数尺许，深悉倍。是可浴可觞，次第布置，类非人所开凿，岂所云九仙以是故欤？

邱嘉穗，字秀瑞，上杭人。康熙二十四年（1685年）府学拔贡，二十六年（1687年），知县蒋廷铨聘修县志，二十九年（1690年），举于乡。康熙四十五年（1706年），知归善县（今属广东惠州），公余之暇，唯以读书题咏为事。两充乡试同考官，提携许多名士。在任六载，卒于官。著《东山草堂诗集》十卷、续集一卷、《陶诗笺》五卷、《迩言》六卷等。

丘嘉穗的诗歌主要有咏怀诗、咏史诗和纪行诗。他的咏怀诗如《题东山书屋》：

> 先人有敝庐，亦足障风日。而我扩丈地，非敢卜云吉。直以藏书多，结构审容膝。良夜独开卷，闲房时点笔。耿耿小窗明，伴我事著述。丈夫志四海，安能扫一室。正恐无事时，岁月坐荒失。掘井不及泉，临渴徒仓促。

东山草屋（亦名东山草堂），在上杭县南五十里中都，是丘嘉穗青年时读书处。此诗质朴自然，记述自己在东山书屋的读书、著述生活，激励自己胸怀大志，珍惜时光。

他的咏史诗评论古代名人的立身处世态度，别有见地，如：

淮阴侯

> 千金若望报，一饭岂哀贫。知道如漂母，不矜高汉臣。
> 王侯旋赤族，面背总亡身。当日无双士，死生两妇人。

留　侯

> 学道乃儒者，子房涉鬼神。要知黄石诞，谁信赤松真。
> 用汉犹狙击，封留更保身。不仙亦不侠，终始一韩人。

严滩怀古

> 钓鱼人去石犹在，峭立滩前古色纷。
> 七里流平胥口泪，一台浮尽汉家云。
> 三公不任皆归第，谏议何官肯事君。
> 出处几人堪并论，桐江渭水钓竿分。

前两首诗分咏韩信、张良的人生命运，后一首诗怀古，咏叹严子陵不肯事君的高节。杨澜评："三章论古俱有特识，不愧读书人。"

他的纪行诗多是应试远游和出仕归善时期的作品，在质朴自然的同时，增添了一份俊朗飘逸，如《石城道中》：

> 万里秦闽叹远游，归期又近一年秋。
> 逢人暂喜声相似，问俗还知岁有收。

峭壁崚崚横岫出，清泉决决绕溪流。

明朝咫尺乡关路，好把芳尊对月酬。

丘嘉穗的诗歌取得较高成就，是继上杭诗人刘坊之后的杰出诗人。《四库全书》收录其《诗集》八卷、续集一卷、《陶诗笺》五卷。

3. "一黄"及其创作成就

黄日焕，字愧莪（一作愧峨），永定县人。顺治十八年（1661年）进士，知广西兴业县，后历知甘泉、邧州，淮安府河务同知等。黄日焕的诗歌成就主要在山水诗，他的《龙冈八咏》，诗题是古代永定八景名称的定型。组诗描写永定山水的美丽，赞美家乡的可爱，歌颂人民的勤劳与和平生活，其中许多是客家民情风俗的反映：

温泉晚浴

潨潨城东隅，火龙时喷沫。玻璃开琼池，喧赴人如渴。

共入温柔国，荣卫乐疏豁。骊山空殿闭，逊此恩波阔。

古镇烽销

块莽一荒原，累累高冢在。故老凤传闻，虎旅曾肃队。

犹存墟落名，不记是何代。只今诗礼乡，往来尽冠佩。

龙门樵唱

鸟道盘石门，披霞入层峭。无约亦同群，清讴相和笑。

何必叶宫商，矢口自成调。穆然太古音，昏途知者少。

上述三首，反映了客家百姓喜爱晚浴温泉、山歌唱和的特点，诗中赞美永定为诗礼之乡，反映了当时客家社会文化发展的情况。

四、客家文学三宝

清代客家文学有个显著特点，在客家民间文学影响下，文人开始用客家方言进行创作。由于时代久远，现存用客家方言创作的文人诗歌甚少，长汀诗人黎士弘的《闽酒曲》、武平诗人林宝树的《一年使用杂字》（又名《年初一》）、永定诗人廖鸿章的《勉学歌》是其中的代表。这三首诗是客家文学的瑰宝，弥足珍贵。

黎士弘（1618—1697），字媿曾，长汀县人。14岁补博士弟子员，曾受业于宁化李世熊，36岁中举。康熙元年（1662年）任广信府推官，为政清廉、听断精明，百姓称他为"黎青天"。后官至陕西布政司参议。康熙十八年（1679年）

辞官还乡后，与李世熊、刘坊、上官周等诗文往来。黎士弘有《托素斋诗集》四卷，诗歌 720 首，大多用当时的官方语言写作，如他的咏史诗《相公墓》《三闾庙诗》，山水诗《通济岩》《佛祖峰山寺坐月》，以及咏怀诗《贤者虽在下》四首。现存用客家方言创作的，只有七律组诗《闽酒曲》：

> 板桥官柳拂波流，也够春朝半日游。
> 数尽红衫分队队，贳钱齐上谢公楼。
>
> 长枪江米接邻香，冬至先教办压房。
> 灯子才光新月好，传笺珍重唤人尝。
>
> 社前宿雨暗荆门，接手东邻隔短垣。
> 直待韩婆风力软，一卮阳鸟各寒温。
>
> 新泉短水拍香浮，十斛梨香载桂舟。
> 独让吴儿专价值，编蒲泥印冒苏州。
>
> 闲分饮郡酒如潮，三合东坡满一蕉。
> 让却灯坛银海子，久安中户见风消。
>
> 曾酤当垆细埔中，高帘短柳逆糟风。
> 近无人乞双头卖，几户朱牌挂半红。
>
> 谁为狡狯试丹砂，却令红娘字酒家。
> 怪得女郎新解事，随心乱插两三花。

《闽酒曲》由七首绝句组成。组诗以描写春游民众齐上谢公楼品尝美酒的热闹场面开始，然后有条不紊地开始介绍长汀传统米酒的酿造、品种及其销售，最后以红娘酿酒、头上插花的形象作结，构成一曲完整优美的客家米酒之歌。组诗用的是客家语言，写的是客家事，抒的是客家情，具有浓郁的地方特色。

林宝树（1673—1734 年），字光阶，号梁峰，武平客家人。康熙三十八年（1699年）举人，授奉天海城知县（今辽宁鞍山市南部），因父母年迈，道远不赴，在家热心公益，以著述讲授为乐。有《梁峰诗文集》《四书大全摘抄》行世。

他的通俗启蒙读物《一年使用杂字》（又称《年初一》）在民间影响甚广。这是一首长篇七言歌体白话韵文，有 686 句，5400 多字。长诗用客家语言写作，反映了许多客家民情风俗。如描述大年初一开大门、放鞭炮、祭祖以及拜年活动：

> 年初一，早开门；放爆竹，喜气新。点蜡烛，装香灯；像前拜，烧纸钱。

灯光火，早夜连；蜡烛台，两边排。香炉内，檀香堆；棹围带，挂起来。台前供养尽新鲜，汤皮糁饭用油煎。豆腐糍粑禾米板，碗头盘碟尽齐全。门冬瓜线红柑子，龙眼荔枝糕饼软。茶匙茶盏茶壶子，桔饼点茶再食烟。传盒一座摆开看，拜了新年就出门。神坛社庙都去拜，祖公堂上贺新年。无事之时好着棋，围棋象棋有赢输。戒别纸牌切莫打，送了钱财惹是非。大细子人好嬉游，双手无闲拍棉球。或用脚来踢毽子，输了他人不知羞。初三初四拜新年，婿郎男女到家门。或请新亲来相见，丈人老表及外甥。猪肉食完并腊鸭，蒸醋鱼冻共三牲。浸酒开罈用大碗，欢欢喜喜赛哗拳。

又如反映客家人婚庆民俗：

新郎公坐四差轿。新人花轿赛嫦娥。灯笼凉伞并彩旗，一迎一送两相宜。裙衫衣服嫁奁厚，木箱衣架铺帐被。入门饮了六杯酒，棹围座褥摆列齐。恭贺对联贴满堂，字画纱灯结彩装。媒人相邀送嫁客，大家等接好风光。酒筵食到下席去，就掷骰子呼令章。三朝拜堂分大小，谒见家官并家娘。叔婆伯姆及姐嫂，大姑婶姆妹姨娘。

林宝树是客家文人，中举后一直在家乡著述讲授，参与公益活动，因此对客家民情风俗有全面而深刻的了解。他作《一年使用杂字》，本是为了让百姓认识一年中日常生活常用的杂字，但他巧妙地将识字与日常生活、民俗活动相结合，在生活中识字，在识字中传扬可贵的传统美德与客家精神。清代时，这首长诗就由长汀四堡书坊多次刻印发行，在客家地区流传甚广，深受百姓喜爱。因此，这首诗既反映了客家民情风俗，又起到传承客家民俗、精神的作用。

廖鸿章，字羽明，号南崖，永定客家人。乾隆元年（1736 年）中举，次年联捷进士，入翰林，授检讨。后经礼部尚书沈德潜推荐，为苏州紫阳书院掌教。《永定县志·儒林传》（民国版）载其："博闻善诱，随叩即鸣。苏郡为人文渊薮，无不钦服。"乾隆二十二年（1757 年），皇帝南巡，亲临紫阳书院视察，特赐诗褒奖。廖鸿章著述繁富，有《藜余诗草》《紫阳课艺》刊行。

《永定县志·附录》及《闽粤赣廖氏族谱》首卷《族训篇》载有廖鸿章《勉学歌》一首：

东方明，便莫眠，沉心静气好读文。
盥洗毕，闭房门，高声朗诵不绝吟。
食了饭，便抄文，一行一直要分明。
听书后，莫樱情，书中之理去推寻。
过了午，养精神，还要玩索书中情。
沐浴毕，听讲文，文中之理须辩明。
食了夜，聚成群，不是读书便说文。

> 剔银灯，闭房门，开口一读到鸡鸣。
>
> 后生家，只殷勤，何愁他日无功名。

这首杂言诗用客家方言创作，阐明一天之中从早到晚的学习安排，勉励年轻人勤奋学习。诗歌反映了客家人勤奋读书、追求功名的思想，这是当时客家人希望走出山区、有更大发展空间的真实想法。对于今人来说，诗中读书的勤奋精神和某些学习方法，仍有一定借鉴意义。

五、诗画四杰

清代客家文学的又一特点，是涌现一批诗画兼擅的名家，他们是上官周、华嵒、黄慎、李灿，并称"诗画四杰"。

1.上官周

上官周（1665—1750年），原名世显，后改周，字文佐，号竹庄山人，长汀人，是清代康乾年间著名画家。他曾奉召上京绘《康熙南巡图》，后返汀筑画室"竹庄"，绘成《晚笑堂画传》留世。查慎行《题竹庄罗浮山图》称其"上官山人今虎头"，比之为晋代著名画家顾恺之。上官周还工于诗，著有《晚笑堂诗集》。《汀州府志·乡行》载其："工诗，尤精于画。"杨澜《汀南廑存集》称赞上官周的诗画"能自出新意，修然蹊径之外，人比之倪云林、沈石田。诗亦风通，美如其画"。

上官周的赠答诗清丽典雅，感情诚挚，如《重过黎愧曾先生溉本堂有怀宁先太史》：

> 溉本堂中水碧澄，清声雏凤接高林。
>
> 鼎彝色老文章在，几杖光寒道气深。
>
> 把盏静邀江汉月，挥毫写得洞庭心。
>
> 春来烂漫桃花放，天上人间有玉音。

他的咏怀诗，情景交融，含蓄雅致。如《竹庄秋月》：

> 三秋初见月，飘然有所思。金风声冽冽，枫叶何离披。图画宛然似，颇类元大痴。微云荡池沼，细浪吹纹漪。路犬吠行人，树鸟鸣高枝。情景殊可悦，得非行乐时？空怀谢公酒，徐吟高士诗。士高难以见，托心聊自嗤。

作者用元代画家黄公望的画形容竹庄的秋夜景色，用谢公酒、高士诗形容自己的心情，颇为雅致有滋味。又如《作画》：

> 老来疏世事，泼墨寄闲情。山自云中出，烟从涧底生。
>
> 暗泉虚月色，古树涌秋声。此意归神化，微茫空太清。

作者阐明自己晚年作画时"寄闲情"的心态，超越功利目的，进入神思飞扬、灵感降临的状态。中间两联自曝山水画的特点所在。清代窦镇在《国朝书画家笔录》中评上官周"善山水，烟岚弥漫，墨晕可观"，可资一证。

上官周的纪行诗，诗中有画，风格浪漫。如《夜过篁竹岭》（二首）：

> 老识蚕丛险，今从夜色过。千盘余梦境，仰立近星河。
>
> 白发等闲事，青山奈老何。孙登余有啸，竹杖带云拖。
>
> 履险空山夜，惊魂不易招。月明云泛泛，风劲树萧萧。
>
> 暗石蹲如虎，昏烟望似桥。未聆深谷意，谁信有箫韶。

篁竹岭，在长汀县西北，与江西瑞金交界，是长汀通往瑞金的要道。此诗描写篁竹岭的高危难行与惊险万状，表达老当益壮、不畏艰险的乐观精神。

2.华喦

华喦（1682—1756 年），字德嵩，后改字秋岳，号新罗山人，上杭县人，青年以后侨居杭州。华喦是雍乾年间扬州画派的主要画家之一，善画人物、山水、花鸟、草虫，笔法劲峭，风格清新，对后世颇有影响。华喦亦能诗，诗风超逸拔俗，有《离垢集》五卷传世。况周颐《离垢集补抄序》评："其诗落笔吐辞无尘埃之气，江阴顾倚山称其如气之秋，如月之曙；紫山老人比之太阿出水，玉瑟弹秋。盖与书画同工，非书画所能掩。"《钱塘县志》（康熙版）载其："工人物、山水，能诗、善书，人称三绝。"《上杭县志·艺文志》评其"诗笔俊逸，云烟缥缈，饶有画意"。

华喦《离垢集》五卷，有诗 585 首。体裁大多是山水诗、咏怀诗、怀古咏史诗、赠答诗和题画诗。华岩定居杭州以后，经常想念远在上杭白沙的母亲和其他亲人朋友，其强烈的思乡之情在他的诗歌中表现出来，如《怀乡》：

> 水风猎猎过蒲塘，草色青青非我乡。我望乡，乡何处？隔春烟，渺春雾。
>
> 此时闲坐绿窗前，梅子累累不知数。拟开床下瓮头香，三杯为我祛愁去。

他怀念妻子的诗《为亡妇追写小景因制长歌言怀》十分感人：

> 晴光乱空影，日色染寒烟。碧瓦凝霜气，酸风四壁穿。佳人不可见，无心操凤弦。笔花朝吐砚池边，何来一幅剡溪笺。笺长不胜意，殊情独可怜。试将红粉调清露，恍是当年见新妇。凄凄哭傍明镜台，泪眼模糊隔春雾。此时用意点双眸，芙蓉花外绿波秋。眉纤淡扫，发密匀钩。花冠端整，左右金镣。翠雨珠烟沃凤头，阑珊衿带约春愁。丛铃杂珮，参差相对。绫袜深藏，寒香散地。蛱蝶为裙疑水疑云，如何兰言使我不闻。幽轩之下，清泪纷纷。肯将遗枕为卿梦，肯将残鸭为卿熏。天长地久情还在，不许鸳鸯有断群。

华喦 36 岁时，妻子蒋妍病故。此诗长歌当哭，深情怀念妻子生前的音容笑貌；

末句"天长地久情还在，不许鸳鸯有断群"看似无理，却是深情的流露。此诗句式长短参差，感情低回悲切，读之令人动容。

《离垢集》中占大半篇幅的是题画诗。华嵒作画，无论人物、山水、花鸟，画完之后往往都要题上一首诗，起到画龙点睛，阐明画意的作用。这些诗多是五七言绝句，如：

题文姬归汉图

纷纷珠泪湿桃腮，十八拍成词最哀。

一掷千金归汉女，老瞒端的是怜才。

张琴和古松

一弦拨动，众谷皆鸣。泉韵松韵，风声琴声。

画墨龙

山人挥袂露两肘，把笔一饮墨一斗。

拂拭光笺骤雨倾，雷公打鼓苍龙走。

题鹏举图

朝吸南山云，暮浴北海水。

展翅鼓长风，一举九万里。

这些题画诗生动形象，有的极富气势，有的还颇有见解，再用高超的书法配之于图画，的确是诗、书、画三绝一体的佳作。

3.黄　慎

黄慎（1687—1770年），原名盛，字公懋、恭寿，号瘿瓢山人、东海布衣，宁化人。黄慎早年家贫，14岁时父亲客死湖南，两妹相继夭折，母亲命其学画，为人写真。16岁时离家从师，画艺日进。33岁时远游闽、赣、江、浙，遍览山水，广结朋友，拜访名师，技艺大增。43岁时来到当时经济文化十分繁荣的扬州，与郑板桥、金农、李鲜、高翔等画家交往密切，共同开创扬州画派的新格局，成为清代乾隆时期著名画家、"扬州八怪"之一。他的画长于人物、山水、花鸟，特别是写意人物神情毕肖，气韵生动，是"扬州八怪"中仅有的。黄慎的草书"疏影横斜，如枯藤盘结"，独具一格。《汀州府志·乡行》载其"能诗，工画，善草书"，时称诗书画三绝。

黄慎有《蛟湖诗钞》四卷，收入诗词329首，由宁化知县陈鼎于乾隆二十四年（1759年）捐资刊印。郑板桥评其诗："直抒胸臆，清新高雅，亦如巉岩绝巘，烟凝霭积。"雷鋐《蛟湖诗钞》序称："山人字与画可数百年物，诗且传之不朽。"

黄慎的诗主要是写景抒情诗，还有一部分是赠答、咏物和题画的诗歌。

他的咏怀诗，直抒胸臆，清新高雅。如《忆蛟湖草堂》：

> 夜雨寒潮忆敝庐，人生只合老樵渔。
>
> 五湖收拾看花眼，归去青山好著书。

蛟湖草堂，在宁化县城东湖村张家湾，是黄慎读书作画之所。此诗大约作于黄慎晚年从扬州返回故乡之前，抒发对蛟湖草堂的深深怀念及归去著书的心意。他的《杂咏》组诗大约作于返回宁化之后，描写在家乡的文人清雅生活及清新自然的乡村景象，如：

> 一筇一笠一瘦瓢，爱向峰头把鹤招。
>
> 漫道归来无故物，梅花清福也难消。
>
> 江村地僻少人家，青草池边响绿蛙。
>
> 昨夜庭前风雨过，晓持竹帚扫桐花。
>
> 春来柳暖读耕堂，坐拂花茵爱石床。
>
> 门外秧针新绿遍，犊归村巷背斜阳。

这些诗歌形象鲜明，绘形、绘色、绘声，是诗画结合的优秀之作。丘复《蛟湖诗钞序》评黄慎的诗："大率自抒胸臆，浑朴古茂，绝无俗韵。七绝尤得晚唐神髓。"

他的一些山水诗浑朴古茂，气势雄浑，如《和雷翠庭银台九龙歌》：

> 噫吁戏，古有闽海之危巅。其下九龙今，险如黄河水决昆仑之东川。一龙长鲸势莫比，磨牙吞舟喷沫涎。马龙浪激雪山直走三门下，针穿隙窍击深渊。篙师逆折剑峰敌，巴子成之字钩连。高岑寸碧粘天上，跌踢还疑坐铁船。猥猥猰狳深藏影，山魈魑魅不敢前。大长波冲恍然紫贝燃犀角，缆解黄龙腾蹄飞竹箭。沛舟瞬息五霸天地皆昏黑，六龙雷鼓瘦蛟争。声闻悽怆格斗死，石进秋雨破天惊。宛转射潮三千弩，勇当三万七千五百之洗兵。顷刻鸿门峡外峰磨天，小长龙过忆诗仙。想君凤池清梦里，读君欸乃犹唱沧浪前。履险心夷神巳恬，报君香龙安龙意豁然。

这首歌行体诗描写九龙滩的惊险万状，想像丰富奇特，气势飞动，节奏参差自由，极富浪漫主义诗风。

4.李 灿

李灿（1723— ？），字明文，号珠园，武平县人，乾隆间著名画家。少时性倜傥有奇气，好读书、嗜书画，不乐仕进。曾游历粤、赣、江、浙、鲁、豫等地，访师结友，切磋画技，艺术日精。他近宗黄慎，远取诸家，自成风貌。李灿的画，工山水、花鸟，尤擅人物。所画人物须眉生动细致，意态逼肖传神。乾隆时学使陆锡熊按试汀州，以画考试，被取为第一，因之画名大著。由于李灿画技高妙，邑人称其为"画仙"。传世作品有《渔樵问答图》《三仙戏蟾图》《风尘三侠》《李拐仙》《西园雅集图》等。李灿工书法，笔法苍劲，诗亦清新超脱，作画之后往往题诗其上，可谓诗、书、画相得益彰。

李灿有诗集《珠园集》传世。《武平县志·艺文志》存其两首题画诗。其一《渔翁图》：

> 闲来垂钓且狂歌，最是渔翁乐趣多。
>
> 物换星移人不老，年年江上醉烟波。

这首诗赞赏渔翁悠然自得的生活乐趣，清新明快，一气呵成。其二《题渔樵问答图》：

> 君收纶，我停斧，且向溪头话今古。屈宋文章爨下薪，韩彭事业庖中俎。
>
> 何须一一多兼顾，世上功名贱如土。君卖鱼，我负刍，有酒可换不须沽。青
>
> 山满眼同一醉，勿论区区荣与枯。

此诗以渔父、樵夫的口吻一问一答，表达鄙弃功名利禄、乐于隐居、超脱世俗的思想，风格飘逸洒脱，与作者倜傥不群的性格极为相符。

六、乾嘉十才子

康熙后期至乾隆年间的百年时间，史称"康乾盛世"。嘉庆元年（1796 年），声势浩大的白莲教农民起义爆发，但战火波及的范围只在陕西、四川和湖北三省，福建及其比邻的江西、浙江仍是一片升平景象。乾嘉时期的福建客家地区社会安定、经济发展，带来文学繁荣的另一种倾向，那就是批判现实主义诗歌的消沉，山水诗重新兴盛一时。乾嘉时期的客家文学主要是山水诗，诗歌主导风格趋同于清新典雅，代表人物是宁化诗人雷鋐、伊秉绶、张轼，武平诗人李梦苃，连城诗人童能灵、童孙灿，永定诗人王见川、巫宜耀，沙县诗人郑大壮，长汀诗人黎致远，他们并称"乾嘉十才子"。

"十才子"都从康乾盛世中走过来，主要生活在汀江流域的汀州地区，由于人生际遇不同，心态也就不尽相同，与之相应，文学风格也有差异。仕途比较顺利文人，他们的诗歌以积极的入世情调反映生活，风格清新典雅，富有气势，如雷鋐、童能灵、黎致远、王见川和伊秉绶。怀才不遇或无意仕进的文人，他们的诗歌体现出悠闲散淡的情调，风格更多洒脱飘逸，如李梦苃、张轼、童孙灿、郑大壮和巫宜耀。

前一类文人以雷鋐为代表。雷鋐（1696—1760 年），字贯一，号翠庭。17 岁

补县学生，肄业于鳌峰书院，深受一代名师蔡世远的器重。雷鋐于雍正元年（1723年）中举，雍正十一年（1733年）进士，殿试第一，授庶吉士。乾隆元年（1736年）授翰林院编修。乾隆年间，历任上书房日讲起居注、浙江提督学政、江苏学政、都察院左副都御史等职。入仕之后，雷鋐受蔡世远、方苞等人的熏陶和影响，理学研究与诗文创作都很有造诣，朱仕琇《经笥堂文集序》称其"道德文章为天下所崇"。《清史稿》评价雷鋐："和易诚笃，论学宗程、朱。督学政，以小学及陆陇其年谱教士。与方苞友，为文简约冲夷得体要。"雷鋐著述甚丰，有《经笥堂文集》三十五卷、《读书偶记》三卷、《翠庭诗集》若干卷等。《读书偶记》被收入《四库全书》。

雷鋐的诗主要是山水诗和理趣诗。他的山水诗清新典雅，意境开阔，写景中蕴含理趣，体现了文学与理学的交融，如《游百丈岩》：

> 桃花洞口问津来，石磴盘旋异境开。
> 峰入半天摩日月，泉飞绝壑转风雷。
> 欲招白鹤空中下，乍瞰红云屐上堆。
> 傍晚未遑他胜处，桂花香里棹舟回。

另一首《九龙歌》则沉着凝练、气势磅礴：

> 三十年前过九龙，年少轻心气颇雄。
> 临深箴顿不知戒，到此忽复慕奇踪。
> 第一木龙呈怪状，身与波涛相跌荡。
> 西山蹲踞如狻猊，张牙露齿吼白浪。
> 马龙鸿洞响如雷，大长龙下三门来。
> 两岸奇峰掷瞬息，后舟如矢射波开。
> 方看百鸟如花点，五霸忽来惊最险。
> 舟子战水声相闻，单梢捷往冲银滟。
> 过此六龙险且奇，浪如雪立涌峨眉。
> 一声众响惊猿胆，悚觉轻身阽隉危。
> 六龙险出十余里，蠢然石丈舟欲舣。
> 小长龙笑漱波澜，他处惊涛亦难比。
> 香龙安龙相比邻，石势狰狞欲搏人。
> 九龙恰恰并九曲，天开奇奥甲吾闽。
> 那得五丁铲石路，舟行如砥无惊顾。
> 敢曰履险心如夷，篙师口口神功助。

此诗分别介绍第一滩到第九滩的水势特点，突出描写九龙滩的奇险，表达铲平险滩，"舟行如砥无惊顾"的愿望。较之赖世隆、李世熊的九龙滩诗歌，雷鋐的诗显得更为沉着、雅洁。

童能灵（1683—1745 年），乾隆年间福建著名理学家。乾隆十年（1745 年）春，聘为漳州芝山书院山长。《汀州府志·人物》载其："博闻强记，尤精于经术、性理。立言能综罗百家，贯穿诸儒。"其《冠豸山堂文集》三卷、《易经剩义》一卷收入《四库全书》。他的诗歌典雅富有理趣，如《芳兰谷》：

> 虚心自肃肃，碧水自深深。谷外有如此，谷中何处寻。遥遥香在想，细细味成吟。归去清斋梦，幽芳可上衾。

黎致远，士弘之子。康熙四十八年（1709 年）进士，授翰林院检讨。以刚正无畏著称，累迁至大理寺卿、奉天府尹、盛京刑部侍郎。他的诗歌很多，尤其他的《拟古》诗、拟乐府诗和拟客家民歌，体现了诗人对文学传统的学习和对民间文学的关注。他的《梅魂》诗与众不同：

> 月下风前宁可必，剩与幽人分寒栗。
> 幽人破睡午开窗，冷艳细腾翻陋室。
> 纷纷蜂蝶采香忙，为问香从何朵出。
> 疏枝袅袅隔窗摇，琥珀壶中落清蜜。
> 冲寒置酒独抱膝，藉草悲歌散卷帙。
> 绿章封事奏东皇，细雨轻飔益萧瑟。
> 长年爱作梅花诗，牵愁嫩蕊含情日。

一般诗人喜欢写梅花的不惧风霜与冰清玉洁，此诗却是从梅花"香"的角度落笔，抒写自己对梅花之魂的喜爱。

王见川，雍正十年（1732 年）中举，次年进士。雍正十三年（1735 年）任浙江乡试同考官，乾隆元年（1736 年），选翰林院庶吉士，七年任歙县知县，任职未满以母老告养辞归。返乡后热心公益，《永定县志·儒林传》载其："孜孜以培植后进为务。修邑志，创文会，倡建合邑凤山书院，题捐谷六千余桶，以资每岁修缮膏火，并津贴考试，刊勒成书，嘉惠士林。"他的诗以《高陂桥落成》为代表：

> 经纶孚地脉，结构有神功。排雁连云际，飞虹落镜中。百川争赴壑，万石怒张弓。尽障狂澜倒，须知砥柱雄。人行银汉路，鱼跃水晶宫。醉卧垂杨绿，仙游彩幔红。留题车与马，觅句雪兼风。倘得奇书授，甘为纳履童。

伊秉绶（1754—1815 年），清代著名书法家。少从学者阴从方、李光地游。乾隆四十九年（1784 年）举人，留居北京，馆于纪昀家，督课其孙。乾隆五十四年（1790 年）中进士，官至刑部郎中、广东惠州知府、扬州知府。绘画、治印俱佳，尤善书法，时有"南伊北邓"（邓石如）之誉。诗文亦为世所重，有《留春草堂诗钞》七卷传世。他的七律《咏汀州》可为代表作：

> 不及寒梅鼎涧开，水南流出绿如醅。
> 芳馨满抱州名美，婉娈曾游古日回。
> 继轨程朱扶正学，论兵漳赣救时才。
> 谢公楼上青山色，怀古先须酒一杯。

另一类诗人的代表是李梦苡。李梦苡，字非珠，武平县人。出生一月后父亲就去世，靠母亲钟氏含辛茹苦抚养成人。青年时曾求学于鳌峰书院。李梦苡于乾隆六年（1741年）中举之后无心功名，回乡潜心著述，以诗酒耕读为乐。他的朋友周景推荐他出去做官，但李梦苡志在山水，他的《答周景》（二首）很能表明其思想性格：

> 懒性狂情尚未除，萧然吾亦爱吾庐。
> 人图富贵思行乐，我喜穷愁可著书。
> 海志山经成赋本，酒旗歌扇入诗余。
> 原非贪食神仙字，甘老缥缃作蠹鱼。
>
> 身无仙骨好楼居，卧看浮云自卷舒。
> 虽使姓名知草木，何如山水话樵渔。
> 清琴一曲弹秦月，浊酒三杯下汉书。
> 千古神交惟五柳，传言周景莫题舆。

李梦苡善诗，有《西峰诗文集》三十卷、《西汉独见》四卷。杨澜《汀南廑存集》收录其诗11首。他的诗以山水诗为主，有的写家乡山水的宁静幽美，风格清新淡雅。如《山行即事》：

> 几重山外路，数里画中行。古树穿亭出，枯藤抱石生。媚人花欲笑，啮水石能鸣。未倦游人眼，松间月已明。

诗人以画家的眼光，观察景物细致，描写生动。有的诗还写山居生活的悠闲散淡，如《山居晚眺》《半溪杂诗》：

> 西峰日暮立柴关，如画川原一望间。
> 村树拖烟斜抱寺，溪云含雨半遮山。
> 孤鸿不带诗简去，双鹤常随钓艇还。
> 最爱平畴新绿满，幽人十亩赋闲闲。
>
> 半溪一角水潆洄，紫竹双扉傍水开。
> 偶有牧童吹笛至，杳无山叟抱琴来。
> 酒魔欺我常倚枕，诗债逼人欲筑台。
> 却喜时清身未老，朋莲友菊不妻梅。

诗人善于发现，也精于表现山居生活的美，一句一景，诗中有画，展示了作者向盛唐山水诗学习的成果。

张轼，字乐瞻，岁贡生，主要活动于雍正、乾隆年间。张轼的组诗《临汀杂兴》其中一首："茫茫云散与风流，旧迹前尘似转头。一带市廛连比屋，春灯何处谢公楼。"因诗中涉及谢公楼，格外引人注意。此前康熙年间的黎士弘《闽酒曲》描写过"数尽红杉纷队队，赍钱齐上谢公楼"的景象，马繁禧的《谢公楼赋》记述了谢公楼的位置和修建情况，乾隆年间，汀州知府曾曰瑛有诗《谢公楼怀古》，张轼之后，伊秉绶《咏汀州》有"谢公楼上青山色，怀古先须酒一杯"之句。康乾之世，先后有五位著名诗人写到谢公楼，说明当时文人对谢公楼所代表的历史文化内涵的尊崇，而并不止于文人诗与酒的关系。

张轼还写过许多拟古诗、无题诗、偶兴诗，杨澜《汀南廑存集》收录他的九首诗，其中《杂拟》三首很能代表当时一些文人的思想状态：

> 闲中有良骥，才力并蛟虬。取以驾盐车，长鸣风飕飕。咄嗟中下驷，乃与超光侔。被以锦障泥，真珠笼络头。俗尚苟如此，吾意复何求。

> 屈伸固有候，杰士试机宜。蛟螭当盘伏，曾何异虺蛇。所以淮阴侯，隐忍轻薄儿。岂曰无智勇，爱身将有为。珠不因鹊抵，贤不与虎持。谅哉古人言，良足深长思。

> 西陵松如盖，旧结同山带。南山艾如罗，出门即风波。君心非金石，妾命亦蹉跎。陌上有夭桃，园中有苦桔。取舍贵分明，胡为不吐实。朝看野鸟飞，暮看野鸟宿。妾似燕衔泥，凄凉守君屋。本是合欢花，翻成断根草。愁到天池翻，一夜红颜老。

组诗模拟《古诗十九首》的写法，以良骥驾辕、韩信忍辱、妾命蹉跎为喻，抒发怀才不遇、时光易逝的感伤情绪。

童孙灿，连城诸生，主要活动于乾隆时期。有《澹志诗草》，陆耳山（乾隆时著名诗人，官至左副都御史，曾与纪晓岚共同编纂《四库全书》）为之作序，以"乾坤有清气，散入诗人脾"称之。杨澜《汀南廑存集》收录其诗5首。童孙灿的诗主要是山水诗和咏怀诗。他的山水诗清新自然，如《山行》：

> 去去行无事，幽人浑是闲。岩深峰碍日，路断涧分山。谷鸟先云入，樵歌背犊还。更宜听不了，钟响翠微间。

此诗反映客家地区山高谷深、山歌萦回、佛寺钟鸣的山水人文特征。他的《山居》组诗在清新自然之外，更有一份悠闲散淡之气：

> 日从沧海上，照我岩扉开。春色自青草，池光浸绿苔。坐中花信觉，檐外鸟声回。堪笑东林叟，移居欲隐棻。

　　幽居虽不远，自觉世嚣离。天朗花心喜，峰高日脚迟。白云依宿榻，红鲤跃春池。香意随人捲，清风处处宜。

　　晓出柴门望，白云遥在东。驱光眸益远，逐景步难穷。霜气寒山外，蝉声古树中。萧萧多落叶，处处好凉风。

郑大壮，字体刚，号粹湄，沙县人。弱冠受知于陆耳山、蒋砺堂两先生，乾隆五十三年（1788年）、嘉庆九年（1804年）两中副车。郑大壮博闻强识，擅诗词、骈体文，亦工书法。结文社，奖掖后进，"从游日众，邑之腾达者多出其门"（《沙县志·文苑》）。有《注经堂诗余》《注经堂骈体文集》等传世。他的诗除了山水诗外，还有不少怀古咏史诗。他的怀古诗思想意义较强，如《了斋故宅》：

　　忠肃风规隔数朝，城西故宅草萧萧。

　　啼春幽鸟生愁思，满砌残苔锁寂寥。

　　四海若无人媚蔡，千秋惟有集尊尧。

　　前知不幸言而中，南渡仓皇恨未消。

诗歌描写陈瓘故宅的荒凉景象，谴责奸臣误国，导致宋廷仓皇南渡的恶果，表达了对忠直之臣的怀念。清代沙县诗人的传世诗集，还有林寅的《中可诗集》、林寰的《待园诗集》、陈文澜的《超然庐诗稿》等。

巫宜耀，清嘉庆四年（1799年）由廪生纳贡，试京兆，屡试不售。《永定县志·文苑》载其"性孝友，平居寡言笑，与物无忤，亦莫敢以非义"。善诗，有《自他轩诗稿》二卷。他的山水诗生活气息较为浓厚，如《往凤山道中杂兴六首》写出永定郊区凤山的田野景象、牧童樵客的悠闲自在以及农民的辛勤劳动，赞颂了农民不靠天吃饭的自强精神。他的诗还能反映民生苦难，体现现实主义诗风的回归，如《乙卯记事》：

　　嗟哉乙卯岁，斗米千五百。贫人贪悲辛，家家易子食。有身委沟渠，无命在朝夕。恐读云汉诗，周民靡有孑。所幸天心仁，十中全六七。天子命，大吏赈。群木生山头，苦心是黄檗。彼苍为汝怜，枝枝赐春色。

巫宜耀还有反映畲族生活的诗歌《三瑶曲》（三首），十分珍贵：

　　青山何地不为家，无数棱禾夹道斜。

　　更问一年鲑菜美，斑衣竹笋紫姜牙。

　　家家新样草珠轻，璎珞妆来别有情。

　　不惯世人施粉黛，明眸皓齿任天生。

　　生平射猎善神奇，饱寝雄狐大咒皮。

　　夜半酸寒闻角处，声声卷地雪风吹。

三瑶，清代时指畲族。畲族以盘、蓝、雷为姓，故称三瑶。闽越族、畲族是闽西山区的原住民，宋代以来，汉畲民族长期融洽相处，文化相互影响。组诗反映了畲族人劳动生活、狩猎技艺及畲族女子的质朴美丽，体现民族之间的理解与尊重。

七、杨澜与《汀南廑存集》

杨澜，字蓉江，号二樵，长汀进士杨联榜之子。乾隆五十四年（1789年），杨澜中恩科举人。曾与宁化伊秉绶、吴贤湘为文字交，相互切磋。道光元年（1821年）任四川昭化（今四川广元市）县令，未及半载即辞官而归。返乡后潜心著述，整理文史，其诗《有咏》所云"云萝隔四邻，山水有清音。风雪人归早，烧烛且论文"就是这种情形的写照。

杨澜一生有三大贡献。一是他应长汀知县邱锡章之聘，总纂《长汀县志》，期年而成，为长汀县第一部县志。二是他写成一部有关汀州府及其所属八县的地方志《临汀汇考》。汀州知府刘国光为此书作序，称赞此书"大而建置沿革，小而物产风谣，正谬析疑，淹灌精核。至其发论建议，尤能穷尽事理，备深劝惩"。三是他收集五代以至清代道光年间汀州八县籍的作家作品，从中精选作家106人、作品495题，共663首合编为《汀南廑存集》。这是福建客家文学史上第一部文人诗歌总集，为保存古代汀州八县客籍诗人及其作品做出重要贡献。

《汀南廑存集》的特点主要体现在，一是作家广泛，体裁全面。全书诗歌作者106人，遍及汀州下属八县，有官员、普通文人，也有僧道。诗歌体裁有五古、七古、五律、七律、五绝、七绝，还有文人创作的民歌。二是有作者简介，且尽量参详考证，如介绍郑文宝生平与创作之后，引入"今从李调元所编全五代诗，录出蔡宽夫诗话，谓仲贤情致深婉，比当时辈能不专使事，而尤长于绝句"。介绍陈友定时，引入"明史，友定以农家子起佣伍，目不知书，及据八郡，数招致文学知名士，闽县郑定、庐州王翰之属留置幕下，尘涉文史，习为五字小诗，皆有意理"。介绍沈士鉴生平后，也插入"未空五古得陈射洪、张曲江之遗则，渊古温粹，兼有其胜。近体遽入西江派中，瘦硬而僻涩"。这些考证与评论，对读者了解诗人的创作特色很有帮助。三是作品选录详略分明，一般作家选录一两首，重要作家则尽量全面反映其各种体裁的代表作品，如宋代郑文宝选录作品13首；明代叶元玉选录30首，李坚64首，郝凤昇39首，沈士鉴21首，李世熊25首；清代黎士弘130首，刘坊38首，黎致远22首。四是对作品有精要的批语。全书至少有75处批语，有的批语是对作品写作背景的考证，起着解题的作用，如郑文宝《赴阙日过石子镇》的批语："《尘史》载，郑工部文宝谪监郢州京山县税，过信阳军白马驿，作绝句云：得罪前朝云云。在京山又有寒食纡秀上人禅房，云：'花前懒看花云云'。"叶元玉《风花》的批语是"古崖出守潮州，以事忤吴少卿，坐是罢归。故时以小诗寄意。"有的批语是对作家文学修养、作品艺术的评价，如胡时《村居》诗的批语"一气浑成，自是仁兴而就之作，足征素养之裕"。叶元玉《家居自书》的批语"婉而多风，一洗叫嚣之习，此是古厓身份高处"。《烈士祠》的批语是"三四序事高简峭拔，见其用笔之老，一结词严义正，大家风矩"。《次莆田陈先生韵》的批语是"从容恬适，不作苦思，力索却无学究习气，此种境界正不易到"。有的批语是注明作品被选录的情况，如叶元玉《次龙门卫》的批注"此首见明诗余"。郝凤昇《圣驾入城》的批语是"此首见《明诗综》""此诗叙述有体，故竹坨收入选中"。从这四个特点看出，杨澜编辑此书倾注大量心血；从不同时代作家的数量（五代作家2人，宋代10人，元代2人，明代43人，清代49人）来看，反映了福建客家文学的发展状况，与客家民系的发展壮大历程是一致的。明代李颖所编《杭川风雅集》，收录作者仅限上杭一县，且在清代就已散佚不存，杨澜的《汀南廑存集》编辑时间是清代道光年间，付梓问世是同治十二年（1873年），比民国时期上杭丘复所编《杭川新风雅集》时间早、范围广、选录更精，堪称"福建客家诗经"。

杨澜在《汀南廑存集·自序》中阐明汀人诗歌的特色以及与闽派诗歌的区别：

> 虞山钱氏之言曰："余观闽中诗，林子羽、高廷礼以声律圆稳为宗，厥后风流沿袭，遂成闽派。"然所承袭者，闽人自操其土风耳，岂风会所移哉！其称闽派也固宜。至若汀人之诗，并无所谓派。何也？汀之水力能独出其流以至海者也。水如是，诗亦如是。自郑仲贤后，汀人之诗，皆山水清音，不必有芬芳悱恻之风。怀香草美人之遗韵，莫不摆落窠臼，自抒性情。正如两溪之水，清绝滔滔，功用之大，则与江之肥仁，济之通和，同以朝宗为归宿。班志言：系于水土者谓之风。风固非一二人所能独当，亦非时代所能界划。九龙山下合有此水，酿为此诗，特立独行天地间，辉焕炳灵于南纪，此汀人之诗也。

杨澜对汀人诗歌的特点作出精辟的总结。他指出，"汀人之诗，皆山水清音"，没有缠绵悱恻的情调。汀人之诗继承了楚辞遗韵，无不"摆落窠臼，自抒性情"，"特立独行天地间"，而无闽派的诗歌气息。该书于同治十二年（1873年）由汀人郑汝廉为其付梓发行，流传至今。

杨澜善诗，其诗汇集为《负薪初稿》。除了山水清音的写景抒情诗外，他的五首咏物诗《拟郝九龙梅花诗》颇有特色。

红 梅

嫩入桃花品独神，偏教梅格擅天真。

童颜不掩神仙骨，憨态终非妩媚人。

为领众香张赤帜，顿移年例换红尘。

探春要识春风面，半是冰容变相春。

瓶 梅

岑寂风光冷落神，偏于窗下见清真。

恰如吾友尝从事，共赏奇文仅此人。

落落晨星斜见影，娟娟凉露静含尘。

玉壶亦有冰心在，不负名花数点春。

落 梅

疑是天花散有神，烟中摇曳望难真。

料非红紫能留汝，此后风光尽让人。

莲坠露中仍覆水，菊残霜下不沾尘。

何人解续倾筐句，重赋周南未标春。

杨澜模拟明代长汀诗人郝九龙的梅花诗，也用"真、人、尘、春"为韵脚，咏赞各种梅花的形态与内在精神，颂扬梅花不畏风雪、格调高洁、不与群芳争春的品格，表达对高洁人格的向往。

杨澜的父亲杨联榜，乾隆二十七年（1762年）乡魁，乾隆三十一年（1766年）登进士，历任广东平南，浙江桐庐、海盐知县，又以治政有方，迁平南知州。杨联榜的《鄞江词》（二首）是模仿民歌《竹枝词》形式创作的歌谣，体现了客家民众对汀州山水形胜的赞美，也是百姓口头的传唱之作：

两溪合处水南流，直到潮阳海尽头。

若问九龙山下路，珠峰玉洞是汀州。

东溪绕郭向西流，对岸山连隔一洲。

可惜出山贪到海，潮州那得胜汀州。

杨澜的弟弟杨濬，也是当时著名文人、音韵学家。杨濬，字心泉，号三樵。14岁擢古学第一，补弟子员。清嘉庆二十一年（1816年）优贡，未出仕，潜心著书讲授，优游泉石。有诗集《见山园诗赋钞》传世。《长汀县志·文苑传》载："濬文喜自抒所得，虽惊骇流俗不顾也。"从他的《鄞江竹枝词》可见一斑：

鄞江一丈水长清，风雨无端昨夜生。

却被出山泉水浊，照人心事不分明。

宋代蒋之奇《苍玉亭》诗有"鄞江一丈水，清可照人心"之句，此诗反用其意，揭示"欲得河水清，关键在源头"的道理，可见诗人见解的不凡。杨濬还著有《韵府分编》《异韵通用》，是研究汉语音韵的专著。

八、清代客寓诗人的创作

1.彭士望的宁阳诗歌

彭士望（1610—1683年），本姓危，字躬庵，江西南昌人，为宁都"易堂九子"之一。明末清初曾客寓宁阳北郭，授徒讲学，与宁化文人李世熊结为挚友，诗文唱和。彭士望在宁化期间，作有宁阳八景的诗歌，如：

宁桥夜月

> 水屋连窗似舫居，出閩通市路还余。
> 扶栏野夕平烟暖，植棹溪明动影虚。
> 寒镜射光翻宿鸟，新钩沈曲逝游鱼。
> 谁家一笛关山远，人迹霜浓十月初。

翠华春晓

> 北邙松竹古烟雨，乍雨晨开草细氄。
> 起索梅花循一杖，往听鹏语佐双柑。
> 晴郊雾敛游丝缓，曙陌香吹乳燕憨。
> 随藉落英眠坐软，青天斜数雁群南。

金山古塔

> 上指苍穹下碧芜，随阳归雁日边孤。
> 标颠直破云怀出，磴道盘疑鬼力无。
> 星汉河流声荡潏，曜灵华木影扶疏。
> 高天有耳应还近，欲问鸿濛据稿梧。

彭士望还瞻仰宁化草仓大忠祠，作《丞相祠》诗缅怀李纲抗金事迹，称颂李纲《题宁化县显应庙》诗"字字风霜泣鬼神"。

他的散文《宁化第一泉记》文字洗练，短小精悍：

> 宁阳北郭，依山麓下，以石为基，有泉出其右，澄寒甘冽。里人恒以夜汲，犹天庆观之乳泉也。泉之右为南庐，予与诸子读书其中。
>
> 予因嗜茶，家仲子手制曰青霜、曰石岩白，独擅一时。性既专嗜，行止必偕。或不幸逢浊流，辄呷龥挥去，宁终日不饮，决不使茶受辱。今一旦与泉值，予与诸子每于春、秋佳日，花明鸟欢，梧下松间，风来月上，白云带山，西溪斜照，寒灯听雪，风雨鸡鸣，讲诵微倦，睡起拂衣，痛快古人，牢

骚昔怨，即吹爐发火，烹茶茗，供素馔。初写轩室香生，徐引而啜之，尽荆溪小壶数斗，神气爽发，蜕然若遗，曾不知其老至也。

诸子请曰：先生茶极佳，既深嗜之，而泉适相值，天盖留兹泉以待先生之至，泉不为无功于先生，先生其名之。予曰：庐与泉并峙，俱负郭而宾南山，吾南其庐而北其泉，泉不北矣，遂名之曰"南泉"。

为之记，贻知泉者。

2.周亮工的上杭情缘

周亮工（1616—1672 年），字元亮，自号栎园，河南开封府祥符县人。崇祯十三年（1640 年）进士，授山东潍县知县。入清后，曾任两淮盐运使、淮扬海防兵备道参政、福建按察使、吏部左侍郎。顺治七年（1650 年），周亮工以福建省参政驻节上杭县，招抚农民军首领曾省，平息汀州战乱。他的诗《夜登杭川城楼有感》，抒写对战乱不息、民生不宁的深沉感慨：

秋老沧溟夜舞鲸，依然刁斗旧时声。

艰虞剩有囊书坐，饥饿惭看负楒耕。

象洞云回迷鸟道，龙岩雨过认獠城。

郊垌半是槃篮篓，十载汀南未罢征。

周亮工在杭期间"尤加意造士，虽羽书旁午，分题亲试，邑好能文者无不蒙其鉴拔，视篆仅逾三旬，而兴利剔弊之念，日不稍暇。旋省，士民号泣攀留"（《上杭县志·名宦传》）。其诗《留别杭川诸生》（二首）就是离开上杭返回福州时写的留别诗：

兵戈犹未息，穷士满菰芦。僻地迁闻见，山城古步趋。但能学闭户，不敢厌为儒。惭愧烽烟内，谁怜饥所驱。

好山看不厌，独客倦思归。朴俗情多近，高文世所讥。为予闲载酒，退即掩荆扉。小艇难轻发，汀江雁不飞。

诗中表达对上杭诸生的期望和恋恋不舍之情。第二首诗结句以小艇难行、汀雁不飞，侧面表现不舍之情，言尽而意长。诗中四处用典，但无晦涩之感，足见其诗歌创作功力。

3.王廷抡的写景诗

王廷抡，字简庵，泽州（今山西省晋城市泽州县）人，康熙三十四年（1695年）由户部郎中出知汀州。王廷抡在汀期间有许多惠政，"时郡城遇荒，廷抡开仓赈济，复购米于东、西关设立粥厂，民赖以活。又兴东、西两河水道，浚郡河壅塞，创建丰桥，汀人利之"（《汀州府志·名宦》）。公务之余，王廷抡游览汀州各县山水名胜，作有汀州八景诗等二十多首。王廷抡擅长七律，风格清新典雅，如描写长汀郊区一景的《东庄梅雪》：

> 南闽旧断三冬雪，东岭新开百顷梅。
>
> 素影不随春水去，清香暗送晓风来。
>
> 轻飞片片疑蝴蝶，乱落纷纷似玉瑰。
>
> 何用骚人频搁笔，梁园独让广平才。

东庄，在长汀县城东五里东庄岭下，旧时山下有民田百顷，尽种梅花，开时望之如雪。此诗描写东岭梅花的清香与花瓣飘落的美丽，赞颂梅花不畏严寒的精神。再如他写清流八景之首的《东华翠嶂》：

> 层峦耸翠气萧森，蜡屐梯云曲径深。
>
> 峭壁远供青玉案，平台高傍白榆林。
>
> 松间古刹无人画，竹里新泉何处琴。
>
> 堞雉下观真似斗，清溪一线抱城阴。

又如《化溪碧水》，描写武平县化溪（今名平川河）的涵混壮观，以及春秋、朝暮景色的绮丽：

> 千支百派从东汇，抱郭西南流不待。
>
> 夹岸芙蓉秋满江，沿溪桃李春如海。
>
> 云霞曙色落平川，星斗宵临荡异彩。
>
> 闻说延津剑化龙，物华天宝知何在。

此诗意境开阔，富有气势，写景色彩分明。尾联指出延平津（在今南平市）双剑化龙传说的荒诞无稽，进一步赞扬了化溪的美丽。

4.赵良生的汀州五县诗歌

赵良生，江苏泰兴监生。康熙年间，他连续在连城、永定、武平、长汀、明溪五个县担任知县。曾修纂《永定县志》（续）、《武平县志》。赵良生任职汀州五县期间，洁己爱民，作诗甚多，风格上与王廷抡走的是一样的路子，如写永定"龙冈八景"之一的《杭陂春耕》：

> 犁烟耨雨互商量，秧马柴车宿道旁。
>
> 草野陈胡无叹息，山林沮溺自津梁。
>
> 春郊报赛迎猫虎，社日祈年顺雨旸。
>
> 不厌桑田频税驾，为勤农圃劳壶觞。

此诗写农民春耕时的忙碌景象及自己的劝农活动，期望丰收之情溢于诗外。

他游览武平灵洞山的诗《暮春游灵洞山小饮葛仙井作》：

> 偶然出郭试寻芳，灵洞山深引兴长。

序届清明补修禊，地当曲水仿流觞。

看花佛院香偏异，汲井仙源淡共尝。

更喜郊行农事好，绿针连野布新秧。

诗人于三月三郊游赏花，最令他喜欢的是秧田连野的农事景象，表现了作者对农民的关注。这也是他连任五县，深受汀州各县百姓爱戴的重要原因。

第二节　清代词的复兴与赋的发展

宋代客家文学中，沙县诗人陈瓘、邓肃，连城诗人李仲虺，泰宁诗人邹应龙、邹应博等人的词盛极一时。经过元明两代的沉寂之后，词在乾隆年间再度复兴，其代表人物是长汀词人马廷鸳。

一、马廷鸳与词的复兴

马廷鸳，字友桂，号鉴泉，长汀人。年少博学，工诗词。乾隆五十一年（1786年）举人，以大挑一等出宰武城（今山东武城县），后迁南河州（今江苏省响水县南河镇）同知，主讲覃怀书院（在今河南武陟）。他交游甚广，学者孙星衍与之相唱和，大学者阮元也对他的才学大加赞许。马廷鸳是清代很有成就的词作家，有《鉴泉诗稿》传世。咸丰五年（1855年）所纂《长汀县志》即收录马廷鸳的词作品，当时丁绍仪权汀州丞，参与编纂。丁绍仪还在《听秋声馆词话》卷二十云："汀人均不讲倚声，为之自司马始。"现存民国版《长汀县志·文苑传》收录马廷鸳诗词十余首，《全清词钞》卷十三、《闽词征》卷四也存有他的词作。

清初词坛有两大词派，一是以陈维崧（1625—1682年）为代表的阳羡词派，主张学习苏、辛，使豪放词大放异彩，其眷怀故国、悲悼亡明的词，以豪情抒悲愤，形成悲慨健举、萧骚凄怨的风格。二是以朱彝尊（1629—1709年）为代表的浙西词派，他推尊词体，崇尚醇雅，宗法南宋，以姜夔、张炎为圭臬，提出词的功能"宜于宴嬉逸乐，以歌咏太平"（《紫云词序》）。浙西词派的文学主张适应了社会步入盛世的需要，故风靡天下。马廷鸳学识广博，又常与江苏学者、文学家孙星衍、阮元等人交往，因此他的词不宗一派，兼融众家。他的闺情词婉约清丽，是学习浙西词风的成果，如：

阮郎归

关河天远麎双眸，玉骢何处留。乌衣重到认帘钩，斜阳红满楼。　才几日，已新秋，银河澹不流。寒蛩日夜替人愁，空阶絮未休。

西江月

　　几折雕栏斜绕，四周斗帐低垂。露葵花放不多时，好个嫩凉天气。　新月微窥檐角，轻风悄扬帘眉。小鬟报道远人归，怪底银缸双穗。

再如【南楼令】：

　　川暝暮云平，寒潮带月生。渺江天，一色空明。山外有山千万叠，遮不断，望乡情。　风正片帆轻，中流自在行。谢嫦娥，远伴孤征。还想深闺眠也未，应屈指，数归程。

本词原有小序"词题朱月帆明月归帆小影"，是为友人题画之作。作者借友人图中景象，展开想像的翅膀，抒写了游子月夜怀乡的情绪，意境清空，词采雅致。上阕"山外有山千万叠，遮不断，望乡情"描绘游子思乡深情，形象感人，成为传唱不衰的名句。

　　他的【满江红】豪放悲慨，有阳羡词派的风韵：

　　古柏虬盘，枝南向，灵风瑟瑟。长太息，树犹如此，森人毛发。三字居然将狱定，两宫从此无人说。叹当年，南渡旧君臣，何肝臆。　时事改，空呜咽。祠宇在，寻碑碣。想横戈跃马，冲冠洒血。万里冰天伤岁月，一家男女矜名节。尚憎他，铁像跪门前，污神阙。

此词作者自注"经朱仙镇谒岳庙"，是马廷鸾拜谒河南朱仙镇岳王庙时所作的咏史词。朱仙镇是岳飞取得抗金大捷之后的奉诏班师处。岳飞遇害后，当地百姓建庙纪念这位民族英雄。这首词缅怀岳飞英勇抗金的事迹，谴责奸臣陷害忠良的罪行，词风豪放悲壮，百年之后读之犹令人动容。

二、赋的发展

　　清代，客家文学赋的创作进入迅速发展时期，作家分布广，题材多样，涌现了不少优秀作家作品。清代的赋主要分为两类，一类是以"归化三张"（张政、张韶、张问美）为代表的咏物赋，一类是以伊元复、童日鼎为代表的写景抒情小赋。

（一）"归化三张"的咏物赋

　　张政、张韶、张问美都是清初归化县人，都是乡中设帐授徒的私塾先生。《明溪县志·孝义》载张政"极有文名，生徒众多"。《明溪县志·独行》载张问美"乡中优秀多出其门下"。

1.张 政

张政的《茶赋》是一篇茶香四溢的咏物美文。文章记述寻茶、摘茶、煮茶、品茗的过程。他写茶叶的美"雀芊芊而露舌，龙团团而抒英"，摘下的茶叶"囊云片片，贮月行行"，煮茶时"烟亭亭而鹤避，香习习而亲襟"。他还阐发茶之趣、茶之情、茶之理，描绘临风品茗、栩栩如仙的飘然之感：

> 又有幽斋韵士，谈笑论文，传素瓷于夜静，肃百虑之冥冥。至若林间遇叟，竹里逢僧，煮清湘之楚竹，问半日之浮生。若夫岩栖之老，逸世之民，卷尘怀于天末，发清响于潭澄。

2.张 韶

张韶的《梅赋》是梅花颂歌、描写梅花的形态，揭示梅花的内在精神：

> 逸态临风，则如少年之张绪；风标映月，则如傅粉之何郎。横斜疏影，则如卧雪之袁安；浮动暗馨，则如偷香之韩寿。至于忧怀沉郁，同乎屈子之离骚；抑志凄其，类乎苏武之劲节。宜乎孤山处士，度庾岭以相寻；踏雪幽人，披氅裘而采撷。应知特异之质，不等庸碌之才。所以海棠虽艳，终逊其香；牡丹虽妍，究输其白；芙蓉映水，仅擅秋容；芍药翩阶，徒舒春色。此物之生质攸分，而人之钟情迥别。

> 渊明爱菊，取其淡致而鲜贞操；茂叔爱莲，赏其清心而难亵玩。惟此亭亭异植，既绝俗以离群；矫矫奇标，又出类而拔萃。贞心自守，冷致悠然。朋落叶之梧桐，友戚寒之松柏；不与群芳为伍，不与百卉为俦。然则梅也者，其殆花中之君子，物内之真儒也哉！

张韶生活于明末清初，歌咏梅花的坚贞品格，固然流露遗民思想，但他描写细致入神，善用比较分析，词采雅洁，文气生香，非高洁之士不能有其志，非博学之人难以敷其辞。

3.张问美

张问美，字尊五，号漱石。康熙二十二年（1683 年）岁贡后，于归化风云寺设帐授徒，为乡中培养了不少优秀人才，他自己的才华亦可从其《海棠赋》窥见一角。海棠花是我国的传统名花之一，素有"国艳"之誉，历代文人墨客题咏不绝。一代大文豪苏东坡为之倾倒，作诗云"只恐夜深花睡去，故烧高烛照红妆"，张问美则用辞赋的形式表达了对"解语花"的赞美之情。如他描写海棠花的"奇姿"和自己的赏花之行：

> 何物奇姿，红白相如。叹魏紫之蚩肥兮，嗟桃夭之媚沮。幽而艳兮美人

妆，绛而肖兮俊士誉。芳心悄悄兮伊寄，美质盈盈兮独居。红日出兮远映，绿衣抱兮一点纤徐。迨乎皓月徘徊，素娥呵笑；微烟蹲蹛，佳人唏嘘。

于焉春风荡漾，零雨浸淫；余怀飘渺，酬颜莫除。乘二八之春光兮，托寨修其聘余。金谷园中推最，碧纱窗下爱渠。默而无语兮，恐狂风之戏采；含而未放兮，防粉蝶之觊觎。白雪歌兮容愈冶，洞箫吹兮思踌躇。金樽潦倒而品题必有以也，翰墨淋漓而漫书乐其只且。

"三张"的赋出于一时一地，并非偶然，与明末清初归化文人对陈喆的文学传承有很大关系。陈喆年少博学，才冠乡里，中副贡之后任教于郡学。他热心公益，"邑中有关文教事业者，必毅然任之。如建文塔、修学宫、祠龟山等，屡捐馆谷不辞。人有片善可嘉，辄揄扬不置……故一时贤者服之，不肖者惮之"。文学上很有成就，所著有《啸谷子》四卷、《十笈集》三十卷。其中为人传诵的赋作有《龟山赋》《玉虚洞天赋》《穷达赋》等多篇。陈喆殁后，"及门与未及门者，咸有泰山梁木之感。因公谥曰'文贞先生'"。可见陈喆的人品和文章对当地文人影响之大，清初归化县赋文学的彬彬之盛，自是邑中应有之义。

（二）写景抒情小赋

与清代山水诗的兴盛相呼应，写景抒情小赋得到很大发展。主要作家有伊元复、马繁禧、童日鼎、林宝树和童能灵。伊元复和童日鼎是其代表。

1.伊元复

伊元复，字顺行，宁化人。明末廪生，博贯经史，泛及天星、堪舆、医卜、禽遁诸书，"诗文极典雅，同乡李元仲、黎愧曾交推之"（《汀州府志·文苑》）。清初诏举鸿博，汀州知府亲自造庐征聘，以疾辞。著有《地理集注》《医学集注》，以及诗文集《焦桐集》。

伊元复的诗文以《蛟湖赋》为著。赋中描绘蛟湖景象：

翠华山之北也，蛟湖在焉。天辟灵源，人传修禊。往而观湖，湖在平地。一洼清注，腾澜海峤之墟；数亩寒塘，泛影温泉之气。远绝溪流，深无涯际。金堤浴景，浚灵脉于天潢；玉鉴凝华，焕清澜于地肺。尔乃神姿渊湛，妙道清津。毓彪龙之异类，蕴珠贝之奇珍。松篁绕径，兰芷横汀。既流甘而布濩，疑泛玉而沉晶。当其雾雨凄凉，关河寂寞；沫起涛回，鱼沉雁落。望赤松而不来，笑兴公之骇愕。迨夫天清地宁，烟澄日丽。荇藻参差，鸥鹭游憩。士女藉草而穿花，父老提壶而祷岁。吾想其留青绝壑，凝碧遥山。绿绮泓澄，暗泄瑶池之液；苍波淡荡，潜回泗水之澜。邀来宝月，荡碎朱珊。颗颗明珠散出，溶溶雪谷吹残。秋雨蜚空，冷浸悬崖之岛；春花照岸，香浮曲洞之湾。

这一节景物清新，意境开阔，字吐珠玑，辞采凝华，骈散结合，对偶精工，风格极为典雅。"金堤浴景，浚灵脉于天潢；玉鉴凝华，焕清澜于地肺"，当是堪舆观察在山水描写中的反映，体现了地理与文学的交融。

2.童日鼎

童日鼎，字玉铉，号我梅，连城人。生卒年不详，主要活动于康熙年间。清初，童日鼎与林赤章、李森、董若水隐居冠豸山中，辟洞为家，人称"冠豸四愚"。后以岁贡任寿宁县训导，还曾参与《连城县志》（康熙版）的校阅。童日鼎与同乡童能灵、林赤章钻研理学，成为清代蜚声八闽的理学家。

他的《莲峰山赋》极写莲峰山的高耸壮观，着重描绘人们游山踏青的情形：

> 于是二八女郎，三五类聚；怀春踏青，九回一顾；同仙子之凌波，俨潘妃之娇步。亦有绣虎才高，雕龙学博；七步诗成，八叉赋作；固谢五之初发，亦景行之入幕。彼其一钵一瓶，清规潇洒；木鱼玉麈，松林兰若。笑渊明之去来，羡远公之立社。乃若境中集凤，车边画熊；登高夜宴，烛影摇红。苏学士之金炬，魏郑公之碧筒。彼夫卉杂枝格，长条交茹。叶动猿来，花惊鸟去。起公子之殊赏，发王孙之远虑。向山水分寻幽，憩风云分得路。又有兰窗洞辟，芝阁斜临。玉积峡而虎踞，金涌泉而龙吟。月吐山巅，烟生户牖。或据梧而策杖，或披裘而负薪。芰衣薜带，羽扇纶巾。出兰谷而访友，入桃源而问津。诚无山之可齐，为九邑之地灵。

这是一幅充满青春气息的郊游踏青图。游山男女的秀丽与才情，诠释了莲峰山之美，在地灵亦在人杰的主题。

3.马繁禧、林宝树、童能灵的赋作

马繁禧的《谢公楼赋》，描绘谢公楼所在的地理位置与周围景观，回顾张九龄、汤宾尹等人有关谢公楼的诗歌，感叹目前谢公楼的荒废，文末表达了重建谢公楼的愿望。林宝树的《灵洞石赋》，详细描述了灵洞山上的仙人升车石、仙人棋枰石、元龟石、燕岩石及丹井三石的奇伟壮观，突出了它们作为福地洞天的灵异，是一篇写石的美文。童能灵的《冠豸山夕照赋》，在夕照之景的描绘中贯穿了清静仁爱的理学思想。

第三节 散文的创作成就

清代的散文成就不亚于诗歌成就。黎士弘、丘嘉穗和朱仕琇三人的散文不但作品丰富，质量上乘，而且有自己的文学主张，在全国文坛都有影响。李长日、

范绍质等人的一些作品清新自然、语言雅洁，堪称美文。客寓文人如徐乾学、李基益、徐尚忠等的山水游记也是散文中的精品。

一、古文三大家

清初至清中叶的福建客家文学中，黎士弘、丘嘉穗和朱仕琇的散文创作最有成就。他们有自己明确的创作主张，作品也很丰富，在全国文坛上的影响相当大。

1.黎士弘

黎士弘（1618—1697年），字愧曾，长汀人。清顺治十一年（1654年）中顺天试举人，历任广信司理、永新县令，官至宁夏布政司参政。黎士弘是宁化诗人李世熊的入室弟子，清初著名的古文家。他的散文观点和李世熊、宁都三魏一样，都强调文章应当"有用于世"。黎士弘认为文章的改革应当从变革八股考试制度开始，他说："诚使一代之制，治《礼》者，试以郊祀、兵制、乐章原委；治《书》者，试以诏诰、檄册、文移、书记；《春秋》、《大易》，则推测天人、通达治体，必期得如京房仲舒之士。而治诗者，则不妨单用唐制，试以五七言韵语。"这样，既能"宽其思智，得读有用之书，又能尽其才量，求为可传之业"，达到"经学明而大复古，于以备国家缓急有余"的效果，而且"有志之士"也不需再"羞其笔墨，至谓'雕虫小技，壮夫不为'也哉"（《诗经手抄序》），明确提倡"读有用之书"，进而"有用于世"。

魏礼所作《托素斋集序》评价黎士弘的文章，云：

> 古之为诗、古文者，盖有其本矣……其素所蓄积者然也。八家之中。韩文公与两文忠尤著，而苏文忠为人坦白无矫饰。岸然见其肺肠，洵君子人也，故其文章亦然。长汀黎公愧曾，以诗、文章名天下，为闽南首出。予读其文，光明俊伟，有千里浩瀚之势。而矩度不失古人。尝私拟之子瞻，观其笔记、诸小品，亦大相类；诗则有魏晋四唐之遗则，似又超子瞻而出之。鸣乎!此岂由外至者哉。盖公宅心乐易，一以古处，与朋友能久要；其宰永新、理广信也，多善政；详诸记载矣，人士至今思之。迨观察陕西，则扣囊底智以弭大乱。是故发诸文章有如是。子瞻尝自言："作文如行云流水。但常行所当行、止于所不可不止。"其权开封治杭、密、徐州，为政率精敏俊爽。兼风流儒雅之概；至饬定州军政，及言温公变法、策西事，皆有本之学，施用足以弭祸乱。公亦几似之。然则公之文章足追古人、传来兹也。有以也夫。

上述评价可以概括为三点：一是赞扬黎士弘的文章"光明俊伟，有千里浩瀚之势，而矩度不失古人"；二是认为黎士弘的文章是平素修养于内，文章发之于外，"宅心乐易，一以古处"，因此"发诸文章者有如是"；三是肯定黎士弘的文章像苏轼的文章，"皆有本之学，施用足以弭祸乱"。从中可看出黎士弘文章特点及其有用于世的创作主张。魏礼将黎士弘比于苏轼，虽有溢美，但指出他们用世为文的共同点是可以肯定的。

黎士弘著有《仁恕堂笔记》三卷、《托素斋诗文集》十卷（诗四卷、文六卷）、《理信存稿》三卷和《西陲闻见歌》等。他的文学成就主要在散文，内容上能够文道并重，务求有用于世，行文上能够取法文从字顺，形成清新雄放、光明俊伟的风格。《托素斋文集》六卷，体裁多样，内容广泛，议论而阐述文学观点的如《诗经手抄序》《复马次京书》，评说而论人物的如《书李白也诗后》《邱二先生书院记》，抒情而赞颂风节的如《前征君泉上李先生墓表》。叙事而为人物作传的散文比较多，这类散文叙事如行云流水，描写生动形象，风格清新俊逸，如《黎振三先生传》，记述一个"性跅弛，不受绳束"的寡妇之子转变为能文能武、享誉州县的人物，其中描写黎振三在社会动乱之际，斥家产、募死士，刑牲誓师一段文字尤为精彩：

> 当戊辰、己巳间，中外多故，流贼群起，数破县邑。又岁承平久，人不知兵，所遣将弁皆纨袴子，御敌辄走死。郡县长吏往往阴赂贼金帛，求免逼境上。先生感愤，上书当事，指陈得失，斥家产得五百金，募死士三百人，欲一出奇当贼。通国颇笑所为，先生曰："是人，婢若也，安知大计？"择日戒师，时观者如堵。先生刑牲洒酒，感慨读誓章，声色俱厉。三百人不敢仰视，观者数千人咸恐慑，面相觑无一敢哗者。人始知先生能军，非同儿戏也，郡邑藉以无恐。

《全闽诗话》引《本朝诗钞小传》评价他的古文"清新俊逸，未尝步武前人，而动与古会"。《四库全书》收录他的《托素斋诗文集》十卷（诗四卷、文六卷），《清史稿》收录他的《仁恕堂笔记》一卷。

2.丘嘉穗

丘嘉穗也是清初古文大家，著有《东山草堂文集》二十卷。丘嘉穗论文，提倡理气结合。他对理学颇有研究，将理气之说引入文学创作，认为，"故文之有法，以理为经，以气为纬。气无理不立，理无气不行。盖本太极常不离乎境与情之间，而气之所以变化则不外乎阴阳相生相制之义也。夫文犹诗也，而赋比兴具焉。其所陈述非天地人物有声有色之境，即其所为可喜可怒可哀可乐之情也"（《东山草堂集》自序）。因此，丘嘉穗的诗文很注意境的营造与情的发露，在情景关系上达到较高程度的融合，因而其文阂中肆外，光明畅达，生动感人。他的写景抒情小记最为可观，清新自然，文笔畅达。如《游玉笋峰记》写寻觅玉笋峰一节：

> 峰在三元岭侧，从半山亭逾岭而右，苍苔碧洞环绕佛寺。寺门之左有泉，屈折伏见，导为蛇行势。到石池中，泠泠作琴筑声。比入门，周行廊庑下，觉寺后岩石欲坠，树影泉香大与秋光相映。已复绕寺后，由石门入，忽得一洞，豁然开朗，仰视冈峦之回复，俯览林壑之清幽，已令人浩然绝去尘世间想矣。复由故道循岭而下，山渐深，壁渐异，草木泉石渐幽，以为必有佳境。行不百余步，果转出数峰，嵚奇磊落，望之如四岳，群后相与执笏而立于虞廷之上。其得名玉笏，以此中间一二石笋尤高出群峰表上，无土壤而嘉花美卉丛生如画。

丘嘉穗身际易代，关心天下时务，悲悯忠臣义士。其人物传记表彰抗清爱国和坚守志节之士，《前进士湖广巡按监察御史熊公传》是其名篇，赞扬了熊兴麟在社稷板荡、国家危亡之秋，仍然忠于职事，安定一方的治绩，尤其记述他在辰阳羁押七年而不失忠节的可贵，结尾议论突出熊兴麟"抗怀忠孝，百折不回"的精神。

《四库全书》收录丘嘉穗的《东山草堂文集》二十卷，总目提要评"其文颇条畅"。乾隆《汀州府志》及《永定县志》也载丘嘉穗的文章。黎士弘《东山草堂文集序》评其："著为文章，以理为经，以气为纬，充其中二肆其外，光明条达，一以圣人之道为归。虽短章小篇，隐喻讽刺，皆有忧世觉民之心。盖其所择于道者至精也。"莫树椿评价丘嘉穗的文章："析理既精，论事弥畅，经义史学淹贯精通，元气鼓荡如江河之趋海，日月之经天，即至单词只义、游戏诙谐罔不有意理存乎其中，足以挽风俗人心之弊，不仅文章巨观已也。吾乡作者自刘鳌石先生后，此其嗣音矣。"①

3.朱仕琇

朱仕琇（1715—1780 年），字斐瞻，号梅崖，建宁人，仕玠弟。乾隆九年（1744年）乡试第一，乾隆十三年（1748 年）进士，选为翰林院庶吉士。居三年，出为山东夏津县知县，在任七年。改福宁府教授，以疾辞。受聘福州鳌峰书院，主讲十一年，培养造就许多人才。著有《梅崖居士文集》三十卷，外集八卷。

朱仕琇为文，主学韩愈，提倡"养气"。朱仕琇继承孟子、韩愈"养气"之说，认为"大抵知言、养气为立言之要"（《复黄临皋书》）。古文家传世者都是正人君子，"古文之道，正大重厚，非学士大夫立心端愨者莫能习。诗歌之靡，则儇人佻士率往趋之，以故诗人之无行者不可胜数，而古文之传皆正人君子也"。要学古文，先立心正身，然后"积读书"，就是取古今醇正淡朴之文加以修习，

---

① 丘复：《上杭县志・艺文志》，上杭县地方志编纂委员会 2004 年印行，第 675 页。

如《左传》《史记》，以及孟子、荀子、扬雄、韩愈及欧苏等大家之文，博采秦汉以来诸家之长，自然形成自己的文气和风格。在写作技巧上，他说："凡为文不宜太切，其陈义类迂诞，而咀之有余味，使人心宽厚愉悦，风清而神远，穆然而近古，最为文家高致。"

在鳌峰书院主讲期间，朱仕琇致力于古文，博极群书而综其要，磨砻成就，著成文集。一时文士如胡稚威、杭大宗辈，皆推许之，成为清代闽人第一个卓有影响的古文大家。清末"同光体"首领人物陈衍论历代闽人古文，将朱仕琇置于王慎中、高澍然、张绅之前。

朱仕琇的古文风格"淳古冲淡"（雷鋐《梅崖先生全集序》），如《溪音》序：

　　杨林溪水，出百丈岭。岭界于南丰、建宁二邑。水初出，小泉也。南迤十里合众流，溪石厄之，水始怒，轰豗日夜，或作霹雳声，人立溪上，恒惴慄。稍南益夷，临溪居人亦益众。未至杨林数里许，水遂无声，然溪道益回多曲，里人名之曰"巧洋"。建宁方言呼水曲曰洋。杨林在巧洋南三里，溪水三面，抱村如环，筠园世居其地。村多杨木，故曰杨林。而溪上群山，多松、楂、杂他果卉，弥望郁然。中夜风雨四至，水潦声与群木声相乱，悲越激壮，中杂希微，如钟鼓既阕，而奏管弦丝竹之音。或时晨露渐沥，居人未起，䈰陨沙颓，萧屑有无。缘溪独游，其听转静。至于春秋朝夕，虫鸟之号，平林幽涧。樵采之响，里巷讴吟和答，舂扰机杼，鸡犬之鸣吠，远近断续，随风高下，一切可喜可愕之音，咸会于溪。

　　筠园家溪上，授徒溪西之草堂，往来溪侧，辄闻溪音，感而写之，于是其诗愈富。筠园方壮时，以诗名天下，尝游太学，观京师之巨丽，所涉黄河长江，淡漫汹涌，骇耳荡心，足以震发诗之意气，顾以不得志，困而归。年几五十，回翔溪上，其诚有所乐耶？昔之学艺者，患志不精，乃窜之无人之地，以求其所为寂寞专一者，一旦得之，遂能役物，以明其志。今溪之幽僻，而筠园乐之，意岂异此耶？

　　余尝序筠园诗，以为得高岸深谷之理。今读所补琴操古歌，益渊邃，正变备具，至效陶诸什，则无怀、葛天之遗风，犹有存者，其更世益深，日息其志，迈迹于古，殆将往而不可知也。其涵淡萧瑟，抑亦得于溪之所助者多也。昔孔子教人学诗之旨，审于兴观群怨，而末不遗夫名物。筠园诗益富，不自名，归功于溪，集既成，以是名篇。故余得详其原委云。

这是他为胞兄仕玠（号筠园）诗集《溪音》作的序言，文中阐述筠园诗歌得益于溪水之助，又"得高岸深谷之理"，点明其诗歌"涵淡萧瑟"的特点。文章清新自然，语言平易质朴，观点醒豁，体现作者古文"平易诚见"（《与筠园书》）的风格特点。

二、其他客籍文人的散文创作

清代散文家除了黎、邱、朱三大家之外，其他文人如李长日、李兆蕡、赖廷爕、巫宜福、李家蕙、范绍质、李鸿、邹圣脉的散文创作也很可观，其中，尤以李长日、范绍质、邹圣脉为代表。

1.李长日

李长日，长汀人，诗人李长秀之弟，《汀州府志·艺文志》载其"善古文辞"，有《石村草堂诗文集》。他的散文体裁主要是山水游记，以《游朝斗岩记》《云骧阁记》《苍玉洞记》三篇最著名。李长日的散文清新自然，语言雅致，光洁如玉，堪称美文。如《游朝斗岩记》描写泠然亭东小石洞前所见汀州城美丽景象的一节：

> 去岩右数步，皆列奇石，植佳花，美卉、时蔬、古藤、翠竹，莫不异态迭出，纷披窈窕。再数步，环以墙，有亭名"泠然"。亭东垞合峦覆，露留烟后。小石洞中奉观音大士像，前瞰发甚，难人立也。见城郭、土壤之美，层层然，凸凸然，殆不可状。俯其下，一溪曲折，小艇横波，流云远树，点缀在微茫间，然后知兹山之妙，亦遂窅，亦辽阔，近观远眺皆有奇趣。

他的散文句子多为短句，精练雅洁，如珠串玉。黎士弘赞誉李长日"化舒之文骨节珊然，一洗世俗之陋"。

2.范绍质

范绍质，长汀人。他的《猺民纪略》，记载了清初汀州畲族人的生活习性、生产情况和民俗民风特点，为后人留下珍贵的史料，如描写畲族人生活习性：

> 汀东南百余里，有猺民焉。结庐山谷，诛茅为瓦，编竹为篱，伐荻为户牖。临清溪，栖茂树，阴翳蓊郁，窅然深曲。其男子不巾帽，短衫阔袖，椎髻跣足，黎面青晴，长身猿臂，声哑哑如鸟，乡人呼其名曰"畲客"。妇人不笄，饰结草珠，若璎珞蒙髻上，明眸皓齿，白皙经霜日不改。析薪荷舂，履层崖如平地。以盘、蓝、篓为姓，三族自相匹偶，不与乡人通。

作者介绍畲族人的居住、衣着、妇女装饰，语言简洁，准确生动，畲族女子质朴美丽的形象跃然纸上。又如介绍畲族人劳动和狩猎的情况：

> 种山为业，夫妇偕作。生子堕地，浴泉间，不避风日。所树获曰棱禾，实大且长，味甘香；所产姜、薯、芋、豆、菰、笋，品不一；所制竹器有筐

筐，所收酿有蜂蜜，所畜有鱼豕鸡鹜，皆鬻于市。粪田以火土，草木黄落，
烈山泽，雨瀑灰浏，田遂肥饶；播种布谷，不耘籽而获。精射猎，以药注弩
矢，着禽兽立毙。供宾客，悉山雉、野鹿、狐、兔、鼠、蚓为敬。豺、豹、
虎、兕间经其境，群相喜谓野菜，操弩矢往，不逾时，手掜以归。

苏轼作文提倡"辞达"。用最质朴、简洁的语言表达最准确的意思是这篇散文的
特点，像这样洗净铅华又能文辞畅达，达意而止，并非容易之事。在叙述之余，
作者也不乏生动形象的场面描写："豺、豹、虎、兕间经其境，群相喜谓野菜，
操弩矢往，不逾时，手掜以归。"畲族人的勇敢彪悍给读者留下深刻的印象。

3.邹圣脉

邹圣脉，连城人，清代声名颇著的学者之一。邹家自祖上起就以雕版印书为
业，邹圣脉放弃举业后也潜心著述与校注版籍，有《寄傲山房诗文集（四册）》《诗
经备旨》《书经备旨》《易经备旨》《书画同珍》等传世。他增补的《幼学故事琼林》
在四堡印刷，风行海内外，是流传最广、影响最大的幼学启蒙读物。《爱日堂跋》
是他的散文代表作，抒写自己不趋炎附势的个性及建造爱日堂的原因，表达贫寒
自乐、不羡功名的人生态度。

巫宜福和李家蕙擅长人物传记。巫宜福，永定人，《永定县志·文苑传》载其：
"文章博雅，邑中碑铭、篆刻，多出其手。书法秀劲，士林宗仰。"有《木屑篇》
行世，代表作品有《赖南山先生传》《赖长照传》。李家蕙，归化人，他的《桂苑
先生传》阐明了永定巫姓与宁化巫姓的联系，赞扬了桂苑先生（巫应秋，永定人）
务求实学的精神、培养子孙科名兴盛的成果以及教育子孙勤谨为官的思想。

其他优秀的作家作品还很多。李兆蕡的《汤泉记》描述了长汀县河田汤泉的
地形特点、神奇的传说和疗效，描述了当地百姓对汤泉的喜爱，是较早介绍河田
汤泉的名篇。赖廷燮的《东华山八景记》，介绍永定东华山八景的名称及特点，重
点描写神阁的美观与求梦的灵验，是描写"永定第一名山"的美文。何熊的《游
金山记》记叙了与友人游览上杭紫金山各景点的经过与感受，"写景如绘，令人神
往"（《上杭县志·文苑传》）。李鸿的《最乐亭记》记述了命名"最乐亭"的原因，
称赞建亭者的乐善之举，阐明为善最乐的思想，是客家精神的写照。

三、客寓文人的散文创作

清代客寓文人的散文作品也很丰富，魏际瑞、徐乾学的作品是其代表，其他
如李基益、秦士望、徐尚忠的散文也是优秀之作。

1.魏际瑞

魏际瑞（1620—1677 年），江西宁都人，清初古文家。《长汀县志·流寓传》载魏际瑞，"顺治丁酉庚子间一再过汀"。他的《篁竹岭修路序》记述长汀篁竹岭上的僧人倡议捐资修路，魏际瑞认为这是"仁人之心，仁人之事"，于是欣然襄助并作此序。这篇序文体现了魏际瑞文章"有用于世"的主张，也体现了他善于议论的个性：

> 汀之西有篁竹岭，人恒言其高如登天。岁丁酉，予将适汀，心难之。比至，乘雨而上，纡盘折阪，崖壁断绝如蛇蜒鹊起，警革不息。乃舍舆，撩衣步赴，而履之路，橛橛有声，念此宜非人到，顾乃有蛎鬓鳞次，便人于百千万仞之上，亘二十里而遥者。盖未尝不叹其为君子、长者，而戚然深念其德也。及乎路缺径坍，则黄泥之阪，利于榆沈；陡绝所在，争性命如悬丝；聚手足筋骸之力，逼仄以度，将或陨坠，而况于负任、罢病者乎？
>
> 庚子冬，予且再至，则由之。岭有庵，庵有亭，煮茶以给行旅。有僧焉，揖予而告，盖欲以补斯路之缺壤，与前人功所未及者创之。予曰："于戏，此仁人之心，仁人之事也夫。"今夫天富，富者所以养贫者也；天贵，贵者所以安贱者也。天予福利安全之人，所以休人于劳而平人于厄也。若夫专利自丰，天亦何取斯人而独厚之也哉！昔者吾子言之曰："施冢不如施棺，施棺不如施药，施药不如施衣被、饭粥。"予亦曰："放生不如戒杀，戒杀不如作雨亭、津渡、道路、桥梁。"盖受者实，则施者不虚。譬如钧矢射候，亦既发而中的矣。昔有丐者死三日而苏，冥吏校籍，谓曾建七星古桥，故当复生。丐私念曰："吾身且为丐，安得桥。"吏曰："汝尝于潭侧殖七断砖以济潦者。汝丐耳，而心念此，又必为其事，此直与建桥等矣。"
>
> 僧曰："然！吾将稽颡、屈膝以丐长者。而不能言其意，敢请书之。"
>
> 予曰："噫，此仁人之心，仁人之事也。天下多仁人，敢请捐资而注名于册。"

序文写了他两次入汀的经历，第一次用大量笔墨写山路的崎岖难行，目的在于为写第二次的修路建议作铺垫。文章第二段在听了僧人的修路提议后，马上提炼出一个观点："于戏，此仁人之心，仁人之事也夫。"然后就抒发己见，引用"昔者吾子言之"和丐者与冥吏"七星古桥"的故事加以论证，信手拈来，议论风生。第三段又呼应前面的观点，点明捐资修路的目的。整篇文章严谨巧妙，短小精悍，是一篇上乘之作。

2.徐乾学

徐乾学（1631—1694 年），江苏昆山人。《上杭县志·流寓传》载徐乾学："当未第时，康熙初游杭，与邑人莫之伟、罗铨辈徜徉山水，有《游普陀峰记》。"据

《上杭县志》（顾志·杂志）记载，《游普陀峰记》"一时传写，几于纸贵洛阳"。
他的散文叙事，描写相结合，语言简练雅洁，如叙述从水西渡到一天门的过程：

> 又五里，为水西渡，渡口有紫竹庵，荆花灼耀于内，榕树蒙密于外，望
> 普陀在指顾间，与诸子小憩。过溪，复升舆，行稍折，为苦竹坑，树杪人家，
> 点缀如画。其水为苦竹溪，滩水冲激，声如轻雷，水自白砂里从北西流入水
> 西渡，为溪山一胜云。历苦竹坑而上，多松树，高十余尺，枝条多拂衣袂。
> 土人为予言：自近岁驻兵，古木率被斫伐，往时经此，盛暑不受炎蒸也。东
> 北隅，奇石乱卧，不可名状，路亦蕲绝，舍舆徒步，僧辈以茗具来迎。攀级
> 而上，遂有长松茂草。数折，乃至一天门，披襟围坐，杭城烟火皆在目中。

其他优秀作家作品还有：李基益，广东海澄人，康熙三十一年（1692年）任
永定县学教谕。他的《东华、石麟二山记》，描绘东华、石麟二山峭壁悬立、洞壑
玲珑的景象，表达了对傲岸不屈、虚心有容的人格精神的肯定。秦士望，安徽宿
州人，乾隆六年（1741年）任连城知县，任职期间，在冠豸山一线天口下方主持
修建"五贤书院"，作《豸山五贤书院碑记》。文章阐明了"品正则文自佳，行乖
则文亦劣"的道理，勉励年轻人珍惜光阴，提高人品与文品修养，对年轻人读书
成才寄予了殷切期望。徐尚忠，江西高安人，乾隆十三年（1748年）任连城县令。
他的《游冠豸山记》描写游览冠豸山沿途所见的自然景观，突出冠豸峰奇险、幽
秀的特点及丰富的人文底蕴，表达了对冠豸山由衷的赞赏与喜爱，是介绍冠豸山
自然与人文景观的名文。

第六章　近代福建客家文学的演进与新质

　　从 1840 年的鸦片战争爆发到 1919 年"五四"运动兴起，中国社会进入近代阶段。在这短暂的百年时间里，中国社会和政治发生巨大变化，反映社会生活的文学在形式和内容上也发生变革，福建客家文人的精神面貌及其创作形式出现富有时代气息的新特点：

　　一是眼界开阔，积极投身救亡图存。觉醒的爱国文人走出客家山区，走向都市，奔走于救亡图存的爱国运动之中。建宁诗人张际亮拔贡晋京读书，与龚自珍、魏源、林则徐等爱国志士交往，积极参与变法禁烟运动，力主抵抗外强侵略，在南北漫游中创作了大量反帝反封建爱国主义诗歌。

　　二是接受共和思想，呼吁政治改革。民国建立之初，客家文人积极参与民主共和体制的建设，为反对袁世凯专制复辟奔走呼号。上杭诗人丘复是民国参议院正式议员，他的诗歌为宋教仁之死而痛哭，为共和政体的难以实现而忧虑，为国家处于风雨飘摇之中而痛心疾首。

　　三是兴办学校，重视教育。接受西方新思想之后，客家文人认识到教育国民的重要，他们力行文化下移的基础工作，投身于教育救国的事业。长汀诗人康詠自费东渡日本考察教育，回国后在潮汕创办同文学校，回长汀创办汀郡中学堂、长汀新俊小学校。上杭诗人丘复也在上杭县创办民立师范学校、立本学堂，后又创办民强中学。他们都为家乡的教育事业做出重要贡献，文学创作自然也是乐趣之一。

　　四是创作"言文合一"，通俗晓畅的诗文。梁启超大力提倡"诗界革命"，广东客家人黄遵宪提出"我手写吾口，古岂能拘牵"的主张，期望文章和诗歌能够接近通行的口语，形成"明白晓畅，务期达意""适用于今，通行于俗"的文风。在他们的号召下，一些从事教育的文人开始"言文合一"的实践，上杭包千谷等人的诗歌就体现了这种诗界革命的思想。

　　以中日甲午战争（1894 年）为界，近代前期的客家文学一类是以张际亮为代表的反帝反封建的爱国诗歌，一类是以郑蔚珍、郑克明为代表的咏史诗，还有一类是新旧思想交替时期批判现实的讽喻诗，如薛耕春的作品。近代后期的客家文学一类是以康詠、丘复为代表关心国事、批判现实主义的诗歌，一类是以包千谷为代表的"言文合一"的诗歌，还有一类则是以胡晓芸、江子铭、林逊之为代表的乡土题材的诗歌。近代客寓文人的创作，以刘光第和台湾诗人丘逢甲最有成就。

第一节 张际亮与近代前期的诗文

近代前期的客家文人中，诗文最有成就的是张际亮。鸦片战争前后，张际亮与龚自珍、魏源、汤鹏、林则徐结为好友，关注国家政治与民族安危，奔波于南北之间，以时事入诗，创作了大量爱国诗篇。他的创作动力来自于深沉的爱国热情，诗文题材来自于广阔的社会生活，诗文主旨谴责帝国主义的侵略、反映人民的苦难，对林则徐忠而被贬寄予深切同情，体现了诗人从一个客家文人转变为爱国志士的心路历程。

一、张际亮的志士之诗

张际亮（1799—1843年），字亨甫，号松寥山人，建宁县客家人。出生年余，母亲去世。十二岁从师读，"志慕古人之学"（《自题读书斋壁》）。十六岁入学为生员。嘉庆二十三年、道光三年两度求学于福州鳌峰书院。道光四年（1824年）省试选为第一名拔贡。道光十一年（1831年），张际亮得徐宝善帮助，在北京翠微山大悲寺读书，次年迁莲花寺。在京期间，与龚自珍、魏源、汤鹏交往，商讨国计民生，评论当世利弊得失，时人称为"道光四子"。张际亮又与姚莹、黄爵滋、林则徐等爱国志士交往，积极参与变法禁烟活动，力主抵抗外强侵略。道光十五年（1835年）乡试中举。道光二十三年（1843年）春，张际亮疟疾缠身，卧病在床，听说姚莹抗英遭诬陷，计其"赴逮必过吴中，栖迟以待"。七月，自淮上随姚入京谋申雪，终因病体不支，卒于杨椒山故宅。京师诸公不惟慕其才，闻其急友难而殁，尤高其义。姚莹亲自为其办理丧事，携柩至桐城，召其子扶榇归葬。

从道光五年至道光十五年春，张际亮以拔贡入京朝考皆不利。从道光十六年至二十年，每年入京会试亦皆不第。姚莹在《张亨甫传》中悲其不遇云："使亨甫达而在上，风节必有可观者。竟不一第，徒以诗鸣，是可悲也。"际亮素负大志，有经世之才，却潦倒场屋，终生不得志。然而，其才虽不为世用，其心未尝一日敢忘天下，尤其关注民生疾苦与禁烟反侵略斗争。在18年的入京应试与南北漫游中，张际亮创作了大量诗文，主要作品有《张亨甫全集》（收录文六卷、诗 2600 多首)、《思伯子堂集》(由姚莹整理，收录诗 3000 多首)，另外还有《金台残泪记》三卷、《南浦秋波录》三卷。

鸦片战争之前，张际亮漫游北京、福建和广东，留心时事，主张禁绝鸦片。道光九年（1829 年），他在所作《食肉叹》诗序中指出："余窃以鸦片来自西洋，始于闽粤，遍于天下，其所以疲敝内地者，已甚矣。然诚使海防防捕严密，何由不绝！"诗中直接描写了"粤闽鸦片馆日开，十户九破形死灰"的情形。随着见闻日广，阅历日深，张际亮对于鸦片输入中国的危害也越看越清楚。道光十一年（1831 年）所作《送云麓观察督粮粤东》指出帝国主义经济入侵的后果，预见军事入侵的可能：

> 市易多年连岛洋，　夷酋列肆来朝暮。
> 土来金去芙蓉膏，　丝轻帛贱羽毛布。
> 澳门近据数千家，　屋似重城炮环护。
> 却笑前明中叶时，　倭奴百人能突驰，
> 越吴闽广到处敝，　俞戚谭胡诸将疲。
> 圣朝威德如天大，　绝域怀柔似水归。
> 内府诸郎领关榷，　明珠节履翠为衣，
> 唐宋中朝厌过岭，　今代招车喜驰骋。
> 梅花频折贵官多，　荔枝得饱游人幸。

他的许多诗歌还真实广泛地反映了道光年间各地人民的疾苦。道光十二年（1832 年）作于山东的《自沂州至郑城夜宿郭外有述》云："旷野多悲风，鸿雁相哀鸣。际天衰草外，惟见饥人行。单车挈老弱，性命同死生。夫推妻前挽，中有儿啼声。夫妻草间坐，抚儿涕泪横。"又云："主人前致辞，今年稼不成。室有冻死骨，野有逃荒氓。"作于安徽的《桃源》云："宿迁至桃源，百里连长堤。堤下半饥人，穴处芦苇低。往往蓬首妇，抱儿当风堤。妇啼儿亦啼，不知何惨凄。"作于江苏的《扬州》云："多少流离儿女在，宵来城下泣清霜。"作于江西的《石亭》云："况闻夏秋交，疫病成疮痍。苦旱坏禾稼，食糠故不肥。"

鸦片战争之后，张际亮用诗歌揭露英军的残暴和百姓的流离之苦。张际亮这一时期的纪事诗有《宁海道中闻定海之警》《定海哀》《镇海哀》《宁波哀》《后宁波哀》《奉化县》《自奉化避兵至嵊县口号》《日铸岭》《东阳县》《白塔》《叶村》《招贤骚》《广信府》诸作，对英军的暴虐行径作了真实记录，堪称诗史。如道光二十一年（1841 年），英军攻陷定海、镇海、宁波各地，张际亮由浙江避兵江西，以亲眼所见作《定海哀》，抒写对英军入侵的愤慨以及对清兵死难的悲痛：

> 我兵半年守舟山，帐房盖地艰休息。寇来飘忽若鬼神，五昼夜斗不得食。
> 海涛扑人风雨急，炮火无声天日黑。呜呼，三帅自归元，残尸满地无人识。

张际亮还作《传闻》《诸将》《须怀》数十首反映东南各省战况，歌颂爱国志士的英雄事迹，《传闻·闽》三首赞颂了姚莹在台湾的抗英事迹：

> 江东逊抗旧知名，踵武提军起士衡。
> 已报郭嘉专祭酒，可能韩愈在行营。
> 百艘战舰蒙牛革，六郡良家成雁城。
> 辛苦大农筹国计，应看横海早休兵。
>
> 裘带翩翩坐镇风，修戈敌忾意何雄。
> 濡须筑坞军应北，沪渎屯兵盗敢东。
> 难借神门皆恶水，好资战社即强弓。
> 关心猛虎饥蛟外，周处无家剑术中。
>
> 重山大海俯东南，霸国雄图郁瘴岚。
> 往日卢循劳甲士，几年孝侃聚丁男。
> 滩穿黯淡蚕丛险，地截安平虎视眈。
> 独有平生刘越石，闻鸡醉舞我何堪。

1842年，英舰闯入长江，连陷吴淞、镇江，进犯南京。清廷派曹英、伊里布与英人议和，签订了丧权辱国的《南京条约》。张际亮闻讯后，作诗严厉谴责投降派，抨击卖国条约，他的《鄱阳至建德道中作》（其二）云：

> 崇明接江阴，瓜州对京口。金焦扼中流，形势相左右。韩王昔驻兵，兀术终北走。如何黄天荡，今日容群丑。钟山表龙虎，实瞰严城后。弃之资敌人，咄哉嗟彼妇。辱国任奄奴，要盟耻我后。年年六百万，何以供求取。秋风扇江南，呜咽怒涛吼。上方谁请剑，下民自疾首。

他的《心壶先生招饮大梁书院》又云："半壁东南土，三年父老哀。谁驱兵转战，自许敌飞来。下策新和议，中原昨赈灾。故乡俱莫问，河患况相催。"反映了清朝签订和议之后内外交困的情形，表现爱国文人的忧国忧民之心。

道光十三年（1833年）八月，张际亮在苏州拜谒林则徐，开始了他们的友谊。《思伯子堂诗集》中，张际亮与林则徐唱和赠答或写到林则徐的诗有10多首。道光二十年（1840年），鸦片战争爆发，两广总督林则徐、闽浙总督邓廷桢在广东、福建击退英军。八月廿二日，清廷听信谗言，下令"林则徐、邓廷桢著交部分别严加议处"，九月下旨远戍伊犁。张际亮闻讯作《绝海》诗，表达对谗毁忠臣的极大愤慨：

> 绝海才扬十道帆，神州百县戒初严。
> 徒闻灵岛成蛟窟，重报边尘动马衔。
> 削国翻思杀晁错，□家未许诵巫咸。

　　　　　　孤臣白发炎荒远，　从古青蝇枉刺谗。

　　道光二十二年（1842 年）三月，林则徐在协助王鼎治理黄河水患之后仍远戍新疆。张际亮作《剧谭时事三十韵》抒写对林则徐蒙冤受屈的不平：

　　　　昔从林公幕，窃叹材奇伟。点笔许知言，淋漓墨在纸。安知一瞬间，公行已万里。公心如皦日，公节直如矢。使粤觐天颜，后先取中旨。经年镇海邦，战守俨可恃。到今判是非，何人构谗毁……痛深贾生哭，狂漫同甫诋。古来功罪际，反复无定理。要存清白心，千秋照青史。公尝活万人，出塞应不死。独恨蛟鼍腥，从此污难洗。三吴带百越，志岂藉通市……修戈切同仇，匪徒感知己。

　　张际亮死后，林则徐作悼诗《哭亨甫》，哀痛之余，称赞张际亮"修文定写平生志，犹诉苍苍塞漏卮"。这可以说是对张际亮一生文章气节的高度概括。

　　张际亮论诗主"积理养气"，主张"神骨才情气韵兼备"（《答姚石甫明府书》）。他把汉代以来的诗歌分为志士之诗、学人之诗、才人之诗。他批评乾嘉以来诗人"类多以诗干显贵"（《答潘彦辅书》），有害于风俗人心，因此，他特别推重志士之诗。

　　张际亮早年的作品"其文章长于议论，能举前世政治得失治乱之故，其辞气俊伟动人，而于诗尤多激壮椒诡，豪宕感切，间喜为瑰丽与夫艳逸之思，然皆以娱其意耳"（张绅《松寥山人诗集序》）。他后期的创作，在经历科举失意，漫游南北，开阔视野之后，尤其是亲身经历了鸦片战争前后社会的动荡，目睹人民的苦难和战争的残酷，诗歌转肖李杜和古乐府诗风。姚莹《张亨甫传》评其："穷悉慷慨、牢落古今之意，发为诗歌，益沈雄悲壮。至天才艳逸，情致绵邈，则其本色。"林昌彝《射鹰楼诗话》卷二评云："际亮天才俊逸，腾骧变化，雄视一代。其于诗刻意为之，而性情气格，两两俱胜。"卷二十一又云："张亨甫孝廉目击时事，感念古人，其《故人》七言律，字字沉着，可称诗史。"

二、怀古咏史诗与讽喻诗

　　面对帝国主义的入侵、国家的贫弱，积极反思历史，批判现实，寻找一条救国救民的道路成为近代客家文人的自觉行动。郑蔚珍、郑克明的《救驾坪》主题是怀古咏史诗的代表作。薛耕春的讽喻诗，继承了唐代白居易的现实主义诗风，又融入客家的地域特点和时代内涵。

（一）郑蔚珍、郑克明的怀古咏史诗

鸦片战争之后，客家文学中出现不少怀古咏史诗。在救亡图存的时代潮流中，文人回顾历史，反思现在，古代爱国英雄的事迹总使他们感奋不已。如郑蔚珍、郑克明以《救驾坪》为主题的诗歌：

> 贝勒夜半袭行宫，仓卒将军起御戎。
> 一死可能谋缓敌，万弩何虑犯凶锋。
> 捐躯节比齐车右，救主情同晋侍中。
> 千古龙冈遗烈迹，专祠血食纪精忠。（郑蔚珍）

> 铁骑纵横势莫当，将军犹自认唐王。
> 英风不让田横岛，碧血光生古战场。（郑克明）

救驾坪，在长汀县城东门后街背、卧龙山东南麓。南明隆武二年（1646 年）八月底，隆武帝（唐王朱聿键）自延平奔汀州。清兵昼夜奔袭而来，突入汀州城。总兵周之藩直奔隆武帝行宫护驾，路遇清骑兵数十，周之藩大呼"我即大明皇帝也"，意欲骗过清兵，让唐王脱难。由于寡不敌众，周之藩被清兵乱箭射死。后人称此地为救驾坪。这两首怀古诗赞颂周之藩为国捐躯的精忠精神，在遭受帝国主义列强入侵的鸦片战争时代，这些弘扬爱国主义精神的怀古咏史诗就显得特别具有现实意义。

（二）薛耕春的讽喻诗

近代，民主、科学思想传入客家地区，形成新旧思想的激烈交替。一些进步文人自觉用科学思想改革封建迷信的陋习，将其反映在诗歌中，于是出现不少批判现实的讽喻诗，上杭诗人薛耕春的作品就是典型例子。

薛耕春，字雨田，上杭县豪康乡人。道光十九年（1839 年）恩科举人，为将乐、漳浦教谕。著有《铎余集》（后名《邻竹山房诗稿》），存诗 200 余首。《上杭县志·文苑传》评其"五律饶有唐风"。他在将乐为教谕期间作诗最多，"于地方风俗尤极关切"（《上杭县志·文苑传》）。他发现将乐民俗中有两种现象流弊甚广："父母有疾多不医治，惟祈神作法事赎魂，亲死开筵谢吊"（引同上）。他的组诗《辟俗》就是对这两种弊俗的批评：

> 父母如有疾，尝药治宜急。胡但事祈祷，赎魂信邪术？人死升屋号，冀魂复返室。此是孝子心，不忍亲遽卒。如何病始沾，魂尚与体一。生死有定命，招之徒汲汲。膏肓并不求，鼓角彻宵日。势震屋瓦飞，奔呼遍城邑。病者须静安，惊扰反莫恤。嗟哉欲赎魂，未赎魂先失。

　　　　孔子在丧侧，食之未尝饱。末世礼教衰，恻怛仁心杳。谢吊酒筵开，苦
　　块肴核绕。余沥沾灵旐。素冠亲献酬，衔杯意未了。居然庆所生，欢笑达庐
　　表。不乐与不甘，此心岂独少。朝死而夕忘，啁噍不如鸟。食稻于汝安，令
　　我忧悄悄。主客俱蹈非，弊俗枉谁矫。

这两首诗反映了客家文人的革新精神，折射清代客家地区信巫、尚鬼神的社会习
俗。《上杭县志·文苑传》又载，薛耕春为将乐教谕期间，"送考至郡，以将乐俗
尚鬼神，延郡亦复如之，叹理学之邦乃至如是，复作诗"。他的《咏延平佞佛恶
俗》云：

　　　　延本理学邦，佞佛俗甚恶。淫祀遍室家，梵语喧朝暮。儿病辄祷祈，亲
　　丧但超度。布施饱缁黄，周恤绝亲故。妇女悉如痴，衣冠亦莫悟。先哲风尚
　　存，回头即正路。

此诗批评延平府佞佛的社会恶俗，反映了佛教对民众的深刻影响，同时也体现了
客家知识分子改造社会的积极努力。

第二节　康詠、丘复与近代后期的诗文

　　康詠、丘复是近代客家著名的诗人、教育家。他们以教育救国为己任，积极
创办学校，又关注国家政治和人民苦难，把深沉的爱国之思化为忧国忧民诗篇。
康詠擅长诗歌，五律、五古、七绝和歌行体都有佳作。他前期的诗歌多为励志和
纪行之作，风格清新明快。后期的诗歌多反映戊戌变法和义和团运动时期的社会
现实，他的《哀平民》《杂诗》揭露了列强入侵中国带给人民的苦难，风格沉郁
顿挫。丘复学识渊博，诗文兼擅。他与丘逢甲结为好友，志同道合。他的诗歌多
反映民国初年的政治时事，抒写对共和大业难以实现的忧愁，《兵来行》《车夫叹》
尤其表达了诗人批判现实、对人民苦难的深切同情。丘复后期潜心著述，编纂了
许多客家县志，整理校勘《杭川新风雅集》及许多个人诗文集，在史学和文学上
都做出卓越的贡献。

一、康　詠

　　康詠（1862—1916年），号步崖，长汀人。十九举茂才，二十一岁中举。光
绪十七年（1891年）应聘为广东潮阳东山书院主讲。次年中进士，授内阁中书。
中日甲午战争爆发，康詠请求从戎，有司不报。朝廷与日本签订丧权辱国的《马

关条约》之后，康詠自叹才不适世用，辞归养母。返汀后，汀州知府延为龙山书院讲席。四年间，八县人士来从，造就甚众。光绪二十八年（1902 年），康詠东渡日本考察新式教育，次年回国在潮汕创办同文学校，一年后又返汀创办汀郡中学堂，选为长汀县教育会首任会长。宣统二年（1910 年）又创办长汀新俊小学校，选为省咨议局议员、京师资政院议员。宣统逊位后，康詠返回故里。

康詠工诗，有《漫斋诗稿》五卷，分别为：知进、焚余、出塞、辛庚杂钞（上）、辛庚杂钞（下），又续集一卷，共有诗歌 486 首。康詠自谓"诗法得之宗室宝竹坡侍郎"（《漫斋诗稿》自序），诸体兼备，尤擅长五、七言歌行。

他的诗歌以中日甲午战争（1894 年）为界，分为前后两期。前期的诗歌多是励志之诗和纪行之作，如《励志》诗：

春风荡和气，不荣枯朽枝。秋风肃杀机，不害松柏姿。穷通岂移人，平生当自持。与为来者冀，何如念当时。与为逝者悲，何如惜今兹。譬彼栋梁材，斧斤当不辞。譬彼圭璋品，沙石当受治。聪明猎浮华，客慧良可嗤。

诗人时当 26 岁，虽然五年会试不第，但他并不气馁。诗歌表达了不为穷通所移，经受艰苦的磨练，体现客家学子奋发进取的精神。

康詠 29 岁已是博学多识，才名远扬，广东潮阳东山书院聘其为山长。诗人在前往潮州途中作的一首七绝《由汀往潮舟中作》很有名气：

盈盈江水向南流，铁铸艄公纸作舟。

三百滩头风浪恶，鹧鸪声里到潮州。

诗歌巧为比喻，沉稳凝重，把镇定自若的艄公刻画得形象鲜明。第二联化用李白的"两岸猿声啼不住，轻舟已过万重山"之意，前后对比，轻捷明快，诗人的惊险与喜悦之情尽在不言之中。

康詠后期的诗歌多表现忧国忧民的情绪。光绪二十四年（1898 年），以康有为为首的改良主义者通过光绪皇帝进行变法维新，但遭到以慈禧太后为首的保守派的竭力阻挠。同年九月，光绪帝被慈禧幽禁，康有为、梁启超分别逃往法国、日本，谭嗣同等六人被清廷杀害。梁启超闻讯后作《戊戌六君子传》，康詠题诗于此书之后：

云雾连天黯，郊原喋血红。群公纷洛蜀，万国走艨艟。拨乱需人杰，衔冤泣鬼雄。千秋谁定论，未免怨苍穹。

《题六君子传后》缅怀六君子的壮烈牺牲，表达对统治者摧残人才的愤怒之情。他还在同时期所作的《感事》诗中说："城上饥乌啄，长安惨不春。乾坤余正气，风雨泣孤臣。周勃应忠汉，商鞅岂误秦。天涯闻乱见，左袒竟何人。"赞颂"戊戌六君子"是周勃、商鞅式的人才。光绪二十六年（1900 年）初，河北、山东等地爆发义和拳（团）运动。在"扶清灭洋"的口号下，他们焚毁基督教堂，杀害外国传教士及其信众。六月，八国联军开始入侵中国，八月占领北京。清政府又转而联合列强铲除义和团，无辜平民百姓受到损毁教堂的株累被迫输金赔偿。康詠的诗《哀平民》就是黑暗现实的反映：

> 兵如狼，吏如虎，械系平民入官府。问此何罪囚，答云株累苦。耶稣堂毁牧师怒，富者倾家贫被掳。十金索百百索千，纵有储积皆荡然，索偿欲壑仍未填。不闻东家子，畏逼甘逃死；不见西邻妻，饮鸩已不起。呜呼！厄连值阳九，天子于今下殿走。我辈愚贱更何有，质田鬻宅空有无。偿款不足仍追呼，明朝更典妻与孥。

对列强入侵，进而瓜分中国的现状，康詠看得很清楚，《己亥杂诗》四写到：

> 美人掣我肘，欧人扼我喉。俄人拊我背，倭人揰我头。苍天构奇祸，凌迟到神州。英雄耻任连，誓志完金瓯。安知非启圣，先之以殷忧。黄种四万万，慎勿忘国仇。

康詠是个清醒的爱国者，他对美国、德国、俄国、日本控制中国的情形深深忧虑，号召四万万中国人勿忘国仇。这对当时"大梦何时醒"的部分国人来说，不啻敲响了警钟。康詠爱国，进而寻求以教育救国，这是他在当时唯一能做的事——他也努力去做了。

二、丘 复

丘复（1874—1950 年），字果园，别号荷生，又自号念庐居士、念庐老人，上杭县人。光绪二十三年（1897 年）举人。次年结识爱国诗人丘逢甲，两人诗歌唱和，志趣相投，以同为客家丘氏，交谊尤深。光绪三十二年（1906 年）正月，与丘逢甲一起在上杭城厢丘氏总祠设立师范传习所，自任监督。同年秋，又在蓝溪曹田故乡"东溪别业"创办立本学堂，兼任堂长。宣统三年（1911 年），经丘逢甲介绍参加柳亚子等创办的"南社"，政治上倾向孙中山的民主革命。辛亥革命后，当选为福建省临时议会会员。1916 年，当选为全国参议院候补议员，1924 年补为正式议员。1925 年受聘为广东嘉应大学教授。晚年回乡，继续为家乡的教育事业竭尽心力。1941 年，他联合蓝溪、稔田、太拔、大溪四乡在蓝溪下坝安仁寺故址创办明强中学，被公推为董事长兼校长。

丘复著述丰富，有《念庐诗稿》十册、《念庐诗话》五卷、《念庐文存》五册。丘复晚年为地方文教事业做出巨大贡献。一是编纂了《上杭县志》三十六卷、《长汀县志》三十五卷、《武平县志》三十一卷、《南明汀州史》一卷、《杭川别乘》上下卷及《南武赘谈》、《蓝溪故实》等。二是整理校勘了李鲁的《烬余集》、刘坊的《天潮阁集》、华嵒的《离垢集》等个人诗文集多种。三是收辑上杭县籍明、清至民国诗人 459 家，诗歌 6135 首，编为《杭川新风雅集》三十卷。这是福建客家文学史上继明代李颖之后第二部以个县为范围的诗人作品合集。李颖所编《杭川风雅集》在清代就已散佚，因此，丘复所编之《杭川新风雅集》对保存上杭县古代文学遗产意义重大。

丘复的诗歌主要分为两类，一类是关心国事的诗。如《哭宋钝初》二首：

> 可怜中国人心死，如此人才忍杀之。
> 今日哭公无限恨，令人倍忆晋鉏麂。

> 誓将政党造共和，谠论偏教积怨多。
> 甘堕奴圈吾已矣，沈沈其奈国民何。

宋钝初，即宋教仁（1882—1913 年），字遁初，湖南人。民国二年（1913 年）三月二十日，身为国民党代理理事长的宋教仁在上海沪宁火车站遇刺身亡，举国震惊。在此诗中，丘复痛斥凶手的残忍，抒写对宋教仁之死的极度悲愤之情。

他的《四十初度感怀》（四首）作于民国三年（1914 年）夏历六月二十四日，那天是丘复的 40 岁生日。丘复时为中华民国福建省议会会员，参与民主共和政体的讨论与建设。由于民国总统袁世凯无心真正实行国体共和，所以中华民国名为共和，实际仍是延续千年的封建专制。这组感怀诗抒写了自己人生理想难以实现的惆怅及对中华民国共和政体难以实现的忧虑：

其　一

> 一堕红尘四十年，不成豪杰不成仙。
> 嬉游苦忆儿时乐，混沌思逃世外天。
> 新国开基仍老病，故山胜笑有林泉。
> 忧时漫作灰心语，长愿躬耕十亩田。

其　二

> 识字从来忧患多，壮年曾把剑横磨。
> 儒冠误我思投笔，烽火掀天屡枕戈。
> 忽忽百年人易老，茫茫前路海犹波。
> 平生梦想今安在，国体共和尚未和。

1915 年 1 月，日本向中国提出不平等的"二十一条"，随后日本又在山东修筑铁路，不断向中国东北、京津和山东增兵。中国又陷入屈辱外交和亡国危险之中。丘复所作《送春》四首，抒写了在外敌入侵、国家处于风雨飘摇之中的痛心疾首。丘复关心国事的诗歌很多，体现了客家文人强烈的参政议政意识，和国家同呼吸共命运的主人翁态度。丘复另一类批判现实、反映民生疾苦的诗，如《兵

来行》(壬戌除夕前两日):

> 一声远远呼兵来,行人骇汗奔如雷。须史街上人绝迹,柴门惴惴不敢开。
>
> "呜呼!兵亦犹人耳,民胡畏兵遽如此?"
>
> "兵来逢人便捉夫,一去无由卜生死。任重致远肩膊强,鞭棰呵叱同牛羊。甚或搜牢如搜赃,乡民畏兵如畏狼。"
>
> 狼来尚可,兵来更饿。捉人勒钱,无钱放火。枪弹在身,生杀由我。
>
> 莫怪吾民鼠胆小,皇皇久似惊弓鸟。颇闻昨日驻邻村,鸡犬不宁闾里扰。
>
> 哀哉!可怜无告民,兔爰雉罹生不辰,萁豆相煎胡太急?
>
> 呜呼!汝兵犹是人。

这首歌行体诗反映"乡民畏兵如畏狼"的社会现实,痛斥了官兵扰民、害民的罪行。诗歌叙事议论相结合、设置问答,对比强烈,是对唐代讽喻诗的继承和发展。另一首《车夫叹》则抒写了对人民苦难的同情:

> 纵横驰骤车辚辚,架车用马今用人。挽车人年十四五,气喘不休一何苦。中途停车止不前,手不能拉如火然。车走以足不以手,胡为手热不能走。车夫向客前致辞,小人苦痛君不知。昨日行车四五次,得钱不够租车资。家有病母待儿归,得钱买米充娘饥。儿不得钱娘欲死,今晨拼命拖不止。长日拖车手发热,手握车杠如握铁。铁方跃冶炉火红,手炙欲死天乎穷。我闻车夫言,使我增感触:穷人力苦食不饱,富家安坐收租足。世界日日言大同,何时饱享大同福?

丘复的散文集《念庐文存》五册三十二卷,主要是论、说、记、书后,也有寿序、墓志铭、信函和传集等。其中的散文名篇,如《丘氏除去偏旁说》《蛟湖诗钞序》《仓海先生墓志铭》,都是立论严谨、感情深挚、气势充沛、波澜老成之作,如《蛟湖诗钞序》:

> 宁化瘿瓢山人,久以画名于前清雍乾间,尺纸零缣,世争宝贵。顾人罕知其能诗。余近从雷子肖篯处得读其《蛟湖诗钞》。大率自抒胸臆,浑朴古茂,绝无俗韵。七绝尤得晚唐神髓。雷翠庭先生《序》称:"山人字与画可数百年物,诗且传之不朽。"非谀语也。
>
> 余行年忽忽四十,百无一就,最爱山人"壮不如人何待老,文难媚世敢云工"句,悚然自惭。曾书楹帖,用以自励。盖山人诗本非以诗名,即其画亦非徒以画名。当其时,久客江南,借画养母。山人者,固孝子也。故其诗皆从真性情流出,不屑屑与诗家较短絜长。读其诗者,自能得其人矣。
>
> 予尝论吾汀人文,近三百年来,独萃于宁化。如寒支之文章气节、翠庭之理学、墨卿之书、山人之画而兼诗,皆可卓然传诸百世。意其山水之奇,必当有甲于他邑者。年来奔走南北,而于同郡之地,尚未一游目,心良自歉。

行将一笠一屐，归探圇珑石巢之胜，访诸乡先生之故居，以偿其夙愿。山水有灵，当亦许我乎？

肖钱将集资重刊山人诗，属余为序。因略书所见，以质肖钱，并藉是为他日游宁约也。

民国二年七月，上杭丘复谨序于冶山东麓。

这篇序文短小精干，高度赞扬黄慎诗画兼胜的成就，指出黄慎诗歌"大率自抒胸臆，浑朴古茂，绝无俗韵。七绝尤得晚唐神髓"的特点。丘复还从黄慎"借画养母"的孝德，指出黄慎诗歌"皆从真性情流出"的原因。丘复高屋建瓴，由点及面，赞叹三百年来宁化人文的鼎盛，历数李世熊、雷鋐、伊秉绶等人的成就，表达了对宁化县人才辈出的赞赏，同时表达了对李世熊等先贤故居的探访之意。

三、包千谷"言文合一"的诗歌创作

包千谷（1871—1956年），字一琪，上杭县人。清末优廪生，任教于丘复创办的立本学堂和明强中学，主持教务多年。民国四年（1915年）参加南社。善诗文，《念庐诗话》载其"绩学能文，尤关心世道，为文敏捷，可比古人，下笔千言，倚马可待"。著有《东溪草庐文钞》四卷、《东溪草庐诗钞》二卷。

戊戌政变后，梁启超流亡国外，创办报刊，热情鼓吹文界革命，提倡新文体。1899年，梁启超在《夏威夷游记》中正式提出"诗界革命"口号。广东客家人黄遵宪响应梁启超的号召，提出"我手写我口，古岂能拘牵"（人境庐诗草》）的诗歌主张，进行了大量"言文合一"的诗歌创作，在客家地区影响广泛。包千谷长期从事近代学校的新式教育，文学创作趋向于通俗化、口语化。因此，包千谷作诗不喜诗律束缚，朋友送《白香词谱笺》给他看，他很快就把词谱送还人家，说："我性不堪受束缚，老来尤畏学缠脚……还君词谱赠君歌，请恕老顽真落拓。"（《蓝君惠阅白香词谱笺作此奉答》）他诗歌的最大特点是平易自然，通俗晓畅，明白如话，体现了"言文合一"的诗歌革新思想。如《甲寅荷公生日，书联自惕，作此赠之》：

中华民国初成立，河山风雨飘摇亟。

繄谁爱国抱雄心，旧道德范新智识。

我生落拓杞忧多，其奈无才救世何。

五夜闻鸡惊起舞，匣中有剑比泉阿。

先生今年四十一，屈指既逾强仕日。

欲救苍生定国基，东山渴望斯人出。

献身社会力维新，八岁东溪铸国民。

决定中原根本计，力从教育振精神。

民权日唤后生起，自立先争高地位。

民德日深民智开，富强事业原容易。

况兼才学识三长，议会曾闻议论张。

九十六人推巨臂，年来高论幸同堂。

今朝六月二十四，先生报道孤辰至。

我将磨墨健挥毫，纪念荷花生日事。

大书联句意何深，触我茫茫百感侵。

先生岂真壮不如人者？

愿益发抒福国利民之深心。

这是包千谷民国三年（1914年）为丘复40岁生日做的诗歌，句式不受七言古风的限制，最后两句字数长达11个字，押韵灵活，四句一换，语言平易，自然流畅。又如《巧卿生日歌》：

一阴一阳之谓道，生男何欢女何恼？我家今岁乞巧期，一女长孙呱在抱。山荆问我取何名，我云"巧卿"果然好？岂料当面出微词：早日遍种宜男草。积善人家庆有余，我未七十能说老？只盼子肖更孙贤，不争多少与迟早。留心劝汝汝留心，笑向千金勤福襟。长成乞巧绕膝前，祖孙分尝梨果枣！

这是为孙女巧卿做的生日歌，表达了生男生女都一样的思想。不但语句明白如话，采用夫妻对话方式来写，更富于生活气息。

四、胡晓芸、江子铭、林逊之的乡土诗歌

近代诗人中，按传统诗歌形式写作的仍然占多数，但内容悄然发生变化。他们的诗歌关注国事，也歌咏家园，有着浓郁的乡土气息。

1.胡晓芸

胡晓芸（1867—1925年），永定人。民国年间主要从事教育和修志，是《永定县志》（民国版）的撰稿人。胡晓芸以诗词闻名乡梓，五十岁之前即撰诗5000余首，结集为《壶天诗选》上下册出版，其后又有《北堂诗草》《嘤鸣求友集》等问世。他擅长七律，有的诗表达对祖国山河破碎的沉痛，如《哀中原》："伤心赤县与神州，王气千年已不留……到处江山都破碎，不堪纵目是南楼。"更多诗歌是描写客家地区的山居生活，很有乡土气息，如《家居漫兴》：

> 山环水曲自成村，世业成桑课子孙。
>
> 思晋我曾栽柳树，避秦人自唤桃源。
>
> 棠梨开后春三月，粳稻熟时酒一樽。
>
> 小犬忽疑生客至，落花声里吠黄昏。

2.江子铭

　　江子铭（1875—1959 年），名新，字子铭，永定高头乡人。清光绪间乡荐举人。1905 年，他创办全县第一间新型小学——明德学堂（今高东小学），后担任官办城关学堂（今实验小学）首任堂长，为家乡教育事业做出贡献。民国二年（1913 年）一月，当选为省议会会员。工诗文，联语亦佳。

　　土楼，是客家民居的典型代表之一。永定高头乡的"承启楼"有"土楼之王"的美誉，江子铭的《田禾塘土楼群》写出生活在土楼之乡的幸福与安宁：

> 高岭楼群踞一方，置身疑是桃源乡。
>
> 花开春日沿溪路，更有连山竹笋香。

3.林逊之

　　林逊之（1880—1953 年），原名鸿超，永定洪坑人，清末廪生。参加过孙中山领导的辛亥革命，民国二年（1913 年）一月当选为全国众议院议员。林逊之一生研究《易经》，以书、画、联著称，有《超庐题画诗钞》《超庐联语忆录》等传世。

　　民国元年（1912 年），林逊之主持设计和建造振成楼。建成后，孙中山书赠"博爱"匾额、黎元洪书赠"里党观型"匾牌。振成楼坚固、美观，是客家土楼的典型代表，因它建筑时间迟于承启楼，后人称之为"土楼王子"。

　　林逊之的诗歌主要是题画诗。他的诗有的风格豪放慷慨，如《题〈乘风破浪图〉》：

> 长江滚滚水流东，一片孤帆万里风。
>
> 豪气元龙湖海阔，披襟不让大王雄。

有的诗风格自然清奇，如《题〈息影家园图〉》：

> 故园景物自清奇，丘壑平居有所思。
>
> 日涉自成陶令趣，闲来化作无声诗。

　　近代客家文学写作乡土题材诗歌的文人还有很多，如长汀的戴良葵、戴良伟、张一琴、廖鹤书、康古林，上杭的张琴南、黄敦仁、李英华、丘维岳、林雨汀，归化的揭京宗，永定的赖宏，宁化的黎景曾、张守先，连城的李文澜、李家祥，他们都创作了很多歌咏家乡山水的优秀诗歌。

第三节　刘光第、丘逢甲的客家祖地情缘

近代客寓文人主要是刘光第和丘逢甲。他们虽然出生于四川、广东，但与许许多多客属乡亲一样，对闽西客家祖地有着深厚感情。当他们重返客家原乡，都会将亲情、美景形诸笔端，尽情倾诉念祖思亲与爱国爱乡之情。

一、刘光第

刘光第（1859—1898 年），字德星，号裴村，叙州府富顺县赵化镇（今属四川省自贡市）客家人，历史上著名的"戊戌六君子"之一。祖籍武平县湘坑湖村（今属湘店乡），其祖上是清初"湖广填四川"运动中从武平迁徙到四川定居的。刘光第幼时父亲早逝，家贫，母督学甚严，21 岁考中童子试第一名，游学于成都锦江书院。光绪八年（1882 年）中举，次年连捷进士，授刑部广西司主事。甲午中日海战爆发后，他关心国事，不顾自己位卑职低，上书《甲午条陈》，抨击时弊，力主改革。光绪二十四年（1898 年）二月，他参加康有为、梁启超发起的"保国会"；七月，受光绪帝召见，赏加四品卿衔并参与新政。八月十三日变法失败，与谭嗣同等六位维新变法志士一同被杀害。刘光第诗学杜甫、韩愈，风格也在杜、韩之间，有《衷圣斋文集》《衷圣斋诗集》传世。

光绪二十一年（1895 年）春，刘光第应武平族亲之邀，从天津乘船南下，回到祖籍地武平湘坑湖村，受到族中长老的热情接待。在武平逗留之后，他又游历汀州，拜谒入汀始祖刘祥的刘氏家庙，拜会了长汀诗人康詠。到仲夏时节才依依不舍返回京城。

刘光第在武平和汀州期间作了不少诗文，一类是写景抒情的诗歌，在欣赏客家原乡美丽景物之余，不忘国家时事，抒发忧国忧民的情感。如《南来》《过当风岭》：

> 南来犹作故乡看，暂到湘湖意已欢。
> 丘陇四朝身己拜，桧松千尺曾祖攀。
> 逢人竟说猴狲地，勖我承家獬豸冠。
> 忽忆海疆新割去，愁时不觉涕汰澜。
>
> 神京已隔海漫漫，荒生云障作瘴看。

> 北地妻儿应忆远，南中草木不知寒。
>
> 壮游蜀客无难路，僻处清时有盗官。
>
> 虎豹天阍况狐鼠，何时一着逐邪冠。

另一类诗是题赠诗，如《为汀州望江楼题联》《题康步崖同年咏诗草》：

> 南牵襟带连朝斗，北仗屏藩耸卧龙。
>
> 两岸三桥彩虹影，千秋万古汀江情。
>
>
> 长汀诗人康步崖，凤池无地贮愁怀。
>
> 怪他苦语时时吐，回首师门是偶斋。

他的散文《湘坑湖记》抒写有幸回到祖籍地的欣喜之情：

> 光第，伯盛公十七世孙也。入蜀之世盖六。少时，每闻族老相传说湘湖
> 名字，辄欣然想见之，愿果一往为幸矣。然自吾祖吾父思欲一归省祠墓者数
> 矣，而不得，光第则可得耶？且闽蜀天愚，迁徙隔绝之日久，生长于蜀者，
> 综各房殆千人，无得一归者。而光第则光绪乙未，脱然由京师航北海而达南
> 海，而竟安归乎湘湖也！

《湘坑湖记》还具有重要的史料价值，因为其中记载了湘坑湖刘氏族人的人口、户数和男丁数，介绍了四周的地理形势与村庄，以及5个刘氏祠堂，尤其详细说明了湘坑湖的物产和风俗民情，为后人研究清代武平客家提供了翔实的资料。

二、丘逢甲

丘逢甲（1864—1912年），字仙根，别号仓海君，辛亥革命后以"仓海"为名。先世自河南迁汀州上杭县黄坑乡，再迁广东镇平（今广东蕉岭），甲午战前迁台湾。丘逢甲出生于台湾苗栗县，光绪十四年（1888年）举福建乡试，次年联捷进士，授工部主事。丘逢甲不愿在京为官，返台讲学著述。甲午中日战争（1894年）之后，清廷被迫签订丧权辱国的《马关条约》，割让台湾。丘逢甲联合台绅驰电抗议，再上血书，同时组织义军抗击登台的日寇。在新竹与日军激战二十余天，弹尽粮绝，伤亡惨重而退。义军失败后，被迫内渡大陆。此时，他满怀悲愤地写下《离台湾》六首，其中两首云：

> 宰相有权能割地，孤臣无力可回天。
>
> 扁舟去作鸱夷子，回首山河意黯然。
>
>
> 卷土重来未可知，江山亦要伟人持。

成名竖子知多少，海上谁来建义旗。

表达了强烈的爱国主义精神，抒发离开故土的悲愤及志在收复台湾的坚定信念。

回到大陆后，丘逢甲定居广东蕉岭平员山。他始终以收复台湾自励，给儿子更名"念台"，将书屋取名"念台精舍"。他的许多诗抒写对故乡台湾的无限眷念之情，如《春愁》：

春愁难遣强看山，往事惊心泪欲潸。

四百万人同一哭，去年今日割台湾。

清末，丘逢甲担任两广学务处议绅、惠潮嘉视学员、咨议局副议长。辛亥革命胜利后，任中华民国广东省军政府教育部部长，赴南京参加筹建临时中央政府，当选为参议院议员。1912年2月病逝于南京。临终前遗言："葬须东向，吾不忘台湾也。"

丘逢甲善诗，有诗集《柏庄诗草》《岭云海日楼诗钞》等。丘诗2000多首，多直抒胸臆，爽利劲健，抒写自己对故园的思念及忧时济世的怀抱。梁启超称他为"诗界革命之钜子"，黄遵宪说"此君诗真天下健者也"。

丘逢甲是台湾客家人，返居广东蕉岭后，不忘丘氏祖地上杭。他与丘复结识后，尤为关心上杭的教育。光绪三十二年（1906年），丘逢甲与丘复共同倡议在上杭兴办师范传习所。次年正月，"逢甲来杭，经中都黄坑、蓝溪而至县城，遍阅各学堂，皆撰有联语，崇德之'崇山大河开扩学界，德行道艺蔚为国华'尤为人传诵。遨游十日而去"[①]。在他的《岭云海日楼诗钞》中，与上杭族人唱和的诗歌有23首。其中作于光绪三十三年正月上杭之行的《寄怀晓沧上杭兼示族人》四首：

其 一

落日琴冈路，秋风练水湖。寄书迟远道，拔剑舞中宵。当世自饥溺，此行何寂寥。阳明碑下过，大树影萧萧。

其 二

漠漠江湖梦，秋心落百蛮。藜床支北海，棋局隐东山。沧海波无极，浮云影自闲。汀洲有芳草，愁采白蘋还。

这是一组写景抒情诗，"当世自饥溺，此行何寂寥"是他此行的心情，一个"愁"字，是组诗的诗眼，作者忧国忧民之情溢于言表。

上杭之行后三年，丘逢甲将所作《忆游上杭》绝句十五首邮寄给上杭丘氏族人。诗作可以分为三类，一类是咏赞上杭客家地区秀美风光的诗，如：

---

①丘复：《上杭县志·流寓》，第1081页。

其 七

梅花十八洞中天，闻有桑麻未垦田。

洞口云封人不到，空中楼阁住神仙。

其 八

柿叶微丹栗叶黄，园林无限好风光。

我来刚在春风里，万树梨花玉雪香。

其 十

东南山谿大河通，汀水南来更向东。

四面青山三面水，一城如画夕阳中。

一类是介绍上杭盛产毛竹，当地人食竹笋、造竹纸的民俗风情，如：

其 三

黄坑黄笋旧知名，惜我来时笋未生。

我是主人兼看竹，绿濛濛的一兜行。

十 四

知是烟痕是露痕，四山一碧竹连村。

家家制纸临溪屋，水碓声中昼掩门。

再一类诗是反映上杭丘氏谱牒与家祠情况的，如：

其 四

寻碑亲拜左丞坟，谱牒都成史阙文。

七百年来遗老尽，更无人说旧参军。

其 六

各乡各族分房祖，各有家祠额字嵌。

龙虎朱杆狮白石，门前灯写大官衔。

丘逢甲的诗，比较全面地反映了上杭的风光、物产和民情风俗，抒写了对上杭客家地区的缱绻之情。《上杭县志·流寓传》载："有《忆游上杭》绝句十五首，邮筒甫到，争相传写。"可见上杭百姓对丘逢甲的敬爱之情。

第七章　福建客家民间文学

　　福建客家民间文学，主要包括民间歌谣、民间故事和民间戏曲。它们是客家百姓的集体口头创作，生活气息最浓，客家特色最强，深受百姓喜爱，虽历千百年而不衰，在文学史上应有重要的一席之地。

　　封建时代的文人大多视民间文学为下里巴人之作，不登大雅之堂，官方史志也无民间文学的记载。新中国成立以来，福建省曾几次对福建各地民间文学进行过搜集整理，解放初期正式出版过几个山歌小册子，如五十年代由福建人民出版社出版的《闽西情歌》《闽西老区革命歌谣》《闽西解放山歌》。七十年代有何志溪、钟振东的《闽西革命歌谣》。八十年代有陈炜萍、何志溪、钟振东合编的《客家传统情诗》。1991 年前后，国家进行了大规模的《中国民间文学集成》工作，福建省也在各市县成立民间文学集成编辑委员会，各县整理分卷，有《中国民间文学集成》（福建卷）问世，其中就收集很多客家民间文学作品。2000 年，李文生、张鸿祥主编《神话与传说》《客家山歌 300 首》，载录 24 则长汀客家优秀民间故事和 300 首民歌。2011 年，何志溪主编的《闽西山歌·歌谣选》，苏振旺、何志溪主编的《闽西民间故事选》正式出版。《闽西山歌·歌谣选》收录闽西山歌、歌谣 450 首；《闽西民间故事选》收集革命斗争故事、民间传说故事 160 余篇。这两部书是迄今为止正式出版的最全面、最完整的闽西优秀民间文学作品总汇。虽然他们不是聚焦客家，但两部书中的作品绝大部分是客家民间文学。王耀华先生在《闽西山歌·歌谣选》序中指出："闽西传统山歌大致分为歌头山歌、爱情山歌、苦情山歌、教谕山歌、革命斗争历史山歌和解放山歌六类，总数多达数千首"。①六类之中，前面四类绝大多数应当是古代流传下来的传统歌谣。《闽西民间故事选》除了上卷"革命斗争故事"外，下卷的"民间传说故事"也大多是古代流传下来的作品。当然，这两部书是精选的民间文学作品，各个客家县所搜集的民歌和民间故事还很多，远不止这个数量。比如 2011 年，李佳森、郭如淮主编的长汀县非物质文化遗产丛书《汀州古韵》（一）收集民间故事、神话、传说、笑话近 300 篇。2013 年，李永华、李天生合编的《客家山歌诗选》收录

---

① 何志溪：《闽西山歌·歌谣选》，鹭江出版社 2011 年，《序》第 2 页。

客家山歌、小调、童谣就有 300 多首，其中的戏剧篇还辑录了《孟姜女》《赵玉林》《高文举认妻》《梁山伯与祝英台》等客地说唱词，实为珍贵的客家文学资料。

第一节　客家山歌

客家民间歌谣数量众多，内容丰富，形式多样，主要有山歌、竹板歌、南词说唱、民间小调和童谣。客家山歌是伴随客家民系的形成而诞生的民间文学，是客家文学一颗璀璨的明珠。她跟客家人根在中原一样，《诗经》、楚辞以及汉乐府民歌是她的远源。南迁汉人曾生活在江淮之间，再来到赣闽粤三省交界的山区定居下来，因此吴声歌曲和畲族民歌成为客家山歌的近源。客家山歌内容丰富，她反映客家人的生产劳动，揭露剥削，也歌唱他们的爱情，在劝谕教化中山歌也起着良好的作用。客家山歌继承并发展了传统民歌赋比兴艺术，运用谐音双关、夸张渲染等多种表现手法，很好表达了诗歌情感与形象。山歌之所以受客家民众的喜爱，与其很强的思想性和艺术性有关。

一、客家山歌的生成

客家山歌在客家民众中流传最为普遍，它是"扎根在客家地区，在山间野外抒发内心情感，为广大客家群众所喜闻乐唱的一种短小的歌唱艺能"①。当然，作为文学形式的一种，是指山歌演唱的底本（唱词）。山歌的特点，一是用语为客家方言；二是歌唱者多为女性，也有男女对歌形式。三是内容多涉劳动生活，爱情题材最多；四是唱山歌的环境多为山间田野水滨；五是歌词多为出口成章的即兴之作，字词不固定；六是形式多为七言四句，俗称"四句板"，一般是"二、二、三"句式，"一、二、四"句押韵。客家山歌之所以有这些特点，有它特殊的文学渊源、地理因素和生活需要。

(一)文学渊源

从文学的渊源来看，客家山歌有其远源和近源。唐宋时期，中原文化已经进入高度繁荣的诗词发展阶段。中原汉人由于战乱、灾荒等原因从中原南迁，进入赣闽粤交界的山区，他们的文化起点是很高的，这从宋代临汀郡有 180 多个进士

---

① 王耀华：《客家艺能文化》，福建教育出版社 1995 年版，第 61 页。

可以佐证。南迁汉人把中原先进文化带到闽西，在与当地土著居民的长期相处、文化融合中，形成客家民系，也诞生了客家山歌。客家山歌明显继承了《诗经》、楚辞的现实主义和浪漫主义"诗骚"传统，以及《诗经》和汉乐府民歌的表现手法，因此，她的远源是《诗经》、楚辞以及汉乐府民歌。客家山歌的近源，一是吴声歌曲，二是畲族民歌。南迁汉人原来生活在中原，也曾转徙于江淮之间，长期生活在吴越之地，因此，他们受吴声歌曲的影响很深。先看下面三首六朝吴声歌曲：

> 始欲识郎时，两心望如一。理丝入残机，何悟不成匹。
>
> ————（《子夜歌》其一）

> 打杀长鸣鸡，弹去乌臼鸟。愿得连冥不复曙，一年都一晓。
>
> ————（《读曲歌》其二）

> 秋风入窗里，罗帐起飘扬。仰头看明月，寄情千里光。
>
> ————（《子夜四时歌》其三）

现存的《子夜歌》42首，《读曲歌》89首，都是抒写男女情爱的恋歌。从上面三首例子看出，吴声歌曲形式上主要是五言，间或穿插七言；内容上，有"始欲识郎时"对爱情的渴望，有"连冥不复曙"的爱情甜蜜，也有"仰头看明月"的思念，抒情主人公多为女性；表现艺术上，第一首中"丝""匹"为双关语，谐音思念之"思"，匹配之"匹"；第二首则是直书胸臆，颇有乐府《上邪》之风；第三首用铺垫想象之法，亦有《明月何皎皎》（古诗十九首）的风韵。这些吴声歌曲的许多特点，在客家山歌中得到很好的传承。广东客家文人黄遵宪对客家山歌有过深入研究，他在《人境庐诗草·山歌》序中明确指出："土俗好为歌，男女赠答，颇有《子夜》、《读曲》遗义。"朱自清在为《粤东之风》作序时也指出客家山歌"谐音双关语极多，这两种都是六朝吴声歌曲的风格"。对此，音乐学者蓝雪霏将客家山歌与吴歌中的《子夜歌》从音乐内在特征的角度进行了鲜明的对比：

> 如果说客家的近源乃是唐宋时的江淮地区，那么客家应当携有当地"吴歌"乃至"西曲"之遗传"基因"，因为从吴歌中最杰出的代表"子夜歌"来看，它和客家山歌的关联有四点，虽然其中三点具有一般民歌的普遍性。如其一，子夜歌是"慷慨吐清音，明转出自然"，是"声势出口心"；客家山歌是"山歌越唱越出来，好比青龙翻云海。云海翻腾龙张口，珍珠八宝吐出来。"其二，子夜歌的内容为男女思情，"在以子夜为名的一百二十四首民歌里，其情调是很单纯的，不过是恋爱的歌颂而已。"而"客家山歌有名声，

条条山歌有妹名。条条山歌有妹份，唔搭妹子唱唔成。"其三，子夜歌有男女对唱之形式，张紫晨《歌谣小史》认为："吴歌中出现的种种赠答体，是民歌发展中的重要现象。南北朝以前的民歌还不多见。它在此时，出现较多，并非偶然，它的渊源，见于国风，发展则在南朝……待到明清与近代，则随处可见了。"客家山歌也是以对唱为主，"你有山歌就唱来，马上随口就跟来。天南地北尽管唱，老妹一人对得开"。而第四点，子夜歌中多用谐音双关语，客家山歌也是以双关语为主要特色，这是子夜歌与客家山歌较为特殊的共同点。①

从上文的论述能看出客家山歌与吴歌两者的内在联系，但子夜歌与客家山歌的区别也很明显。子夜歌以清新自然为主，形式主要是五言，而客家山歌的创新之处就在于继承了吴歌擅写爱情、长于抒情的特点，又吸取了畲歌的七言形式与豪放悠扬的旋律。

六朝至隋唐之间，闽西山区都是"蛮獠"的天下。这些生活在闽西和闽西南山区的畲族、山越等土著民没有文字，不受官府管束，以山居、狩猎、游耕为生。唐开元二十四年（736年）建立汀州时，南迁汉人还是和畲人、山都、木客杂处。清代杨澜《临汀汇考》云：

> 唐时初置汀州，徙内地民居之。而本土之苗裔乃杂居其间，今汀人呼曰畲客。唐代蛮人即今之畲族，是闽地之蛮皆称畲也。

整个唐代，汀州汉族人口不多，畲族人口却不少。唐昭宗乾宁元年（894年），宁化黄连峒畲民起义，有两万畲民围攻汀州。"按每户出围一人计算，在汀州周围就有'蛮獠'10万人"②。可见晚唐时期，闽西的畲族人口众多，直到唐末和北宋初中原汉人不断迁入，情况才有改变。

畲族能歌善舞，他们以歌为乐、以歌代言、以歌说爱、以歌待客。现存的畲歌，形式上都是七言四句为一个小节，如《郎要撑船赶大水》、《手绢歌》、《女人歌》等等。其中，《犬王歌》③最具代表性：

> 自从盘古天地开，三皇五帝传下来。
> 传到高帝辛王位，番王入侵杀声哀。
>
> 高帝无奈开口时，东西南北挂榜书。
> 谁能制止番王到，第三公主配为妻。

---

① 蓝雪菲：《畲族音乐文化》，福建人民出版社2002年版。
② 郭启熹：《闽西族群发展史》，福建教育出版社2008年版，第80页。
③ 何志溪：《闽西山歌·歌谣选》，鹭江出版社2011年，第249页。

且说皇后姓刘氏，耳生一病请太医。
医出一物似虫蚁，落地变成一龙犬。

龙犬似狗又似人，皇后想丢不忍心。
令其侍女精心养，长成狗头与狗身。

辛王圣旨无进退，封官赐品还赐亲。
龙犬一听心欢喜，敢揭皇榜收番夷。
……
龙犬喜得公主妻，年过一岁生小儿。
奉上辛帝表名字，起个姓名好传世。

但见三子生端正，皇帝见之喜盈盈。
大子坐盘赐姓盘，二子装蓝就姓蓝。

三子三岁才起名，人才长得秀清清。
辛帝提笔雷正响，即赐三子为雷姓。

犬王又生一秀女，年刚十五似花红。
招入将军是钟姓，帝令四女姓为钟。

四个儿女有了姓，盘蓝雷钟一家亲。
王赐四姓为畲族，一族同婚莫同姓。
……
自入潮州凤凰山，敕赐畲人不纳粮。
四姓子孙龙犬祖，切莫作邪人笑闲。

千里来龙祖恩犬，山门叠叠住子孙。
一竹劈成三半篾，汝云冯赣密相连。

　　南迁汉人从平原进入山区之后，与畲族百姓长期相处，耳濡目染地接受了畲族文化的熏陶。汉人向畲人学会山区的生存和劳动技能，也学会唱山歌；畲人则向汉人学习先进的中原文化和耕作技术。南迁汉人与畲瑶百姓都是客家先民，是他们栉风沐雨、筚路蓝缕共同开拓了闽西这块蛮荒之地，变成良田沃野、可爱家园。汉畲文化长期交流与碰撞，催生客家方言，最终形成客家民系，客家山歌自然也是其中的文化成果之一。

(二)地理因素

福建客家地区处于闽西丘陵地带，武夷山脉南段、玳瑁山脉、彩眉岭山脉和博平岭山脉横亘其间，将汀州分割成若干大小盆地，通过汀江水系，将之串接贯通，形成丘岭斜贯，长廊状谷地分布其间的自然环境，"八山一水一分田"的格局，到处是"山重水复疑无路，柳暗花明又一村"的景象。唐宋时期，闽西山多人少，在山间河谷劳作很难见到他人。然而，歌声能够驱赶狼虫虎豹，能够为自己壮胆打气，能够解除劳动疲劳，于是，这里的汉民学习畲人唱起了山歌。

空旷的山间田野，没有家族长者的唠叨、没有封建礼教的约束、没有讥笑的冷言冷语，这为客家青年男女提供了得天独厚的歌唱舞台。可以说，客家妇女走出家门参加劳动，是产生大量情歌的直接原因。在这里，可以呼吸自由的空气，抒发对生活的热爱与憧憬，宣泄对爱情的追求、对远方亲人的思念。有了歌声，山间便有生气；有了歌唱，人们精神不再寂寞；有了知音酬唱，生活更加充满阳光。

(三)生活需要

南迁汉人是从文化发达地区走过来的，即使来到封闭落后的山区，也需要文化生活，于是简单易行的唱山歌就成了文化生活的重要部分，尤其是妇女成为演唱山歌的主角。汉人从中原来到山区，生存压力很大，妇女也要参加劳动，因此她们不裹脚，保留"天足"。由于人多田少，男人多出门经商或到外地做工挣钱，妇女在家既要在家烧火做饭，抚养儿女，伺候公婆，养鸡喂猪，又要下田春耕秋收，所谓"灶头锅尾、针头线尾、家头教尾、田头地尾"，里里外外都能见到客家妇女勤劳的身影。也有许多女子从小就成为童养媳、等郎妹，得不到自由爱情婚姻的幸福。繁重的体力劳动需要纾解，追求爱情的愿望需要表露，思念远方丈夫的愁思也要宣泄，于是唱山歌就成了消愁解闷的最好伴侣，成为妇女文化生活的需要，这也是山歌中情歌最多的原因。下面两首山歌就是客家妇女爱唱山歌民俗的反映：

出门三步就唱歌，叔婆哇妹嘴咁多。[①]

[①] 哇：客家方言，说。咁：客家方言，那么。

老妹唱歌解愁急，蛮是唱来引情郎。①

上了岭子下了窝，肩头挑担嘴唱歌。
叔婆哇妹介快乐，哺娘唱歌天下多。②

出门就唱歌，并非引情郎；挑担又唱歌，生活真快乐。在这里山歌成了生活的需要，社会交际的需要，也是文化智慧的展现。客家妹子人人能唱山歌，自编自唱，自娱自乐，真是人人能为诗，篇篇词异而声同，正如黄遵宪所说的："彼冈头溪尾，肩挑一担，竟日往复，歌声不歇者，何其才之大也！"（《山歌题记》）

二、客家山歌的内容

客家山歌是客家百姓社会生活的真实反映，它诞生于唐宋，成长于明清。明代永定客家文人孔庭训的《龙门樵唱》较早地记录了明代前期客家山歌的情形："一曲山歌远，三秋暝色昏。谁云樵者苦，自有乐堪言。"砍柴人快乐的山歌回荡在山间水滨，也拨动了文人的心弦。到清代时，由于客家山歌广泛流传，客家文人开始模拟民歌用客家方言进行创作，如本书前面所述清代黎士弘的《闽酒曲》、林宝树的《一年使用杂字》和廖鸿章的《勉学歌》，体现了民间歌谣与文人诗歌互相促进的血脉联系。历代客家文人记录而流传下来的客家山歌，既有反映劳动生活的苦累，又有揭露剥削压迫的呼声，更多的则是爱情婚姻的咏叹。

(一)歌唱劳动

客家民歌与汉乐府民歌一样，是"饥者歌其食，劳者歌其事"之作。下面三首是对劳动生活的歌唱：

柴刀一把饭一包，打早上山斫柴烧。
头担斫来街上卖，二担砍来自家烧。

三月莳田行对行，阿哥莳田妹脱秧。
阿哥莳田望割谷，老妹恋哥望情长。③

---

① 蛮是：客家方言，不是。
② 哺娘：客家方言，指已婚妇女。
③脱秧：客方言，意为拔秧苗。

　　　　妹在山上割芦箕，哥在山下铲草皮。

　　　　芦箕烧火草皮盖，生死共堆唔分离。①

第一首直接叙述樵夫的砍柴活动，朴实无华的语言中体现劳动的苦累。第二首描述三月插秧时节，夫妻一人挑秧，一人插秧，配合默契。这首山歌的特别之处，在于唱出两人的内心活动：丈夫希望有丰收，妻子想的却是爱情长久———的确痴情一片。第三首也是写夫妻一同劳动，表达"生死不分离"的爱情愿望，用的比喻素材就是眼前的"芦箕烧草皮"，纯属信手拈来。———的确是文学源自生活！

(二)倾吐苦情

　　客家地区山多田少，劳动收获甚微，许多农民衣食无着，生活贫困。山歌《想起苦情割心肠》与《六月割禾用瓮装》就是这种情形的反映：

　　　　日头下山西边黄，想起苦情割心肠。

　　　　冇田冇地租田作，朝晨冇米夜冇粮。②

　　　　穷人苦来苦难当，六月割禾用瓮装。

　　　　又要留来做谷种，又要留来度饥荒。

　　　山歌倾吐苦情，也揭露剥削压迫。《郎给财主做长工》《牛犁田来马食谷》两首反映了劳逸悬殊、贫富不均的社会现象，是杜诗"朱门酒肉臭，路有冻死骨"批判精神的延续：

　　　　郎给财主做长工，打春开始累到冬。

　　　　大年三十冇米煮，郎打竹板妹挽筒。

　　　　牛犁田来马食谷，财主不劳倒享福。

　　　　穷人三餐冇米煮，财主酒肉撑破肚。

(三)咏叹爱情

　　爱情山歌数量最多，内涵丰富，最是客家青年男女的性情之响。如试探爱情的山歌《唱首山歌探妹心》、男女对唱《撑船撑到河岸边》：

　　　　锣鼓唔打不知音，心想下河怕水深。③

---

① 烧草皮：烧草木灰，农民用来作田间肥料。

② 冇：没，没有。

③ 唔：客家方言，不。

丢个石子试深浅，唱首山歌探妹心。

男：撑船撑到河岸边，唔晓老妹要搭船。

妹要搭船河岸口，阿哥立刻就泊船。

女：你要莲花快向前，你要恋妹莫捱延。

世上只有船泊岸，唔曾见过岸泊船。

相恋时节的情歌《红米煮粥满锅红》《恋妹唔怕路头长》：

红米煮粥满锅红，老妹恋郎唔怕穷。

风吹雨打唔怕苦，两人见了笑融融。

八月十五赏月光，看见鲤鱼腾水上。

鲤鱼不怕长流水，恋妹唔怕路头长。

热恋时节的《不怕山高水又深》《妹该知我情咁深》：

阿哥有情妹有情，不怕山高水又深。

山高自有人开路，水深自有撑船人。

丢失阿妹一枚针，去年一直寻到今。

拿梯下井水中找，妹该知我情咁深。

遭遇爱情挫折时的《不怕大雨和大风》《来年交春又还生》：

新作茶亭两头空，不怕大雨和大风。

不怕坏人做暗鬼，不怕名声到广东。

郎心坚来妹心坚，不怕别人翻转天。

火烧茅头心不死，来年交春又还生。

表白爱情婚姻的《两人遂意结公婆》、男女对唱的《热头一出红彤彤》：

哥哥爱妹妹爱哥，两人遂意结公婆。

哥望芝兰千载茂，妹望琴瑟百年和。

男：热头一出红彤彤，画眉出来跳芒东。

芒东样甚①承得画眉起，老妹样甚敢来嫁老公？

---

① 样甚：客家方言，怎么。

女：热头一出红彤彤，画眉出来跳芒东。

　　秤砣细细压千斤，老妹样甚唔敢嫁老公？

表达爱情进行到底誓言的《树生藤死死也缠》《铁树开花不丢情》：

　　郎是山中千年树，妹是山中百年藤。

　　树死藤生缠到死，树生藤死死也缠。

　　郎有情来妹有情，两人有情赛赢人。

　　泥鳅生鳞马生角，铁树开花不丢情。

夫妻相思的《亲夫离别苦难言》《哥哥走了妹心愁》：

　　亲夫离别苦难言，好比哑子吃黄连。

　　隔远照镜难见面，头戴笠蔴①隔重天。

　　哥哥走哩妹心愁，四十九日蛮梳头。②

　　四十九日未曾吃饱饭，目珠落眶少肉头。

　　哥哥走哩妹心愁，四十九日蛮梳头。

　　晓得哥哥今日转，辫子梳得滑油油。

(四)劝谕教化

咏唱生活经验，教育警醒世人，这种起着劝谕教化作用的山歌也不少，如《家中贫苦不敢懒》《天晴要防落雨天》《莫拿钱财去乱花》：

　　草鞋烂掉不敢翻，家中贫苦不敢懒。

　　日日起来勤奋做，苦果也会变甜柑。

　　身边有钱有温暖，天晴要防落雨天。

　　落雨要防落大雪，落雪要防结凌冰。

　　劝郎出门要顾家，莫拿钱财去乱花。

　　赚钱可比针挑土，用钱可比水推沙。

---

① 笠蔴：客家方言，斗笠。
② 哩：客家方言，了。蛮：客家方言，没有。

（五）送郎渡台与过番

安土重迁是中华民族的传统心理；迁徙，历来是无奈的选择。唐宋时期，由于战乱、自然灾害等原因，部分中原汉人千里跋涉南迁到赣闽粤边区生产生活，与当地土著民族融合而形成客家民系。整个唐代，闽西汀州人口在三千至五千户之间，居民稀少，山地广袤。北宋元丰（1078—1086）时期，汀州的主户与客户人口增长到 8 万多户，出现"十万人家溪两岸，绿杨烟锁济川桥"的初步繁荣景象；到南宋宝祐（1253—1258）年间，由于中原汉人大量南迁入闽，汀州人口达到 22 万多户，人口百万之众。如此大量的人口，在宋末元初就出现第一次客家人的内部大迁徙——顺汀江河而下，前往梅潮地区，粤东客家人口大增主要就在这个时期。明初，汀州拥有人口 6 万多户，29 万多人。清代道光九年，汀州八县人口猛增到 125 万多人，是明初的四倍有余，与南宋宝祐年间一样，又达到一个人口峰值。可是，闽西地区山多田少，在人口膨胀之后，为了谋求生存发展，清代许多客家人又开始新一轮的迁徙，其中一东一南两个目标，就是渡台、过番。

十寻亲夫过台湾

清初至清中叶，福建客家人前往台湾谋生的人特别多。康熙中期，平定台湾明郑政权之后，朝廷鼓励福建、广东百姓前往台湾开垦，这项移民"招垦"运动一直持续到乾隆时期。永定下洋中川村人胡焯猷（1693？—1771？）于雍正十一年（1733 年）前往台湾淡水新庄定居，在开垦兴直堡时又多次回乡，动员叔侄亲戚前往共同开垦，并随他定居台湾。民国十三年（1924）修的永定中川《胡氏族谱》载：康熙年间，胡姓开基祖万七郎公所传第 17 至 25 代渡台者就有 209 人。永定高头乡江氏各房族谱所载，康熙后期海禁既开后数十年间，江氏族人赴台者达 460 人之多。而张化孙公、李火德公后裔在上杭、永定、武平和广东镇平、大埔等地渡台者更是不计其数。据相关资料显示，现今台湾 500 多万客家人中，从闽西祖籍地迁台的就有 70 多个姓氏。

闽台关系，历来比较密切。从康熙二十三年（1684）设立台湾府，到光绪十一年（1885 年）正式设立台湾行省的 200 年间，台湾府一直隶属福建省管辖。有一位官员，他往返于台湾和汀州两地任职，他就是江西南昌人曾曰瑛（1708-1753）。曾曰瑛于乾隆十年（1745 年）任台湾府淡水同知，兼摄彰化知县，他任内建白砂书院、又建城隍庙，《台湾通史·循吏列传》载："彰化文教之兴，曰瑛启之也。"这则信息，可以看出曾曰瑛对彰化县的文教事业有开拓之功，也看出彰化等地的文教事业相对发展较慢。乾隆十三年（1748 年），曾曰瑛因治绩显著，擢升福建汀州知府。在汀州知府任上，他修龙山书院、筑教场堤、主纂

《汀州府志》。《长汀县志·循吏传》也称赞曾曰瑛在汀州的治绩"百废俱兴"。
曾曰瑛有诗《登雅阁楼晚眺》[2]：

> 楼头四望绿桑麻，晚眺登楼兴更赊。
>
> 万朵芙蓉初过雨，一汀杨柳又归鸦。
>
> 烟销瘴海天无碍，露净银河月欲华。
>
> 剧爱投壶歌大雅，满城弦管度窗纱。

描写了府志所在地长汀县"四野桑麻""满城弦管"的富庶景象。同时代长汀文
人杨联榜也有一首民歌《鄞江词》写当时长汀家乡的可爱：

> 两溪合处水南流，直到潮阳海尽头。
>
> 若问九龙山下路，珠峰玉洞是汀州。
>
>
> 东溪绕郭向西流，对岸山连隔一洲。
>
> 可惜出山贪到海，潮州哪得胜汀州。

　　这首民歌写出了汀江与韩江的关系，抒发了"潮州哪得胜汀州"的自豪感，
朝廷看中曾曰瑛的才干，乾隆十八年（1753 年）又将其调任台湾知府。汀州人
爱戴的知府曾曰瑛赴台任职，对当时向往"招垦"台湾的客家百姓来说无疑是增
加了信心和亲切感。

　　但是，康熙乾隆时期老百姓从大陆去台湾并非易事，有一首民谣：十人想去
台湾府，五人病死在路途；三人吓得回家转，只有两人留台湾。康乾时期的台湾，
正处于大量移民开发阶段，瘴疠、疾病、蛇虫危害着"水土不服"的"招垦"移
民，因此，或病死、或回转的人确实很多。一首流传于闽粤边区的客家民歌《十
寻亲夫过台湾》，就是这种情形的反映：

> 一寻亲夫过台湾，打算出门爱借钱。
>
> 先日话郎容易转，唔知今日见郎难。
>
>
> 二寻亲夫就起程，包袱伞子紧随身。
>
> 辞别叔伯并兄弟，除外寻夫好苦情。
>
>
> 三寻亲夫到三河，三河司官盘问多。
>
> 妹子低头唔敢讲，衣袖遮口说寻哥。
>
>
> 四寻亲夫出三河，使去盘银十分多。
>
> 街头人问哪家女，抛头露面唔奈何。

五寻亲夫到潮州，看见潮州百般有。
恁好东西冇心看，急急忙忙路上溜。

六寻亲夫到连城，行到城里二三更。
睡到五更做个梦，梦见亲郎打单行。

七寻亲夫到厦门，厦门接客乱纷纷。
三更半夜落船上，几多辛苦为夫君。

八寻亲夫坐火船，几多辛苦不堪言。
海浪打船风又大，头昏胸闷没人怜。

九寻亲夫离船舱，唔知亲夫在何方。
唔知亲哥哪个屋，见郎唔得心就慌。

十寻亲夫到台湾，一见亲夫开片天。
两人牵手来去转，好比三岛遇神仙。

　　福建客家人要"招垦"去台湾的话，一般走"正港"——官方的厦门港口，因为闽台同属一个福建省，所以在这里办理手续方便，费用也便宜。但是闽粤交界的永定县、武平县距离厦门路途较远，许多人就愿意顺汀江而下，到大埔县的三河坝，再坐船沿韩江直达潮州，在潮州的柘林港偷渡到台湾。广东梅州一带的客家人到福建厦门港口路途更远，路费更贵，因此，广东客家人更多的是从潮州去台湾。上述《十寻亲夫过台湾》女主人公的寻亲路，开始走的就是潮州去台湾的路线。当发现潮州的柘林港是偷渡港口、不安全之后，便返回福建，从连城到厦门，走官方的"正港"，乘坐现代化的"火船"，终于安全抵达台湾，找到了亲夫。这首民歌体现了客家妇女"亲夫"的坚毅精神，也从侧面反映了当时客家人"渡台"创业的艰辛。

阿哥出门去过番

　　朝廷"招垦"之外，闽粤客家百姓前往南洋一带从事采矿、割胶、垦殖或者经商的也很多。明成化年间就有汀州长汀人谢文彬因贩盐下海而在暹罗国（今泰国）定居的传奇故事。随着海禁的开放，前往新加坡、马来西亚、泰国、印度尼西亚、缅甸等地经商、务工的闽粤客家人越来越多，到康熙后期，仅永定就有胡、曾、游、李、马等姓氏族人在南洋发展。1795 年，旅居马来西亚槟榔屿的闽粤客家人创建了第一个"广东暨汀州会馆"，随后，各地客属社团、同乡会、会馆相继成立，大家发挥同舟共济、团结互助精神，"过番"的客家人也就越来越多。永定下洋中川村人胡子春（1860-1921），13 岁随乡亲远渡马来西亚谋生，当过商店学徒，后经营锡业，成为东南亚首屈一指的锡矿企业家，人称"锡矿大王"。也是永定下洋中川村人胡文虎（1882-1953），其父胡子钦、弟胡文豹都到缅甸仰光从事医药行业，所经营的"永安堂"发展到新加坡、马来亚、香港，研制的"虎标万金油""八卦丹"驰名中外。

　　闽西汀州与广东潮梅地区山水相连，汀江韩江"日上三千、下八百"的发达航运，也使闽西客家人对广东沿海以及南洋的信息并不闭塞，尤其是与广东镇平（今蕉岭）、大埔相邻的永定、武平二县，百姓平时就与潮汕来往频繁，因此这两县"过番"的客家人就相对更多。道光版《永定县志》载永定"金丰、丰田、太平之民，渡海入诸番，如游门庭。"下面两首民歌就是产生于这种背景：

　　长汀山歌：

> 送郎出门下广东，老妹叮嘱三两宗。
>
> 嘴燥唔敢食冷水，坐船唔敢吹夜风。

　　永定山歌：

> 一条裤带过番邦，两手空空敢飞天。
>
> 唔怕吃尽苦中苦，自有无穷甜上甜。

　　明知"过番"经历千难万险、吃尽千辛万苦，客家人仍然勇于前往，这在当时是一条谋生之路，是对外面世界的一种向往，更是一种冒险。民国版《大埔县志》的一段记述很能说明这种现象："山多田少，树艺无方。土地所出，不给食用。走四川，下南洋，离乡井，背父母，以薪补救，未及成童，既成游子，比比皆是。"

　　当然，许多 "过番"的客家人并没有像胡子春、胡文虎那样获得辉煌成功。由于漂洋过海、信息难通、前途未卜，尤其"过番"时间长，一去多年难有音信，更多客家人演绎着母子离别、夫妻思念，甚至生离死别的种种悲剧。反映这种移民生活的客家民歌不在少数，《阿哥出门去过番》：

> 阿哥出门去过番，穷人眼泪洒不完。
>
> 恩爱夫妻今日散，鸳鸯两地各孤单。

> 阿哥出门去过番，好比飞鸟入深山。
>
> 目汁流象河中水，同情分手舍情难。

> 阿哥出门去过番，老妹送郎到海滩。

双手攞紧郎衣角，问哥几时回唐山。

阿哥出门去过番，日思夜想想唔完。
一日唔得一日过，好比利刀割心肝。

阿哥出门去过番，早晨望郎日落山。
一东一西相思苦，见天容易见郎难。

上述山歌中，"老妹"送别"阿哥"，"双手攞紧郎衣角，问哥几时回唐山"
的细节，传神地表现出女子与丈夫分离时的愁肠百转、难分难舍。"一日唔得一
日过，好比利刀割心肝""一东一西相思苦，见天容易见郎难"，朴素的比喻，生
活化的口语，写出分别的相思之苦，既生动形象，又感人至深！

客家男儿敢于到南洋经商打工"闯世界"，这是客家人勇于开拓、艰苦创业
精神的体现。但他们离开妻子、告别爷娘来到南洋之后的情景又是如何呢？民歌
《过得番来更艰难》这样唱到：

家里贫穷望过番，过得番来更艰难。
三年同人做新客，日里难熬夜难挨。

讲起过番我就愁，挑到锡泥过浮桥。
千转过得莫高兴，一转失脚就勾勾。

男人"过番"，他们背后的客家妇女更多的则是温柔贤淑地默默相送，以及
长年忍受孤独相思的等待：

妹送亲哥到汕头，一看大海妹心愁。
大海茫茫有止境，妹想亲哥冇尽头。

客家民歌还用男女对唱的形式，表现离别之后双方的相思之苦。山歌《相思苦》
写道：

女：日里想郎各一天，夜里梦郎在身边。
　　醒来不见亲郎面，心肝脱得几多层。

亲哥走后守空房，哭了一场又一场。
叔婆伯娓来相劝，伤心愁苦泪两行。

妹到堂前慰爷娘，明日去到观音堂。
神前赐愿来保佑，保佑我郎早回乡。

男：人在番片心在家，少年妻子一枝花。
　　家中父母年纪老，手中冇钱难回家。

　　郎在番邦妹在乡，郎就等雪妹等霜。
　　郎今好比油灯盏，冇妹添油火冇光。

　　阿哥出门去外洋，郎就孤单妹凄凉。
　　赤水黄沙庭门远，望妹不到痛心肠。

这是远隔重洋的男女对唱，它歌唱者的揣摩心思、模拟代答，还是蒙太奇的镜头剪接？读者不得而知。但无疑的是，山歌唱出了男女主人公的真情和深情，诗歌形象鲜明，女子的痴情与坚忍精神、男子的善良与孝顺品格都得到生动体现，诗中对比、比喻的运用和心理描写艺术都达到很高的水平。

客家民歌的历史作用不可低估。从民歌的自身发展来看，它继承和发扬了我国《诗经》十五国风、楚辞以及汉乐府民歌的优秀传统，同时还兼收并蓄了吴声歌曲、畲族山歌的文学养分，因此，它对中原文化的南方传播以及历代客家文人的成长都有积极作用。从传播的途径来看，客家民歌在平民百姓中口耳相传，不拘男女老幼，遍布城市乡村，既丰富了客家民众的文化生活，也提高了百姓的文化素养，从这个角度来说，也是一种文化的普及与推广。随着客家人迁徙到台湾和东南亚以及世界各地，客家民歌等民间文学传播得更远，影响更为广泛。据相关资料统计，当前四千多万海外客家华侨散播世界 80 多个国家和地区，客家民歌也因此具有了世界意义。从客家民歌的内容来说，反对压迫剥削、争取自由平等、憧憬美好生活，是客家人心灵历史的投射，也是他们不畏艰难、勇于开拓的精神力量。从民俗学的角度来看，客家民歌是客家民俗风情的一个缩影，举凡劳动、生活习惯、爱情表达、人际关系和移民历史等等，都可从中找到生动的例子。

三、客家山歌的艺术

客家山歌深受民众喜爱，不仅在于思想性强，反映百姓的心声与期盼，诉说生活的离合与悲欢，还在于她高超的艺术性。客家山歌出色地继承了《诗经》十五国风、楚辞、汉乐府以及六朝民歌的优秀传统艺术，尤其是赋比兴的表现艺术，夸张渲染、谐音双关等修辞方式都运用得炉火纯青。

(一)赋、比、兴艺术手法的继承和发展

"赋""比""兴"是我国第一部诗歌总集《诗经》的艺术表现手法，历代文人不断从中汲取艺术营养，并将其发扬光大，即使是粗通文墨的客家民众，也能将其运用于山歌的咏唱之中。赋，就是叙事、描写、直抒胸臆，按朱熹的说法："赋者，敷陈其事而直言之者也。"客家山歌中赋的运用，如：

> 老妹住在石壁岩，天晴落雨有人行。
> 天晴有人分茶食，落雨有人借伞撑。

> 九月初九是重阳，秋风吹来阵阵凉。
> 手拿风筝放长线，牵手双双情意长。

第一首叙事，目的在于说明"老妹"美丽出众，被很多人爱慕；即使她住得偏僻，也有很多人找借口接近她。第二首则是叙述热恋中青年男女在重阳时节牵手放风筝的欢娱，直抒恋情的甜蜜。

比，就是比喻。使用比喻手法的山歌很多，有明喻、暗喻和借喻，下面各举一例：

> 老妹长得身苗条，一张嘴子像红桃。
> 有情哥哥看一眼，日思夜想想成痨。

> 哥是葛藤妹是花，葛藤种在花树下。
> 葛藤缠花花缠葛，缠生缠死𠊎两侪。

> 汀州下来十八滩，滩滩绕着紫金山。
> 紫金山上多景致，缺少芙蓉配牡丹。

第一首是把"老妹"的嘴比喻成"红桃"，形容其红润可爱。第二首把哥比成葛藤，妹比成花，藤与花互相缠绕，表达了夫妻相爱的理想。第三首以"缺少芙蓉配牡丹"比喻自己还没找到对象，表意含蓄文雅。

兴，是"先言他物以引起所咏之辞"（朱熹语），用一件相似相关的事物引出所要言说的事物。《诗经》第一首《关雎》，就是用"雎鸠鸟"在黄河沙洲上求偶的鸣唱，引出君子淑女融洽爱情的咏叹。因为兴与比最令人富于想像，两件事物相关相似性很强，所以常常比兴连用。如：

> 高山岽头一蔸葱，大风一吹袅袅动。

　　　　　亲郎去了半个月，害妹急了十五工。①

　　　　　好久唔曾搭船下，唔知河里咁多沙。
　　　　　妹有心事对郎讲，莫做沙子沉底下。

第一首开头两句用风吹草动比喻女子心神不宁，借此引出三四句对丈夫的思念之
情。写思念程度则巧用数字，丈夫去了"半个月"，她就急了"十五天"，很形象
地表现夫妻情深！第二首用河里多沙起兴，引出恋人满腹心事的宣泄。由坐船而
见沙，又将恋人的心事比作沙，真是浑然天成，不假人工！
　　再举两首比兴的例子：
　　　　　花正逢时朵朵开，蝶要恋花快快来。
　　　　　花开花落有时节，莫待花落扑空来。

　　　　　妹是好花园中载，哥是蜜蜂千里来。
　　　　　蜜蜂见花团团转，花见蜜蜂朵朵开。

这两首民歌妙在比喻拟人，表意含蓄雅致。"团团转"、"朵朵开"，用词形象，富
有音乐美。客家学专家张佑周先生认为这两首诗"格调高雅，意境深远，颇富美
感。与'关关雎鸠，在河之洲'相比，实在毫不逊色。"②

(二)夸张、渲染与烘托的运用

　　夸张是客家山歌最常用的艺术手法之一，如《山歌要唱两人来》：
　　　　男：山歌要唱两人来，两人搭起对歌台。
　　　　　　唱到鸡毛沉落海，唱到石头浮起来。

　　　　女：山歌越唱越有来，唱到云开日出来。
　　　　　　唱到云开日头出，唱到阿哥坐前来。

这是擂台式的对歌比赛，双方都表示要唱个酣畅痛快。"鸡毛沉落海"，"石头浮
起来"是夸张说法，意谓可以陪你唱很长时间。尤其是女子有"唱到阿哥坐前来"
俯首称臣的决心，可谓毫不示弱。
　　借用花、树等特定景物为抒情进行渲染、烘托的，如：
　　　　　桐子开花球打球，介好情意难得有。

---

① 十五工：十五天。
②张佑周、陈弦章、徐维群：《客家文化概论》，中国文联出版社 2002 年版，第 97 页。

　　　　　　　介好情意难得见，两人行到铁树开花水倒流。

　　　　　　　行路要行路中心，两边大树好遮阴。
　　　　　　　千年大树唔落叶，万年老妹唔断情。

桐花，是客家地区常见的树木，每于春末夏初盛开热烈的花朵，白中微红，十分美丽。山歌用桐花"球打球"渲染爱情的炽热，感慨"难得有"的情意，在此基础上他们表示要携手同行，将爱情进行到底！"铁树开花水倒流"的誓言，与汉乐府民歌"山无陵，江水为竭，冬雷震震，夏雨雪，天地合，乃敢与君绝"（《上邪》）当为同一腔调。

(三)谐音、双关手法的运用

　　谐音、双关是六朝民歌中常见的表现手法，此类情况客家山歌多有出现，如《碟子种花园分浅》《新作大屋四四方》：

　　　　　　　碟子种花园分浅，扁担烧火炭无圆。
　　　　　　　哑子食到单只筷，心想成双口难言。

　　　　　　　新做大屋四四方，做了上堂做下堂。
　　　　　　　做了三间又两套，问妹要廊不要廊。

"园分浅"谐音"缘分浅"，"炭无圆"谐音"叹无缘"。"要廊不要廊"谐音"要郎不要郎"。歌者不直接说出正面意思，让对方意会，既含蓄又巧智。

　　客家山歌的艺术手法还有重章叠句、叠字、叠词，这些都是大家熟悉的。"尾驳尾"的手法值得一提，就是山歌对唱时，彼此接过对方的尾句作为应答的首句，取韵接意，前呼后应，给人以珍珠流转、气韵贯通、连绵不绝的艺术之美。如：

　　　　　　　月缺自有月圆时，你爱偃来偃爱你。
　　　　　　　交情好像长江水，只向东流不向西。

　　　　　　　只向东流不向西，生莫分开死莫离。
　　　　　　　猪肝心肺煮一碗，全副心肝相待你。

　　　　　　　全副心肝相待你，有心向偃偃也知。
　　　　　　　桃树开花李结子，中间缺梅难成林。[①]

---

①梅：谐音"媒"，媒人。

　　客家学专家张佑周深入研究过"尾驳尾"的手法，说："这种唱法，歌者可以围绕一个中心，在一唱一和中一步一步地阐发、深化主题，尽情地发挥各自的才智，抒发自己的感情，有时甚至达到难解难分的地步。"[①]

　　上述介绍的赋比兴、夸张渲染、谐音双关等客家山歌的艺术特点，并不是单纯或孤立地表现在一首四句的山歌之中，它们常常综合运用于一首首长篇山歌。如采自武平县的客家山歌《樵山情歌》[②]：

　　　　男：日头出来一团红，阿哥斫柴上山峰。
　　　　　　有个老妹做个阵，有头大树砍唔[③]动。

　　　　女：有斧唔愁树不动，妹子割烧上山峰。
　　　　　　白鸽带铃云下飞，飞东飞西去寻双。

　　　　男：砍柴砍到日当空，肚饥冇力斧头重。
　　　　　　样得有个心肝妹，吊壶茶水把饭送。

　　　　女：割烧割到日当中，脚踏人影肚里空。
　　　　　　阿哥有妹爱想开，有了鸡子总有笼。

　　　　男：大树一人砍唔动，锯树冇双唔断筒。
　　　　　　阿哥冇妹唔成对，两手有力也是空。

　　　　女：天上落雨先调云，唔曾连哥先听清。
　　　　　　莫学米筛千只眼，爱学蜡烛一条心。

　　　　男：朝晨砍树到至今，口唱山歌当点心。
　　　　　　老妹有心和哥唱，胜过雪里送炭情。

　　　　女：新打茶壶"锡"在心，哥的山歌是本情。[④]
　　　　　　妹子有才也想唱，又怕同口唔同心。

---

① 张佑周、陈弦章、徐维群：《客家文化概论》，中国文联出版社 2002 年版，第 103 页。
② 武平县文化馆、武平县非遗保护中心编印：《民间文学集成》（上卷歌谣），2017 年，第 113 页。
③ 唔：客家方言，意思是"不"。
④ 锡：谐音"惜"，爱惜之意。

男：砍柴容易劈柴难，一树劈别汗几担。
　　阿哥扛得岭岗起，唔知恋妹样咁难。

女：爱食桃子把树栽，山歌好唱爱口才。
　　哥爱恋妹话一句，船到滩头水路开。

男：九月九日是重阳，阿哥砍树在岭岗。
　　满山回声听得见，声声"光棍"又"光郎"。

女：九九重阳好时光，高山流水响叮珰。
　　哥在岭岗砍树子，满山回声妹心装。

男：砍树莫到大路边，路过几多嫩娇莲。
　　目送娇莲阵阵过，害催砍树砍不断。

女：行路莫行大路边，路边花草惹人恋。
　　细心挑选摘一朵，归家当做老妹魂。

男：大树生在半山腰，唔好企脚树难倒。
　　样得老妹肩垫脚，叠个罗汉摘仙桃。

女：看哥倒树唔好倒，妹子心里也急焦。
　　愿给阿哥肩垫脚，好比一双鸳鸯鸟。

男：高山顶山一蔸松，唔怕雨来唔怕风。
　　今朝砍哩扛归去，送给妹子暖寒冬。

女：松树咁大叶咁青，松树底下好遮阴。
　　哥妹扛树唔须力，恰似流星风送云。

男：锯树锯到月上岭，哥妹双双汗水淋。
　　四目双双对对转，嫦娥看见起妒心。

女：锯树锯到月上岭，拉来操去心对心。

　　阿哥流汗妹会擦，神仙哪有侄感情。

男：新做担竿五尺长，担柴下山转回庄。

　　老妹放心慢慢走，千斤担子郎担当。

女：风吹竹叶皮皮青，露打野花唔着惊。

　　总爱两侪感情好，各人五百平对平。①

这首 22 节的长篇叙事山歌，用男女对歌方式讲述了从早到晚一天里砍树、劈柴、挑回家的经过，这对青年男女也经历了从相识、试探、合作到相恋的过程。总体上，这首山歌主要采用的是赋的表现艺术，但多处运用比、兴手法，如："愿给阿哥肩垫脚，好比一双鸳鸯鸟。""爱食桃子把树栽，山歌好唱爱口才。哥爱恋妹话一句，船到滩头水路开。"谐音双关的有："新打茶壶锡在心"以及"声声光棍又光郎"。夸张、对比的："砍柴容易劈柴难，一树劈别汗几担。阿哥扛得岭岗起，唔知恋妹样咁难。"这首优秀山歌的价值，不仅在其文学方面，男人砍柴、女人"割烧"（割芦箕草）以及男女爱唱山歌的民俗，客家女子的爱情观念、男女平等尊重的思想，都是客家文化的重要内涵。传统观念中，女子总是弱者，但在山歌最后一节，女子表示"风吹竹叶皮皮青，露打野花唔着惊。总爱两侪感情好，各人五百平对平。"女子不唯有才，还很独立！

第二节　客地说唱

明清时期，闽西客家地区的说唱艺术也很盛行，主要包括竹板歌、汀州唱古文、南词说唱和民间小调。与客家山歌是在山间田野水滨演唱、没有伴奏不同，说唱艺术是在城市乡村里进行，都有乐器伴奏，属于民间曲艺范畴，因此，说唱艺术的受众面更为广泛，影响深远。

一、竹板歌

竹板歌是说唱艺术中最为简朴、便利的一种形式。竹板歌往往只要说唱者一

---

① 两侪：两人。

人就能胜任，无需搭台，在堂屋就行；无需道具，四块竹板就行（是故得名"竹板歌"）；无需金银，几升米就行（作为报酬）。比起请木偶戏、大型汉剧方便得多，因此很受百姓欢迎。说唱者主要是两类人，一是游方艺人，把说唱当成一种谋生职业。二是一些盲人或"叫花子"（乞丐），把说唱当成一种乞讨手段，所以又被称为"讨食歌""叫花歌"。

客地说唱"竹板歌"的基本体式，有五句板和四句板两种，都是七言句子，二、二、三句式，一、二、四、五句押韵。常见五句板的竹板歌，如孟姜女《五哭爷娘五叹郎》中的前三节：

> 一哭爷娘一叹郎，看见日头落西方。
> 爷娘鬼魂冥间走，定要搭救万喜良。
> 不见日头有月光。
>
> 二哭爷娘二叹郎，月光孤凄上山岗。
> 铁树开花难见面，月里嫦娥也悲伤。
> 不见爷娘并亲郎。
>
> 三哭爷娘三叹郎，姜女孤凄烧夜香。
> 香烟还有回头转，爷娘惨死魂渺茫。
> 喜良不知在何方。

这是说唱孟姜女父母双亡、丈夫万喜良被抓去修长城后的悲痛心情。每节五句，五句中一二四五句押韵，韵脚一般为平声。每节的主旨句往往在第五句，同时又起着推动情节发展的作用。上例的一哭一叹，引出月光下的特定思亲意境；二哭二叹时，就承接月光来写；由于"不见爷娘并亲郎"，引出三哭三叹的"孤凄烧夜香"，其内在情感的逻辑环环相扣。

在实际说唱"竹板歌"时，民间艺人开唱时常带一个前缀"介就哇介"（这就说那）。说唱过程中，常加进"介支""啊""都""哦"等虚词，用于表示转换、传达感情或暂时停顿。竹板歌有说有唱，以唱为主，以说为辅。演唱时配合打竹板，歌手以"夹""敲""摇""锯"等熟练的动作技巧，使竹板发出"的""确""吱--呀"等有节奏的、和谐的音响，烘染演唱气氛和效果。"竹板歌"的感情基调一般深沉低徊、悲切哀怨，比较适合表达离情相思、苦难生活和长篇历史传说故事，尤其是瞎子与乞丐的演唱，融入了他们自己的苦难经历，更使听众深鞠一捧同情之泪。当然，有悲才有喜，听众聆听悲剧人物故事，在宣泄感情、收获知识之后，反能感到精神的轻松满足，更珍惜当下的生活，这也是民众愿听爱听的原因之一。

　　竹板歌的内容，和山歌一样也包含了爱情歌、苦情歌、教谕歌和历史传说歌，但篇幅上，大多是一二十节以上的长篇。

　　爱情题材的竹板歌数量比较多，咏唱长篇爱情故事的，如《李秀英与陈春生》（又名"新十里亭"）：

<blockquote>

自从盘古开天地，一朝天子一朝臣。

百般歌子𠊎唔唱，开书先唱"十里亭"。

大家静静听分明。

大家静静听分明，南京有个李香庭。

家资豪富称百万，生有五男两千金。

两女才貌赛过人。

两女才貌赛过人，小姐芳名李秀英。

秀英年方十八岁，相貌端庄身材匀。

好像仙女下凡尘。

好像仙女下凡尘，心灵手巧真聪明。

琴棋书画样样会，绣花绣鸟人品新。

南京府里传美名。

南京府里传美名，𠊎今来唱姓陈人。

城里有个陈春生，眉清目秀人品新。

好比潘安今降生。

好比潘安今降生，有心求偶李秀英。

一日来到城中过，巧遇梦里意中人。

蝴蝶恋花有缘情。

蝴蝶恋花有缘情，一见秀英动春心。

鱼子吃到石灰水，白矾不放水唔清。

总想同佢结姻亲。

总想同佢结姻亲，只见妹子笑盈盈。

公子相看不眨眼，呆若木鸡唔动身。

</blockquote>

带着相思转家庭。

带着相思转家庭，日想夜想李秀英。
若与小姐成婚配，大大猪头供神明。
菩萨嗤笑痴情人。

菩萨嗤笑痴情人，书童跟问何原因。
公子回答情牵事，情牵相思夜难眠。
枉度年华好光阴。

枉度年华好光阴，思想李家女千金。
日思夜想无计策，愁眉苦脸唔安心。
定要海底去捞针。

定要海底去捞针，书童低声献计新。
如此这般可接近，只要日久功夫深。
铁杵也能磨成针。

铁杵也能磨成针，世间只怕有心人。
主意拿定从速去，书童带路就起身。
一直来到李家园。

一直来到李家园，隐身绿竹荷池边。
忽见侍女点灯出，将把来情说分明。
请求侍女红线牵。
……
一送郎过百花亭，默默无言难舍情。
鸟语花香情难舍，十分难舍有情人。
叮嘱郎君莫负心。

二送郎子过山林，山林里边诉深情。
鸳鸯戏水成双对，鸿雁高飞不离群。

三送郎过莲花塘，好花哪有百日香。

天边一只失群雁，独自徘徊真凄凉。

……

结成百年好知音，顺水行舟喜来临。

有情终究成眷属，唢呐声声鞭炮鸣。

俚也唱完《十里亭》。

许多长篇叙事的竹板歌多用"自从盘古开天地，一朝天子一朝臣"作为开头，渲染一种悠远的历史沧桑感。《李秀英与陈春生》故事讲唱南京书生陈春生巧遇李秀英小姐后，心生爱慕，欲结连理；在书童带领下，陈春生进入李家花园，与李秀英在闺房相见，诉说真情后两人共度良宵；李秀英送别情郎，叮嘱陈春生求取功名，早托媒人说亲；最后喜结良缘，有情人终成眷属。故事的发生地是"南京府"，说明故事背景是明清时期。在理学禁锢人们思想的封建社会，这首竹板歌有着明显的反封建礼教色彩。不仅于此，故事中"十送郎"情节，有许多劝谕的内容，如不走"歪门邪路"、不沾嫖赌、莫食鸦片、要金榜题名、要明媒正娶，这些都反映了客家人的是非爱憎。

相思，也是爱情题材的一大主题。妻子思念远行的丈夫，一般难以对人启齿，竹板歌却能详尽而形象地道出个中幽微婉约的心曲，让人听来"如泣如诉、如怨如慕"。如《十二月相思》：

正月相思想亲郎，孤枕难眠夜又长。

三更两点思想起，两脚缩下又缩上。

谷种生芽会作秧。

二月相思想亲郎，单身守寡苦难当。

有心吃斋守贞节，南海观音不授香。

隔墙花树映鸳鸯。

三月相思想亲郎，目汁双双湿衣裳。

这边床杆妹眠烂，那边床杆生白秧。

田鸡单哭夜更长。

四月相思日子长，日子越长越想郎。

蚁公草蜢结成对，蝴蝶双双花下藏。

鸟雀都爱闹洞房。

……

十二月相思情绵绵，过年家家贴春联。

妹子门前贴一只，留只等哥来团圆。

望哥团圆又一年。

竹板情歌一般是请盲叟或盲女登门入户演唱，听众一般也是已婚妇女。因为客家地区男人多出门经商或务工，有的男子渡台或"过番"，三年五载不能回家的现象比比皆是，所以这类催人泪下的竹板情歌也不乏听众。

苦情题材的竹板歌，如《十二月急》：

正月急，是新年，三亲六戚来拜年。

旧年唔曾蒸有酒，冇壶淡酒在桌前。

口说莲花是枉然。

二月急，是花朝，今朝急来急明朝。

今朝急来冇米煮，明朝急来冇柴烧。

身上冇钱只心焦。

三月急，是清明，上家下屋祭祖坟。

有钱人家三牲祭，冇钱猪肉冇半斤。

愧对祖先好痛心。

……

十一月急雪霏霏，寒风雨雪又来哩。

日里急来冇衫着，夜里急来冇棉被。

冇衫冇被盖蓑衣。

十二月急又一年，一年辛苦赚冇钱。

兄弟姊嫂不和气，亲朋好友见也嫌。

冇钱冇物怎过年？

这类咏叹生活艰难、衣食无着、劳无所得的苦情歌谣还很多，是过去客家地区生产力低、经济发展落后的反映。另一类寡妇苦情题材的《寡妇歌》《寡妇祭坟》等歌谣，也是妇女在封建礼教束缚下艰难度日的哀怨与咏唱。

苦情歌谣中也有反映客家妇女送郎"过番"的竹板歌。如《阿哥出门去南洋》：

阿哥出门往南洋，漂洋过海出外乡。

哥哥身体爱保重，保重身体得安康。

人争口气佛争香。

阿哥出门往南洋，一路行程去远方。

　　　　　　亲哥到达南洋后，书信赶快寄回乡。
　　　　　　免得老妹挂心肠。

　　　　　　阿哥出门往南洋，两人情分爱久长。
　　　　　　堂上双亲催孝顺，家庭内外妹担当。
　　　　　　亲哥在外莫思量。

　　　　　　阿哥出门往南洋，妹有言语嘱亲郎。
　　　　　　亲哥挣钱爱寄转，家中还有老爷娘。
　　　　　　离乡背井望春光。

　　　　　　阿哥出门往南洋，妹有言语问亲郎。
　　　　　　亲郎何时动身转，妹在码头等亲郎。
　　　　　　合家团圆喜洋洋。

这首竹板歌从"送别"的叮咛，唱到"团圆"的期盼，干净明朗。在明知不能阻止的分别后，掩盖内心的难分难舍，以满满的信心和期待，为"阿哥"送行，让"阿哥"去得放心、安心，但其言语背后浸透着痛苦与坚忍！

　　劝谕题材的歌谣也很多。客家地区在重视家训家教的同时，生动形象、寓教于乐、深入人心的劝谕说唱颇受百姓欢迎。如劝人戒赌戒嫖的《十二月飘》《十戒嫖》，劝人孝顺父母的《拜血盆歌》《孝敬爷娭理应当》，劝导年轻人正确为人处世的《十劝郎》《劝世歌》，在客家民间广有流传。竹板歌《孝敬爷娭理应当》突出"孝"的传统伦理观念，表达细腻、感情真切：

　　　　　　竹板打来叮当响，有福人家歌声扬。
　　　　　　百般歌子偃不唱，单唱孝顺敬爷娘。
　　　　　　敬请大家听端详。

　　　　　　爷娘生子恩情长，高天厚土无法量。
　　　　　　十月怀胎娘辛苦，红皮白肉都转黄。
　　　　　　好比黄瓜遭落霜。

　　　　　　母亲生子痛断肠，坐卧不安冇落床。
　　　　　　婴儿落地升筒大，头尾不过一尺长。
　　　　　　哭哑声音泪湿裳。

嫩苗嫩叶怕风凉，伤风感冒最经常。
若是半夜发高烧，吓得爷娘心发慌。
赶紧寻医开药方。

一匙羹糊一匙汤，一口乳汁一口糖。
怕冷怕热怕烫手，日夜三餐费思量。
心肝肺腑连心房。
……
养儿育女话儿长，三言两语难周详。
檐前滴水点点落，转眼自己成爷娘。
摸平心肝多回想。

世间情深似海洋，无须儿女立牌坊。
但看乌鸦反哺义，羔羊跪乳报母娘。
爷娘恩德记心房。

甜酒酸酒看酒酿，有钱冇钱看心肠。
有钱不能当孝顺，冇钱口语也甜香。
好言抚慰暖胸膛。

大树根深后人凉，饮水思源唔敢忘。
孝敬爷娘是本分，传统美德要发扬。
胜过庵庙拜佛堂。

常言道：文学性在于其形象性。这首竹板歌选取"十月怀胎娘辛苦、母亲生子痛断肠、若是半夜发高烧、日夜三餐费思量"等典型事例，通过"红皮白肉都转黄、坐卧不安冇落床、赶紧寻医开药方、一匙羹糊一匙汤"的形象化描述，表现出爷娘抚育子女的不易。

　　说唱长篇故事的历史传说歌，如《赵玉麟与梁四珍》《三斤狗变三伯公》，在客家地区流传甚广，影响深远。采自永定县的竹板歌《赵玉林》（简称永定版）[1]，讲述广西梧州书生赵玉林（即赵玉麟）与梁四珍夫妻在一次火灾之后，双亲身亡、房屋财产全部烧尽，一夜之间由富变穷，只得上山搭建窝棚栖身，以砍柴买米度日。在艰难困苦之中，赵玉林勤奋读书；科举将临，四珍变卖金簪，玉林一路弹

---

[1]　李永华、李天生编：《客家山歌诗选》，2013 年，第 205 页。

唱三弦上京应考。在生父的寿诞中，贫穷的梁四珍受尽三个姐姐与父亲的冷潮热讽。高中状元的赵玉林乔妆流民，在岳父寿宴上弹唱三弦试探众亲，也遭到岳父、姨丈的冷遇讥笑。赵玉林亮明状元身份，惩罚了欺贫爱富的势利小人。故事的第一、二部分：

广西梧州梁百万，妻子姓金贤惠人。
金氏夫人冇生子，只生四个女千金。

大女安名梁添凤，两女安名梁凤英。
三女安名梁三桂，满女安名梁四金。

大女匹配林公子，两女匹配李家人。
三女匹配王少爷，满女嫁给赵玉林。

唔唱梁家千金事，转唱秀才赵玉林。①
当初玉林家豪富，百万家财赛一村。

遇到高山龙过劫，龙运过劫命亏人。
家中良田水打尽，一堂房屋火烧焚。

眼看赵家啼啼哭，烧死老少好多人。
金变铜来银变铁，金银财物化灰尘。

玉林一家十几口，大火烧死楼中心。
好在神明来保佑，玉林夫妻出外村。

玉林脱难冇主意，又冇房屋来安身。②
越思越想整天哭，哭得天昏地唔明。

两眼哭流泪淋淋，左邻右舍冇依靠。
玉林夫妻十分苦，冇个亲房并六亲。

---

① 唔：客家方言，不。
② 冇：没，没有。

夫妻两人尽啼哭，边啼边哭入山林。
去到山上搭茅屋，搭起茅屋来安身。

青茅割来当瓦盖，树皮剥来当大门。
三个石头砌个灶，竹筒拿来当饭盆。

菜刀拿来当锅铲，钵头拿来当锅头。
天晴看去一座屋，落雨看去一口塘。

早晨冇个喂鸡米，暗晡冇个老鼠粮。
玉林苦情说不尽，夫妻砍柴度光阴。

玉林唔怕千般苦，日哩砍柴夜读书。[①]
只望云开日头出，只望科考有前途。

之乎者也读到尽，三年科举又来临。
闻知京城开科考，上京盘缠样般寻。

玉林心中冇主意，左思右想愁死人。
四珍妻子来跟问，跟问丈夫为何因。

听讲上京冇盘缠，四珍喊佢放宽心：[②]
"当初为妻出嫁日，一支金簪带随身。

贵重金簪拿去当，当得银两去上京。"
玉林听了心欢喜："𠊎妻贤德真多情。

𠊎去京城得高中，贤妻也做大夫人。"
四珍金簪拿在手，双手交畀赵玉林。[③]

---

① 日哩：客家方言，白天。与"暗晡"（夜里）相对。
② 佢：他。
③ 交畀：客家方言，交给。

玉林接到心欢喜，拿去街上当金银。
当店先生拿来看："你的金钗唔系金。

黄铜拿来当金子，当铺岂唔系白目人。[①]
最多当钱三百六，你爱多钱当别人。"

玉林听了心意乱，目汁双双像雨淋。
今日冇运金变铜，先日行运铜变金。

金钗换钱三百六，叫催如何上得京？
东街行到西街转，南街走到北街心。

四门街坊都走遍，满肚心事乱纷纷。
忽见街头卖三弦，三弦拨动玉林心。

走乡串村来卖唱，一把三弦能上京。
买到三弦心欢喜，弹起三弦好声音。

左边一弹金鸡叫，右边一弹凤凰鸣。
弹起三弦回家转，叮叮当当转家门。

四珍听得丈夫讲，一对目珠望夫君：
"丈夫苦楚讲唔尽，游乡走唱求功名。

今望祖宗有灵应，保佑赵家独留根。
保佑赵家风水转，子孙得中耀门庭。

屋前旗杆高九丈，堂上粉壁画麒麟。"
拜过祖宗来打叠，打叠丈夫去上京。

四珍小姐来相送，临行吩咐两三声：
"日落西山早入店，冷水莫食肚莫饥。

① 白目人：指瞎子。

　　　　　暗哺睡哩被爱盖，知寒知热顾身体。"①
　　　　　两人话语讲唔尽，夫妻分别真苦情。

　　　　　一村过了又一村，山遥路远去上京。
　　　　　各省举子纷纷到，曼人唔想跳龙门。②

　　　　　路上三弦弹得好，弹起三弦唱道情。
　　　　　样知走村游乡汉，也系秀才举子身。③
　　　　　　　　　　……
　　　　　奉劝各位莫势力，人事难估水难量。
　　　　　龙游浅水虾公戏，虎落平阳狗欺凌。
　　　　　莫做虾公莫做狗，爱做公平正直人。

　　永定版《赵玉林》说唱故事情节大致五个层次：1.回禄之灾富变穷，玉林夫妻住窝棚；2.四珍助夫卖金簪，玉林弹弦去赶考；3.梁府寿诞宴宾客，四珍忍辱受嘲讽；4.状元衣锦好还乡，玉林乔妆去试探；5.患难夫妻庆团圆，势利小人受责罚。采自武平县的《赵玉麟与梁四珍》④唱本，故事内容与永定版《赵玉林》略有差异，但主题一致，都是鞭挞势利小人，表彰有志男儿，歌颂坚贞爱情，表现出客家人同情弱者、变革人生、公平待人的心态，折射了客家人"精神世界的个性"，展示了"一幅幅生动的客家民俗画卷"（练建安《客家民间说唱文本<赵玉麟与梁四珍>初探》）。

　　四句板的客地说唱还有《高文举认妻》《梁山伯与祝英台》等长篇故事。这些作品的主人公虽然不是客家人、客家事，但它们都用客家方言说唱，故事主题的是非爱憎，如《高文举认妻》的重情重义、不因荣华富贵而弃糟糠妻的道德准则；《梁山伯与祝英台》的男女平等、自由爱情憧憬，都深深感染着客家人的心灵，丰富着客家人的精神世界，在潜移默化中熔铸中华民族的美德与理想。

　　在长汀城乡，一种与"竹板歌"相类似的曲艺形式——"汀州唱古文"广为流传。"汀州唱古文"在清代道光年间就十分盛行，至今约两百年的历史。汀州唱古文与竹板歌一样，也是由一个盲人或卖唱艺人演唱，民间把它叫做"一人唱

---

① 被爱盖：（晚上睡了）被子要盖好。爱，要。
② 曼人：客家方言，没人。
③ 样知：怎知。系：是。
④武平县文化馆、武平县非遗保护中心编印：《民间文学集成》（上卷　歌谣），2017年。344页。

一台戏"。它以唱为主，唱中夹着道白，以道白补充唱词的不足，让听众更能听懂演唱的内容。为表现故事情节发展和人物性格以及情感的变化，艺人们还要模仿故事中男女老少人物的腔调以及悲欢离合的情感，或喜或怒，或悲或怨，细致入微的表达出来，使听众随同艺人说唱的情感共鸣，而对故事中的人物产生爱与恨、同情与厌恶的感情。它的内容与"竹板歌"一样，都是以古代长篇故事为主，如"赵玉麟与梁四珍""孟日红""八宝莲""白蛇与许仙"等等，也有咏唱苦情、爱情和劝谕的内容。它的演唱用语也是采用客家方言，通俗易懂，语言朴实，因此，以其浓郁的乡土风情和草根艺术赢得民众的喜爱。汀州唱古文与竹板歌的不同之处，主要在伴奏乐器。"汀州唱古文"多为盲艺人或卖唱艺人自拉自唱或自弹自唱，他们的伴奏乐器多种多样，有二胡、三弦、渔鼓、竹板、小鼓、小锣等等，演唱艺人根据自身艺术修养，自选一种。因为伴奏的乐器不同，艺人所展现的风格也不同，其演出效果也就因人而异。因此说，汀州唱古文补充并丰富了竹板歌的伴奏形式，使得长篇故事的说唱艺术更加多姿多彩。

二、南词说唱

南词源于江苏苏州，清代乾隆年间传入江西，道光年间传入福建，分为苏派和赣派两种。苏派南词流行于闽北南平、沙县、将乐、邵武、建瓯等地；赣派南词流行于闽西长汀、龙岩和闽南漳州、龙海、漳浦、诏安等地。道光咸丰年间长汀县就有"洪福轩""秀兰轩""桂兰轩"等南词说唱班子，总称为"汀州说书班"，每个班子都有一二十人。闽西"南词"说唱采用坐唱形式，由一人主唱，另有多人分执不同乐器列坐周围，按照不同角色行当轮递配合说唱，边奏边唱，以唱为主，间以插白，曲调优美，旋律委婉悠扬、典雅高古，大有宫廷乐府之风韵，又具江南丝竹的清新，更富有客家民间音乐元素，故深受高雅人士欢迎，也得普通群众喜爱，可谓是雅俗共赏。所演曲目，有宣扬忠孝仁义、家庭伦理，有除恶扬善，劝人奋发向上，对听众起着寓教于乐之功。南词说唱多以神话、传说、民间故事为内容，代表曲目有《天官赐福》《陈姑赶船》《湘子度妻》《借衣劝友》《赵玉麟》《宋江杀惜》《花魁醉酒》《牡丹对药》《张顺祥卖柴》《卖草顶》等。"汀州说书班"还演唱一些民间小调，如："小小鱼儿"、"进兰房"、"四季相思"、"红绣鞋"等较为文雅的小曲。

《天官赐福》，俗称《开天官》，是南词说唱最有代表性的曲目。开头部分由演奏者各扮演天官、福星、禄星、寿星、禧星等，表演天官率领众仙来人间赐福，充满喜庆吉祥的气氛：

（前奏"小八板"）

天官、福星、禄星、寿星、禧星齐唱【点绛唇】

（散板）太极阴阳，平安吉祥，丹霄上善恶昭彰，福禄寿禧从天降。

天官（念）：瑞气祥光紫气腾，人间福主庆长生。

　　　　　　但看四海升平乐，共沐恩波享太平。

（白）吾乃上天赐福一品天官是也。今有福主乐善好施，阴功积德。吾奏天帝敕旨，相邀诸位大仙，一同下凡赐福，以赏善门之报。仙翁们！

众仙：上圣！

天官：天官有旨，请众仙出堂！

众仙：领法旨！

福星：祥光普照人间福。

禄星：冠上加冠爵禄高。

寿星：手执黎杖添福寿。

禧星：人逢喜庆乐逍遥。

福：吾乃福星是也。

禄：吾乃禄星是也。

寿：吾乃寿星是也。

禧：吾乃禧星是也。

众仙：众仙请了！天官相召，一同晋见。天官在上，吾等稽首参拜！

天官：诸位大仙免礼！

众仙：不知天官相召有何见谕？

天官：吾奉天帝敕旨，相邀诸位大仙一同下凡赐福，以赏善门之报。

众仙：天官之邀，吾等敢不从命？

天官：仙翁们！架起祥云，前往福地而去也！

众仙：领法旨。

（音乐起，奏【南词头】）：雪霄花月满天台，上界天官赐福来。为善之门多吉庆，千祥云集吉庆来。步入金阶朝天子，蟒袍玉带赐下来。松柏并茂满庭栽，重重叠叠上瑶台。

众仙：启上天官，来至福地也！

天官：看来簇簇花相迎，丛丛香草满庭阶。果然一派好福地啊！哈哈哈哈，好福地哟！

　　　……

南词说唱和竹板歌都属于曲艺，不同之处在于：南词说唱的人数众多，少则八人，多则十几人，形成相对稳定的乐队"班子"；南词说唱的乐器也比较丰富，有二胡、三弦、扬琴、琵琶、笙、笛子、鼓、锣、云锣、钹、板等；南词说唱有自己的唱词格式和曲调；南词说唱的用语都是官话，不同于山歌竹板歌、汀州唱古文使用客家方言；南词说唱的主要目的，不是为了谋生，更多是兴趣爱好。遇到大型民俗活动时，他们会参加演出；逢有人家喜庆婚嫁、新居落成、店铺开张，人们用请帖前来敬请，他们也乐意前往，所接受的"红包"只作为添置乐器等用途。作为民间文学的南词说唱，它的说唱"剧本"（唱词）也是颇有文学性，如上述《天官赐福》情节的想落天外、诗词的合辙优美、人物语言的生动谐趣、风俗民情的展现，都是文人精心创作的文学成果。

三、民间小调

客家民间小调，是一种有特定曲调、稳定的唱词，相对于山歌篇幅较长的一种民间吟唱形式。它的句式和字数比较自由，一般都有十几段唱词，以数字、月令结构篇章的最为常见。吟唱时，可以独自清唱，可以使用二胡、三弦等自拉自唱，自娱自乐，也可以乐队伴奏，场面宏大。与山歌一样，民间小调的内容也可以分为苦情歌、爱情歌、叙事歌和教谕歌。

"七月流火，九月授衣"。《诗经·七月》（《豳风》）以写实手法，叙述"农夫"一年到头所从事的农业劳动，抒发生活的痛苦与欢乐，给读者留下深刻印象，也形成一种月令的民歌体式。许多客家县都有《看牛歌》《长工歌》《十二月闹饥荒》这样月令式的苦情歌。《看牛歌》虽然各地字句不尽相同，但主要内容基本一致：

> 正月看牛雨霏霏，牛须柴哩①挂蓑衣。
> 割得草来牛又走，牵得牛来冇伴归。
>
> 二月看牛雨涟涟，牛嫲带子②跌落别人田。
> 别人看见拳头打，东家看见扣工钱。
>
> 三月看牛三月三，看牛俫子③包割青。
> 割得青来牛又走，看得牛来割冇青。

---

① 牛须柴哩：客家方言，坚硬的小树枝。
② 牛嫲带子：客家方言，母牛带着小牛。
③ 看牛俫子：客家方言，看牛的孩子。俫子，指男孩子。

四月看牛日子长，看牛倈子包割芒。
手指割烂血淋淋，又疾又饿实难当。

五月看牛五月节，爹娭喊倕转去过头节。
东家吩咐要看牛，想起屋下目汁堕堕跌。

六月看牛割早禾，割嘞一箩又一箩。
拿起饭勺装饭食，东家就喊唔敢装咁多。

七月看牛七月半，看牛倈子好难当。
日哩三餐冇食饱，暗晡蚊子咬到天大光。

八月看牛八月社，看牛倈子窜灶下。
东家喊倕快出去，屋前屋后扫净来。

九月看牛过重阳，东家迟猪①喜洋洋。
喊倕一人田哩做，转来只食骨头汤。

十月看牛是立冬，番薯芋子正收冬。
东家吩咐多挑点，挑得重来行唔动。

十一月看牛雪皑皑，身上冇袄脚冇鞋。
多谢隔壁三伯娓，分倕一双烂布鞋。

十二月看牛又一年，拿起算盘算工钱。
算来算去无一个，倒找东家三吊钱。

这种月令形式从正月唱到十二月，一是体现了叙事的有条不紊，二是抓住每个月的时令特征写主人公的活动，三是通过展现每个月的辛勤劳动，反衬"东家"剥削之重，很有感染力和说服力。这些民间小调是《诗经·七月》的遗风余韵，有很强的批判现实主义精神。

爱情题材的民间小调数量较多，反映男女爱恋、相思、坚贞、情怨的，有《卖

---

① 迟猪：客家方言，杀猪。

糖郎》《卖花线》《四季相思》《十绣荷包》《十送郎》《十想郎》《十想妹》《十二月相思》《寡妇情》等。采自长汀县的《糖郎歌》是其代表作品：

糖郎住在汀州府，十里名声九里香。
初一拌糖初二卖，初三拌糖走他乡。

头上戴起黄藤笠，栗木扁担五尺长。
黄藤糖箩竹丝耳，肩挑糠箩走忙忙。

大喊三声："做生意"，细喊三声："卖糖郎。"
大姐出来拿糖食，二姐出来拿糖尝。

三姐出来微微笑，只看人意唔看糖。
"三姐要糖白家拿，只管吃来只管尝。"

"唔敢吃来唔敢尝，糖郎亏本何人当？"
"问你卖糖住哪里？""随路卖来随路忙。"

三姐吩咐卖糖郎："卖了拌糖早回转。
东边楼下有闲屋，西边楼下有闲床。"

糖郎一听心欢喜，挑起拌糖走他方。
上村卖糖用大秤，下村卖糖用斗量。

还有三斤未卖了，送给山中看牛郎。
一担糖箩丢落海，驮根扁担走得忙。

大喊三声："借屋住。"细喊三声："借张床。"
大姐出来对郎说："𠊎冇闲屋又冇床。"

二姐出来对郎说："𠊎家住女唔住男。"
三姐出来微微笑，喊郎："坐倒，莫心慌。"

铜盆打水郎洗脚，绣花鞋子调一双。
三年鸡公宰郎食，三年老酒拿郎尝。

"唔敢食来唔敢尝，爷娘打骂何人当？"
"喊你尝来你就尝，爷娘打骂三姐当。"

双手点起松光火，两人细细来商量。
郎有情来姐有意，三姐跟郎转家乡。

热头一出照高楼，唔见三姐爬起床。
打开房门看一看，只见空被盖空床。

爷娘跟问隔壁姐，"昨晡住个卖糖郎。
卖糖郎子人才好，恐怕三姐自招郎。"

爷娘吩咐大哥赶，一赶赶到大河畔。
借问河中钓鱼叔："可见娇姐带娇郎？"
"今晡钓鱼来得迟，未见娇姐带娇郎。"

二阵赶来三阵忙，一赶赶到大山场。
借问山中看牛叔："可见娇姐带娇郎？"
"今晡看牛来得迟，未见娇姐带娇郎。"

三阵赶来四阵忙，一赶赶到大街坊。
大街坊上都借问，口干舌燥想茶汤。
进得店来见三姐，三姐身旁坐糖郎。

手拿黄藤打三姐，再拿铁尺打糖郎。
三姐喊哥："唔要打，打出人命何人当？"

三只乌鸦头上叫，知府老爷过街坊。
糖郎三姐当街跪，大喊老爷来相帮。

知府问明情和由，当场断佢配成双。
三姐糖郎来拜谢，金童玉女转家乡。

这个故事是古代客家女子大胆追求自由爱情与婚姻并为之勇敢斗争的反映。

这首 21 节的民间小调，句式灵活，情节曲折，有说有唱，充分利用对话推动情节的发展。三姐的形象通过与大姐、二姐的对比得到突出；糖郎形象则通过用具的精美、干活的勤劳以及邻里的口碑来体现。诗歌在思想性和艺术性方面都体现了较高水准，当与《看牛歌》同为客家民歌"双璧"。

　　吟唱历史人物的叙事歌也很多，如《十二月古人》《十二月孟姜女念夫》《十字歌》等。《十二月古人》采用月令的表现形式，结合人物故事的时令背景，歌咏历代忠孝贤良人物，让听众在娱乐中增长历史文化知识：

正月里，是新年，抛石投江钱玉莲。
脱下绣鞋为古记，连叫三声王状元。

二月里，龙凤楼，千金小姐抛绣球。
绣球单打吕蒙正，蒙正头上得风流。

三月里，三月三，昭君娘娘去和番。
回头看见毛延寿，手拿琵琶马上弹。

四月里，日子长，把守三关杨六郎。
荆州做官刘知远，房中推磨李三娘。

五月里，是端阳，桃园结义刘关张。
结义桃园三兄弟，三拜孔明去南阳。

六月里，热难当，汉朝出有楚霸王。
霸王死在乌江渡，韩信功劳在何方。

七月里，秋风起，孟姜女为夫送寒衣。
寒衣送到人不见，哭倒长城八百里。

八月里，桂花香，梅香陷害苏娘娘。
李氏夫人来替死，判官上书奏阎王。

九月里，是重阳，单刀赴会关云长。
过了五关斩六将，击鼓三声杀蔡阳。

十月里，是立冬，孟宗哭笋敬娘亲。
王祥卧冰鱼蹦起，为挽母亲病危重。

十一月，起寒风，孔明登台借东风。
火烧曹兵千百万，放出曹操走华容。

十二月，又一年，韩公走雪真可怜。
桥上过了韩湘子，雪拥蓝关马不前。

这类客家小调也可以变成竹板歌，只要把每一节的最后一句重复一遍，就变成了"五句板"。这便于盲人或乞丐有更多的演唱内容，传播范围也更广。

对年轻人进行道德教育，达到寓教于乐目的的劝谕小调也不少。如《鲤鱼歌》《戒嫖歌》《劝解歌》《十二月漂》等。流行于长汀、武平等县的山歌调《鲤鱼歌》是其代表：

唱歌要唱鲤鱼歌，鲤鱼歌子好话多。
老人听哩添福寿，后生听哩供子讨老婆①。

唱歌要唱鲤鱼嘴，大嫂砻谷四嫂碓。
碓得白来做有饭，碓得糙来过人嘴。

唱歌要唱鲤鱼头，公婆斗舌有怨仇。
上时吵来下时好，过哩步栅就点头②。

唱歌要唱鲤鱼皮，耕田作地发狠点。
番薯芋子当得饭，有油有盐过得日。

唱歌要唱鲤鱼血，嫖赌二样要戒撇。
家中纵有百万财，用船撑来败得撇。

唱歌要唱鲤鱼泡，后生做事唔敢介拗暴。
孝顺大人是本份，忤逆大人雷打火会烧。

---

① 听哩供子讨老婆：哩，客家方言"了"。供子，客家方言"生儿子"。
② 步栅：客家方言"门槛"。

唱歌要唱鲤鱼肠，新婶唔敢恼家娘①。
老人讲事较懂烘②，大声话来细商量。

唱歌要唱鲤鱼胆，家中有米要节省。
天晴落雨也要做，大富容易穷较难。

唱歌要唱鲤鱼弯，大人做事心要平。
手心手背都是肉，大大细细一般般。

唱歌要唱鲤鱼鳞，有钱要帮有钱人。
施舍穷人一斗米，日后当得一斗金。

唱歌要唱鲤鱼尾叉叉，后生布娘唔敢上家玩下家。
上屋有个懒尸嫂，下屋有个药食嫲，玩野心思害自家。

鲤鱼歌子唱完哩，带子带女早的睡。
细男细女要早睡，天光爬起唔敢忘记哩。

这是劝导一家人要和谐相处，具有很强的道德伦理教育作用，从中看到客家人的传统道德规范。

第三节　童　谣

　　童谣（儿歌）主要传唱于长辈与儿童、儿童与儿童之间。长辈们用童谣教育孩子，让孩子在歌唱中增长自然和社会知识，是对儿童进行早期启蒙教育的主要手段，起到寓教于乐、开发智力的作用。因为接受对象是儿童，所以童谣语言通俗浅显，节奏明快，句子短，多押韵，具有生动性、趣味性、好唱、好记的特点。客家人从牙牙学语时就开始听童谣、念童谣，潜移默化中传递着客家文化，塑造着客家人的特质。客家童谣是客家人之所以成为客家人的重要文化基因。《礼记·本论》说："童谣乃有声母乳，其入人也深，其化人也深。"我们古人早就认识到"有声母乳"的文化滋养作用。

---

① 新婶：客家方言"媳妇"。
② 懂烘：客家方言，指老年人思维不清，反应迟钝。

童谣的教育内容主要以下几个方面：

(一)热爱读书

禀持耕读传家的传统观念，教育孩子从小热爱读书，"多识草木鸟兽之名"。如客家地区流传最广的《月光光》：

月光光，读书郎。骑竹马，上学堂。

月光光，秀才郎。骑白马，过莲塘。莲塘背，种韭菜。韭菜黄，跳上床。床无杆，跌落坑。坑圳头，看黄牛。黄牛叫，好种猫。猫头鸡，好种鸡。鸡入埘，好唱戏。唱戏唱得好，虱嫲变跳蚤。跳蚤跳一工，虱嫲变鸡公。鸡公打目睡，天龙走得脱。天龙走忙忙，撞到海龙王。龙王做生日，猪肉豆腐大大粒。

童谣用"月光光"开头，主要三种原因，一是说明长辈（如祖母、母亲）给儿童讲唱童谣一般是在晚上，月光之下；二是渲染氛围，营造意境，引起儿童丰富的想象；三是开篇定下基调，只要是《月光光》童谣，押韵和曲调各地基本一致。上述两首童谣的开篇部分都塑造了一个骑白马的"读书郎"形象，成为孩子憧憬的对象。

(二)品德养成

教育孩子认真听话、待客礼貌、孝敬老人。如《大月光》《七星姑》：

大月光，细月光，两只狗子爬砻糠。爬到两块猪肉皮，食一粒，留一粒，留来天光请大姨。喊你买葱，买到鸡公；喊你买蒜，买到鸡嫲；喊你请客，跌烂膝头跌烂额；喊你筛酒，屎回一扭；喊你陪客，筷子乱夹。打你两巴掌，你就喊老爷！

七星姑，七姊妹，夜夜下来偷踏碓。踏唔起，喊阿姊。阿姊打开园门摘青菜。摘一皮，探尾姨；摘一挪，探公爹；摘一箩，探舅婆。舅婆没好回，回到一只烂草鞋；草鞋不好着，回到一只脚；脚不可行，回到一只篮；篮不可张，回到一把姜；姜开目，好种竹。

教育孩子树立理想，长大当官要当清官。如《月光光，随水上》：

月光光，随水上，船来等，轿来扛，扛去汀州府里做清官。清官出来接小姐，小姐出来帮清官。清官暗，跌落坑；清官清，得人心。清官好，好宝宝，宝宝长大做清官。

(三)丰富情感

情感教育也是启蒙教育的重要内容之一。树立正常的爱情婚姻观念，教育女子出嫁后做个勤劳持家的好媳妇：

鸡公子，啄尾巴，啄到婆婆树兜下。婆婆出来看鸡子，姐姐出来拗桃花。桃花开，李花开，张郎打鼓李郎吹，吹到姐姐心哩化化开。

月光华华，点火烧茶。茶一杯，酒一杯，嘀嘀嗒嗒讨新婢。讨的新婢矮栋栋，做的饭子香喷喷。讨的新婢高喃喃，挑担谷子好清闲。讨个新婢笑嘻嘻，三餐唔食肚唔饥。讨个新婢嘴嘟嘟，欢喜食甜也吃苦。食得苦，唔怕苦。唔怕苦，脱得苦。脱得苦，有福享。有福享，要回想。

小公鸡啄小母鸡的尾巴，是一种求偶行为，正如"关关雎鸠，在河之洲"，为男女爱情营造一个美好意境。童谣用此起兴，引出主人公"姐姐"登场。桃花、李花既是形容女子的美丽，所谓"桃之夭夭，灼灼其华"，也是象征多子多福。第二首童谣，出现矮、高、胖三种"新婢"(新媳妇)形象，她们各有特点、各有专长。对儿童的教育意义还在于后面的"食得苦，唔怕苦。唔怕苦，脱得苦。脱得苦，有福享。有福享，要回想。"用"尾驳尾"的形式逐层递进，阐明先苦后甜的道理。

儿歌生动、形象、有趣，寓教于乐，反映了客家人对启蒙教育的重视。生活中，童谣多为客家母亲——阿娓教唱给子女，因此，母亲成为孩子的第一个启蒙老师，童谣也成为母亲送给孩子的第一件终生难忘的礼物。童谣在客家民间大量存在，是客家人孩童时代的快乐之宝。

第四节　客家民间故事

客家民间故事主要包括神话故事、传说故事、生活故事、寓言和笑话。根据各客家县搜集整理的作品统计，民间故事数量在千篇以上。许多县成立民间故事协会，一批熟悉当地掌故的中老年人在默默无闻地做着这项文化遗产的整理工作。

一、神话故事

神话故事的内容都是历史久远的神奇故事，客家人称之为"讲古"。客家神话故事的主人公多是神仙、佛道、鬼怪，内容有的是描写佛道法术的高超，如《定光陂》、《李公斗石公》；有的描写名胜风物的神奇来历，如《归龙山神话》、《河田烧水塘》、《冠豸山由来的传说》。《冠豸山由来的传说》既有人物故事，又蕴含地理知识：

> 在古代有个名叫杨建平的"半仙"，有一根赶山鞭，赶山石如驱羊群，能移山填海。这一日，他正赶着武夷山一列山石，经过连城地面，要到闽江去堵水口。何以要堵闽江口？据说福建出不了天子，是因为闽江缺口，走漏风水，如能堵上让风水回环八闽，则可出天子。杨半仙赶山石去堵闽江口想得天子之福。正行间，有一人来报：他的母亲已经仙逝，要他赶紧回家，料理丧事。他想，家中还有兄弟，母亲已死，回家无济于事，还是赶山要紧。因此他回答说："众家丧，我就不回去了！"依然扬鞭前行。

> 过了一阵，又一人来报：他的老婆得急病，命在旦夕，叫他速速回家见上一面。他听后大吃一惊，忍不住洒落泪水说："妻呀！这真叫我割断肝肠啊！"便将赶山鞭插在石上，打住走动的山石，就急匆匆回家。

> 回到家中一看，只见母亲、妻子安然无恙，方知受骗。待他回头来再拿起赶山鞭赶山石时，鞭子已失去了神力，怎么也赶不动山石了。

> 原来二位报信人都是他的师父变化的，要试一试杨建平的心地，见他只要老婆不要母亲，没有德行，就废去了他的仙术，让他恢复为凡夫俗子。因此，这一列山石也就长久地留在连城县东郊，在一望平川上拔地而起。这座山因象莲花，人们便叫它"莲峰山"。以后因这座山又像古代法官的帽子——獬豸冠，山势巍峨雄壮，活像一个正直无私的法官，所以给它改名为"冠豸山"。[①]

这则传说说明了与冠豸山相关的四个问题，一是地缘上，连城冠豸山属于武夷山最南端的一部分，它们同属丹霞地貌；二是与闽江的关系上，连城冠豸山处于闽江（也是九龙江、汀江）的上游；三是形状上，山峰象莲花，又像獬豸冠，这是冠豸山得名的来历；四是道德观念上，批判了杨半仙"只要老婆不要母亲"的不良德行，反映了客家人以孝为重的观念。

有的神话传说是反映人与神鬼之间的和谐相处，如《鲤鱼报恩》、《田螺姑娘》、《水鬼朋友》。神话在艺术上具有丰富的想像、虚构和夸张，情节曲折，引人入胜。如《田螺姑娘》，其中一节描述苦根家里的三件"奇"事及其探查好心人的过程，就是这些写作方法的体现：

> 自从苦根把大田螺养在自家的水缸后，冇几天，佢屋下就出了好几件非

---

① 苏振旺、何志溪主编：《闽西民间故事选》，华夏出版社，2009 年版，第 279 页。

常奇怪的事情。头一件是，每天苦根上山砍柴或是入城卖柴转来，饭桌上就摆着热气腾腾的饭菜，等他去食。第二件奇事是，苦根每次换下来烂衫、脏鞋子，第二天就被洗净晒干，补得好好的等他去换。第三件奇事是，苦根的屋前屋后不知什么时候种上了芋、麻、瓜、菜等他去收。面对这些奇事，苦根开始以为不是东边的张大婶做的，就是西边李二嫂做的。日子久了，回数多了，苦根觉得很过意不去，就主动到东邻西舍去感谢："多谢你，帮我做了咁多事，真叫倻过意不去！"可张大婶和李二嫂都丈二和尚摸不着头脑，说："倻自家都一篮子豆腐没盐塌，哪有工夫帮你做咁多事？"苦根听了心想，这到底是什么好心人做的哩？

一次，苦根唔曾上山去砍柴，也冇入城去卖柴，躲在屋背后的窗子下，偷看屋下的动静。等到昼边做饭的时候，听得屋下有人在烧火煮饭，就从窗子缝里往屋下一看，只见一个很靓的妹子，头带盘龙发髻，两只日珠亮闪闪的，嘴边两个深深的大酒窝，十分齐整。于是他忍不住心里的激动，"啊"了一声。不料这一声赞叹把那女子惊动了，等苦根转回屋里时，妹子的影子都唔见哩。①

二、传说故事

传说故事，多取材于历史上的真人真事，如《画家华嵒的故事》《画家上官周的故事》《才子李非珠的故事》。在长汀，胡瞎哩的故事流传甚广，几乎家喻户晓，很有特色。其中《胡瞎哩削鼓杵》②的故事令人啼笑皆非：

有一回，一个木匠师傅好久冇事做，就跑去胡瞎哩该角③问事做：

"胡先生，府上有冇滴事做？"

"你要事做啊？有嘞，帮倻厅厦哩④两行树子削成四方咯。"胡瞎哩哇⑤。

木匠师傅一看，两行树子，有两丈来长，井桶般大，便问胡瞎哩：

"胡先生，你要做甚西哩⑥？"

"你唔要问，你只晓得做就系①！"

---

①李文生、张鸿祥：《神话与传说》，中国言实出版社2000版，第44页，编者有改动。
②长汀县地方志编委会：《长汀县志》，三联书店1993年8月版，第953页。编者有改动。
③ 该角：客家方言，那里。
④ 厅厦哩：客家方言，大厅里。
⑤ 哇：客家方言，说。
⑥ 甚西哩：客家方言，什么。

木匠师傅就翻去翻转削，足足削嘞半个月。两行圆滚滚咯树子削成四四方方咯，再去搭胡瞎哩哇：

"胡先生，两行树子削到四方咯哩，请你看过。"

胡瞎哩来看过以后，又搭木匠师傅哇：

"你再帮𠊎做成八角形。"

木匠师傅觉得奇怪，便问：

"你究竟要做甚西哩？"

胡瞎哩哇："搭你哇哩唔要问，你只晓得照𠊎哇咯去做就系。"

木匠师傅又翻去翻转削啊刨啊，又做嘞半个来月，两行树子由四方咯刨成八角形嘞。佢又去喊胡瞎哩来看过。胡瞎哩连看都唔看，就对木匠师傅哇："你再帮𠊎削成圆咯去。"

木匠师傅也唔再问哩，就照胡瞎哩哇咯去做。

后来，胡瞎哩又喊佢削成四方咯，再削成八角形咯，又再削转圆咯，就样滴哩，削去削转，最后，两行树子只剩下搭脚趾公般大。胡瞎哩就哇：

"师傅，唔要再削嘞，你帮𠊎两行中间各取一截做一对鼓杆。"

"胡先生，你早哇做鼓杆时，𠊎半工人做成嘞，样甚要花两三个月日啊？"

胡瞎哩笑笑哩哇：

"你哇冇事做呗，𠊎唔就样滴哩弄滴事得你做哦！"②

胡瞎哩，长汀历史上实有其人。他名叫胡宗熊，字梦吉，生于明万历四十三年（1615年）十一月二十三日，卒于清顺治六年（1649年）九月初六日。家住长汀南门街一座宽大的九厅十八井大屋。其父经商，家财巨万。胡梦吉自幼读书，也聪慧，人称"胡先生""胡百万"。正当胡梦吉30岁时，明朝灭亡，汀州沦于清廷。胡梦吉与反清志士刘坊等来往，因不满现实、前途无望而采取游戏人生的态度，因而人们戏称其"胡瞎哩""败家子"。最后家产败尽，去世时年仅35岁，却将许多玩世不恭的故事和笑话留给后人评说。

有的历史故事为了突出某些特点或技艺增添了许多虚构，如《画家李灿的故事》（五则）中的"笔下狐狸打山鸡"颇有神奇色彩，其中一节：

女婿是个急性子，回家路上总想早些知道老丈人给他的画卷画的是什么。他走到离家还有一小段的山路口时，实在忍不住了，就展开来看，见是

---

① 系：客家方言，是，音 he ī
② 唔就样滴哩弄滴事得你做：客家方言，不就这样弄点事给你做。

幅"狐狸打鸡图"。忽然，一只活生生的狐狸从画中走出，向山坡后的林子里跑去。不一会儿，咬回来一只血淋淋的山鸡。李灿的女婿又欢喜又感到奇怪，打从心里钦佩老丈人的传神功力。据说从此以后，李灿女婿每日到这路口，都能拾到一只山鸡，直到他老婆做完月子。有人说，李灿女婿若听从他老丈人的叮嘱，到家后才把画展开，每日拾鸡就不必多走那段路了。[①]

故事讲得这么神奇，是为了突出李灿画技高超，笔下狐狸形象的栩栩如生，富有神采，同时也侧面反映了客家人坐月子期间要经常炖鸡吃的习俗。

三、生活故事

生活故事，多反映社会风俗民情。它不像历史故事专写古代名人的奇闻异事，也不像神话传说那么不切实际，因此也称为社会生活故事。如《生男孩吃红蛋的由来》，讲述客家地区为什么家中生了男孩要请亲友吃"红蛋"的原因。《"无有钵"的故事》叙述农民周宗贵由穷变富、从"无"到"有"的故事，很有趣味。其中一节：

> 有一天，他看到有个农民提着一串青蛙在街上叫卖。青蛙被绳子系得肚子发胀，甚是可怜。他就以平时积攒的一吊钱将青蛙买了下来，提回到自己经常挑水洗菜的河里放了。第二天早上，周宗贵去洗菜时，看见一群青蛙推着一个缺了口的破火笼钵给他。他把它推回河中，青蛙却又把它推到他的面前，结果推了几次都还一样。他心生奇怪，于是想了想，就捡回去当喂狗的碗钵。当天夜里，他把剩饭倒在火笼钵里喂狗，直到只剩几粒饭了。可第二天他去喂狗时，忽然发现火笼钵的饭满满的。后来又试了几次都一样，才知道这就是传说中神奇的"无有钵"。他便高兴地用银元去试，结果他发了财，买地、造房子、讨老婆，人丁、家业都兴旺发达起来。[②]……

这节故事，与其说是"无有钵"会生钱，不如说是他救的那群青蛙的报答，有一点神话的味道。这个故事教育听众爱护有益的动物，好心有好报。"无有钵"掉到深潭去了之后，他们一家人没捞到，却明白了一个道理——"只有勤劳，又有爱心，才能发家致富"，对听众来说，也是一次思想教育。

---

① 苏振旺、何志溪：《闽西民间故事选》，华艺出版社 2009 年版，第 114 页。
② 何志溪、肖干南：《闽西民风概览》，鹭江出版社 2012 年版，第 257 页。

四、寓言与笑话

先秦诸子散文里很多寓言，故事都很简短，因为作者的目的是把寓言当做论据，并不把它当故事来写。客家寓言情节生动、描写细致，既是讲故事，又让听众领悟为人处世的道理。如《鸡的脸为什么是红的》：

自从黄鼠狼假借给鸡拜年，捕走了一只大公鸡后，就流传下来一句警言：黄鼠狼给鸡拜年——不安好心。

鸡特别铭记着这句格言。从那以后，它处处格外小心。久而久之，竟对所有朋友都起疑心了。

鸭来给鸡拜年，鸡说："这鸭肯定不安好心！"鸭讨了个没趣，只得长叹一口气走了。

鹅来给鸡拜年，鸡也同样说鹅"不安好心。"使鹅也尝了个没滋没味，也只得垂头丧气地走了。

接着，狗啊、猪啊、兔啊，都来给鸡拜年，也都被当做"不安好心"，同样遭到冷遇。

渐渐地朋友们就和鸡疏远了，鸡终于孤立起来。

黄鼠狼得到这个消息之后，喜出望外。大胆地安排了一个夜劫鸡舍的计划。

在一个墨黑的夜里，黄鼠狼包围了鸡舍。因为鸡不信任朋友，所以大家都和鸡住得远远的，没有谁发现鸡舍被黄鼠狼包围了。

等到第二天，一舍鸡大部遇难。侥幸逃出来的后悔莫及，一见到这些朋友，脸便发红。从此鸡的脸就变得红红的了，它们再也不随便胡说别人"不安好心"了。[①]

这则寓言故事，让人明白要分清是非，不能一概认为别人跟你接近都是"不安好心"，否则就会失去朋友。像这类故事还很多，如《蜜蜂与红头苍蝇的传说》，教育人们要像小蜜蜂那样勤劳、独立，否则就会变成红头苍蝇一样不劳动，只享受，因而受到人们的厌恶。

民间笑话常常用亦庄亦谐的小故事讽刺生活中的假、丑、恶，呼唤生活中的真、善、美，听众在笑声中认识人性与社会的丑陋现象，自觉改正陋习。如《打平伙》，讽刺三个吝啬鬼的作假行径。《宴席牵绳》写傻公子在宴席上的大出洋相。《家有小女值千金》，则起着正面教育作用，故事讲的是：

---

① 苏振旺、何志溪：《闽西民间故事选》，华艺出版社2009年版，第338页。

清成丰年间，某客家县南岗村有个张友成，唱山歌唱出了名，还唱到一个秀美淳厚的老婆。

一天，他到邻县的岩前圩卖菜。该圩一个姓宋的寡妇到他担前要买芹菜。他有心向她求爱，便唱了一首山歌试试她：

手拿芹菜莫嫌斋，南岗友成就系𠊎。你买芹菜𠊎买肉，两人合伙好解馋。

那寡妇听了嫣然一笑，买了芹菜走了。不久，寡妇就找上门去，与张友成结了亲。婚后，恩爱异常。转眼过去八、九年，他们一起生了三个女儿。到第四胎时，又是一个女的。老婆难过得哭了起来：

"老天无眼𠊎命歪，一连四胎生女孩。莫非前世作了孽，哪穴风水在害𠊎。"

张友成唱歌劝道：

"你也唔该太伤心，男的女的都是人。养子哪知娘辛苦，养女方知疼娘亲。年节多份大鸡臂，死后多个人哭灵。你若唔惜𠊎会惜，家有小女值千金。"

老婆听了便也笑了起来。①

这则笑话触及到一个非常重要的问题：如何看待生男孩还是生女孩。古代客家人有重男轻女的思想，这则笑话的闪光之处，就在于当老婆自怨自艾说自己"命歪"的时候，丈夫能及时劝慰她，并摆出生女儿的三大好处：疼娘亲、送年节、有哭灵，引逗老婆破涕为笑，体现了客家男人豁达大度的心胸，以及生男生女都一样的进步思想。从这则笑话还可看出，男女主人公都爱唱山歌。他们因山歌而相爱，也用山歌来解决思想矛盾，反映了山歌在客家民众中的普遍运用。

---

① 苏振旺、何志溪：《闽西民间故事选》，华艺出版社 2009 年版，第 357 页。

第八章 客家傀儡戏与闽西汉剧

　　闽西虽然地处偏僻山区，但客家人崇尚耕读传家，重视文化教育，科举时代的汀州八县仍然考取进士 309 人，举人 1752 人，可见，客家地区有浓厚的文化氛围。明清时期，福建客家地区流行的地方剧种主要是傀儡戏（木偶戏）和汉剧（乱弹、外江戏）。戏剧表演具有高度的文艺性，也具有通俗性和大众化特点，因此，适应民众文化生活需要的傀儡戏和汉剧得到很好的发展和传承，有着顽强的生命力。闽西地方戏剧的发展还与民俗活动密切相关，每逢喜庆、寿诞、节日、宗祠落成，或是春社、秋社等迎神打醮民俗活动，闽西城乡都会演出木偶戏、汉剧。锣鼓一响，整个山村沸腾了，戏剧活动为农村增加许多热闹气氛，为百姓的平淡生活注入丰富的文化元素。

第一节　客家傀儡戏的传入与体制特点

　　傀儡戏形成于汉代。唐代杜佑《通典》载 ："窟儡子，亦曰魁儡子，作偶人以戏，善歌舞，本丧家乐也，汉末始用之于嘉会"。说明汉末已有表演功能的傀儡戏。唐代，傀儡艺术日渐成熟、完善。据《明皇杂录》载，唐玄宗被李辅国迫迁西内时，曾作过一首吟咏傀儡戏的诗："刻木牵丝作老翁，鸡皮鹤发与真同。须臾弄罢寂无事，还似人生一梦中。"形象生动地写出了当时傀儡戏的逼真及观赏者的感受。宋元时期是傀儡戏艺术发展的鼎盛时期，已出现药发傀儡、悬丝傀儡、杖头傀儡、水傀儡、肉傀儡。

　　明初至嘉靖年间，长江中下游一带地方戏非常盛行，江西弋阳腔、浙江余姚腔、浙江海盐腔、江苏昆山腔并称"四大声腔"，在江南影响最大，流播最远。弋阳腔产生于元末明初，至嘉靖年间，在北京、南京、湖南、广东、福建等地迅猛发展，形成庞大的高腔系统。弋阳腔有徒歌、帮腔、滚调等演唱形式，配以锣鼓，气氛热烈，具有粗犷、豪放、激越、明快的特点。徐渭《南词叙录》："今唱家称弋阳腔，则出于江西，两京、湖南、闽、广用之。"浙江杭州在宋代就是杂剧、南戏和傀儡戏的繁盛之地。至明代初期，用弋阳腔（高腔）演唱的提线傀儡戏已经达到很高水平，而且活跃在城市乡村，受到百姓的欢迎和喜爱。杭州傀儡戏的繁荣，直接影响了福建客家傀儡戏的发展。

　　明朝初年，傀儡戏从杭州传入闽西，上杭白砂成为闽西傀儡戏的发祥地。据

《上杭县志》（文化卷）和《梁氏族谱》记载，明朝初年，上杭白砂乡李法佐、梁缘春等人到杭州傀儡戏班学艺，带回十八尊木偶，请来傀儡戏神"田公"在白砂水竹洋村建庙供奉，从此，用高腔演唱的傀儡戏（俗称三角班）在闽西各县迅速发展起来。到清中叶雍正乾隆年间，用皮黄腔演唱的傀儡戏传入闽西，颇受观众欢迎，百姓称之为"乱弹傀儡戏"，也叫"乱弹班"。于是，闽西傀儡戏形成"高腔傀儡""乱弹傀儡"两种独立发展、又互相依存的流派。

高腔傀儡戏以高腔演唱，舞台语言多用带闽西客家方言的"土官话"；演员两人提线，一人负责锣鼓；演唱时，一人主唱，两人帮腔合唱，故俗称"三角班"。唱腔、板式和角色的特点是：

1.唱腔

有"九调十三腔"之称，主要唱腔曲调有《开台曲》《过山调》《长行板》《饶平调》《山坡羊紧板》《山坡羊慢板》《生子调》《看花调》《槐荫调》《病人调》《阴司调》《怀胎调》、《摆阵调》《赶人调》《篩公调》《王姥收邪调》《和尚调》《观星调》《排朝调》《唱歌调》等二十几个。

2.板式

高腔是曲牌联套与板式变化相混合的体式。各种曲调除了旋律不同，还有板式的不同变化。如《长行板》有倒板、慢板、紧板三种板式变化；《山坡羊》有慢板（亦称《单坡羊》）、紧板（亦称《双坡羊》）两种板式变化。

3.角色与发音音色

高腔角色行当有生（小生、老生）、旦（青衣、乌衣、花旦、老旦）、丑（男丑、女丑）、净（红净、黑净）四行。其发声分三种音色：一种原喉音（亦称"老音"即真声）；一种子喉音（亦称"嫩音"即假声）；一种原喉、子喉混合音（即真假声结合）。老生、丑、净行，一般用原喉音；小生、花旦一般用子喉音。

乱弹傀儡戏以皮黄腔演唱。舞台语言是押中州韵的"湖广官话"或带闽西方言的"土官话"。演员一般六至七人，前台三人提线，后台三至四人（鼓点师、头弦师傅、小锣）负责器乐伴奏。其唱腔、板式和角色的特点是：

1.唱腔

以西皮、二黄为主，兼融昆腔、高腔、吹腔、梆子调、南词和闽西本地的民间小调。如《百里奚认妻》，全剧以二黄为主，中间穿插两支类似昆曲的小调《思夫》和《叹沦落》。有些剧目专用高腔（如《闹酒楼》）、专用昆曲（如《思凡》）、专用民间小调（如《打花鼓》）。

2.板式

皮黄腔属于板腔体，二黄和西皮都有各自的板式。如西皮有慢板、快三眼、马龙头、二六（又称"二流"）、二板、散板（又称"三板"）、滚板、倒板；二黄有慢板、快三眼、三板、散板、滚板、倒板、大板。其板式运用要比高腔灵活多变。

3.角色与发音音色

乱弹唱腔按角色行当分六行七腔。所谓"六行"，即生（小生）、旦（青衣、乌衣、花旦）、丑（男丑、女丑）、公（老生）、婆（老旦）、净（红净、黑净）六行。其中，净行分红净唱腔和黑净唱腔。因此，成了"六行七腔"。各行当发音方法都有不同，各具特色和表现力。

（1）生行（小生）：子喉（假嗓）发声，声音清脆、明亮，行腔潇洒（文小生）、刚健（武小生），旋律起伏大。

（2）旦行（青衣、乌衣、花旦）：子喉（假嗓）发音，嗓音娇嫩而柔和，行腔娇柔婉转，旋律华丽优美，音域宽广，花腔多。

（3）丑行：用原喉（又称"真嗓"）发声，嗓音偏暗，行腔忽高忽低，忽强忽弱，常用滑音、颤音润饰腔调，旋律跳动大，利用音色、音量的对比给人以滑稽、诙谐之感。

（4）老生：用原喉（真嗓）发音，嗓音宽亮、浑厚、行腔苍劲挺拔，稳实刚健，旋律朴实、大方。

（5）老旦：用原喉（真嗓）发声，嗓音带鼻喉音，行腔温朴，既有老年人的苍劲，又不失女性的温柔本色，旋律平稳而低回。

（6）净行（红净、黑净）：红净唱腔用真假嗓结合的演唱方法（雨夹雪），强调鼻腔与后脑共鸣，嗓音宏亮，行腔舒展、雄浑、刚柔相济，拉腔长且扬。黑净用"炸音"，行腔豪放、粗犷。

清初武平文人林宝树（1673–1734）所编《一年使用杂字》，全面描述闽西客家民俗，其中"有行香火提傀儡，赛过良愿香山戏。华光菩萨并观音，三位夫人随人许。"说的就是冬天农事结束后，演傀儡戏感谢田神（神农炎帝），上演《香山传》（又称《观音传》）《华光传》《夫人传》。可见，迎神唱戏已成为闽西客家民俗。据有关资料统计，清代光绪年间，仅上杭县就有190多个傀儡戏班，从业人数达到数百人。

由于封建时代民间艺人不被史志载述，明清两朝著名傀儡戏艺人的生平事迹难以考证。只有清末民国初年的部分艺人尚可查知一二，在此作一简介，略见先辈风范。

李龙瑞（1886—1928），绰号"龙牯"，有"傀儡王"之称，上杭县白砂镇圹丰村人。出身傀儡世家，自幼随祖父、父亲学习傀儡戏技艺。十八岁时就"生旦净丑""吹拉弹唱"样样精通。后专工前台提线，成为祖传戏班"新彩凤"的包台师傅。后来，李龙瑞自己组建"福庆堂"戏班，由"高腔傀儡"转唱"乱弹傀儡"，要求自己的艺员应工角色明确，术业专攻，是一位全能型的傀儡戏著名演员，也是闽西傀儡戏专业化建设的先行者。

邱必书（1893—1981），上杭县茶地乡樟树村人，是一位全能型的傀儡戏著名演员，也是较早用傀儡戏宣传革命思想的进步艺人。邱必书 10 岁跟随姐夫学习傀儡戏演艺技术，几年后便熟练掌握后台的提、拉、弹、唱、打各项技能，以及前台的生、旦、净、丑、末各种角色表演艺术。22 岁接过姐夫的"福胜堂"戏班，领班在闽西和粤东演出，人称"书子戏"。民国初期，他创作导演的现代木偶戏《武昌起义》，宣传孙中山领导的辛亥革命，扬名赣闽粤边 30 余县。

梁祥礼（1899—1961），上杭县白砂镇水竹洋村人。6 岁跟随父亲学习傀儡戏，精通前台后台各项演技，一人能提五个木偶打仗。更善唢呐老生，唱腔深沉圆润、功底厚实。父亲去世后，梁祥礼接任"龙凤堂"戏班班主和"田公会"掌事，是一位全能型的傀儡戏著名演员。1954 年至 1960 年冬，受上杭县文化局邀请，他口述 168 个剧本，为闽西传统木偶戏资料的整理与保存作出了杰出贡献。

徐传华（1906—1988），连城县赖源乡人，原名李金玲，祖籍上杭白砂。12 岁进木偶戏班习艺，16 岁出师，对舞台锣鼓、弹拉、提线以及生、旦、净、丑、末各角色的演唱都胜任自如。他率领"老福星堂"木偶戏班经常到永安、大田、永春、德化、龙岩、漳州等地演出，成为全能型的傀儡戏著名演员。1954 年 6 月，他与上杭老艺人邱必书合作排演的《大名府》《对玉环》参加福建省戏曲汇演，荣获一等表演奖。1955 年，他与本省著名木偶表演艺术家杨胜、陈南田等组成中国木偶表演艺术团，先后到苏联莫斯科、捷克布拉格、波兰华沙等地演出一百天，他主演的《大名府》"过关"一出戏被拍成电影放映，为传承和弘扬客家木偶表演艺术做出了重要贡献。

上述四人是老一辈木偶戏艺术大师的优秀代表。在他们的努力与带动下，上杭木偶戏不但在本县流传，还传播到闽西各县，以及广东、江西、浙江、湖南等省的一些乡镇。随着清代闽西客家人到台湾"移垦"，木偶戏也传播到台湾客家地区，至今发展兴旺。

第二节 《大名府》与《白蛇传》

闽西傀儡戏的传统剧目有上千种，代表性的有历史剧《征东》《征西》《平南》《隋唐传》；神话剧《白蛇传》《借雨降妖记》《八戒讨亲》《火焰山》；小说故事剧《智取大名府》《孔明拜斗》《雷万春打虎》。由于明清傀儡戏艺人没有正式的演出剧本，只有简单的"手抄本"，因此难以流传下来。现在所见木偶戏剧本，多是由当代老艺人口述，经过整理的新剧本。

《大名府》，又称《智取大名府》，属于乱弹傀儡戏。剧本取材于施耐庵小说《水浒传》第六十回（吴用智赚玉麒麟 张顺夜闹金沙渡）至六十五回（时迁怒烧翠云楼，吴用智取大名府）。全剧十一场，讲述卢俊义为了躲避百日之内的血光之灾，带着李固和货物前往千里之外的东南方，在梁山泊附近被请上梁山，受到宋江礼遇。李固回大名府后，勾结贾氏将卢俊义谋反告官，卢俊义一回家即被捕入狱，打入死牢。得知大名府梁中书要在正月十六处斩卢俊义和石秀，梁山好汉趁正月十五闹花灯之日过关混进城中，劫了死牢，返回梁山。

卢俊义被逼上梁山是本剧的中心事件。卢俊义是"河北大名府人氏，家财万贯，娶妻贾氏"，对当前的生活颇为满意。卢俊义之所以上梁山，虽然是吴用事先设计的一个圈套，但矛盾冲突却在另两个方面：一是李固出卖主人、告发官府，二是官府给卢俊义定下死罪、择日处斩。李固身为卢府总管，却与卢俊义妻子勾搭成奸，意图霸占财产。当卢俊义被宋江请上梁山后，李固就与贾氏商议要去"告知官府，将他三捆！两捆！抓了去，卡擦，杀了头，这里若大的家财不是你跟我的了吗？"果然，当卢俊义刚一回家，就被衙役抓走。大名府梁中书不明是非，偏听偏信，将卢俊义屈打成招。第七场卢俊义（唱；西皮倒板）：

> 在公堂被打得皮开肉绽，
> 心内里恨的是恶奴贱人。
> 狗贪官坐公堂如狼似虎，
> 果然是我命中要犯灾星。

可见，是"恶奴贱人"与"狗贪官"把卢俊义"逼"上梁山，体现了戏剧"官逼民反"的主题。此剧的"过关"一场戏，充分发挥了木偶戏的提线手法和表演技能，各行当的表演逼真、生动。如"弄蛇人过关"一节：

> 舞蛇人：过关！
> 公：你是干什么的？
> 舞蛇人：我是舞青龙的。
> 公：什么？舞青龙的？什么样的青龙我都没有见过，舞给我看看好吗？

舞蛇人：好，你要看青龙看，我叫它出来。青龙哥出来，青龙哥出来呀！，出来了……

公：你想死啊，老爷的命给你开玩笑！

舞蛇人：不敢不敢，我耍蛇给老爷压压惊吧。

公：那好吧，你耍得好放你过关。

舞蛇人：那好，耍起来呀。唱（十字歌）

主：一字一排来条龙（配：百姓真苦情）

主：二字排来隔条河（配：天灾兵祸多，妻离子散苦难当哎嘿呦）

主：三字排来分长短（配：官家害百姓）

主：四字排来四四方（配：豺狼四路挡，官逼民反上山岗哎嘿呦）

主：五字排来盘龙髻（配：饿莩躺满地）

主：六子排来三点一横长（配：生路在何方？三山聚义除奸党哎嘿呦）

主：七字弯弯从左转（配：长夜盼天明）

主：八字峨眉两边排（配：黑夜苦难当，何日重振锦乾坤）

主：九字金钩梁上挂（配：黑夜自有边）

主：十字一直一横长（配：星宿闪光芒，旭日东升天放光哎嘿呦）

公：喂！你耍完了没有？

舞蛇人：完了完了。

公：完了快进城，快进城！

这一节，弄蛇人主唱《十字歌》，其他演员配合着帮腔合唱，既浓厚了舞台演唱气氛，又起到突出戏剧主题的作用——天灾兵乱、官家残害百姓、豺狼当道，以至官逼民反。弄蛇人与公差的对话，通俗、俏皮、诙谐；戏耍公差的弄蛇表演，体现了木偶提线的高超技艺。

《白蛇传》也是优秀的传统乱弹傀儡戏。本剧将传统的民间白蛇传故事浓缩在"游湖艳遇""端阳惊变""昆仑盗草""救夫释疑""水漫金山""断桥合钵""毁塔救姐"共七个场次之中，白素贞与法海的矛盾冲突也得到集中体现。白蛇在峨眉山修炼千年，化为人形之后的白素贞与普通女子并无二致，她美丽多情，看到风光秀丽的杭州西湖，就表示"愿留尘土结良缘"。小青的"祝愿姐姐找一个心地善良、情投意合的如意郎，永结同心百年长。"传达出白素贞与许仙相爱的原因："心地善良、情投意合"。在第一场的"游湖艳遇"中，白素贞不只看中许仙"容貌端庄，仪表堂堂，言谈举止，诚恳大方"，而是通过下雨借伞的测试，钦慕许仙"好一位至诚君子呀！实在难得！"这才芳心暗许，结为夫妻。

白素贞与法海的矛盾，表面上是蛇妖与"天条"的矛盾冲突，实际上是封建卫道士的"天理"与人情人性的矛盾冲突。白素贞为了捍卫自己的爱情婚姻，与封建势力展开了坚决斗争。这种坚定信念，不仅体现在舍生忘死的"盗仙草"一场，更体现在第五场"水漫金山"波澜壮阔的正面交锋：

[金山寺耸立山头，形势雄伟，寺门紧闭，面临长江，烟波浩瀚，寺外围墙写有"南无阿弥陀佛"几个大字]

[幕启：二道幕前，衙役甲乙手持请帖押许仙上]

白素贞：（内唱西皮倒板）

　　　　姐妹双双忙来到，

（白、青划船上）（接唱西皮三板）

　　　　那顾得长江波浪高。

　　　　法海妒我夫妻好，诱迫许郎将我抛。

　　　　无情棒打鸳鸯鸟，魔剑斩断鸾凤交。

　　　　到金山寻找老妖道……

白、青：（同唱）拿住秃驴不轻饶。（同下船）

白素贞：来到金山寺，青儿，上前叫门。

小青：是！（上前）和尚开门！和尚开门！

法海：（内唱西皮倒板）只听得山门外人声喧闹。

[山门开，法海上，小沙弥胆战心惊随上]

法海：（接唱西皮二板）早料到那白蛇要来放刁。这二妖仗凭着颇通神道，闹金山全不怕违犯天条。

佛门乃是清净之地，何人来此吵闹？

小青：秃驴，还我们的官人来！

白素贞：（急止）青儿！啊，老禅师，弟子白素贞这厢有礼了。

法海：何事？

白素贞：我丈夫许仙昨日被你请来此烧香，今天我们来接他回去，求禅师放他出来。

法海：你丈夫已拜我老僧门下做和尚，再不回家去了。

白素贞：老禅师啊！（唱西皮二六）

白素贞走上前满脸陪笑，求禅师快将我丈夫宽饶。

让我们恩爱夫妻团圆到老，施功德胜似那檀香高烧。

法海：孽畜呀！（接唱西皮二六）

那许仙他已经皈依三宝，我怎能再把他往外来交。

白蛇妖你休要歪缠胡闹，眨眼间就叫你粉退香消。

白素贞：（接唱）

出家人大慈悲开笼放鸟，好夫妻谁不爱月夕花朝。

双泪流忙跪倒苦苦哀告，行方便感你恩地厚天高。

法海：孽畜，还不快快与我退去！（接唱）

看孽畜俱都是花容月貌，不回头我叫你有命难逃。

迷许仙私订婚罪恶不小，岂不知你已经犯了天条。

小青：犯天条？我们犯了天条那条？你无故拆散人家夫妻倒是天理何在？

法海：你既知天理，那人世间岂能容得你这样破坏伦理，违反纲常的害人孽畜！

白素贞：我与许仙西湖相遇，结成美满姻缘，相亲相爱，与你何干？

小青：与你何干！

白素贞：我怜贫恤苦，施药救人，救活的人千千百百，有口皆碑，誉满江南，何曾害人？

小青：何曾害人？

法海：（恼羞成怒）孽畜死到临头，还不知晓，再要罗嗦，休怪老僧手下无情！

小青：老秃驴不讲理，姐姐，咱们用不着在他面前低三下四，同他见个高低！（冲上去，照着法海就是一剑，法海闪，入寺内）

白素贞：老禅师，你到底放人不放？

法海：要放许仙，除非日出西山，江水倒流！

小青：秃驴，看剑！

白素贞：水族们，倒流长江，水漫金山，淹死秃驴，单救许仙。

众水族：领法旨。

（众水族倒海翻江，水漫金山。小沙弥上）

小沙弥：师父，不好了，大水淹上山来了。

法海：（上）孽畜好生猖狂无礼，护法神！

（众护法神上）

法海：速速与我斩除妖魔！

众护法神：领法旨！（双方激战）

白素贞：（突然肚痛）哎哟！

（唱西皮三板）霎时腹中如刀绞，

小青：姐姐，你……怎么啦？

白素贞：（接唱）触动胎气痛难熬。

哎哟，青儿，速速退兵！

小青：姐姐忍耐片刻，胜利就在眼前。（冲杀）

（一护法神潜至白背后）

护法神：妖魔招打！

白素贞：（中杵）哎呀！

[青急救白下。众水族掩护着退下]

这场戏中，白素贞与法海的正面冲突，在于法海串通官府，诱骗许仙到金山寺，然后将其禁闭不放；白娘子前来讨要丈夫，遭到拒绝。于是，众水族帮助白娘子水漫金山。由于白娘子在打斗中动了胎气，腹中疼痛，又被护法神偷袭，击中一杵，只好退出金山寺。剧中白娘子与法海的对话占了许多篇幅，也就是通过这些对话，阐明了白素贞与许仙相爱相守的合理性："我与许仙西湖相遇，结成美满姻缘，相亲相爱，与你何干？""我怜贫恤苦，施药救人，救活的人千千百百，有口皆碑，誉满江南，何曾害人？"通过对话，法海拆散人家恩爱夫妻的蛮横无理也就显露无遗。

第三节　闽西汉剧的传入与体制特点

闽西汉剧于清代雍正、乾隆年间从湖南传入闽西，其形成之初称"乱弹"，属于皮黄腔系统。清末和民国初年，因受粤东"外江戏"影响而又称"外江戏"。上世纪三十年代初（1933年）又将"外江戏"更名为汉剧。到上世纪六十年代，为区别广东汉剧，正式更名为闽西汉剧。

闽西汉剧源于湖南祁阳的"楚南戏"（今称祁剧）。据田野调查，宁化县坊田乡大罗村池氏祠堂戏台后壁上，有"乾隆丙辰(1736年)寒食节，湖南新喜堂班到此演出"的记载。可见，清代乾隆年间(1736—1795年)楚南戏已传入闽西。清中叶后，"喜光班""荣盛班""寿福台班""福泰兴班""新福祥班""荣德班""双贵班""恒兴班"等陆续来到闽西的龙岩、连城、永安、长汀、宁化等地演出，并收徒传艺，开始在闽西扎根落户。其皮黄声腔以楚南戏为媒介流入闽西后，在流传过程中又吸收闽西傀儡戏、西秦戏、饶平戏以及民间音乐小调等艺术养分，因此，闽西汉剧成为既保留楚南戏皮黄腔的风貌，又具有闽西特色的地方剧种。清末至民国初年是闽西汉剧的兴盛时期，出现了"新乐天""荣德顺""新天彩""新罗天""乐同源""新福顺""大香山""新金华""新桃园""赛桃园""新梅花""荣天彩""同乐春""大罗天"等十多个班社。闽西汉剧与乱弹傀儡戏相比，以其真人演唱的生动性、角色行当的专业性、演奏乐器的丰富性赢得更多观众的喜爱。

闽西汉剧的声腔、角色和器乐特点：

1.声腔道白

闽西汉剧的声腔属"板腔体"。以西皮、二黄为主，兼用昆腔、高腔、吹腔、南词北调，并吸收了大量闽西、闽南广泛流行的民间小调和佛道曲调。闽西汉剧的道白和唱词是押中州韵的"湖广官话"（湖南、湖北一带流行的"湖广话"），或带闽西、粤东方言的"土官话"。

2. 角色行当

有四门、六行当，或九行当之说。"四门"：生、旦、丑、净。"六行当"：生、旦、丑、公、婆、净。"九行当"：小生、老生、青衣、乌衣、花旦、老旦、丑、红净、黑净。各角色的唱腔发音方法，在上文"乱弹傀儡戏"的发音音色中已作介绍。

3.演奏乐器

根据剧情的需要与伴奏效果的差异，有文场、武场之分。文场以"四大件"（吊规、提胡、洋琴、小三弦）为基础，加上椰胡、中胡、双青、阮、竹笛、唢呐、号头等民族乐器。其中，以领奏乐器吊规（又称"头弦"）最具本剧种特色。武场（打击乐）有大锣、橄榄鼓与梆子、小木鱼（或片鼓与檀板）、小锣、大钹、小钹、铜钟等。其中，以大锣（又名"大苏锣"）最有特色。

第四节　《大闹开封府》《三娘教子》

闽西汉剧的传统剧目有 800 多个。其中，题材年代商朝的 22 个、周朝的 15 个、东周列国 55 个、秦汉 56 个、魏晋南北朝 110 个、隋唐 106 个、五代及宋朝 174 个、元明清 106 个，无朝代可查的 182 个。《打洞结拜》《百里奚认妻》《大保国》《大闹开封府》《齐王哭殿》《兰继子哭街》《审六曲》《蔡伯喈认妻》是很有特色的代表性剧目。

《大闹开封府》又称《金殿配》《忠义节》，是代表性的闽西汉剧传统剧目之一。全剧十三场，讲述开封府秀才顾朴与猎户章甫结为异姓兄弟，当朝一品官员李金龙长子李天福见顾朴之妻张姣翠貌美，谋娶不成便率众强抢。顾朴与章甫追赶，打伤天福，夺回妻子。李金龙之妻李夫人闻讯后请来武营兵丁，抓捕了章甫与顾朴夫妻，送到开封府审问。开封府尹王佐为官清正，将姣翠断还顾朴，把李天福打了四十大板。李夫人来到开封府，倚其丈夫之势大闹公堂，指使儿子杀了张石二姥；李天禄欲杀章甫，反误杀其兄李天福。李夫人悲恸长子已死、二子被擒，便心生毒计，自己打破凤冠，扯碎蟒袍，欲图赖王佐。王佐毫不畏惧也打破公案，将自己和李夫人一齐上锁，进京受审。在按察院，巡按夏元吉对此案进行复审，也一同进京面圣。皇帝命李金龙亲自审理此案，李金龙无奈将妻子李夫人和次子李天禄处死。忽报乌元凯失了白马关，皇帝封顾朴、章甫为文武状元，军师授意文武状元拜李金龙为干亲。父子上阵，收复了白马关。

　　本剧塑造了王佐秉公断案、拼着生死为黎民的"清官"形象。戏剧第八场，在开封府公堂，爆发了府尹王佐与李夫人的正面冲突。面对李夫人的突然前来，王佐敬她是一品诰命夫人，因曾打了她的长子四十大板，谦卑地请她原谅。当李夫人不相信自己儿子强抢民女时，王佐陪她重新审问一次。没想到的是，李夫人竟然在公堂之上，当着大家的面，唆使两个儿子杀死张石夫妇，引起公愤：

姣翠、顾朴、章甫（同唱"三板"）：

　　　　恶贼做事太狠心，杀死爹娘命归阴。

　　　　回头就把大人叫，要与良民把冤伸。

王佐（唱）：

　　　　李夫人做事太可恨，纵子行凶杀良民。

　　　　枉受朝廷爵禄恩，三人莫跪旁站定。

　　　　本府与你把冤伸。（三人站起）

　　　　叫人来将尸首忙抬下，要与李夫人议论分明。

　　李夫人李夫人！只望你来府堂教训儿子才是，为何纵容二子行凶杀死良民，难道不要生命不成？

　　李夫人　开封府！王佐！这样糊涂百姓，莫说杀死两个，就是杀死十个八个，岂奈我何？（指王佐动作。佐作思想状）

　　王　佐　李夫人！李夫人！你在府中，本堂不知，任你杀十条八条。公堂之上杀死良民要你抵罪！

　　李夫人　开封府！狗官！想你这样审问，老身明白了。分明得了顾家金银是真，老身没有此事还罢了，查有此事，管叫你纱帽戴不稳当！（指佐。二人斗争）

　　王　佐　李夫人！李夫人！动不动道我乌纱帽戴不稳当，本府拼乌纱帽不戴，岂奈我何？

　　李夫人　开封府！糊涂官！你乌纱不戴，不奈你何。老身打表进京，禀知王爷，管叫你全家诛戮！（二人斗争）

　　王　佐　我来问你，王爷可是狼？

　　李夫人　非是狼！

王　佐　可是虎？

李夫人　非是虎！

王　佐　可说，你王爷一非狼二非虎，难道把我王佐一口吞食不成！

李夫人　我王爷一非狼二非虎，有了官虎狼威压住你！

　　这是王李冲突的第一回合。王佐有理有节地向李夫人讨公道，可是李夫人先是诬赖他得了顾家的金银，又威胁他纱帽戴不稳当，甚至"叫你全家诛戮！"她的嚣张气焰，凭的就是他丈夫的"官虎狼威"。冲突的第二回合，是李天禄举剑欲杀章甫，却误杀了兄长天福，被章甫擒住。这时，王李冲突达到高潮。李夫人见为了此案，长子已死，二子被擒，无法向丈夫交代，于是自己打破凤冠扯碎衣，要"图赖于他"。王佐识破她的毒计，也"打破公案图赖于她"。冲突的第三回合，是面对"一品夫人难上刑"时，王佐果断地先把自己锁了，于是李夫人也被一把铁链锁上，结束了"大闹开封府"的中心事件。通过这一场"闹府"大戏，集中体现了王佐秉公办案、不畏强权、为民做主的一身正气，也展现了李金龙之妻李夫人仗势欺人的无赖形象。

　　《三娘教子》是一部折子戏，改编自明末清初戏曲家李渔著的《无声戏》中的一出。剧情叙述王春娥丈夫薛子路前往镇江贸易，不幸身亡。薛妻正房张氏、二房刘氏改嫁，留下三娘王春娥抚养刘氏的儿子薛倚哥。一日，薛倚哥受同学耻笑"有娘生无娘所养"，便从学堂早回。三娘要他背书，他却句句顶撞，气得三娘动用家法。当薛倚哥说出"打别人家的孩儿，好不害羞啊"时，三娘感到伤心绝望，欲一死了之。幸亏老家奴薛保劝导，薛倚哥悔悟，母子和好如初。

　　王春娥念着夫妻之情，誓不改嫁，以织布维持生活，将刘氏抛弃的儿子当成自己的儿子抚养成长，送他入学。王春娥督促他的学业，不懂事的薛倚哥却顶撞她、说她不是亲娘，着实刺疼了她的心：

王春娥　这个……（唱二黄慢扳）

　　　　　千看万看夫君面，谁是谁非当面言。

　　　　　娘为儿头上少遮盖，娘为儿身上少衣穿。

　　　　　三更半夜儿不睡，抱儿看月到天明。

　　　　　左边抱来右边湿，一夜无睡到天明。

　　　　　娘问儿茶饭谁人理？娘问儿衣破谁人缝？

　　　　　娘问儿头上顶着是什么？不知那老薛保为着何人？

　　　　　说着说着心火起，不由为娘痛上心。

　　　　　手持家法将儿打（科）

薛　保　（接唱二黄三板）

　　　　　薛保上前忙阻拦，要打就把老奴打。

　　　　　　你打在东人痛在老奴心。

王春娥　（唱二黄三板）

　　　　　　老薛保都有主仆义，难道我春娥没有母子情？
　　　　　　上前扶起老薛保
　　　　　　儿啊，从今后用心攻读长成人！

薛　保　上前叩见母亲

薛倚哥　母亲请上，孩儿一拜！

王春娥　不用

薛倚哥　（唱二黄三板）

　　　　　　母亲请上受一拜，千拜万拜都应该。

王春娥　（唱二黄三板）

　　　　　　但愿我儿早高中

薛　保　（唱）小东人手折丹桂又何难！

王春娥　儿啊，随我来

薛保、薛倚哥　三娘/母亲

王春娥　（唱）望我儿勤攻读青云直上

薛　保　（唱）不负那王三娘教子之功。

　　历史上，"孟母三迁"、"断机教子"的故事早已深入人心，成为天下母亲培养教育孩子的榜样力量。《三娘教子》故事的不同之处，一是丈夫去世守寡，二是抚养的并非亲生儿子，三是家中贫困。在这种极端情况下，三娘担负起培养教育孩子的重任，其艰难困苦自不待言。本剧感动观众心灵之处，在于三娘既有高度责任心的一面，又有被"儿子"气得寻死觅活、很普通"小女人"的一面。这样就能够让观众一起感受着王春娥内心疼爱儿子的感受，痛苦着她受儿子不懂事打击的痛苦，高兴着她们母子和好如初的高兴！

参考文献

1. 郭丹、张佑周：《客家服饰文化》，福建教育出版社 1995 年版。

2. 陈庆元：《福建文学发展史》，福建教育出版社 1996 年版。

3. 邹子彬：《中国汀州纪闻传奇》，香港天马图书有限公司 1998 年版。

4. 邹子彬：《汀州风物志·今古钩沉》，香港天马图书有限公司 2001 年版。

5. 罗可群：《广东文学史》，广东人民出版社 2000 年版。

6. 李文生、张鸿祥：《神话与传说》、《客家山歌 300 首》，言实出版社 2000 年版。

7. 张佑周、陈弦章、徐维群：《客家文化概论》，文联出版社 2002 年版。

8. 谢重光：《福建客家》，广西师大出版社 2005 年版。

9. 钟俊昆：《客家文学史纲》，黑龙江人民出版社 2006 年版。

10. 郭启熹：《闽西族群发展史》，福建教育出版社 2008 年版。

11. 林开钦：《形成客家民系的四个特征》，福建人民出版社 2009 年版。

12. 苏振旺、何志溪：《闽西民间故事选》，华艺出版社 2009 年版。

13. 谭元亨：《客家文化史》，华南理工大学出版社 2009 年版。

14. 郭义山、王永昌：《闽西历代诗词选》，龙岩市文学艺术界联合会 2009 年印行。

15. 马卡丹、天一燕：《闽西文学史话》，鹭江出版社 2010 年版。

16. 林开钦：《论汉族客家民系》，福建人民出版社 2011 年版。

17. 何志溪：《闽西山歌·歌谣选》，鹭江出版社 2011 年版。

18. 吴福文、张树廷：《海峡客家论集》，四川民族出版社 2011 年版。

19. 兰寿春：《闽西客家古代文学作品辑注》，四川民族出版社 2011 年版。

20. 何志溪、肖干南：《闽西风物概览》，鹭江出版社 2012 年版。

21. 兰寿春：《福建客家古代文学作品辑注》，厦门大学出版社 2012 年版。

22. 刘佳柳、何志溪：《闽西汉剧传统剧本选》（一）（二）（三），中国文史出版社
    2015 年。

23. 武平县文化馆、武平县非遗保护中心编印：《民间文学集成》，武平县文体广
    电新闻出版局 2018 年印行。

24. 李永华、李天生编：《客家山歌诗选》，永定县文化体育局 2013 年印行。

25. 李佳森、郭如淮主编：长汀县非物质文化遗产丛书《汀州古韵》（一），长汀
    县文化体育出版局 2011 年印行。

关于客家文学与客家文学史的几点思考①

——就兰寿春《福建客家古代文学作品辑注》而言

兰寿春君研究客家文学有年，特别注重对客家文学作品的搜集整理。前两年，他从福建闽西的客家文学作品入手，集中收集了闽西客家文学作品，都为一集。闽西是客家人的祖居地，当然是客家作品产生最集中的地方。但是，随着行政区划的改变，福建其他地区的客家作品也不少，所以，兰寿春君又把视野拓展到整个福建省，遂编成《福建客家古代文学作品辑注》这部作品集。

在兰寿春君的《闽西客家文学作品辑注》里，受其所嘱，我写了序言，其中谈到了三个问题。在《福建客家古代文学作品辑注》出版之际，我想还是再次谈谈这三个问题，以期引起大家的思考。

一是何谓客家文学及客家文学作为一个文学系统是否可以成立。这首先涉及对客家文学的界定。

自罗香林《客家学导论》出版后，"客家"这一概念得到普遍的认同。但是，"客家文学"这一概念该如何界定，这是不能不考虑的。兰寿春君认真讨论了"客家文学"的界定，他援引了目前的几种界定主张，包括"从宽"说、"从严"说和"客家方言"说等②并进行了分析。的确，上述几种说法都有其合理的地方，但也都有其局限性。如其所提到的，把客家人的文学作品都定位为客家文学，这是否合适？这是"从宽"说，但这的确是太宽泛了。又比如，客家人流寓非客家之地所写的与客家生活、客家社会无关的作品，能不能算为客家文学？正如兰寿春君所说，"客家文学"不能等同于"客家人的文学"③。这是对的。如果把"语言限定于客家方言"，那又的确过严。客家方言用于文学创作，如果仅限于使用客家音的方言词和客家语言中的语汇，诚如是，那么客家人用中原语言（国语）所创作的

---

①郭丹，福建师范大学文学院教授、博士生导师。本文原发表于福建省社会科学界 2012 年（第九届）学术年会龙岩分论坛"客家文化与闽台文化关系"研讨会《论文集》。
②兰寿春编：《福建客家古代文学作品辑注》，厦门大学出版社 2012 年版，前言第 1~3 页。
③兰寿春编：《福建客家古代文学作品辑注》，厦门大学出版社 2012 年版，前言第 7 页。

描绘客家生活的作品，就不是客家文学了吗？这显然又太严了。

不论是"从宽"还是"从严"，界定某种文学，主要看其构成的最主要的两个元素——作家和作品，界定"客家文学"也应如此。

就作家来说，有客家人和非客家人；有生活于客家地域的客家人与非客家人（即流寓客家之地的非客家人）；有生活于非客家之地的客家人。

就作品来说，有以下几种情况：

其一，客家人创作的反映客家生活（此"生活"是广义的，即"文学作品反映生活"的"生活"）的作品；

其二，客家人流寓非客家地域所创作的与客家生活有关的作品；

其三，客家人创作的与客家生活无关的作品；

其四，流寓客家地区的非客家人创作的反映客家生活的作品；

其五，流寓客家地区的非客家人创作的与客家生活无关的作品。

对一种文学的界定，其核心在于文学作品。而作品是作者创作的，所以作家和作品构成了最基本的条件。客家文学，就作家和作品的结合来看，上述的一、二、四是客家文学所应涵盖的范围。就客家文学应该反映客家生活这个要求来说，三、五两项是不能列入客家文学的范畴的。兰寿春君在他的《福建客家文学作品辑注·前言》里为客家文学列了五个方面的本质特征[①]，其界定大体可行。不过概括地说，只要有其所列的一、二、四项即可。

兰寿春君的《福建客家文学作品辑注》辑录了自唐五代、宋元、明代和清代（含近代）以来的福建客家文学作品876篇（首），其中客籍作者221人，客寓作者89人。虽然有个别还可以商榷，但延续这么长的历史时期，有如此多的作家和作品并且这些作品真实地反映了客家民系的生活。因此，作为"客家文学"的命题是可以成立的。

另外，从文学史的角度说，客家文学史不是文学通史，也不是断代史；不是单纯的地域文学史，也不是某个民族的文学史，它是以客家人为创作主体的文学史，是汉民族中一个民系的文学史。所以，就"客家文学史"这一命题来说，"客家文学"应该符合这个要求。客家文学史的核心在于作者和客家文学作品，它应该是能反映客家生活和这个民系、族群的文学创作面貌与文学发展变化规律的演变史。在以"客家文学史"为命题进行研究时，应该注意到这一点。

二是客家文学形成的起始时期和分期如何确定。正如袁行霈先生所

---

①兰寿春编：《福建客家古代文学作品辑注》，厦门大学出版社2012年版，前言第10页。

说，研究文学史，"应该紧紧围绕文学创作来阐述文学的发展历程"，"文学史著作的核心内容就是阐释文学作品的演变历程"①。兰寿春君的《福建客家古代文学作品辑注》"凡例"说"本书作品按照福建客家文学孕育于唐五代，萌芽于宋元，生长于明代，发展于清代的历程，分为唐五代部分、宋元部分、明代部分、清初至清中叶部分和近代部分"。这是沿用罗可群先生《广东客家文学史》的主张："客家文学孕育形成于唐宋，生长发育于明清，蓬勃发展于近代。"它也基本上预示了兰寿春君对客家文学史发展的分期看法。他们虽然都区分了孕育期、萌芽期、生长期、发展期，实际上还是按照朝代来划分的。按照传统的文学史分期，习惯于依朝代的变迁来划分，但这留下某些缺陷，如秦代文学。秦代虽短暂，但秦文化对汉代文学有巨大影响。隋代同样短暂，但隋代文学作为承继六朝文学而开启唐代文学的过渡期，决不可忽视。同样，过去对五代文学的忽视已经为众多学者所纠正。这就是以朝代划分时，大的朝代之间的衔接处，即时间短暂的朝代往往被忽视。虽然这些朝代时间短暂，有的在文学创作上算不得有很大的容量，但这些朝代所具有的政治、文化特点，可能对后代的文学发展有重大的影响，就文学发展要受制于其外部的诸多因素来说，是不能忽视这些短暂朝代的作用的。这就是习惯以朝代划分文学史的缺陷。就上述兰寿春君所描述的客家文学发展的历史来看，其对"福建客家文学史"的分期也大体如此。

　　客家文学的发展演变应该与客家民系的形成变迁有关系。客家民系的形成，以罗香林的说法，从"五胡乱华"所起，分为五个时期。其后学者有几种不同的看法，不论是起始于东晋，或是开始于唐五代，或是形成于南宋，总体来看，都是从中原移民的历史状况来划分的。那么，从文学的发生发展角度说，不管起于何时，当然是先有客家民系，后有客家文学。如果从中国古代文学史的大背景来看，即使是唐五代的孕育期，客家文学作品自一开始就已是中国古代文学成熟时期的产物了。试看兰寿春君《福建客家古代文学作品辑注》开篇的张九龄（盛唐）、韩偓（晚唐）的作品就可以证明这一点。因此，客家文学的产生，其起点是比较高的。那么客家文学发展的分期是否一定要按照一般文学史的分期那样以朝代的变迁来分呢？如果以客家民系变迁的几个大的时期来分，或者以客家文学创作及其发展的实际状况来划分，是否更符合客家文学发展的实际？另外一点，所谓的孕育、萌芽、生长、发展各期划分的依据是什么？比如孕育期，

---

①袁行霈：《中国文学史·总绪论》，高等教育出版社1999年版，第3，4页。

它不是从无到有、从稚嫩到成熟逐渐长大的"孕育"之意。如果说所谓"孕育期"，只是从客家民系的出现来说的，或是从客家文学尚未能蔚为大观这个角度来说，尚且差强人意。但其作品的成熟程度，却不是"孕育期"的。看唐代诸人的作品就能说明问题。因此，从客家民系的形成、发展、变化的过程中来分析和划分或许更合理。

三是客家文学是中国文学的一个组成部分，它既有客家民系的特点，又具有明显的地域特点。客家民系，即前面所说到的作者的特定身份。就地域的特点说，主要是客家民系和客家族群所生活的地区。在福建主要是闽西地区和闽西附近的一些地区。所以，客家文学是有自身丰富的特点的。但同时，一些作家及其作品，在整个中国古代文学史上也是占有一席之地或主要地位的，如张九龄、韩偓、杨时、文天祥、李纲、曹学佺、茅坤、周亮工、丘逢甲等。所以，研究客家文学，要考虑与地域文学的关系，还要考虑到它与中国文学主流的关系。要考虑中国文学史的时间流程与空间地域的特点，如何在客家文学的发展演变中体现出来。

以上三点，是我在思考的问题。不管结论如何，研究客家文学史还是应该从作品出发。兰寿春君从闽西客家文学作品的搜集，扩展到福建客家文学作品的搜集，时代跨度从唐代开始，一直到清代，包括诗、词、文、赋、小说、民歌多种体裁。这为我们了解福建客家文学创作的大体面貌提供了资料。在这个基础上，再来反思上述的几个问题，或许可以得出更好的答案。

后　记

　　写一部《福建客家文学发展史》是我五年前就开始的一个愿望。

　　2008 年夏，龙岩学院客家学研究中心主任张佑周教授给我一个课题，进行闽西客家文学研究。我当时很高兴，因为自己就是客家人，从小在汀江边长大，现在又从事古代文学的研究和教学。于是，我用了三年时间跑遍闽西八个客家县，搜集了各县清代版、民国版的县志及《汀州府志》、《八闽通志》，还有一些重要作家的诗文集。为了找到李世熊的《寒支初集》、《寒支二集》和杨澜的《汀南廑存集》，我北赴武汉大学、北京国家图书馆，南叩厦门大学图书馆，终于搜集到比较全面的作家作品。

　　2011 年春，我申报了教育部课题"福建客家文学研究"，又把材料搜集的范围扩大到整个福建客家县市，于是整理编辑出版《福建客家古代文学作品辑注》一书。了解这些作家作品，撰写《福建客家文学发展史》底气就足了。

　　撰写《福建客家文学发展史》的两年来，福建师大陈庆元先生的《福建文学发展史》、广东外语外贸大学罗可群先生的《广东客家文学史》以及江西赣南师范学院钟俊昆先生的《客家文学史纲》成为重要的参考书，我从中汲取了许多宝贵经验，但写作中还是遇见不少棘手的问题。

　　一是客家文学史的写作思路如何确定。按传统的文学史写作来，就要按朝代变迁将作品年限划分为几个阶段。笔者起初也按客家文学孕育于唐五代、萌芽于宋代、生长于元明、发展于清代的顺序来写，可是写到一半时就停住了，觉得很难与客家民系形成和发展的历程紧密结合起来，对客家文学的孕育、萌芽之说也很难阐释。因为客家文学不是一支独立发展的文学，从它一出现就已经是成熟的文学作品，客家文人创作的作品与中原地区的正统（主流）文学并没有本质的区别，有的只是作家数量和文体样式的多寡有无。这时，我的导师、福建师大文学院博士生导师郭丹教授及时帮我进行分析，认为客家文学是一种民系文学，与其所属民系的兴衰有着直接而密切的关系，从客家民系的形成、发展、变化的过程中来写更为合理。于是我又重起炉灶，终于有了今天的成果。

　　二是客家民系形成于何时，客家文学起始时间又是什么？关于前一个问题,学术界有很多看法。李默认为"汀州之建置,标志着客群体的形成";罗香林先生认为"客家这系统的形成大体已晚在五代至宋初";陈运栋认为形成于"宋末";王东认为形成于"明代中叶";刘佐泉认为形成于清中叶——"客家民系最后形成的标志是清嘉庆戊辰(十三年,1808年),客家学者徐旭曾先生所作的《丰湖杂记》"[1]。上述五种观点中,以罗香林、陈运栋两人的观点影响很大,但客家民系的形成时间至今仍未有定论。

我十分赞同罗可群的观点——"客家民系形成于唐宋间","客家文学孕育形成于唐宋"[2]。于是我在书中拟定为客家民系孕育于唐五代,形成于宋代。并在本书绪论和第一、第二章的前言中进行了细致的阐述。同时,笔者也认为客家文学的孕育与诞生是和客家民系的孕育形成相伴随的。客家文学发轫于唐宋,这是本书一个重要的时间节点。

三是清代的知名作家较多,怎样提炼归纳?我将众多作家归纳为遗民三雄、清初六才子、客家文学三宝、诗画四杰、乾嘉十才子、古文三大家。这些提法没有前人的借鉴,就仅当一家之言吧。

从几年前的到处奔波搜集作家作品,到今天把他们连缀成一部文学史,总算是对先贤们的文学贡献有了一个交代,尽了我一个汀江河畔客家之子应尽的义务和责任。

本书的编写得到教育部社会科学司的大力支持,我申报的"福建客家文学研究"课题获得2011年度教育部人文社会科学研究一般项目立项(11YJA751030),本书作为该课题的最终成果进行出版。本书的写作过程中,福建师范大学文学院博士生导师郭丹教授、龙岩学院客家学研究中心张佑周教授及厦门大学出版社王鹭鹏编辑都自始至终给了我许多指导和帮助,郭丹教授还为此书做了序言,在此一并致以衷心的感谢和敬意!

兰寿春
2012年秋于龙岩学院奇迈山麓

①李默:《客家来源与形成》,《客从何来》,广东经济出版社1998年版,第36页。罗香林:《客家源流考》之三,中国华侨出版公司1989年版,第41页。陈运栋:《客家人》,联亚出版社1978年版,第10页。王东:《客家学导论》,上海人民出版社1996年版,第144页。刘佐泉:《客家历史与传统文化》,河南大学出版社1991年版,第98页。
②罗可群:《广东客家文学史》,广东人民出版社2000年版,第16,5页。